百年来缪荃孙研究论文选粹

袁晓聪　曹辛华　缪剑农　主编

上海大学出版社
·上海·

图书在版编目(CIP)数据

百年来缪荃孙研究论文选粹 / 袁晓聪，曹辛华，缪剑农主编. —上海：上海大学出版社，2021.3
ISBN 978-7-5671-4074-5

Ⅰ. ①百… Ⅱ. ①袁… ②曹… ③缪… Ⅲ. ①缪荃孙(1844—1919)-人物研究-文集 Ⅳ. ①K825.81-53

中国版本图书馆CIP数据核字(2021)第036842号

责任编辑　贾素慧
封面设计　柯国富
技术编辑　金　鑫　钱宇坤

百年来缪荃孙研究论文选粹

袁晓聪　曹辛华　缪剑农　主编

上海大学出版社出版发行
(上海市上大路99号　邮政编码200444)
(http://www.shupress.cn　发行热线 021-66135112)
出版人　戴骏豪
*
南京展望文化发展有限公司排版
江苏凤凰数码印务有限公司印刷　各地新华书店经销
开本710mm×1000mm　1/16　印张20.25　字数341千
2021年3月第1版　2021年3月第1次印刷
ISBN 978-7-5671-4074-5/K·227　定价　78.00元

版权所有　侵权必究
如发现本书有印装质量问题请与印刷厂质量科联系
联系电话：025-57718474

本书编委会

主编单位
上海大学现当代旧体文学研究所
江阴缪氏家族研究中心

主　编
袁晓聪　曹辛华　缪剑农

编　委

曹辛华	缪剑农	缪幸龙	袁晓聪	刘慧宽	杨洪升
王卓华	张幼良	司马周	缪黎明	缪　慧	缪建伟
严建军	缪金兴	叶海舟	龚　翼	禹成豪	闫　菲
付聪敏	郑易焜				

前　言

缪荃孙(1844—1919)，初字小珊，后改字炎之，一字筱珊，晚号艺风老人，江苏江阴申港镇人，是中国近代史上著名的藏书家、目录版本学家、图书编撰学家、金石学家、史学家和文学家，也是中国现代教育事业和图书馆事业的重要奠基人。2019年是缪荃孙诞辰175周年、逝世100周年。百年以前，缪氏以其渊博的学识和惊人的魄力，为中国的文教事业胼手胝足、日夜忧劳，编撰不朽著作，培养栋梁之材，终成一代宗师。其逝世后，泽被数辈，风范长存，成为众多学者和文化界人士关注、研究乃至追摹的对象，并产生了数量可观的学术论著。为此，我们选编此文集作为百年来缪荃孙研究成果的展示，以示对前辈先贤的崇敬和纪念。

与缪氏有关的研究已累积百余年，特别是如今"自媒体"和"大数据"时代，研究成果数量更呈"井喷"局面。初步统计，仅在"中国知网"和"读秀"检索到的学术论文约有三四百篇，相关图书已逾千种，为文集编选带来了很大挑战。通过与专家学者和出版方反复讨论与斟酌，我们最终决定从重要的报纸杂志和学位论文中选取最能代表百年来学术发展面貌与研究深度的文章作为文集的主体部分。经过仔细比较，择要删复，精选出关于缪氏的研究性和资料性文章凡38篇。从作者身份上看，既有如陈垣、许敬武等曾活跃于民国时期的学者和艺术家；又有如杨洪升、李云等当代长期从事缪氏研究的资深专家；也有如张廷银、邓子勉、程章灿等版本目录学、图书馆学、教育学以及文史学界的著名学者；更有如郑易焜、齐伯伦等作为后起之秀的中文专业研究生。

本书按内容类型不同先后设置了缪氏生平与著述、藏书学、目录学、图书编撰学、图书馆学、史学、方志学、金石学、教育学、文学等多个主题。所选论著对缪荃孙在学术史、文化史各个领域的贡献与地位均有比较充分的总结和评价。同时,本书也收录了多篇关于缪氏具体著作和文化活动的考证,作为个案和细部研究的代表。除此之外,我们还专门选取了数篇辑佚性质的文章,其中所录的题跋、墓志、塔记、家传等作品,许多为《缪荃孙全集》所未收,还从晚清民国时期的报刊中摘选出与缪氏相关的名家名作,皆具有重要的文献价值。

百年以来的缪荃孙研究,宏观与微观兼顾,在文献考证和学术评价等方面都做出了较为显著的成绩,已经具有了相对坚实的研究基础。然而还有许多领域尚待深入挖掘,如缪荃孙与缪氏家族的关系,缪荃孙与江南文化的关系,缪氏在现代学术史上的地位和意义,以及缪氏在文学创作上特别是散文创作上的成就,都需要进一步考察和论证。总之,缪氏之学博大精深,其在文化上所取得的成就以及留给后人的贡献,并非一家一族之荣耀,而是整个中华文化圈乃至全世界的宝贵财富。

缪氏在其诗话中言:"诗笔有止境,少年锐进,到一二年后,或四五年后,如人长定,即便用功,不过就此体打磨光润而已。须变一体再学,迨其成就,又变一体,便无止境。各体均善,方能自成一家。"足见其视野之宏阔,以及对自身要求之严格。学术研究亦是如此,百年不过"小成",只有在现有基础之上,寻求变通和突破,方能引领该领域更进一步。愿本集的编纂能够为缪氏研究者们提供信心与启示,为该领域的蓬勃发展略尽绵薄之力!

目 录

前言 …………………………………………………………………… 1

生平著述研究

缪荃孙传 ……………………………………………… 许敬武　3
《艺风年谱》与《书目答问》 ………………………… 陈　垣　5
缪荃孙集外题跋辑考 ………………………………… 杨洪升　8
缪荃孙著述新考 ……………………………………… 杨洪升　22
缪荃孙代人编撰著作考 ……………………………… 杨洪升　33
缪荃孙晚年书事系年要录 …………………………… 季秋华　48
缪荃孙逸文四则 ……………………………………… 宫云维　57
缪荃孙藏书流散考 …………………………………… 杨洪升　64
北京师范大学图书馆缪荃孙旧藏抄本书述略 ……… 康冬梅　72

图书及图书馆学研究

缪荃孙与图书编撰学 ………………………………… 王海刚　83
略论缪荃孙的版本学 ………………………………… 杨洪升　91
缪荃孙与江南图书馆 ………………………………… 徐忆农　102
缪荃孙图书馆思想与实践平议 ……………………… 夏明宇　116
缪荃孙与京师图书馆藏书目录 ……………………… 张廷银　123

金石方志研究

略论缪荃孙在金石学上的成就与贡献……………………………………刘心明　133
捶石入纸：拓本生产与流通中的拓工
　　——以晚清缪荃孙及其拓工为中心……………………………程章灿　141
缪荃孙：晚清藏碑第一人………………………………………………张春岭　162
《缪荃孙全集·日记》所见缪氏金石交往………………………………李　娟　166
略论缪荃孙的方志学特色………………………………………………杨洪升　185
北京大学图书馆藏缪荃孙稿本《洓源小志》…………………………姚伯岳　195

文史文化研究

缪荃孙的史学成就………………………………………………………张承宗　217
试论缪荃孙的五代史研究：以《补五代史方镇表》为中心……………胡耀飞　242
缪荃孙诗学思想考论……………………………………………………郑易焜　265
论缪荃孙所纂《江阴县续志》对第二轮修志的借鉴意义………………王萍芳　283
江阴城西名门申港缪氏……………………………………缪剑农　缪幸龙　287
再续百年书缘
　　——缪荃孙与天一阁……………………………………………应芳舟　296
缪荃孙文化播迁中的学术思想研究……………………………………米彦青　302

后记………………………………………………………………………………313

生平著述研究

缪荃孙传

许敬武

缪荃孙,字炎之,一字筱珊,晚号艺风老人,江苏江阴人。生而颖异,十一岁毕五经,博涉群籍。从阳湖汤秋史先生研究文史,从事考订。喜游历,既入川东道姚彦士幕,遍历川东北诸郡,搜拓石刻,始为金石之学。其后留心访求,先后得刘燕庭、韩小亭、马砚孙、瑛兰坡、崇雨舲、樊文卿、沈韵初诸家所藏拓本。宦游所至,又得打碑人李云从、聂明光等,并善搜访于畿辅山右山左、大江南北,及皖中石刻,椎拓几遍,前此金石家所未有也。历三十余稔,共得一万有八百余种,著《艺风堂金石文字目》十八卷。凡伪造摹刻无时地可考者,皆不录,砖与瓦亦不预。按代编目,起三代迄有元,厘为十八卷,视孙、赵《访碑录》均驾而上之,叶氏《语石》称其著述网罗宏富,冠绝古今,洵非虚誉。石经七刻,只蜀石兼注,故学者重之。石毁六百余年,拓本存者,亦稀如星凤。庐江刘氏先得《周礼》卷九卷十两卷,《左传·襄公二年》一卷,《谷梁》十九行,后又得《周礼·考工记》二十二叶、《公羊》二十二叶。先生据之作《蜀石经校记》一卷,取阮本注疏为之考订异同,辨正讹阙。《金石录札记》一卷。按赵氏《金石录》宋本,止存十卷,清初为嘉兴冯文昌所得,后流传于杭州江玉屏,旋归赵晋斋,继为阮文达、韩小亭所得,最后归潘文勤、郑盦,海内推为天壤秘笈。先生据旧抄本成此《札记》一卷,详加考证,于是书源流、价值剖析无遗。赵氏《金石录今存碑目》一卷,附于《重刻赵氏金石录》之后录,今存碑目二百八十有二种,较之赵氏所见,仅余十一,后并附以诗歌,可与覃溪老人《后九曜石歌》并绝千古。此外又辑《云自在龛金石分地编目》一册。先生原拟分地按代列目,详年月书体所在,因故中辍,惜非完帙,怅恨无穷。又补正韩、赵两家《访碑录》,为《金石分地录》二十四卷。拟补续《金石萃编》,先就辽金元辑录,以非独力能成,辍而未作。平生考证未有专书,散见文集、笔记,及顺天、湖北、江苏《金石志》中,其著述除《金石分地录》未刊外,余均梓行于世。

原载《庠声》1933年第10期,原题为《清代金石学家列传稿下编(三)·缪荃孙传》

《艺风年谱》与《书目答问》

陈　垣

新刻《艺风老人年谱》一卷，为缪艺风所自订，至宣统三年止。艺风生平刻书甚夥，嘉惠士林，有清末叶，无与伦比。

《书目答问》为光绪元年张之洞督学四川时所刊布，不数年即翻刻数本，几于人手一编。康有为讲学桂林，至谓《书目答问》常置怀中，学问自然增长，其推重可想。

顾《书目答问》人多谓为缪艺风撰，吾尝疑之。李慈铭好臧否人伦，苟稿非己出，冒为己作，难免讥议。同治二年，张之洞以第三人及第，《越缦堂记》云："探花张之洞，壬子解元，少有时名，近日刘其年劾吴台寿一疏，传出其手。"此谓张之洞为人捉刀也。

光绪五年二月，《越缦堂记》云："蕚庭来，以张香涛《书目答问》相商。此书余未尝过目，乃已有翻刻者，今日阅之，所取既博，条例复明，实为切要之书。惟意在自炫，稍病贪多，非教中人之法。又经学诸门，所注太略，集部出入，尤多不确。"是李慈铭对《书目答问》，颇有微词，然未尝谓非出张之洞手也。

潘祖荫与张之洞、缪艺风往还甚密，同讲金石目录之学。光绪九年，潘祖荫丁忧在籍，陆心源与潘札有云："张中丞所刊《书目答问》，世颇风行。如《考古续图》，流传绝少，惟天禄琳琅及叶氏平安馆有其书，《答问》列之通行；朱石君《知足斋文集》乃散行，而列之骈体；毛岳生、吴仲伦、刘孟涂、管异之称姚门四杰，而独遗毛氏，亦百密之一疏也。"陆氏所议，今范希曾本《书目答问补正》尚未为补正，然当时未闻此书出艺风手也。

光绪十九年，叶德辉跋《书目答问》初印本云："同年友杨叔翘锐为吾言，此目出缪太夫子小山先生手，实非南皮己书。"故叶氏题记，屡为是说。民国十年上海朝记书庄翻印《书目答问》，竟题曰艺风老人原著。窃尝论之，艺风虽籍隶江阴，然既以四川籍乡试中式为蜀绅，张之洞督蜀学，何至请蜀绅代撰一书，称为己作，以告蜀中生童？且书中所述，与张之洞生平所论，及其后《劝学篇》诸作，同出一辙，而与艺风学派不同，谓出艺风，似乎不类。

今《艺风年谱》光绪元年条云："八月，执贽张孝达先生门下受业，命撰《书目答问》四卷。"是艺风自言此书出其手也。然光绪三十四年艺风为《半岩厂所见书目序》，仅云助理。序云："同治甲戌，南皮师相督四川学，诸生来问应读何书，书以何者为善，谋所以嘉惠蜀士，于是有《书目答问》之编。荃孙时馆吴勤惠公督署，随同助理。"助理与代撰，本有不同，此语在张之洞未卒之前，较可信据。

民国二年艺风题《边袖石诗词》手稿云："光绪乙亥编《书目答问》，南皮师嘱以《空青词》入词家，今甫得读全词，相隔四十余年矣。"此语在宣统元年张之洞既卒之后，今《年谱》又复云云，二公皆已作古，无从质证。余近得光绪二年张之洞与王懿荣手札，述此书缘起甚悉，为《张文襄全集·书札门》所未载，大可为此事作证。札云：

  弟在此刊《书目》一卷，以示生童，意在开扩见闻：（一）指示门径；（二）分别良楛；（三）其去取分类，及偶加注记，颇有深意，即是无数语言，非仅止开一书单也。

  更有深意，欲人知此所列各书精美，而重刻或访刻之。特自知谫陋，以职司所在，不敢谦避，其间舛漏必多，特寄上一本，请为补正，至感。补正后，请分条疏于别纸，速即寄川，以便改补。又一本并一函，寄缪小珊进士，望转交，嘱其订正，亦即详列见覆为要。此物可作公牍观，不可作著述观，盖不得已也。或与潘少宗伯一观，必无暇详览，但能指摘其体例大端亦好，所以不径寄者，嫌于自衒。如非同道，不必与看，免致徒招唇舌。然此举作法自弊，于买书大不便矣。又《輶轩语》一本，说更浅陋，亦呈一览。此真是告示公牍一例物事，本不足登大雅之堂，不过欲使执事知弟在此劳精弊神，舌敝唇焦，大率皆为此等事。此物虽潘宗伯亦不可与看，见之徒令其骂耳。

末署"闰月十八日，重庆行署"，盖光绪二年闰五月也。据此，则《书目答问》由蜀刻成后寄京，由王懿荣转交艺风，嘱其订正，与寄王懿荣之请为补正，及请潘祖荫指摘，同一用意。然则此书王懿荣及潘祖荫诸人，皆曾为之订正，不过未若艺风之先为助理,复为订正,关系较深耳。然助理与订正,均与代撰不同,今以此札与《半岩厂书目序》互证,终觉《年谱》命撰之说,稍为过当也。

民国二十五年三月二十八日　陈垣

原载《图书季刊》1936 年第 3 卷第 1—2 期

缪荃孙集外题跋辑考

杨洪升

缪荃孙是晚清民初著名的文献学家,藏书十分丰富,经眼书极多。他所撰藏书题跋,历来为学界珍重。此缪氏所撰题跋二十二通,皆辑自原书,其文集、藏书记没有收录,也未见他人征引,系自来未刊之稿,颇见缪氏学识,也可为治版本目录学者提供借鉴。为便于理解,笔者略加考证、笺释,附于每跋之后。

《诗传旁通》十五卷,元梁益撰,抄本

此书抄自文澜阁,刻入《常州先哲遗书》,书中讹误,无别本可校,颇费考订。朱签皆同人商榷语也。光绪丙申授衣之月荃孙识。

按,是书今藏山东大学图书馆。无栏,半叶十二行,行二十四字,楷书甚工,书中朱笔加签颇多。书中钤"云自在龛""曾经艺风勘读"朱文方印,"南通沈氏藏书"朱文方印,该书经缪荃孙收藏后,曾流入南通沈燕谋之手。缪氏从文澜阁传抄该书是通过丁立诚,《艺风堂友朋书札》(以下简称"书札")和《艺风老人日记》(以下简称"日记")均有记载。《书札》中丁氏致缪荃孙第八札云:"明《名臣琬琰录》第十九卷至廿四卷及后编八卷,与《诗传旁通》,全部均抄未毕工。"[1]末题"七月二十一日"。《日记》丙申年(1896)八月十二日云:"阅吴申甫信……丁修甫两信,寄《萧茂挺集》《诗传旁通》《西湖志补遗》各种。"[2]《常州先哲遗书》第一种即为《诗传旁通》,卷首牌记题"光绪丁酉武进盛氏用文澜阁传抄本开雕",其刊刻经过,《日记》也有记载,不一一录之。

---

[1] 《艺风堂友朋书札》下册,上海古籍出版社,1981年版,第697页。
[2] 缪荃孙:《艺风老人日记》,北京大学出版社,1986年版。下引不一一注出。

《古史》六十卷，宋苏辙撰，宋刻元明递修本

　　苏颍滨《古史考》，每半叶十一行，行廿二字，宋刻之精者。明有二刻，一十行十九字本，一十行二十字本，与此不同。自汲古后，他书目所未见，君宜其宝之。壬寅岁暮，艺风获观，志幸。

　　芥航河帅收藏极富，前数年为齐贾捆载入都，曾得其影元抄《类编长安志》，极为精整，系张芙川故物，此书出自菉竹堂，皆由吴入秦，仍由秦返吴矣。

按，是书今藏国家图书馆，存三十七卷。左右双边，白口，版心上记古史传几，下记叶数，最下记刻工名。缪荃孙为曹元忠撰此跋，《日记》有记载，壬寅(1902)十二月十九日云："为曹君宜跋《古史》。""芥航河帅"即张井，陕西肤施人，嘉庆六年(1801)进士，曾任河东河道总督。书中另有曹元忠、毓隆未刊手跋各一通，介绍该书递藏经过，可与缪跋互相补充，曹跋云："庚子孟秋，联军入都，圣驾奉太后西狩，吾友绍岑学士麻鞋间道奔赴行在，比辛丑季秋扈跸北归，赠余在陕所得颍滨《古史考》残本十二册，云是张芥航河帅故物，前明为菉竹堂旧藏。余按《冬心随笔》云'《古史》六十卷，宋苏辙纂著，宋咸淳刻本也。'冬心从毛季斧得见全书，所言必有依据，特表出之。壬寅正月，元忠。"毓跋云："庚子岁，扈从西安，无意中得宋椠《古史考》十二册，是芥航河帅所藏，潢治古雅，颇资览观。辛丑十月回京，君直世兄侨居舍下，暇时出以相质，君直激赏，以为的是北宋椠本。余固弇陋，不解宝藏，既遭青眼，不欲听其沉埋，因遂举而赠之。甲辰督学两皖，而君直适来，嘱余跋之。考核琐细，目录之学，向懒用心，记问尤寡，仅识投赠之故，并以著佳物之得所归也。光绪三十年甲辰八月毓隆记。"

《敬乡录》十四卷，元吴士道撰，章小雅抄本

　　此书我友章小雅手抄阁本，甚为宝爱，去岁张君石铭刻入丛书，方知阁本之误百出，又无别本可校，遂繙别书参之，最后得《金华文略》改补百拾字，惜不得见《金华文统》耳，陆存斋《宋诗纪事续编》所采讹误正同，非抄手之过也。甲寅四月校毕因识，江阴缪荃孙跋。（下钤"艺风审定"朱文方印）

按，此书今藏国家图书馆。半叶八行，行二十一字，无格。《艺风藏书续记》卷四收录之《敬乡录》即此本。缪荃孙为张石铭校该书，《日记》中也记载，在癸丑

(1913)、甲寅(1914)年间。《日记》癸丑年六月十三日云:"跋《敬乡录》。"与此跋时间不合,或另有一跋。该书后经瞿熙邦校读,卷十四末有跋云:"乙亥夏日以正德本《金华文统》校读一过,凤起。"可补荃孙之缺憾。

《运使复斋郭公言行录》一卷,元徐东撰,《敏行录》一卷,清张蓉镜家影元抄本

《复斋郭公言行录》《敏行录》,昭文张芙川影元写本。此书自阮文达公进呈后,间有传本,芙川选工精写,尚有邑先辈绛云、汲古之遗风,而略改徐东所编书例,似乎不合。藏印累累,内有"芷湄借观""叔芷女士""若蘅"三印,皆闺阁中物。若蘅,方勤襄公第五女也。宣统辛亥闰六月,江阴缪荃孙识。

按,是书今藏国家图书馆。《言行录》半叶九行,行十八字,黑口,左右双边;《敏行录》半叶十行,行二十一字,小字双行同,黑口,左右双边。缪荃孙为该书撰跋,《日记》有载,宣统辛亥闰六月七日云:"……又题傅润源《郭公敏行录》。"此"傅润源"即傅增湘,时任直隶提学使。《藏园订补郘亭知见传本书目》载该书云:"《运使郭公复斋言行录》一卷,元徐东撰,《敏行录》一卷,清张蓉镜家影写元刊本,九行十八字,《敏行录》十行十八字,有单学传、缪荃孙跋。余藏。"①单跋在缪跋前,云:"芙川张兄得当时原刊本,选工精写,而略改徐东所编书例,实自来藏书家未经著录者也。"书中藏印还有"倚青阁"白文方印、"芙川张蓉镜心赏"白文长方印、"琴川张氏小琅嬛仙馆藏书"朱文方印、"小琅嬛福地缮抄珍藏"白文方印、"海盐张元济经收"朱文方印等印记。

《新刊真楷大字全号缙绅便览》一卷,明万历十二年北京铁匠胡同叶铺刻蓝印本

丙辰十二月十九日消寒第三集,同人集余云自在堪(龛),兼祝苏文忠公生日,余悬公像,以朱刻《东坡后集》、新刊明弘治七集、径山石屋洞题名陈列左右。积余携明万历十二年春季《搢(缙)绅》三册见视,是阮文达公孔夫人之物,《瀛洲笔谈》《冬青馆集》详考之。时刘君翰怡重刻《京师坊巷志》,原仿

---

① 傅增湘:《藏园订补郘亭知见传本书目》卷五,中华书局,1993年版,第28页。

《东西京城坊考》为之。此书刊于西城铁匠胡同叶铺,亟亟补入,与《崇祯癸未登科录》在正阳门里东城墙下张家,《顺治十七年缙绅》在西河沿洪家一例。自中叶迄今,此等刻字书铺均在琉璃厂矣。

迨时万历十二年,辽东二州属之山东,旧例也。开原设安乐州,辽阳设自在州,均以处边外之人。迨我朝举兵西向,安乐不安乐,自在不自在。此犹太平之制也。江阴缪荃孙。(下钤"蟬"朱文方印)

按,此书今藏国家图书馆。半叶十行。缪跋外尚有鲍毓东、曹元忠跋,李详、金蓉镜等题诗。跋中所言消寒携书及刘承幹欲重刻《京师坊巷志》之事,《日记》有记载,丙辰年(1916)十二月十九日云:"消寒第三集,周湘舲、张石铭、刘翰怡、陶拙存、刘光珊、朱古微、徐积余同集云自在堪(龛)。积余见视万历十二年春季《缙绅录》。翰怡馈百金,并遗重订《金石》《坊巷志》。"其时,荃孙正重订《京师坊巷志》,并为刘氏校勘。

《顺治十五年戊戌变法科进士履历便览》一卷,清顺治刻本

梅厓精庐藏顺治壬辰乙未戊戌三科题名齿录敬赋长句,仍次覃溪先生咏石经韵。

新城二王登第日,是我大清开国之初年。三录千有二百人,范(忠贞)汤(文正)伟望人争传。文词经济无不备,姓名重若山斗然。池北书库散供出,王延诗老珍遗编。乾嘉名流手题识,银钩玉箸序后先。登科小录寻常耳,不啻炳耀临义矑。辛丑搢绅同珍弆(郑庵藏顺治辛丑搢绅,渔洋任推官),殊令俭腹馋生涎。归安作歌更排纂,中唐蔽视郎与钱。景仰无殊宋两录,绍兴宝祐希重镌。自从边疆竞笳鼓,群诮几席研丹铅。西荒不修菑耳贡,东海那得精卫填。万方狎主敦槃会,九有空慨车书联。胶庠宜拟虞夏绍,科举无复唐宋沿。江浙鼎元何足羡,才兼文武方为全。但求富强存圣学,讵秖文字嗤言诠。其中兴废非人事,枉用寸管测大员。我观此录三叹息,恍若元老《东京》篇。楳厓宝之慎弗失,渔洋存素同墨缘。

江阴缪荃孙。(下钤"缪荃孙印"白文方印、"云自在龛"朱文方印)

按,此书今藏国家图书馆。除缪荃孙题诗外,书中尚有叶绍本跋,何道生题签,洪亮吉、石韫玉题款,褚德彝题记等。据前人题跋,该书曾为王士禛、法式善、

蒋汝藻等人收藏。诗中"楳厓"指万欣涛。荃孙为该书题诗《日记》有记载,丙午年(1906)四月三日云:"还《双汉石经歌》与万欣涛,借顺治壬辰、乙未、戊戌三《登科录》回……题《三登科录》,再次覃溪先生韵。"闰四月廿四日云:"写《题顺治壬辰乙未戊戌齿录诗》与《翁诗》一册交万楳厓。"该诗可见荃孙的科举观、人才观,如其云"江浙鼎元何足羡,才兼文武方为全。但求富强存圣学,讵矜文字嗤言诠"。荃孙为该书所撰写跋语见《艺风堂文续集》卷八,可与该诗合读。

赵学辙所见《古器录》不分卷,清赵学辙摹,摹写本

此为武进赵学辙先生所见古器,即摹写成,将镌刊行世,不久即归道山,未成此志也。其后家道中落,此册即为帖贾所得,余以十五金购之,展观之余,不胜慨叹。光绪二十二年七月缪荃孙记于武进寓次。(下钤"荃孙"朱文长方印)

按,该书今藏上海图书馆。书衣题"先后所见录"。全书摹写甚精,凡六十九叶。缪荃孙《日记》和《藏书记》均不见该书记载,不知何故。赵学辙,字季由,号蓉湖,江苏阳湖人,赵怀玉从侄。嘉庆四年(1799)进士,官至湖州知府。书法颜、米、赵、董诸家,兼工篆隶。

《东轩笔录》十五卷,宋魏泰撰,明抄本

此天一阁写本《东轩笔录》十五卷,绵纸蓝格,字迹古朴,明抄也。"敦"字缺笔,源出于宋。适箧衍有《稗海》本,又一旧抄本,对校无甚出入,止旧抄本编次极正,天一本九条杂出,盖《笔录》先太祖后太宗、真宗、仁宗、英宗,各朝事迹略有次第,不混杂也。是书与《稗海》本合,特《稗海》有落行耳。是《稗海》脱序,各书如此。抄本讹字辄与更正。宋人著述往往与同时人同记一事,或同或异,本书前后记亦不同,须与正史折衷。魏虽与曾布姻戚,《提要》以为回护荆公,略有巧诋,然大致尚属公平也。

按,该书今藏南京图书馆。半叶十一行,行二十二字,墨格,细黑口,四周单边。书中钤"孙毓修印"白文方印、"杭州王氏九峰旧庐藏书之章"朱文方印。缪荃孙此跋系为孙毓修撰写,该书卷末还载有孙氏手跋一通,记缪跋始末并加评说,云:"右《东轩笔录》十五卷,己未闰七月得于上海,江阴缪筱珊先生借去校其

所藏抄本,还书之日,加跋数行,碌碌未暇覆审也。缪氏藏书顷已散去,《东轩笔录》四册,有高士奇印记者为涵芬楼所有。取与此本相勘,则卷十彼阙'孙何榜'一条,卷十五阙'真宗与北藩'一条,而此本亦阙吴仲卿一条,缪氏均未校,其亦疏矣。彼本讹字不少,缪氏已据予本校改。予本字迹奇古,当是嘉靖以前抄本,或尚是丰氏万卷楼旧物而为天一阁收藏,缪氏以为天一阁写本,亦未审也。予本阙卷一之第一叶、卷十五之第五叶。今依缪氏本抄补卷十五之第五叶,依予本行格填补,外尚羡七行,其字数多寡,必与缪本有异,兹姑录入以便视览,未足为定本也。辛酉六月八日晨起书,留庵。"下钤"留庵手题"白文方印。

《丹溪先生医书纂要》二卷,元朱震亨撰,明卢和注,明刻本

右《丹溪先生医书纂要》上下两卷,每叶二十行,行二十二字,有成化甲辰东阳卢和纂注序。纸墨古雅,不啻宋元面目,诚可宝贵。予珍而藏之数十年,姚江邵子桐见而爱之,以为此本古香古色,殊为难得,在南菁书院借阅累年,竟携之入都,屡索不还,乃属武林友人往取之,酬以三十金始得归赵。昔人以借书还书等为一痴,殆是之谓欤?光绪二十五年己亥夏六月八日,江阴缪荃孙识于云轮阁。(下钤"荃孙"朱文长方印)

按,此书缪荃孙《日记》和《藏书记》没有记载。今藏上海图书馆,该跋以墨笔题于卷首,确系缪荃孙手笔。书系黑口,双鱼尾,四周双边,版心上记卷数,下记叶数。卢序后钤有"安乐堂藏书记""明善堂鉴藏书画印"白文长方印,是该书曾经怡亲王弘晓收藏。书后有"小存斋主人"一跋:"明成化年刊《丹溪医书》上下两卷,分装四册,为江阴缪筱珊先生旧藏,己丑冬日以番佛四十尊得于金陵书肆,可谓物美价廉。卷首有缪先生题识数行,尤堪珍重,记之以志墨缘。小存斋主人敬识。"下钤"小存斋"椭圆印。下又题一行云:"近世藏书家以明刊黑口本为贵,此书正合时宜,今为余得之,虽有人出八十番,亦不忍割爱矣。笑笑。"亦可见此书之可宝。

闲渔《闲闲录》九卷,清蔡显撰,清抄本

此书不矜才,不使气,阅之使人矜平躁释,节其引书未加论断、琐事不足观者以尊其书。姓名不见,不知《松江志》中考得否。序尤佳。(下钤"艺风审定"朱文方印)

按，此书今藏国家图书馆。半叶十行，行二十一字，无格。书中钤有"吴兴刘氏嘉业堂藏书记"朱文长方印、"刘承幹字贞一号翰怡"白文方印。荃孙此跋即为刘氏所撰。刘承幹曾将该书刊入《嘉业堂丛书》，荃孙为之校刊，并考出该书作者。《日记》乙卯年（1915）四月十八日云："校《闲闲录》九卷。"六月廿七日云："读《明斋小识》，知《闲闲》为松江蔡显撰，是书成案奇极。"七月廿二日云："刘翰怡取《闲闲录》去。"缪荃孙为嘉业堂撰写藏书志，又为该书撰写叙录，今收录于《嘉业堂藏书志》卷三，可与该跋合读。

唐翰林《李太白诗集》二十六卷，唐李白撰，《年谱》一卷，宋薛仲邕撰，元刻本

李《集》宋刻有三十卷本，有二十五卷本。此二十六卷罕见流传，止天禄琳琅收之，以为坊间所刻。口上或作"白诗"，或作"白寺"，即坊刻之塙证。然字画精劲，疑原出天水，与通行元本不同。沅叔其宝诸。艺风。（后钤"缪荃孙"白文长方印）

按，此书今藏清华大学图书馆。缺卷一至卷四。半叶十一行二十字，左右双边，上下细黑口，双鱼尾。纸墨均差，有漫漶处，后人以朱笔补字。书前衬叶有"乙酉九月长洲叶昌炽观"朱笔题识，下钤"颂鲁眼福"白文长方印；"壬子冬月江阴缪荃孙观"朱笔题识，下钤"缪荃孙"白文方印。据此可知荃孙为傅氏题跋的时间或即在壬子（1912）冬月。该跋即题于目录后的加叶上。书中钤有"江安傅沅叔收藏善本""师郳乙酉岁暮检书记"朱文方印，"双鉴楼珍藏印""佩德斋珍藏"朱文长方印，"客娱轩主人""大司马印"白文方印等印记。

《范文正公集》二十四卷，附录一卷，宋范仲淹撰，明万历三十七年康丕扬刻本

宋《范文正公文集》，宋刻二十卷，元天历本同，另编《奏议》二卷，《遗事》《义庄规矩》《陕西五路图》《西夏地形图》《西夏寨堡》各自另编。明嘉靖祠堂本仍依原次。此陕西本，刻于万历，将奏议及附录各种羼入，拓为二十四卷，康熙、乾隆各本因之。是此本初改宋元旧第而为近刻之所祖，亦可留之备阅。岁在癸丑十有二月江阴缪荃孙识。（下钤"荃孙"白文长方印）

按，此书今藏上海图书馆。半叶九行，行十九字，白口，上鱼尾，版心上记卷

数,下记叶数。书内有补叶,卷首有"阳湖陶氏涉园所有书籍之记"朱文长方印。荃孙从况周颐购得该书,旋售与陶湘。《日记》癸丑年(1913)十一月八日云:"送百元与况夔生,购《金兰集》《范文正集》元版《尔雅》。"十二月十七日云:"送《金兰集》《范文正集》《结一庐丛书》与陶兰泉。"该月廿四日云:"陶兰泉还书钱。"该跋即撰于此时。缪荃孙所藏该集有两种,一宋乾道中饶州路刊本,一明翻天历刊本,均见于《艺风藏书记》。

《倚松老人诗集》二卷,宋饶节撰,清宣统二年缪荃孙家抄本

宣统庚戌照十万卷楼抄本写一册,十二月以知不足斋影写宋庆元刊本校过,前校用墨笔,今用朱笔。荃孙。

按,此书今藏国家图书馆。半叶十一行,行二十四字,无格。书中缪荃孙以朱、墨二色笔校字甚多。内钤有"东莞莫氏五十万卷楼""东莞莫伯骥所藏经籍印"两大朱文长方印。《艺风藏书续记》卷六收录一影宋抄本,半叶十行,行二十字,首叶有翰林院印,系鲍氏进呈四库底本,即荃孙据校之本。宣统庚戌(1910),沈曾植校刻西江诗派韩、饶二集,缪荃孙代为校勘,此书当荃孙代为抄校之书。对此《日记》和《书札》均有记载,《日记》庚戌年六月十四日云:"沈子培寄纸来,并李审言信及关书,即覆之,寄新抄《倚松集》《榕村续语录》六卷、旧抄《秘殿珠林》六册,信由邮政,书交林学使。"此新抄本《倚松集》或即此本。《书札》中沈子培致缪荃孙第十三札云:"奉十四日惠书,敬承一切。林诒翁十六登舟,计今晨当到皖,遣迓未见,未知何故。"①正与《日记》中所载相衔接。沈氏对缪荃孙代为校勘该书是非常满意的,其致缪氏第十八札云:"《嘉禾志》何日可竣?两宋人集得公精校,将来可称善本。"②"两宋人集"即指韩、饶二集。

《鄮峰真隐漫录》五十卷,宋史浩撰,清抄本

此书《四库》底本,即范氏所进呈者,失前四卷,书估并撤前四卷目录,并后六卷目录,以充完帙。顷假得全书,付抄胥补抄前四卷,书前后目录嘱内子镜涵足之。光绪甲辰装毕志,艺风。(下钤"炎之"朱文长方印)

---

① 《艺风堂友朋书札》上册,上海古籍出版社,1981年版,第177页。
② 同上,第180页。

按，此书今藏北京大学图书馆。无格，半叶八行，行二十字，楷书甚工，内有荃孙朱笔校字。《艺风藏书记》卷六收录一本，谓："内有涂乙，是修四库书时馆臣手笔，惜官印在首叶，已失去矣。"①与此书正合。又谓"缺后五卷"，实为未细勘之失。《艺风堂文续集》也有该书一跋，称："缺卷一至卷四四卷，又缺四十四一卷。"②今观该集后六卷有书估改装痕迹，实是以后六卷补前四卷和第四十四卷，装订为四十五卷，以充全帙。对于缪荃孙补、校、跋、装该书，《日记》有记载，癸卯年（1903）十二月八日云："校《邓峰真隐漫录》补抄叶。"九日云："还《邓峰真隐漫录》廿四册与胡研生……跋《邓峰漫录》。"甲辰年（1904）一月卅日云："交《邓峰真隐漫录》与老刘装订。"《日记》提及之跋当系《艺风堂文续集》中之跋，可与此跋合读。

《湛然居士文集》十四卷，元耶律楚材撰，明抄本

> 《湛然居士集》无刻本，景抄本亦罕见。此朱卧庵手抄，字迹古雅，跋语六段，极可宝爱。荃孙。

按，此书今藏国家图书馆。半叶十行，行二十一字，小字双行同，白口，左右双边。书中钤有"双鉴楼藏书印"朱文长方印、"朱之赤印"朱文方印、"葛一龙印"白文方印、"单耕堂印"白文方印、"寒士精神"白文方印等印记。荃孙所谓"跋语六段"，是指朱之赤之跋，其卷一末题："丁卯小春廿七日，细雨迎寒，灯昏手缩，勉强再三，始终此卷。卧庵老人朱之赤阅。"卷二末题："次日早起送刘方伯殡，候诸同人，独坐挑灯阅此。"卷四题："十一月朔，冷风冻雨，不能出户，礼佛毕，经课饭食之余，阅此三卷。虽精力未疲，觉手颤甚矣。卧庵。"卷九末题："湛然居士，元大丞相耶律文正王也。王学贯天人，才兼文武，不知其禅学精深如此。此集为孝章金先生所藏，曾许见假，未几去世。去冬震麓持以见示，始得易抄。春来奔走道路，席不得□。晨坐雨，获校此二卷。戊辰二月三日，赤。"卷十二末题："元宵以后，藩伯宋、宋公祖日来借画，无复余闲，今早微雨，得校此卷，戊辰二月一日，卧庵。"又题："粥后雨尚未止，又阅一卷。"朱氏字守吾，号卧庵，明末清初人，喜藏书画，与毛扆、叶奕等有交游，叶昌炽《藏书纪事诗》有载。缪荃孙此跋大概是为傅增湘撰，《藏园群书经眼录》收录此书，但未录荃孙之跋。《艺风藏书续记》收录一影元抄本《湛然居士集》，有"温陵黄俞邰藏书印"印记，与此本不同。

---

① 《艺风藏书记》卷六《邓峰真隐漫录五十卷》条，清光绪二十七年（1901）艺风堂刻本。
② 《艺风堂文续集》卷七《邓峰真隐漫录跋》，清宣统二年（1910）艺风堂刻本。

《周此山先生诗集》四卷，元周权撰，清初抄本

  乙厂新得明黑口本，校阅一过，正此抄所自出，因讹字悉相同也。而又改易行款，误联数处，均与画开。有李鹿山印，仍明抄也。艺风。（下钤"荃孙"白文长方印）

按，此书今藏上海图书馆。半叶十一行，行二十一字，白口，左右双边，版心上记此山先生集几，下记叶数。有"曾在李鹿山处""郑氏注韩居珍藏记""吴兴许博明氏怀辛斋藏书印"朱文长方印，"云自在龛"白文方印，"陈立炎"朱文长方印，可知此书曾经福清李馥、侯官郑杰递藏，又经荃孙之手流入"古书流通处"，落入吴兴许厚基之手。卷末荃孙跋后有许氏"李鹿山，名馥，浙江巡抚，康熙中收藏家"题识一行。缪荃孙书散后许氏所得甚多。《艺风藏书记》卷七收录该集，定为旧抄本，更为确切。

《危太朴云林集》二卷《说学斋稿》十卷，明危素撰，缪氏艺风堂抄本

  此集抄自新阳赵氏，从何屺瞻藏本出。壬子正月借乙庵藏海宁计酉峰抄本校讫。计本出于查氏玉雨堂，有他山小识。补录《樵州志》一七言律。壬子二月，艺风。（下钤"荃孙"白文长方印）

按，此二集今藏上海图书馆。无格，前者半叶十行，行十九字；后者半叶十二行，行二十六字。内缪荃孙以朱笔校字甚多。钤有"海昌陈琰"朱文方印，可知该书曾归古书流通处所有。此跋在《云林集》卷末，《说学斋稿》卷末还有一跋，《艺风堂文集续集》卷七收录。《日记》对荃孙抄、校经过有记载，戊申年（1908）七月二十日云："到机器局后身小花园访赵学南，见其藏书，托抄《危云林集》，又借《逸老堂诗话》《滇黔小纪》《胡雏园集》回。"十一月廿八日云："接上海赵学南信，寄《危太朴集》。"十二月三日云："校《说学斋稿》卷一。"四、五、六、七日均校该书。壬子年（1912）二月十八日云："校《云林集》，得诗一首。"廿八日云："还子培《云林集》《山林遗集》。"此二集荃孙也载入了《艺风藏书续记》，称："文共一百三十六篇，较别本为足。"① 缪氏后又收得一《说学斋稿》旧抄本，载入《艺风藏书再续记》，所撰续录甚详，可与此二跋合读。

---

① 《艺风藏书续记》卷七《说学斋稿十卷云林集二卷》条，民国二年（1913）艺风堂刻本。

《犁眉公集》五卷，明刘基撰，明初刻本

此明刘文成公《犁眉公集》五卷，刻于永乐初年，字形纸墨与元刻无异，至精之品也。所著有《翊运录》二卷，《覆瓿集》十四卷，《郁离子》四卷，《写情集》二卷，《犁眉公集》二卷，《春秋明注》二卷，翰林学士王景叙之，各自为书。正德己卯，处州府知府林富刻二十卷本，卷一《翊运录》，卷二、三《郁离子》二卷，卷四至卷十四《覆瓿集》十一卷，卷十五、六《写情集》二卷，卷十七、八《春秋明注》二卷，卷十九、二十《犁眉公集》二卷，虽并而体仍分，后有嘉靖戊子一跋，己卯去戊子止八年，想刻完加跋。丁氏收嘉靖丙辰缙云樊献科合诸集，重编为十八卷，刊于真定，不知若何并省，又记云"不可得见"，只有隆庆六年陈烈重刻樊本，以为最古，如见此编，又当如何赞叹也。己未七月缪荃孙借读并跋于艺风堂。

按，此《犁眉公集》五卷，当为该集最初刻本，至为罕见，今藏国家图书馆。半叶十二行，行二十四字，细黑口，左右双边，双花鱼尾，版心记卷数。卷首有"杨守敬印"白文方印，"星吾七十岁小像"朱文方印（左有小像），卷四之首有"小绿天藏书"朱文方印、"孙毓修印"白文方印。大概此书曾为杨氏收藏，后流入孙毓修手。荃孙此跋系为孙毓修撰写，《日记》己未年（1919）闰七月四日云："孙莘如还《濯缨亭笔记》，以明抄《东轩笔记》、洪武《犁眉公集》嘱跋。"七日云："撰《犁眉公集》跋、《东轩笔录》跋。"

《丹崖集》八卷，明唐肃撰，附录一卷，清抄本

此明天顺八年平湖沈琮刻本，有后跋，未见。钱塘丁氏八千卷楼藏是书，当假抄补足。

按，《丹崖集》刻本罕见，多以抄本流传。荃孙所藏有二本，一澹生堂绿格抄本，见于《艺风堂藏书续记》卷七，为其晚年所收；一传抄明天顺刊本，见《艺风堂藏书记》卷七，即此本，今藏国家图书馆。无格，半叶十行，行二十字，版心有丹崖集几，下记叶数。卷首钤"云轮阁""荃孙"朱文长方印，"东莞莫伯骥天一藏书之印"朱文方印。大概是书在缪荃孙书散后流入了莫氏之手。钱塘丁氏所藏即为天顺刻本，见《善本书室藏书志》卷三十五。

《四溟山人全集》二十四卷，明谢榛撰，明万历二十四年赵府冰玉堂刻本

《四溟集》二十四卷，明谢榛撰。榛字茂秦，山东临清人，布衣，自号四溟山人，目眇才高，事迹具《明史·文苑传》。山人折节读书，刻意为诗。山人嘉靖间挟诗卷出游，脱黎阳卢楠于狱，诸公皆多其行谊，争与交欢。是时于鳞、元美结社燕市，山人以布衣执牛耳。于时子与、公寔、子相、元美撰《五子诗》，咸首山人而次以元美。既而，布衣高论，不为同社所安，历下乃遗书绝交，而岂其使一眇君子肆于二三兄弟之上，必不然矣。迹其隙末，乃因明卿入社，山人喻以粪土，由是布恶于众。然山人游道日广，秦晋诸藩，争延致之，河南、北交称谢榛先生，诸人虽恶之，不能穷其所往也。当"七子"结社之始，尚论有唐诸家，茫无适从。山人主选十四家，熟读之以夺神气，申咏之以求声调，玩味之以裒精华，得此三要，造乎浑沦，不必塑谪仙而画少陵。诸人心师其言，厥后虽争摈山人，其称诗之指要，实自山人发之。山人今体工力深厚，句响而字稳，"七子""五子"之流皆不及也，山人虽终于布衣，而声价重一代，赵康王至辍侍姬以赠之，如姜白石小红故事。康王为之刻《四溟旅人集》，后嗣睿王复汇《游燕》《适晋》《江南》等稿，梓其遗诗成此二十卷，《诗家直说》四卷附之，苏潢、陈养才校之，程兆相又校之，署赵府冰玉堂刻于万历丙申。谢诗以此本为最精。《四库》止收万历壬子临清州知州刻十卷本，而去其《直说》。钱塘汪氏亦止得十卷本，《诗说》一卷，亦云刊本。丁氏《善本》不载。荃孙前得初印本，为友人易去，后得此本，为王渔洋池北书库旧藏，欠首册并末册，借陶君兰泉补录。陶本为山东高翰生本，从手迹补遗二十二首，亦抄附于后。梧生欲刻而未能，好事者真少矣。《四库》诋《直说》，然评论古人，实有心得，如炼"灯"字、"天"字，又以古人二句缩一句，一句化数句，于学诗者开示门径，实具良工苦心，不可没也。江阴缪荃孙跋。

按，此书今藏清华大学图书馆。半叶十行，行二十字，白口，左右双边，下有刻工崔仲臣、裴世垒、崔恩、崔德、崔慈、王真、王廷召、裴国登、张奉、李福、沈所知、陆洹、吴镐等姓名。序、目录、卷二十三至二十四系缪氏藕香簃抄配。缪荃孙跋前有清高鸿裁校记，并题"光绪二十五年十一月朔潍后学高鸿裁翰生甫校讫记"，可知高氏校书时间。《日记》对抄补该书及撰写跋语过程有详细记载，民国八年（1919）三月十二日云："兰泉来，交一百六十元，并肯补足冰玉堂《谢榛集》。"这是陶湘答应借补该集。四月四日云："丁少裘送《滂喜斋藏书记》来，易冰玉堂

《谢茂秦集》。"二十日云:"丁少裘交《谢四溟集》卷二十三、四。"二十八日云:"丁少裘来,交《金石待访录》,取金石正本第十(宋乾道)去,又《四溟集》两序一简目。"五月六日云:"取老丁影写谢四溟序回。"这是荃孙将该集补写任务交予手下的名写手丁少裘。四月二十一日云:"校《四溟集》卷二十三。"二十二日云:"跋《四溟集》。"这是荃孙覆校补抄部分并撰跋语。五月七日云:"交《谢四溟集》《金石记》与老夏。"十五日云:"夏炳泉来,交赵府本《谢四溟集》、影写《注东坡先生诗》两书。"这是荃孙将该集交与夏炳泉装订。抄补者行款与刻本相同,可知陶本系同一版本无疑。书中有"池北书库""读易楼收藏图书记"朱文长方印,大概此书经王士禛收藏,后流入玉栋之手,清末民初为缪荃孙收得。

《戆叟诗抄》四卷,清纪映钟撰,艺风堂抄本

此书未见刻本。就石椿跋,据其遗草而编为四卷者,抄极精雅,苕兄能梓行之,至为盛事。江阴缪荃孙校讫识。(下钤"缪荃孙印"白文方印)

按,此书今藏中国科学院图书馆。墨格,半叶九行,行二十字,左右双边,左栏外刻有"烟画东堂"四字。单上鱼尾,鱼尾之上记戆叟诗抄卷几,下记叶数。正文首叶右栏外写有"长啸轩抄本"四字,系出抄手之手,概即此本之所出。内有缪荃孙朱笔校字。钤有"曾经艺风勘读"朱文方印、"邓之诚文如印"白文椭圆印。书衣有邓之诚题记,即后来收入其《清诗纪事初编》者,云:"《戆叟诗抄》四卷,仪真石椿于乾隆五十一年得其手稿,选为四卷,清末缪荃孙得石本传录,以赠傅春官,刻入《金陵丛刻》,映钟之诗始有刻本。"对于缪氏赠书与傅氏之事,《日记》有载,甲辰年(1904)九月十六日云:"寻《戆叟诗集》。"十月十八日云:"发江西瞿启之七舅信,桂叔信,傅苕生信,寄《纪伯紫集》二册(大士院)。"

《落帆楼文遗稿》一卷,清沈垚撰,清抄本

沈《落帆楼稿》逸篇,《莲漪文抄》内尚有《与张渊甫书》《答许海樵书》两篇,《松文清事略》《鄂尔顺额遗事述》两篇。此帙首篇刻本有之,宜删去。小删。(下钤"缪荃孙印"白文方印)

按,此书今藏上海图书馆。无格,半叶十行,行二十一字,书甚工。内有缪荃孙朱笔校讹。收文凡《答张渊甫书》《史论立名篇》《史论风俗篇》《泥水考》

《家谱序》《书盛眉庵唐述山房日录后》《重修徐俟斋先生祠记》《与徐星伯中书论地理书》《与徐星伯中书论河南志书》《与龚定庵书》《与温铁华书》《纪思治事略》诸篇。

原载《文献》2007年4月第2期
（作者单位：南开大学文学院）

缪荃孙著述新考

杨洪升

　　缪荃孙(1844—1919)，字炎之，号筱珊，晚年号艺风，江苏江阴人，是晚清民初著名学者，文献学家。缪氏著作宏富，其自订《年谱》称："身历十六省，著书二百卷。"① 此《年谱》缪荃孙手订于壬子岁(1912)，距其卒尚有七年之久，而其晚年依然笔耕不辍，实著还不止此数。另外，所谓"著书二百卷"，大概还不包括编纂之作。缪荃孙究竟有哪些著作？前人陆续做了部分清理工作。一是《清史稿·艺文志》，但它仅仅收录了缪荃孙《续碑传集》一种。20世纪50年代，武作成为《清史稿·艺文志》查缺补漏，撰写了《补编》②，补收了《东都事略校勘记》《国朝事略》《兰陵缪氏世谱》《艺风老人年谱》《昌平州志》《艺风藏书记》《艺风堂藏书续记》《秦淮广记》《艺风堂文集》《辽文存》《旧德集》十一种缪著，与缪氏实著仍相距甚远。二十世纪九十年代王绍曾主编《清史稿艺文志拾遗》，继武作成之后续补《清史稿·艺文志》，又搜得缪著五十种。二是江苏地方史志，在《清史稿艺文志拾遗》出版之前，赵国璋主编的清理江苏地方古今人著作的《江苏艺文志》问世，其无锡卷网罗了缪著一百种。③ 前哲们也有论文专述缪氏撰著，一九三三年十二月，缪文逵在天津《大公报·图书副刊》发表了《缪艺风先生著述目》一文，收录了缪著五十四种。④ 次年，王绍曾感于该文所举"但限于夏孙桐所撰《缪艺风先生行状》"，⑤ 遂撰写了《〈缪艺风先生著述目〉补》一文，补充了《寰宇访碑续录》残

---

① 《艺风老人年谱》卷首，民国二十五年(1936)，北京文禄堂刻本。
② 武作成：《清史稿艺文志补编》，中华书局，1982年版。
③ 《江苏艺文志·无锡卷》，江苏人民出版社，1994年版。
④ 本文计算《缪艺风先生著述目》《江苏艺文志》《缪荃孙研究数据索引》《清史稿艺文志拾遗》各书所载缪荃孙著述，各目误著者及缪氏所编刻丛书皆不计算在内。
⑤ 王绍曾：《目录版本校勘学论集》，上海古籍出版社，2005年版，第131页。

稿等七种。另外,还有许廷长一九九八年编撰的《缪荃孙研究数据索引》,收录缪著八十九种。① 今天看来,各家所载虽不断突破前人,但限于条件,与缪氏实著仍有差距,难餍人意。笔者不揣谫陋,积历年见闻,对前人未述及的缪氏著述作一清理,凡得三十种,本文著录各书,除个别几种无法觅得外,笔者皆目验原书。

一、别 集 三 种

艺风堂诗存四卷碧香词一卷

该集民国间缪子受刻,民国二十八年燕京大学图书馆印行,一九八五年北京市中国书店以原板重刷,各目多误为一九三九年燕京大学图书馆刊本。该书卷末有邓之诚跋云:"艺风先生尝刻所为诗,毁于辛亥国变,后复手订诗凡四卷,曰《萍心集》《巴歈集》《北马南船集》《息影集》,附《碧香词》一卷,未及授梓,遽于戊午冬下世。后十年,令子子受始再刻之而印行。前年,之诚为作介以畀燕京大学图书馆。嗣中原板荡,艺风堂书板庋存国学图书馆者,已不可问,此集岿然独存,不可谓非厚幸也。"②是集行款同《文集》,所收录诗系缪荃孙十二三至辛亥国变间所作。

艺风堂赋稿二卷

缪九畴光绪间抄本,藏南京图书馆。书衣有长沙李世典光绪辛丑秋七月题"艺风堂赋稿"一行,卷首钤"思范室"朱文长方印。红格,半叶十行,行二十字,边栏右有"思范室抄"四字。卷末缪九畴跋语述该书原委道:"右族父筱珊太史律赋八十四篇,不署斋名,不分卷数,九畴假抄,以其篇帙重大分上下两卷,并颜之曰'艺风堂赋稿',沿其文集标题也。抄始于己亥,至去秋完上卷,嗣是遂痁,未克竣事。今六月,儿子庆禧由陆师学堂来此销暑,为抄余廿余叶,仍未完,余又接抄毕之。适长沙李君仲陵镌石章二方见赠,即以钤是跋之后。光绪辛丑中元节前三日,时客江宁钟山讲舍。"

缪筱珊先生家书不分卷

稿本,今藏国家图书馆。按,该书收录缪荃孙致其子缪禄保书札十四通,缪

---

① 许廷长:《缪荃孙研究数据索引》,金陵图书馆,1998年排印本。
② 《艺风堂诗存》卷末邓之诚跋,民国二十八年(1939)刻本。

荃孙之妻夏镜涵致缪禄保之妻一通,凡十五通,皆缪荃孙晚年居沪时所作。内容多谈家事,也涉及缪氏学术活动,颇见其晚年心境,如其中第十札云:"我三件事,史馆一年应酬数十篇,翰怡编书目、校书,阿三略帮忙,《省金石》阿三尚未能帮忙(北宋完),《江阴志》即日完,趁空做文吟诗,亦不觉苦,只搬书搬不动矣,爬高亦不行,衰矣。"

二、史传一种

国朝名人小传不分卷

该书未曾付梓,手稿本今藏北京大学图书馆。首页题"江阴缪艺风先生编"一行,纸无格,缪荃孙行书书写,半叶七至九行不等,行二十七至三十字不等,有夹签和补改处,有待填写空白,当系未定之稿。凡收江筠、庄述祖等学者七十三人。卷首有"麐嘉馆印"朱文方印,当曾经李盛铎收藏。

三、目录二种

唐书艺文志注四卷

此书未曾刊刻,存稿本。今国家图书馆藏有一残稿本,三册,存经、史两部;中国科学院图书馆藏有另一稿本,《四库未收书辑刊》曾据以影印,而不知撰者。国图藏本,曾经邓之诚收藏,有邓氏一跋:"此艺风先生所撰《唐艺文志考》,并列《旧志》,而分注《隋志》其下。考其人,论其书,分别存佚,为体简要,不似章、姚考证《隋志》,徒侈篇幅。光绪以来,先生流略之学,海内推为第一,此书可方伯厚。学人之作,自是不同。《唐书艺文志》纷复错讹,自来诟病,得就整理,可谓功臣。惜丙、丁二部,稿佚不可求。子受盍足成之?若授梓以传,嘉惠来学,岂有涯涘!决非已刻《读书记》《藏书记》所能比拟。此是史学,非专门名家不能也。"可见该书价值。中国科学院图书馆藏本,有"江安傅沅叔藏书记"朱文长方印,即《藏园群书题记》中所跋者。该本自傅增湘以来,长期被误认为藕香簃抄本,系唐景崇所撰。该书系缪荃孙应王先谦之请而撰写,作为王氏《新旧唐书合注》的一部分。①

---

① 杨洪升:《缪荃孙著〈唐书艺文志注〉考》,《文献》2005年第3期,第217页。

读画斋印谱不分卷

此书缪荃孙编,钤印巾箱本,清华大学图书馆藏。绿格,边栏左有"读画斋印谱"五字,卷前衬页钤"荃孙"朱文长方印,首页钤"江阴刘氏"白文长方印、"刘复所藏"朱文长方印、"潘世仁印"白文方印,第三页钤有"缪氏子评"朱文方印、"志名手拓"朱文长方印。卷末题"拾一口印供哈柒十二张"一行。正文所钤印章中有缪荃孙"云自在龛"白文方印、"云自在龛"朱文方印两方。

四、金 石 五 种

再补寰宇访碑录三册

今国家图书馆藏抄本。书衣题"艺风老人手写稿本三册",朱丝栏,版心镌"沤雪吟舫"数字。

金碑目一卷

此书未见,《木犀轩藏书目录》著录该书稿本。①

云自在龛金石目初、续编不分卷

稿本,今藏上海图书馆。两册,分别为初编、续编。首册书衣有陶浚宣"丙戌长夏"署"云自在龛金石目初编",下钤"陶氏文仲"白文方印。首页即正文,右栏外有"国桢之玺"朱文方印,可知该书曾经谢国桢收藏。绿格纸,上鱼尾,四周单边。全书楷书甚工,半页十行,行二十五字,小字双行同。首行题"云自在龛金石目(庚午至己卯)",大概该书收录为缪荃孙同治庚午(1870)至光绪己卯(1879)间所得金石碑版。体例是按时代先后排列,自周至元,每条皆指出碑刻的时间、地点、书体,间引用前人金石著作,意见不同时加考订按语。续编书衣有陶浚宣署"云自在龛金石目续编"。正文首页有"国桢藏书"朱文方印。首行题"云自在龛金石目续(庚辰)",大概所收录金石为其光绪庚辰年(1880)所得。行款、体例一准初编。

云自在龛金石目杂稿不分卷

稿本,今藏上海图书馆。凡八册,各册无编号、无题名、无分卷。本标题为笔

---

① 《木犀轩藏书目录》酉集,民国间抄本,第16页。

者代拟。其中五册系红方格纸，半页九行，行二十五字，四周双边，白口，上鱼尾，版心下方刻有"懿文斋"三字，全书楷书甚工。一册分县录山东金石，依次为历城县、淄川县、陵县、章邱县、长清县、东平县、东阿县、平阴县、新泰县、汶上县、莱芜县、肥城县、滋阳县、宁阳县、泗水县、济宁州、兰山县、费县、沂水县、蒙阴县、益都县、博山县、临朐县、掖县、潍县、临淄县、临清县、郯城县、曲阜县、文登县、城武县；一册分县录直隶金石；一册专录洛阳龙门造像；一册专录各地寺庙、山洞题刻；一册按时代录各地刻石。以上各册系简目，各条仅著录石刻之名，小字记刻石时间，无考证语。一册，红方格纸，四周粗栏，上下黑口，半页十一行，行二十三字，所收石刻皆注明碑刻时间、地点、书体，录全文，并附其他金石著作的考证语。一册，纸无格，半页九行，行二十五字，卷首有"艺风"朱文方印，所录皆唐代石刻，按时代排列，各条注明碑刻时间、地点、书体，所录之碑皆孙星衍《寰宇访碑录》所未收。内有校改痕迹，凡《寰宇访碑录》、赵之谦《寰宇访碑录补》所录者皆以墨笔圈删去，并眉批"孙录已载"或"补录已载"。颇疑该书即为缪荃孙所撰《寰宇访碑续录》。卷末题"共六百五十六种，又七十种"一行。一册有红方格纸，卷首有"缪荃孙印"白文方印，分地录各地金石，分别为新郑、陵县、海州、兴安、渑池、徐州府、湖州、长兴、德清、武康等。

直隶金石文钞一卷

缪荃孙辑，稿本，今藏北京大学图书馆。格纸，半页十一行，行二十三字。楷书甚工，多有缪荃孙手笔校补。卷首有"麐嘉馆印"朱文方印，曾经李盛铎收藏。全书凡收录自唐至明碑刻七十种，首列碑名，次双行小字指出碑高、广尺寸，行数及每行的字数目，以及现存何处，再次录碑文，有的还在后面低一格附精辟的考证语。其中金代碑刻居大半。是书虽名为"直隶金石文钞"，内容并不相符，多有山西、山东、河南碑刻。

五、笔 记 七 种

艺风堂杂钞二辑十二卷

抄本，藏国家图书馆。缪荃孙辑，缪禄保、缪子彬编订，许宝蘅题签，行款同国家图书馆藏《杂钞》抄本，内容也同样丰富。如其卷十多载书目，有"稽瑞楼书目""孝慈堂书目""书钞堂书目""宜稼堂宋元板书目""信芳阁诗汇目录""东海传奇目录""乐府考略",另外还有印谱目三十种。间有缪氏父子按语,如"信芳阁诗汇目录"条后有题云:"禄保案,是书为冯梦华中丞所得,大半为顺康人集难见之本,今不知归何处矣。"所言必有所本。

又《中国书店三十年所收善本书目》载有一稿本,竹纸。①

艺风堂杂钞补五卷

山东大学图书馆藏抄本。此书系缪荃孙辑,其子缪禄保编,无格,半页十行,行二十四字。卷首缪禄保一跋述该书原委道:"此《杂钞补》五卷,原编在第二辑之中,因前与商务印书馆印《云自在龛随笔》时,此《杂钞》一、二辑亦在同时付印中,嘱将诗词话撤去,不拟付印。《随笔》六卷,撤去两卷,《杂钞》撤去五卷。已有成议,后因纸张缺乏,《杂钞》暂不付印,乃改为《杂钞补》附列于后。一九六四年三月江阴缪禄保记,时年七十有八。"此书是缪荃孙读书笔记的一部分,内容十分丰富。其所引之书多注出处,皆为前人的笔记小说,有《梦阑琐笔》《东斋脞语》《有不为斋随笔》《玉井山馆集笔记》《炙砚琐谈》《茶香室丛钞》《瑟榭丛谈》《冷庐杂识》《浪迹丛谈》《东皋杂谈》《援鹑堂笔记》《茶余客话》《西河诗话》《里巷丛谈》《秋灯丛话》《乡园忆旧》《鱼计轩诗话》《达观堂诗话》《箕城杂缀》《吴兔床小桐溪随笔手稿》《耐冷谈》《味水轩日记》《退谷丛书》《权斋老人笔记》《碧声吟馆谈麈》《云麓漫钞》《午风堂丛钞》《梦园丛说》《易余钥录》《常谈丛录》《在园杂志》《荔村漫笔》《春在堂随笔》《春明梦影录》《选巷丛谈》《合肥学舍札记》等。

又《中国书店三十年所收善本书目》载有一稿本,竹纸。

云自在龛笔记六卷

稿本,今藏北京大学图书馆。函套签题:"云自在龛随笔原稿本。"绿格,单边,上鱼尾,版心上记页数,下刻"艺风堂遗著"。首页钤有"小云堪"朱文方印、"子彬手钞"白文方印,正文首行题"云自在龛随笔卷一",次行上题"江阴缪荃孙撰",下题"男子彬手录"。子彬即缪荃孙三子缪僧保。六卷依类编次,卷一为"掌故",卷二"论史",卷三"书籍",卷四"金石",卷五"书画",卷六"杂记"。卷二至卷五之内容,与1958年商务印书馆印本《云自在龛随笔》四卷相合,大概此书即为四卷本之稿本,刊印时删去首尾两卷。第二册末有缪子彬一跋:"昔光绪辛巳,先

---

① 《中国书店三十年所收善本书目》,中国书店排印本,1982年版,第212页。

大父就养京师,以钞书为日课,每日一页,寒暑无间,楷书不苟,至七十九岁犹完《三朝北盟汇编》一部。彬今春养痾太平园,有南窗可供笔砚,因亦立志钞书,自春末至冬完先君子《云自在龛随笔》六卷。惟书至三、四两卷,适值盛暑,虽未停钞,因墨燥笔枯,不免心浮气躁,遂潦草不成字。意欲重缮,而待书之件尚多,爰识于此以自儆焉。癸巳冬至缪子彬谨识。"可知此本抄成于1953年。此书曾经陈祖壬勘读,卷末附页有陈氏手书一跋。

随笔不分卷

稿本,今藏国家图书馆。书衣右大字题"随笔",左题"艺风老人手写随笔一册"数字。内有"缪荃孙藏"朱文长方印、"艺风堂藏书"朱文方印,所用纸有墨格者,有蓝格者,有红格者,有绿格者,行款不一。有楷书,有行书,缪荃孙校改之迹甚多。内容颇杂乱,多论目录、版本,但与本文所著录其他各种笔记、随笔并不相同。中有"藏书以奇秘为主,不必论宋、金、元、明也,世不多见即为秘","书不患无佳本,以留心搜访为急"等藏书心得之言。该书当系缪氏未整理之读书笔记。

云自在龛笔记不分卷

稿本,今藏中国科学院图书馆。书衣题"云自在龛笔记,书籍、金石全一册"。正文分别用红格纸、蓝格纸、墨格纸写,黏在《艺风堂金石文字目》之上,校改皆缪荃孙手笔。与1958年商务印书馆铅印本《云自在龛随笔》,多相重复,该本当系缪氏笔记未加整理的稿本的一部分。

艺风堂笔记不分卷

手稿本,今藏北京大学图书馆。该书未刊。书衣题"艺风堂笔记",内书衣题"愿读未见书",钤"荃孙"朱文长方印,附页又题"艺风老人笔记(全)"。纸无格,缪荃孙行书书写,正文首页钤有"曾归宋顾"朱文方印。第一部分是书目,经比勘,第一、二页之书多出自蒋光煦《东胡丛记》等书,列版本、作者;第三页至十四页为金石书目,分类编排,依次为"论时代金石之书""分省金石之书""分省并论时代金石之书""分郡金石之书""分邑金石之书""金石目录跋尾""载全文金石""校勘金石之书""补正金石之书""考一碑之书""考一人之书""金石分体之书""金石分表之书""金石绘图之书""金石分山之书""域外金石之书"等;十四至十八页系数种书的解题,清人著作详论著者学术渊源,优劣得失,宋元本则详考版本源流；十九至三十六页也是解题目录，多录各书序跋，注明各书版本以及存佚，略考作者履历，这部分系抄手楷书抄字，经缪荃孙行书校补。三十七至五十七页是《大金集礼校记》手稿。以下是缪氏读史书之笔记十四纸。此书实系荃孙待整理的杂稿。

六、校 记 一 种

文潞公集校勘记一卷

稿本，附缪氏云轮阁抄本《文潞公集》后，今藏山东大学图书馆。《艺风藏书记》卷六叙《文潞公集》云："传抄明嘉靖刻本，讹字太多，荃孙撰校勘记一卷。"即此也。据《艺风老人日记》，荃孙校勘该集在癸巳年（1893）三四月间。

七、辑 佚 十 一 种

荆州记一卷

稿本，今藏国家图书馆。半页十一行，行二十二字，白口，绿格，四周单边。版心下方有"云自在龛"四字。卷首缪荃孙题"初九日以曹夔一辑本校补十一条，脱去一百零四条"一行，文中墨笔批校甚多。观其所引书有《初学记》《世说新语注》《草堂诗笺》《后汉书注》《北堂书钞》《文选》《水经注》《通志》《通鉴注》《三国志》《事类赋》《艺文类聚》《白孔六帖》《史记索隐》《太平御览》《路史》等，某条见于不同书者均注出，异文亦校出。

宣室志补遗二卷

此书未见。《艺风藏书记》卷八《宣室志十卷补遗》条云："校《稗海》本，荃孙另辑补遗两卷。"按，据《艺风老人日记》，荃孙校该书在光绪二十一年（1895）三四月间。《乙未日记》四月十二日条云："癸亥，晴。……校《宣室志》毕，得逸文四十条。"其校该书，以《稗海》本为底本，校以《太平广记》。傅增湘云："《宣室志》十卷《补遗》一卷，明万历间商濬《稗海》本，九行二十字。白口，四周单栏。缪荃孙氏据《太平广记》校，余曾临一本。再用《广记》补校若干条。此书王仁俊有《逸文》一卷。"[①]可为

---

① 《藏园订补郘亭知见传本书目》卷十一上，中华书局，1993 年版，第 80 页。

证。但其不知荃孙也辑有逸文。

风俗通义逸文一卷

稿本,今藏北京大学图书馆。书衣题:"《风俗通逸文》,缪艺风稿本。"无格,半页十二行,行二十五字,小字双行同,缪荃孙朱笔校补。卷首有"麇嘉馆印"朱文方印,曾经李盛铎收藏。《木犀轩藏书目录》酉集载:"《风俗通义逸文》一卷,今人缪荃孙辑,稿本。"①当即此书。所辑各条皆注其出处,有《匡谬正俗》《太平御览》《急就章》《困学纪闻》《元和姓纂》《宋景文公笔记》《太平寰宇记》《通鉴注》《姓源韵谱》《通典》《通志》《能改斋漫录》《艺文类聚》《史记索隐》《意林》《初学记》等书。

广陵妖乱志逸文一卷

此逸文附载于《广陵妖乱志》后,刊于《藕香零拾》中。卷末缪荃孙跋语称《广陵妖乱志》"《说郛》只存四篇,《罗昭谏集》同",遂"又辑《广记》中四条,《通鉴注》六条增入",即为该逸文。

敬斋古今黈补遗二卷,附录一卷

此补遗附《敬斋古今黈》后,刊于《藕香零拾》中。元李治《敬斋古今黈》,《四库》馆臣从《永乐大典》辑出二百九十二条,编为八卷。缪荃孙得劳季言手抄黄琴六本,据以刊刻,因该本卷十一即接卷十二,颇有残佚,乃辑馆臣辑本所有而抄本无者六十九条附刻于后。后又得爱日精庐藏明抄本,爰以校正,补脱误于跋中,诸家跋语附录于卷末。

张说之文集补遗五卷

光绪三十一年(1906)仁和朱氏《结一庐剩余丛书》本。缪荃孙为仁和朱氏校刻《张说之文集》,"仁和朱子涵出视所藏彭文勤公本,钞极旧,惜止存廿卷,再据吴仲怿侍郎明钞本互补以成全璧"。"前廿卷用彭本,后五卷用吴本,聊存旧式,而退诸书拾补者另编五卷"。② 此《补遗》五卷即刊于该集之后。

---

① 《木犀轩藏书目录》酉集,民国间抄本,第 9 页。
② 《张说之文集》卷末缪荃孙跋语,光绪三十一年(1906)仁和朱氏《结一庐剩余丛书》本。

二妙集逸文一卷

此逸文附《二妙集》后,光绪三十二年(1906)刻于《石莲庵汇刻九金人集》中。《石莲庵汇刻九金人集》是缪荃孙代吴重熹编刻。《二妙集》卷末缪荃孙一跋述该书原委:"海丰吴仲诒侍郎搜金人遗集,以二先生始终不仕于元,与阮遗山、李庄靖同,因以是帙畀荃孙刻之。遂取《河汾诸老集》相校,间有可参考处,而《冬夜无寐》《中秋之夕》《云中暮雨》(龙门八题中)三首诗均属之遯庵,本集属之菊轩,互相歧异。《游青阳峡》七古'半百之年犹掣电,惟有爱山缘未断''梦寐屡颜添健羡'二语,此本脱去,遂觉全段不甚明晰。又抄出遯庵佚诗二首、菊轩佚诗九首,再录《金文最》《山右石刻文编》《皕宋楼藏书志》得菊轩遗文七篇附刻之,并次段氏世表于后,为考古者之一助云。"

拙轩集补遗一卷

稿本,今藏北京大学图书馆。红方格纸,半页十二行,行二十三字,黑口,双鱼尾。楷书甚工,当系清稿本。首行为"拙轩集补遗",下小字注"从辽东行部志录出",下署"缪荃孙辑"。卷首有"木斋""德化李氏凡将阁珍藏"朱文方印,"李盛铎印"白文方印,曾经李盛铎收藏。此本也见于《木犀轩藏书目录》。①《艺风老人日记》对荃孙辑该集逸文有记载,己酉年(1909)闰二月廿五日云:"辛巳,晴,冷……辑《拙轩集》逸文。"廿七日云:"癸未,晴,温和……校《拙轩集》逸文。"

圭斋集补遗一卷

抄本,藏国家图书馆。内书衣题"圭斋集补遗一卷","元欧阳玄撰"。纸无格,半页十行,行二十五字,版心上方有"圭斋集补遗"一行,下记页数。正文首行题"圭斋集补遗",次行上题"元欧阳玄撰",下题"江阴缪荃孙辑补"。凡收录碑文六篇,铭文一篇,赞一篇,记三篇,跋文二篇,序三篇,书二篇,诗一篇,各注出处。其出处有《常山贞石志》《湖北金石存佚考》《铁网珊瑚》《龙山志》《水东日记》《安南志略》《禁扁》和碑版拓本等。

蒋颖叔集二卷

抄本,今藏中共中央党校图书馆。蒋之奇,字颖叔,江苏宜兴人,蒋堂之侄,

---

① 《木犀轩藏书目录》酉集页1载:"《拙轩集补遗》一卷,缪荃孙辑,稿本。"

《东都事略》称其"有文集、杂著共百余卷"①，晁、陈两目不载，《宋史》仅著录《蒋之奇集》一卷，其后各家书目无载，是其早已散佚。光绪乙未(1895)缪荃孙为盛宣怀编刻《常州先哲遗书》，即为之奇辑佚，附刻于蒋堂《春卿遗稿》之后，其后又有续辑。缪氏辑蒋氏佚文，《艺风老人日记》有记载，其光绪丁酉(1897)二月廿九日云："借《径川金石记》录蒋之奇文。"卅日云："录蒋之奇《都官文集序》。"三月四日云："录蒋之奇《徐师闵志》。"民国己未(1919)三月十八日云："阅《通鉴长编》得蒋颖叔奏议一篇。"

疏斋集补遗一卷

该集今有抄本藏中共中央党校图书馆。② 卢挚，号疏斋，元涿州人，字处道，有《疏斋集》。元代有宣城校官本。③ 明《文渊阁书目》载："《卢疏斋集》一部九册，全。"④又载："《卢疏斋集》一部八册，全。"《千顷堂书目》则载："卢挚《疏斋文集》卷□□。"⑤是其清初已亡佚。缪荃孙为卢氏《疏斋集》辑逸文，《艺风老人日记》有载，其丁巳年(1917)二月十七日云："辑卢挚《疏斋集》，诗词各一卷，文一卷。"

原载《图书馆杂志》2008 年第 5 期
（作者单位：南开大学文学院）

---

① 王偁：《东都事略》卷九十七，江苏广陵古籍刻印社，1990 年影印本。
② 中共中央党校图书馆编：《馆藏善本书目》，中共中央党校图书馆，1988 年排印本，第 142 页。
③ ［元］张雨《句曲外史集》卷中有《卢疏斋集》七律一首，其序云："《卢疏斋集》宣城校官本，读之一过，生气凛然，有怀哲人，援笔而赋。"据此可知。文渊阁《四库全书》本。
④ 杨士奇：《文渊阁书目》卷二，文渊阁《四库全书》本。
⑤ 黄虞稷：《千顷堂书目》卷二十九，瞿凤起、潘景郑整理本，上海古籍出版社，2001 年版。

缪荃孙代人编撰著作考

杨洪升

缪荃孙(1844—1919),字炎之,号筱珊,晚年号艺风,江苏江阴人,是晚清民初著名学者,文献学家。缪氏著作宏富,其自订《年谱》称其"身历十六省,著书二百卷"[1],然此《年谱》荃孙手订于壬子岁(1912),距其卒尚有七年之久,而其晚年依然笔耕不辍,实著当不止此数。另外,所谓"著书二百卷",大概还不包括编纂之作。缪荃孙究竟有哪些著作?前人陆续做了部分清理工作。一是《清史稿·艺文志》,但它仅仅收录了缪荃孙《续碑传集》一种。20世纪50年代,武作成为《清史稿·艺文志》查缺补漏撰写了《补编》,补收了《东都事略校勘记》《国朝事略》《兰陵缪氏世谱》《艺风老人年谱》《昌平州志》《艺风藏书记》《艺风堂藏书续记》《秦淮广记》《艺风堂文集》《辽文存》《旧德集》等缪著十一种,与缪氏实著仍相距甚远。[2] 20世纪90年代王绍曾主编《清史稿艺文志拾遗》,继武作成之后续补《清史稿·艺文志》,又搜得缪著五十种。二是江苏地方史志,在《清史稿艺文志拾遗》出版之前,赵国璋主编的清理江苏地方古今人著作的《江苏艺文志》问世,其无锡卷网罗了缪著一百种。[3] 前哲们也有论文专述缪氏撰著,1933年12月,缪文逯在天津《大公报·图书副刊》发表了《缪艺风先生著述目》一文,收录了缪著五十四种。[4] 次年,王绍曾感于该文所举"但限于夏孙桐所撰《缪艺风先生行状》",[5]遂撰写了《〈缪艺风先生著述目〉补》一文,补充了《寰宇访碑续录》残稿等

---

[1] 《艺风老人年谱》卷首,民国二十五年(1936),北平文禄堂刻本。
[2] 武作成:《清史稿艺文志补编》,中华书局,1982年版。
[3] 赵国璋等:《江苏艺文志·无锡卷》,江苏人民出版社,1994年版。
[4] 本文计算《缪艺风先生著述目》《江苏艺文志》《缪荃孙研究数据索引》《清史稿艺文志拾遗》各书所载缪荃孙著述,各目误著者及缪氏所编刻丛书皆不计算在内。
[5] 王绍曾:《目录版本校勘学论集》,上海古籍出版社,2005年版,第131页。

七种。另外,还有许廷长 1998 年编撰的《缪荃孙研究数据索引》,收录缪著八十九种。① 今天看来,各家所载不断突破前人,已经接近缪氏实著数量,但对缪氏代人撰著之作,各家仅言及《书目答问》《适园藏书志》《愚斋图书馆藏书目录》《壬寅消夏录》《续经世文编》等寥寥数种,而其他尚多。缪荃孙一生不曾显达,早年曾为他人幕僚,晚年又佣书他家,撰作署他人名,多不得已,而每撰一书,《艺风老人日记》皆详记其经过。笔者不揣谫陋,今据缪氏《日记》和其他有关资料一一考证,得未被前人述及缪氏代撰之作二十七种,庶希研究晚清民初学术者知之。

一、《周易正义》校勘记二卷

此校记附《周易正义》后,刻入《嘉业堂丛书》。缪荃孙为刘承干校刻《嘉业堂丛书》②,书中校记、辑佚之作多出其手。缪氏校勘《周易正义》并撰此校勘记,《艺风老人日记》有较详细的记载,癸丑年(1913)十一月二十日云:"校《正义》三。"③廿四日云:"校《易正义》第四卷。"十二月廿八日云:"校《易正义》第九卷。"甲寅年(1914)一月二日云:"校《易正义》十二叶。"三日云:"校《易正义》尽一卷。"二月十四日云:"校《易正义》第八,又校刻本一、二。"十七日云:"校《易正义》第十四,重订《校勘记》。"十八日云:"跋《易正义》。"五月七日云:"写《易正义校记》。"八日云:"校《易正义校记》。"十二日云:"重勘《易正义校记》五、六二卷。"二十二日云:"校《易正义》十三、四。"二十三日云:"撰《易正义》跋并校勘记。"二十五日云:"致吕幼舲一束,寄《诚斋乐府》;刘翰贻一束,交去《周易正义校记》二卷,杨子烑底本一卷,《存斋金石跋》八卷。"六月二十一日云:"覆《周易正义》。"八月廿二日云:"送《周易正义》与刘翰怡。"大概缪荃孙撰写此校记之前有"杨子烑底本一卷",自己又重新校勘并重订为二卷。杨子烑即长白杨钟羲,时亦馆于刘承干家。缪荃孙此校勘记是以阮元《校勘记》与影写东洋本《周易正义》所得。卷末有刘承干跋语云:"此本为宜都杨惺吾舍人从日本钞出,归予插架,真海内惊人秘籍。故首刊此以饷学人。注疏向以阮刻为最善,然两本细校,异文多与阮云宋刻相同……另编为札记附行,是者、两通者均采入,庶可补阮本之缺憾,于《易》不无小

---

① 许廷长:《缪荃孙研究数据索引》,金陵图书馆,1998 年排印本。
② 《嘉业堂丛书》丛书首缪荃孙序云:"荃孙校雠,编纂首尾五年。"据此可知缪氏和该丛书的关系。又刘承干序云:"因发箧陈书,延江阴缪艺风议议,杨芷烑太守、海宁许子颂大令,举世间不经见之书,分别部居,次第墨之于版。"据此可知参与编纂是书者还有杨、许二人。民国七年(1918),吴兴刘氏序刻本。
③ 《艺风老人日记》,北京大学出版社,1986 年影印本。下引不一一注出。

补云。"于校记出于缪氏之手,只字不提。此跋末题撰写时间为"岁在甲寅二月花朝日",与缪氏校勘该书撰写校记时间正合。按,此刻所用的《周易正义》底本,即缪荃孙所藏而归刘承干者,该书一见于《艺风藏书记》卷一,再见于《嘉业堂藏书志》卷一。《嘉业堂藏书志》该书叙录出缪荃孙手,云:"已刻入《嘉业堂丛书》。"①

二、《尚书注疏》校记一卷

此校记附《尚书注疏》后,民国五年(1916)刻入《择是居丛书》。缪荃孙为张钧衡校刻《尚书注疏》,成校勘记一卷,《艺风老人日记》有载,甲寅年(1914)闰五月三日云:"送《表注》与石铭,索《尚书注疏》来。"八月四日云:"交《尚书注疏》与饶心舫。"此是从张氏索书,交付写样,饶心舫是缪荃孙手下的著名写手。丙辰年(1916)七月六日云:"校《书经注疏》,作校记卷一、二。"七日云:"校《书经注疏》,校记卷三、四。"十三日云:"校《书经注疏》卷十五至二十毕,《校记》亦成,送底本交吴石潜寄陶子麟……送《书经》校记与石铭。"十二月十二日云:"老陶送《尚书注疏校记》来。"这是将《校记》刻成。十三日云:"还《尚书校记》《启祯见闻录》与石铭。"而该书卷末张钧衡跋语述该书始末云:"今得天一阁藏八行本,与《礼记》行款同,宋椠宋印,字大悦目,即行覆刻,以贻后学。近来传世以阮本为最,因与阮本对校,作札记一卷,误者正之,两通者存之,本书间有误字、漏落字,悉行标出,似高阮本一筹矣。岁在柔兆执徐相月乌程张钧衡跋。"作跋时间与荃孙校书时间相合,而不述荃孙一语,将一切劳动据为己有。

三、《尚书正义》校勘记二卷

此校记附《尚书正义》后,刻入《嘉业堂丛书》。缪荃孙校勘《尚书正义》并撰写此校勘记,《艺风老人日记》有较详细的记载,甲寅年(1914)九月二日云:"校《书经》单疏卷一。"三日云:"校《书》单疏卷二。"六日云:"校《书》疏卷三。"十一月十一日云:"校《尚书正义》第四卷。"十二月四日云:"交阮刻《尚书》、日本影宋《尚书》写本单疏及校记与子姓勘。"乙卯年(1915)五月八日云:"杨子姓送《书》单疏两册、阮本《尚书》两册来。"八月十一日云:"子姓交回《书经》单疏全部、阮刻全

---

① 缪荃孙等:《嘉业堂藏书志》卷一,吴格整理,复旦大学出版社,1997年版,第125页。

部。"丙辰年(1916)一月九日云:"校《尚书》单疏卷十八。"十日云:"校《尚书》单疏卷十九。"十一日云:"校《书经》单疏卷廿。"十七日云:"校《书正义》卷十一。"五月廿二日云:"覆勘《书经》单疏校语。"廿七日云:"校《尚书》单疏上。致刘翰怡一束。"廿八日云:"校《尚书》疏札记卷下。"六月廿四日云:"撰《书经》《谷梁》两单疏跋。"廿五日云:"送《黄与坚文集》《王惟昊笔记》旧钞、《谷梁》单疏新钞、单疏《尚书》校记、《谷梁》校记交沈醉愚转交翰怡。"而此书卷末刘承干跋未提缪荃孙一字。此《校记》是以阮元《校勘记》和影写东洋本《尚书正义》相校所得。此影写东洋本,即缪荃孙所藏而归刘承干者,该书一见于《艺风藏书记》卷一,再见于《嘉业堂藏书志》卷一。《嘉业堂藏书志》该书叙录出缪荃孙手,云:"已刻入《嘉业堂丛书》。"① 又该叙录与刘跋仅相差数字,疑刘跋亦系缪氏代撰。

四、《毛诗正义》校勘记三卷

此校记附《毛诗正义》后,刻入《嘉业堂丛书》。缪荃孙为刘承干校刻《毛诗正义》,所据之底本即其所藏东游日本时从竹添井井居士所藏宋本影写的本子,见《艺风藏书记》卷一,后归刘承干,见《嘉业堂藏书志》卷一。缪氏以阮元《校勘记》校该本,得此《校勘记》,其《日记》有记载,丁巳年(1917)二月三日云:"校《毛诗正义》卷八。"五日云:"校《毛诗正义》卷八,撰校记。"戊午年七月一日云:"《毛诗正义》校毕。"此与该书刊刻时间正合。此前所记缪氏校该书条目甚多,不一一引用。又该书卷末刘承干跋语云:"予既刻《周易》《尚书》单疏全部,既得《毛诗》单疏四十卷于日本(缺首七卷),因仍校于阮本上,成札记三卷。"又云:"原书藏日本东京竹添井井居士家,从之影写,因付梓人以传。"此系缪氏语气,刘氏得此书于缪荃孙,他终生没去过日本,不当如此措辞。另外跋中语与缪氏《艺风藏书记》及为刘氏《嘉业堂藏书志》此条所作叙录颇有相同语句,疑此跋亦系缪荃孙代作。

五、《礼记正义》校勘记一卷

此校记附《礼记正义》后,刻入《嘉业堂丛书》。缪荃孙为刘承干校刻《礼记正义》,所据之底本即杨守敬为其影写之残存二卷的东洋卷子本,其卷末有杨氏一

---

① 缪荃孙等:《嘉业堂藏书志》卷一,吴格整理,复旦大学出版社,1997年版,第134页。

跋云："右《礼记·曲礼·正义》,卷子本残卷,日本狩谷望之所藏,余得之森立之……特重录一通以贻筱珊,知不河汉余言。"此底本载于《艺风藏书记》卷一。缪氏校勘该书并撰校勘记其《日记》有详细记载,甲寅年(1914)七月三日云:"校《礼记》单疏十页。"四日云:"校《礼记》单疏十一页。"五日云:"校《礼记》单疏毕。"八日云:"撰《礼记正义》校勘记。"九日:"校《礼记正义》校勘记。"十九日:"还刘翰怡二百元,《礼记》单疏一卷,清本一册,《说学斋稿》一册。"该书卷末刘氏跋语不提缪荃孙只字,云:"余刻五经单疏,此亦聊备一种,爰撰校记,以惠后学。"题时间为"阏逢摄提格",与缪氏校刻此书时间正合。此《校记》亦是以阮元《校勘记》与影东洋写本相校而得。而东洋写本亦出于缪荃孙见《艺风藏书记》卷一,与此校记底本今均藏北京大学图书馆。

六、《谷梁疏》校勘记二卷

此校记附《谷梁疏》后,刻入《嘉业堂丛书》。缪荃孙校勘《谷梁疏》并撰校勘记,其《日记》有详细记载,丙辰年(1916)五月廿二日云:"翰怡交《谷梁》单疏。"廿四日云:"校《谷梁》单疏卷六。"廿五日云:"校《谷梁》单疏七。"廿六日云:"校《谷梁》单疏卷七。"廿七日云:"校《谷梁》单疏卷八。"六月四日云:"撰《谷梁》札记一。"五日云:"撰《谷梁》札记二。"六日云:"撰《谷梁》札记三。"廿日云:"录《谷梁》疏第九卷。"廿一日云:"录《谷梁》疏第十卷。"廿四日云:"撰《书经》《谷梁》两单疏跋。"廿五日云:"送《黄与坚文集》《王惟昊笔记》旧钞、《谷梁》单疏新钞、单疏《尚书》校记、《谷梁》校记交沈醉愚转交翰怡。"《日记》所记还有多条,因繁不一一引用。卷末刘承干跋语只言不提缪荃孙。撰跋时间为"柔兆执徐五月",与缪氏校勘该书时间相合。据刘跋,此书底本系传录张元济藏爱日精庐旧钞本。

七、《论语注疏解经》札记一卷

此札记附《论语注疏解经》后,刻入贵池刘氏《玉海堂景印宋元丛书》[①]。刘世珩影刻《论语注疏》,卷前有牌记:"贵池刘氏玉海堂景宋丛书之四,光绪甲辰九月付黄冈陶子麟刻,丁未十一月校刊竣工,附札记一卷。"该书以元元贞本《论语

---

① 刘世珩辑:《玉海堂景印宋元丛书》,清宣统三年(1911)至民国二年(1913),贵池刘氏玉海堂刻本。

注疏》为底本。《札记》后刘氏跋语云："世珩得于宜都杨君,嘱黄冈陶子麟影摹付梓,与原刊无毫发爽,爰举此本佳处及讹误之字如干条汇存札记一卷,以俟后之论定者。"末题时间为"光绪丁未四月十有五日"。此书《札记》实出缪氏之手,《艺风老人日记》有记载。《日记》乙巳年(1905)六月五日云："撰《论语》札记。"六日："撰《论语》札记(至公冶长)。"七日："撰《论语》札记(至秦伯)。"八日："撰《论语》札记(乡党)。"十一日："撰《论语》新本札记。"十二日："撰《论语》札记(先进)。"十三日："撰《论语》札记(颜渊至宪问)。"十四日："撰《论语》札记(卫灵公、季氏)。"十五日："撰《论语》札记毕。"十六日："撰《论语》札记跋。"丙午年(1906)二月十九日："与刘聚卿一束,寄《论语》《钟鼎款识》两跋。"十二月五日："发京师刘聚卿信,寄石印帐,《齐山岩洞志》序,《论语》《西厢》清样,琵琶石印图一分。"丁未年(1907)一月二日："寄《复社录》《论语》补叶与子霖。"三月廿一日："接陶子麟寄聚卿所刻书覆签。"四月廿三日："发刘聚卿信,寄《论语》样本。"又《艺风堂文续集》载有《元论语注疏十卷本跋》,云："今贵池刘君葱石影摹付梓,与原刊无毫发爽,爰举此本佳处及讹误之字,共如干条汇存一卷,以俟后之论定者。光绪乙巳六月初伏日,江阴缪荃孙识。"①此皆为此《札记》为缪荃孙所撰之确证。刘氏该书,《札记》之前正文之末还有刘氏一跋,与《札记》后之跋及缪氏此跋合读,可知刘氏二跋正是将缪跋一分为二,改署己名并变换时间而成。前跋时间题"光绪癸卯十一月十有六日"。

八、《唐书直笔》校记一卷

此校记附《唐书直笔》后,刻入《择是居丛书》。② 缪荃孙为张钧衡校刻该书并撰《唐书直笔札校记》,其《日记》有记载,癸丑年(1913)六月廿九日云："校《唐书直笔》卷一。"七月一日云："校《唐书直笔》毕,成札记一卷……撰《直笔》跋。"三日云："校《直笔札记》。"八日云："送《书录》四部、《唐书直笔》《内阁书目》刻本交费景韩。"十日云："景韩送《唐书直笔》来补字。"费景韩,名寅,字景韩,海宁人,时亦馆张钧衡家。廿一日云："发苏州曹揆一信,湖北陶子麟信,寄《九经三传沿革例》《诸葛武侯传》《唐书直笔新例》三种。"此是向陶子麟寄刻。卷末张钧衡跋语述该书始末云："聚珍本经馆臣删节'夷''狄'等字,几至文理茫昧,又分并卷第迥

---

① 《艺风堂文续集》卷六,宣统二年(1910),艺风堂刻本。
② 张钧衡辑:《择是居丛书》,民国间南林张氏刻本。

殊原书,此本原出自宋,分卷与晁氏《读书志》合,避讳谨严,尚存本来面目,第转辗景摹,讹误在所不免……今以此本付梓,以存缙叔之真,其中可商者另摘如右。"该校记即以聚珍本与校此影宋本所得。

九、《南唐书补注》十八卷

此书刻入《嘉业堂丛书》。周在浚撰有《南唐书注》,世无刊本,《嘉业堂丛书》收录之,又刻《南唐书补注》,署刘承干之名,卷末刘氏跋语述撰此书系补周书所未备,云:"而惜后来《大典》续出诸书,为先生所不见,不揣固陋,起而补之。"事实上此书系缪荃孙所撰,著述之经过《艺风老人日记》有详细记载,甲寅年(1914)七月三日云:"撰《南唐书补注》。"四日:"撰《南唐书补注》。"五日:"撰《南唐书补注》。"六日:"撰《南唐书注》补。"八日:"撰《南唐书注》补。"九日:"撰《南唐书注》补。"十日:"撰《南唐书注》补。"十九日:"撰《南唐书补注》。"二十日:"撰《南唐书补注》。"廿一日:"撰《南唐书补注》。"廿二日:"撰《南唐书补注》卷九。"廿四日:"校《南唐书补注》卷十、卷十一。"廿五日:"校《南唐书注》补卷十二。"二十六日:"校《南唐书注》补卷十三。"二十七日:"校《南唐书注》补卷十四。"二十八日:"校《南唐书注》补卷十五。"八月十七日:"补注《南唐书·后妃传》。"十八日:"补注《南唐》卷十六,十七、十八无注。"九月五日:"校《南唐书补注》。"十一月十八日:"校《南唐书补注》。"乙卯年(1915)一月一日:"校《南唐书补注》卷一毕。"二日:"校《南唐书补注》卷二。"三日:"校《南唐书补注》卷二毕。"五日:"校《南唐书补注》卷三。"六日:"校《南唐书补注》卷三。"十八日:"重排第四卷《南唐书补注》。"廿三日:"校《南唐书补注》卷三。"廿九日:"校《南唐书补注》第四、五两卷。"二月十日:"校《南唐书补注》卷八。"四月廿二日:"校《南唐书补注》二卷。"七月廿九日:"撰《南唐书补注》。"八月一日:"撰《南唐书补注》(并序)。"二日:"撰《南唐书补注》跋。"四日:"编定《南唐书补注》八册。"十九日:"送《明史义例》《南唐书补注》、瞿木夫《武梁祠画像考》与翰怡。"缪荃孙完成该书并交给刘承干。丙辰年(1916)一月五日云:"翰怡送《南唐书补注》来。三月二十八日:"还《南唐书补注》与翰怡。"大概该书其时已刻。七月六日云:"校《南唐书补注》。"十七日:"校《南唐书补注》卷六。"十八日:"校《南唐书注》卷七、八。"廿五日:"又校《南唐书补注》。"戊午年(1917)五月二十八日云:"送醉愚《南唐书补注》重订样本一部。"大概后来他还进行了重订。缪荃孙生前在《日记》里也称该书系己撰,己未年

(1919)九月二十日云:"张季文自福建来,老太太亦来,嘱与陈澧庭一信,因寄与《南唐书》周雪客注,又荃《补注》《中书事迹》《吴兴备志》三书,碑版一包。"这些记载可为荃孙撰写该书之确证。

十、《吴越春秋》札记一卷,十一、逸文一卷

此札记和逸文附《吴越春秋》后,光绪三十二年(1906)南陵徐乃昌刻入《随庵徐氏丛书》。① 徐乃昌刻《吴越春秋》,以明翻刻元大德本为底本,卷末徐氏跋云:"今取蒋氏所据宋本(宋本每页十八行,行十七字,无注,上卷一至卷五,下卷六至卷十,元本仿此)、卢抱经校本、顾尚之《校勘记》、俞曲园《读吴越春秋》、孙仲容《札迻》类聚而折衷之,间有己意亦附列焉,不尚新奇,务求其是,成札记一卷,逸文一卷。各书所引互有增损,无关宏恉者不录。"按,缪荃孙实与是书校勘,《札记》出于其手,《艺风老人日记》对此有详细记载。《日记》丙午年(1906)十月十九日云:"撰《吴越春秋》一、二校勘记。"二十日:"撰《吴越春秋》三校勘记。"廿一、廿二日:"撰《吴越春秋》四校勘记。"廿七日:"校《吴越春秋》第五。"十一月五日:"校《吴越春秋》第七。"八日:"校《吴越春秋》第八。"九日:"校《吴越春秋》第九。"十日:"校《吴越春秋》第十。"十三日:"覆勘《吴越春秋》。"十六日:"发《吴越春秋札记》《目录》、徐氏《补注》《逸文》与喻先生写。"十二月十五日:"校《吴越春秋札记》。"廿一日:"撰《吴越春秋》跋。"丁未年(1907)四月十六日:"发徐积余信,寄用帐并《吴越春秋》两部。"缪氏校勘该书时间与徐氏跋语卷末所题"丙午十二月东坡生日"时间正合。

十二、《启祯两朝剥复录》札记一卷

此札记附《启祯两朝剥复录》后,光绪二十六年(1900)刻入《贵池先哲遗书》。陶子麟刻字。刘世珩刊《启祯两朝剥复录》,以楼山堂原刻本付梓,附札记一卷,札记署刘氏之名,实系缪荃孙代撰。其过程《艺风老人日记》有载,庚子年(1900)闰八月五日云:"校《启祯两朝剥复录》两卷。"六日:"校《剥复录》两卷。"七日:"校《剥复录》两卷……撰《剥复录校勘记》。"八日:"撰《剥复录校勘记》毕。"九日:"撰

---

① 徐乃昌辑:《随庵徐氏丛书》,光绪民国间南陵徐氏刻本。

《剥复录校勘记》跋。"十二日:"覆勘《剥复录校勘记》。"十六日:"校《剥复录校勘记》。"十九日:"以撰《剥复录》《留都闻见录》跋语及校勘记畀刘聚卿。"廿日:"聚卿还跋语及《校勘记》来。"九月三日:"发陶子霖信,寄《两朝剥复录》札记。"十一月三日:"接老陶信,并《两朝剥复录》札记。"大概其时陶氏已将校记刻成。

十三、吴次尾年谱一卷,十四、刘宗伯年谱一卷

此年谱二种刻入《贵池先哲遗书》。二谱均署刘世珩名,为《二妙集》附录,卷末刘氏跋语云:"右《贵池二妙集》五十一卷,世珩谨编次之。首吴集二十七卷,次刘集二十卷,编列传记、序跋、年谱,续次成附录四卷。吴谱当涂夏嗛甫撰,删繁证讹,重为厘订。刘先生无年谱,为考订而增入之。"夏嗛甫即夏燮,其所撰《忠节吴次尾先生年谱》刊于《楼山堂遗书》中,同治六年(1867)刻。事实上,此署名刘世珩之吴谱是缪荃孙据夏谱重订,刘谱系缪氏撰,其经过《艺风老人日记》有载,戊戌年(1898)一月十五日云:"聚卿嘱代辑、删刘伯宗、吴次尾年谱,并送修金八十两。"二月十四日:"积余送《贵池志》及《吴次尾年谱》来。"三月十八日:"撰《刘伯宗先生年谱》。"十九日:"撰《刘伯宗先生年谱》。"五月十九日:"撰《刘伯宗先生年谱》。"二十日:"撰《刘伯宗先生年谱》。"二十一日:"撰《刘伯宗先生年谱》。"廿五日:"撰《吴次尾年谱》。"六月六日:"发钞《吴次尾年谱》(自一岁至廿岁)、《刘伯宗年谱》(自一岁至廿岁)。"七日:"钞《吴次尾年谱》(至三十岁止)、《刘伯宗年谱》(至三十岁止)。"八日:"钞《刘伯宗年谱》(至四十岁止)、《吴次尾年谱》(至四十岁止)。"九日:"钞《刘伯宗年谱》(四十五岁)、《吴次尾年谱》(四十二岁止)。"十日:"钞《刘伯宗年谱》(四十七岁止)。"十一日:"钞《吴次尾年谱》毕(五十二岁止)。"十二日:"钞《刘伯宗年谱》(至四十九岁止)。"十三日:"钞《刘伯宗年谱》毕(至五十三岁止)。"廿二日:"覆勘《刘伯宗年谱》。"廿四日:"覆勘《刘伯宗年谱》毕。"廿七日:"覆勘《吴次尾年谱》。"七月三日:"覆勘《吴次尾年谱》毕。"廿四日:"代聚卿定名人手札与刘、吴与年谱夏嗛甫二册均还聚卿。"①此外,《艺风堂友朋书札》所载刘氏致缪荃孙第七札也谈及二谱,云:"顷奉手教,备读一一。伯宗先生年谱已考得生卒岁月,固不寂寞,且可补敝邑志之缺。吴谱为删汰,足称二妙。"②可为附证。

---

① 此处疑有漏误,原文如此。
② 《艺风堂友朋书札》下册,上海古籍出版社,1981年版,第733页。

十五、《铁书》三卷

此书缪荃孙代吴隐编撰。《艺风老人日记》有详细记载,其甲寅年(1914)六月十九日云:"辑《铁书》,借印社《宣和印史》《秦汉印统》。"廿七日云:"撰《铁书》。"廿八日云:"撰《铁书》。"卅日云:"撰《铁书》。"七月十一日云:"撰《铁书》。"十二日云:"撰《铁书》。"十四日云:"撰《铁书》。"十九日云:"编《铁书》。"廿一日云:"撰《铁书》。"八月一日云:"编《铁书》。"二日云:"编《铁书》。"三日云:"编《铁书》毕。"五日云:"再补《铁书》。"六日云:"撰吴石潜《铁书》序……晚不适,夜起。撰《铁书》序。"十四日云:"交石潜订《铁书》三册。"十七日云:"取《铁书》回。"廿五日云:"重订《铁书》。"九月廿三日云:"重订《铁书》。"十一月十四日云:"重勘《铁书》。"十六日云:"覆勘《铁书》毕。"十八日云:"送《铁书》及印谱与吴石潜。"又缪荃孙《癸甲稿》卷二载有《吴石潜铁书序》。

十六、《孔子家语》札记一卷

此札记附《孔子家语》后,刻入贵池刘氏《玉海堂景印宋元丛书》。刘世珩影刻《孔子家语》,其卷末附札记,前有刘氏题识云:"光绪丁酉,世珩得宋本《孔子家语》于江宁桐城萧氏穆旧藏本……嘱江陵喻茂才在镕影写,黄岗陶子麟刻之。既成,旋复假得毛刻本,明仿宋刻无注本,陆树兰儹录惠半农、陆敕先评阅本,邵北崖泰校本及孙颐伯志祖疏证本,卢抱经文弨校何孟春本,萧敬敷校本,又取《索引》《文选注》《御览》所引互勘,勒札记一卷,以为读《家语》者之助。"按,据萧穆《跋影刊宋椠孔氏家语》,是书乃萧氏光绪乙未年(1895)因刊刘海峰《历朝诗选》乏资而质之于刘世珩者,又各种校本也是得自萧穆。① 又札记实系缪荃孙成之,此经过《艺风老人日记》皆有记载。丁酉年(1897)五月十七日:"刘聚卿索钱竹汀札子去,又送来宋刻《家语》,托影写上板。"廿三日:"影《家语》,不甚得手,须用美浓纸。"十月十二日:"聚卿《家语》影写毕,连原书及余纸还聚卿。"戊戌年(1898)闰三月一日:"接陶子霖信,寄《内简尺牍》《诗传旁通》两清样,《据鞍录》《家语》五、六两卷毛样。"四月十四日:"接……湖北陶先生信并《家语》全部样本"。六月

---

① 《敬孚类稿》之《跋影刊宋椠孔氏家语》,黄山书社,1992年版,第102页。

六日：" 送《家语》新刻本与聚卿。"十二月三日：" 发陶子霖信，寄《孔子家语》付修。"己亥年（1899）二月十九日：" 老陶寄《家语》清样来，即送聚卿。"庚子年（1900）二月廿六日：" 撰《孔子家语》札记。"廿七日：" 撰《家语》札记。"闰八月十二日：" 校《孔子家语》。"十三日：" 校《孔子家语》。"十四日：" 校《家语》第三卷。"十五日：" 校《家语》第四卷，写校勘记二叶。"十六日：" 校《家语》第五卷，写校勘记二叶。"十八日：" 校《家语》第六卷，写校勘记至五卷毕。"十九日：" 校《家语》第七卷，写校勘记至六卷毕。"廿日：" 写校勘记至七卷毕。"廿一日：" 写校勘记至八卷毕。"廿三日：" 校《家语》第九卷。"廿五日：" 写校勘记第十卷。"廿六日：" 写校勘记第十卷，又检《疏证》本复校。"廿七日：" 检《疏证》校札记。"廿八日：" 检《疏证》校札记毕。"十月十二日：" 校《孔子家语》札记毕，连底本三部还葱石。"辛丑年（1901）一月廿七日：" 补校《孔子家语》毕。"廿八日：" 还聚卿宋刻《家语》、明刻《家语》、新刻《家语》《家语》札记。"刘氏题识末题时间为" 庚子闰月"，与缪荃孙撰校勘记时间正合。

十七、《剧谈录》逸文一卷

此逸文附《剧谈录》后，光绪三十年（1904）刻入《贵池先哲遗书》。《逸文》凡四条，一" 桑道茂"，注出于《太平广记》卷三百九十四；一" 元稹"，出于《太平广记》卷三百九十四；一" 裴度"，出于《太平广记》卷四百五；一" 李德裕"，出于《太平广记》卷四五。卷末刘世珩跋云：" 外间流传只有毛氏《津逮》本，首缺自序，一次行题'宋池州康骈述'，误唐为宋。上卷二十条，下卷二十二条，与《提要》所云四十条不合。爰取谈本《广记》对核，只采二十条，并非全部收入。《广记》三百九十四'元稹'，四百'裴度'一条，今书所无。'桑道茂'一条、'李德裕'一条均在今书所引之外……"此书即据汲古阁本校勘付梓，可知此《逸文》系校刻者所辑。该书系缪荃孙校勘，底本即载于《艺风藏书续记》卷八，荃孙校勘该书及将底本借与刘氏，《艺风老人日记》皆有记载，今略举数条，壬寅年（1902）十月廿一日云：" 校《剧谈录》。"癸卯年（1903）四月廿三日云：" 校《剧谈录》毕，撰跋。"九月廿四日云：" 交校补《剧谈录》与聚卿。"十月一日云：" 聚卿还一百廿一元并《剧谈录》。"卷末刘氏跋语亦系缪荃孙所撰，见于《艺风堂文续集》卷六和《艺风藏书续记》卷八《剧谈录》叙录，刘氏仅将原跋中的" 并取旧藏明刻稽古堂本补录自序一篇"改为" 并假缪艺风丈所藏明刻稽古堂本补录自序一篇"，并在跋末加上" 近世珩搜辑乡邦文献，因亟刊之"和" 光绪三十年甲辰六月贵池后学刘世珩跋于江宁暖红室"两句，变为自己的语气而已。

十八、《云仙散录》札记一卷

此札记附《云仙散录》后,光绪三十二年(1906)南陵徐乃昌刻入《随庵徐氏丛书》。徐乃昌刻《云仙散录》,据宋嘉泰本影刻,卷末跋语云:"此本宋刻宋印,极为精雅……今从稽古堂本订正讹字作《札记》一卷。"此书实缪荃孙代刻,札记出于缪氏之手,《艺风老人日记》对此有详细记载。《日记》甲辰年(1904)八月三日云:"积余来交影写宋开禧本《云仙杂记》。"丙午年(1906)八月廿一日:"校勘《云仙散录》。"廿二日:"勘《云仙散录》。"廿三日:"校《云仙散录》。"九月二日:"勘《云仙散录》。"四日:"校《云仙散录》毕,成札记一卷。"七日:"校《云仙杂记》札记。"八日:"校《云仙散录》札记毕。"十二月廿一日:"复核《云仙杂记》。"廿四日:"发积余信,寄书并名单,《箧中集》《云仙杂记》《述异记》《中朝故事》《阳春白雪》。"缪氏校勘该书时间与徐氏跋语卷末所题"光绪丙午重阳日"时间正合。

十九、《重刊湖海新闻夷坚续志》补遗一卷

此补遗附《重刊湖海新闻夷坚续志》后,于民国三年(1914)刻入《适园丛书》。缪荃孙为张钧衡校刻《适园丛书》①,《重刊湖海新闻夷坚续志》系据己藏校钞本付梓,并将所辑补遗刊于卷末。《艺风藏书记》卷八《重刊湖海新闻夷坚续志》条云:"钞校本。首行'重刊湖海新闻夷坚续志',次行'澄江河东思善堂'……荃孙在鄂见宜都杨惺吾学博所藏前集钞本,后集元刻本,字极精……此本多于杨本,然取杨本前集对校,亦多出四十一条,辑为补遗。"据此可知该补遗之来历。该书卷末缪跋与此叙录仅相差数字,删去了"辑为补遗"等句,大概是为配合张氏将校刻与补遗之功据己有而有意为之,亦可叹也。卷末还有张钧衡一跋云:"今以两本合校,以图书馆本为主,杨本溢出者另为补遗一卷传之。"掩盖了底本的真实来源,将缪荃孙的校勘、补遗之功据为己有。

---

① 缪荃孙《适园丛书序》云:"适园主人以名孝廉生长吴兴山水之区……手聚旧刻名钞,以数万计,择罕见而可传者付诸剞氏,以永其传,以嘉惠于斯世,以荃孙粗知目录之学,命以监造,时及两载,先成十有六种,分为四集,先以问世。"据此实缪荃孙代张钧衡校刻该丛书。校刻的过程,《艺风老人日记》多有记载。《适园丛书》卷首,民国间南林张氏刊本。

二十、《梁昭明太子集》补遗一卷

此补遗附《梁昭明太子集》后,刻入《常州先哲遗书》。《常州先哲遗书》是盛宣怀出资,缪荃孙代为编刻的。① 此《补遗》亦系缪荃孙辑。《梁书》萧统本传称其有集二十卷,《隋书》因之,至《直斋书录解题》则云五卷,是其已有亡佚,缪氏校刊该集用怡府藏影宋淳熙八年(1181)池阳郡斋刊本,又别辑逸文二十一首附后,即该《补遗》。

二十一、《文恭集》补遗一卷

此补遗附《文恭集》后,刻入《常州先哲遗书》。宋胡宿《文恭集》至清初已亡佚,"乾隆中,馆臣从《永乐大典》辑出诗文一千四百余篇,厘为五十卷,交武英殿以聚珍版印行时,复删去青词、乐语十卷,定为四十卷",②缪荃孙为盛氏编刻《常州先哲遗书》据以重雕,删去伪作,并另从《建康志》《困学纪闻》《天台续志》等书辑得逸诗、逸文十余首,编为一卷附于后,即《文恭集补遗》。

二十二、《春卿遗稿》补遗一卷

此补遗附《春卿遗稿》后,刻入《常州先哲遗书》。宋蒋堂诗文集晁、陈两目不载,是其在宋时已佚,"今传本乃明天启元年堂二十世孙镶掇拾佚稿而成,凡赋一篇,诗二十九篇,记一篇,不及原书十分之一"③,荃孙为盛氏编刻《常州先哲遗书》据以重雕,并从《吴郡志》《会稽掇英总集》《成都文类》《西湖高生传略》辑佚文十三首,以益之,即该《补遗》。

二十三、蒋之翰、之奇遗稿一卷

此补遗附《春卿遗稿》后,刻入《常州先哲遗书》。缪荃孙为盛氏校刻《春卿遗

---

① 《艺风老人年谱》光绪二十一年(1895)条云:"是年盛愚斋宫保嘱编刻《常州遗书》,荃孙搜罗,宫保出赀而已。"缪荃孙《艺风老人日记》对此也多有记载。
② 《文恭集》卷末缪荃孙为盛宣怀所撰跋语,《常州先哲遗书》本。《艺风老人日记》乙未四月十六日云:"撰《毗陵集》《文恭集》两跋。"可为证。
③ 《春卿遗稿》卷末缪荃孙代盛宣怀所撰跋语,《常州先哲遗书》本。

稿》，所据本为蒋堂二十世孙镇天启元年辑本，原附蒋堂之侄蒋之翰、蒋之奇诗一篇，文二篇。荃孙另行搜辑，凡得蒋之奇诗六十三首、文七篇，蒋之翰诗一首附刊。今观缪氏引用之书有《丹阳集》《清波杂志》《吴郡志》《徐神翁语录》《事文类聚后集》《合璧事类外集》《毗陵志》《湖广通志》《卢山志》《宁国府志》《宜兴县志》《粤东金石志》《上高县志》《广东通志》《通山县志》《舆地纪胜》《上高县志》《邵武府志》《德化县志》《福州府志》《湖南金石志》《广东金石略》，以及金石拓本，搜辑可谓广矣。

二十四、《毗陵集》补遗一卷

此补遗附《毗陵集》后，刻入《常州先哲遗书》。宋张守《毗陵集》，《直斋书录解题》著录为五十卷，至清代已亡佚，"乾隆中，馆臣从《永乐大典》搜辑出遗文，录为十六卷"，交武英殿以聚珍版印行，缪荃孙为盛氏编刻《常州先哲遗书》据以重雕，删去伪作，又"别搜得《五百家播芳大全》有三十篇，《宰辅编年录》有文一篇，《天台续集》有诗两首，编成一卷，附刻于后"①，即为此《补遗》。

二十五、《归愚集》补遗一卷

此补遗附《归愚集》后，刻入《常州先哲遗书》。宋葛立方《归愚集》《直斋书录解题》著录为二十卷，至清代仅存十卷。缪荃孙编刻《常州先哲遗书》，"据翰林院底本、劳季言校宋本校定上板，又辑《播芳大全》《临安志》《宋诗纪事》辑补遗一卷附益"。②

二十六、《荆川集》补遗一卷

此补遗附《荆川集》后，刻入《常州先哲遗书》。明唐顺之《荆川集》，"初刻于嘉靖，无锡安如石编为十二卷；再刻于万历，外孙慎行并正续编为十七卷，益以外集，为二十卷；三刻于康熙，六世孙执玉编为十八卷，外集未刻"。③ 缪荃孙为盛

---

① 《毗陵集》卷末缪荃孙代盛宣怀所撰跋语，《常州先哲遗书》本。
② 《归愚集》卷末缪荃孙代盛宣怀所撰跋语，《常州先哲遗书》本。
③ 《荆川集》卷末缪荃孙代盛宣怀所撰跋语，《常州先哲遗书》本。

校刻该集用康熙本重刊,讹脱字取嘉靖本补足,嘉靖本多诗五首,文一卷,刊于卷末,即为《补遗》。

二十七、《从野堂集》补遗一卷

此补遗附《从野堂集》后,刻入《常州先哲遗书》。明缪昌期《从野堂集》一刻于崇祯,再刻于雍正,三刻于同治,"三编各有不同,而崇祯本最为完备",缪荃孙为盛氏校刻该集"以崇祯本为主,以雍正、同治两本校其得失,择善而从,崇祯本所无者则为补遗一卷"。①

原载《中国典籍与文化》2007 年第 4 期
(作者单位:南开大学文学院)

---

① 《从野堂集》卷末缪荃孙代盛宣怀所撰跋语,《常州先哲遗书》本。

缪荃孙晚年书事系年要录

季秋华

近代学者缪荃孙是一位多方面卓有成就的大家,这是人们的共识,他一生购书、藏书、读书、校书、刊书、著书、编书孜孜不倦,其主办江南、京师两大图书馆,为功尤巨。他一生与书结下不解之缘,《艺风老人年谱》录止宣统三年,而他卒于1919年,有八年之久未录,兹据《艺风老人日记》(北京大学图书馆影印本)将其民国以后书事摘录如下。

民国一年(壬子)1912年,年六十九岁,寓沪。
一月:校《唐风集》《长江集》《联珠集》《周礼》《夷坚志》《翠微南征录》《菊潭集》《台阁集》;写《周礼校记》《谷梁传校记》《左传校记》《常州先哲遗书目》;撰《潘木崖文集》《钝吟杂录》序及《张朩未手札》《六唐(人)集校本》跋。

二月:校《伪齐录》《云林集》《山村集》;校《蜀石经》并撰跋;校《鬼谷子》毕并撰跋;写《吴渊集》毕;撰《夷坚志跋》及《续夷坚志跋》;购元版《左传》。

三月:校《琬琰集》《顾子方诗》并撰跋;校《滋溪集》毕;写《刻书缘起》;撰《瘗鹤铭》《古文集成》《宋太宗实录》跋;撰《葛氏守先堂书目序》毕;订《士礼居题跋》《秦淮明妓考》;购《梁有誉集》《唐集》。

四月:校《圆明园记》《国初品级考》《西辽事迹考》《长安客话》《大学正业》《士礼居题跋》;校《宋太宗实录》毕;撰《丁帘话旧》《爱日吟庐书画录》《秦淮话旧录》《纪锁》序;撰《有学集》跋。

五月:校《学部图书馆善本书目》《岛夷志略》《柳夫人传》《陈圆圆传》《董小宛传》《山静居诗话》《雪庐诗话》;校《诸蕃志》《汪文摘谬》毕;撰《感旧录》;购旧钞《清容居士集》《钝翁类稿》。

六月：校《有学集》毕；写《康熙朝事》《江南金石记目》；购《韩文》印。

七月：校《夷坚志逸文》《志雅堂杂钞》《阳羡摩崖录》；勘《沈西雍集》；校唐五代碑目毕；撰《宾退录》《尹河南集》《老莲香山四乐图》《午风堂丛谈》《像象管见》《常州先哲遗书》跋；写《江左金石目》。

八月：校《玉雨堂书画记》《南征集》《古滇说略》《芳山文集》及影宋《陵阳集》；校《青楼集》《新柳记》《此山集》《怀芳记》《徐正字集》《岛夷志略广证》毕；始校《唐徐侍郎文集》《栟榈集》；校《藏春集》《名臣事略》毕并撰跋；撰《静素堂诗集》序；撰《曝书亭考》；写《夷坚志》毕；购《元史》《陈书》。

九月：校《芦川词》《樵川词》并撰跋；始校《陈书》；校《石鱼题名所见录》毕。勘《广西志外金石》《宾退录》《续板桥杂记》；写《秦淮话旧录》；撰《宝竹坡传》。

十月：校《谱系》《胜语》《国史唯疑》《萍心集》《巴歈集》《北马南船集》；校《庆湖遗老集》《史通》并撰跋；校《春灯谜》《小忽雷》《大忽雷》毕；校勘《续藏书记》《壬寅消夏录》；写《刘猛进志》《诗存》；撰宋本《方言》、元版《南齐书》《道德经集解》跋及《皕老吟序》《爱日吟庐书话续录》序；购《续碑传集》《抱经堂集》《杭氏外集》、倭版《七经》《孟子发》《东都事略》《豫章遗文》《敦交集》。

十一月：校《瑶华集》《方山文录》《涑水纪闻》《新唐书》《考古录》《墨客挥犀》《续墨客挥犀》及嘉靖本《词选》；校《嘉禾志》并撰序；校《蒙斋诗》毕；勘元本《草堂集》毕；撰旧钞本《名臣事略》跋；购三朝版《宋文鉴》。

十二月：校《上谷访碑记》《倚松集》《平陈记功颂》；校《𣸣水志》《蒲庵集》及《谢宣城集》毕；始校《诗人玉屑》；撰《嘉祐七史跋》《哲堂叔祖传》；撰《毛诗释义》《石鱼文字所见录》《章实斋文》《吴藩乐府》缘起；撰《清风室文集》《风入松琴歌》《灵峰志》序；写《秦淮广记》；购旧拓《龙藏寺碑》。

民国二年（癸丑）1913 年，年七十岁，寓沪。

一月：校《九曜石题名》《于湖词》《放翁词》及影宋本《东都事略》；始校《蜕庵集》；撰《反离骚》《儒学警悟》、宋刻《黄氏日钞》跋；撰《云山日记》及《自订年谱》序。

二月：校《章实斋文集》《天真阁题跋》《张秋水题跋》；校《藏一话腴》《东京梦华录》《游宦纪闻》《诗人玉屑》《雪篷集》毕；校《鹤山集》并撰跋；撰《王荆公集》《草堂诗余》《三国志》《大戴礼》《坡门酬唱集》跋；购《秋室集》。

三月：校《渔阳尺牍》《郭公敏行录》《后村词》；校《叶天寥年谱》毕并撰跋；校

《烬宫遗录》《醉翁诗录》《客座新闻》《鲍明远集》并撰跋;撰《国朝经师著作考》,写定《儒林传》目;购《西堂集》《小字录》。

四月:校《所见古书录》《危太朴集》《蒲室集补遗》《司空表圣集》《徐籀庄年谱》;校《湘山野录》《百宋一廛书录》《康熙朝事》《敬乡录》《内阁书目》《雪桥诗话》《湘山续集》《瞿木夫年谱》《甲行日注》《崔山长短句》《龟溪集》并撰跋;校《文房四谱》毕;勘《千顷堂书目》;撰《艺风堂藏书记续编》成;购《白山诗介》。

五月:校《黄文献公集》《群雄事略》《郑鄤事迹》《五辩》《太平治迹统类》;校《鹤林玉露》《崔山集》毕;撰《寿藏年谱》《叶天寥年谱》《查他山年谱》《谈往》跋;编《盛氏图书馆书目》至民国三年(1914)闰五月全部完成。

六月:校《职源撮要》;校《唐书直笔》毕并撰跋;撰《通鉴纪事本末》跋。

七月:校《云溪友议》《后村诗话》及续集;校《文馆词林》《唐书直笔札记》《郭文卿言行录》《九经三传沿革例》并撰跋;校《吴兴备志》《群精音辩》《龟溪集》毕;撰《夏永曦文集》《风月庐藤稿》序及《朱立斋诗文集》《说学斋集》《闻过斋集》跋。

八月:校《思庵闲笔》《山谷琴趣》;始校《唐大诏令》;校《陶渊明集》并撰跋;校《纤言》《乐府杂考》毕;勘《淮海词话》;撰《韫玉楼遗稿》序。

九月:校《吴文正公制诰》《年谱别录》《小桐溪随笔》《樊榭年谱》《说文补注》《吴兴志》;校《唐史论断》、影刻本《湘山野录》并撰跋;校《王右军年谱》《后村诗话》《后村题跋》毕;撰《玉海堂丛书》序。

十月:校《续碑传集》《傅若金文》《英德志》;校《黄山谷年谱》并撰跋;勘《台州金石记》;撰《乐书正误》跋、《贵池先哲遗书》序及《清颂堂丛书》序和跋。

十一月:校《诗话》《周易正义》《荆南唱和集》《陶隐居集》;校《资暇集》《方言》《昭明太子集》并撰序;撰《传奇引首》《传奇缘起》;撰《后村诗话》《后村题跋》《群雄事略》跋;写《辛壬集》。

十二月:校《龙凭纪事》《攻愧题跋》《谈往补遗》;校《和陶诗》并撰跋;撰《言旧录》《李申耆先生年谱》跋;购《太仓稊米集》。

民国三年(甲寅)1914年,年七十一岁,寓沪。

一月:校《司空表圣集》《吴兴寺院》《广川书跋》《得树楼杂钞》《得树楼杂著》《鹤山题跋》;勘《世说新语》校本;校《东维子集》并撰跋;撰《吴兴志》《吴兴掌故集》《吴兴备志》《傅若星诗文》跋;撰《刘语石词》《石桥诗话》序。

二月:校《山谷题跋》《宋会要》《唐史论断》《草堂后集》》;校《栟榈集》毕;撰

《陈卿传》《精忠柏断片歌》；撰《周易正义》《魏地形志校录》跋。

三月：校《素书》《洞冥记》《神异精》《丧服小记疏义》《宋人小说》；写《然脂集》。

四月：校《唐书艺文志》《简庄疏记》；撰《广川书跋》《说文断注订补》跋及《盐海通志》序；撰《郑澧筠传》。

五月：校《吴兴献征录》；撰《历代诗话》跋；撰《纫蘭庵集》序；购《仪礼评注》。

闰五月：校《汉书音义》《岳阳记》《刘梦得集》《广印人传》；校《瞿木夫集》毕；撰《书精表注》跋。

六月：校《范氏义庄规矩》《东山年谱》；撰《文馆词林》《昭明太子集》《虎丘题名》《杨和甫遗墨》《清真词》《徐叔雅传》《录鬼簿》跋及《印谱存佚考》序。

七月：校《刘长卿集》《辛壬集》《庄子》；校《礼记单疏》毕；撰《吴郡志》《石经考异补正》跋；撰《南唐书补注》《礼记正义校勘记》；撰《清史义例》毕。

八月：校平水本《尔雅》、宋刻本《和殇二帝纪》；校巾箱本《尔雅》并撰跋；撰《得树楼杂记》《朝野杂记》《韩氏藏书记》《出塞山川图画记》《鲁春秋》及《简庄疏记》跋；撰《左传集解补正》；撰《铁书》及序。

九月：校《尚书单疏》《南唐书补注》；撰《刘紫回家传》；（进京）审定儒林、文苑、孝友、隐逸诸传，定三品以下诸臣目录。

十月：校《广川画录》《竹素园诗》《炎徼纪闻》《繁胜录》《都城纪胜》、校《拾遗记》毕；撰《国史儒林传始末》《刘母邱太夫人传》。

十一月：校《尚书正义》《金华子杂编》；校《禹贡正义》毕；撰《太平治迹统类》《岭海焚余》《周礼》《淮南子》《舆地纪胜》《王氏世表》及百衲本《史记》跋；撰《传奇题要》《李清传》。

是月开笔修清史。

十二月：校《夷坚续志》《读书记》《夷白斋集》《玉堂荟记》；撰并校《国史五传》至国民八年（1919）十月即病逝前一个月。撰《隋书详节校记》并跋；撰《适园丛书》序。

民国四年（乙卯）1915 年，年七十二岁，寓沪。

一月：校《左传礼征》《钜鹿东观集》《经典通用字》；撰《景德传灯录》跋及《琴书存目》序；定《留真谱》书单。

二月：校《东青馆文集》《鸥阳行周集》《疏斋稿》《围炉诗话》《夷白集》；

撰《玉堂荟记》《攻愧文集》《钱氏小儿脉正直诀》跋；购《榕园丛书》《逸社诗笺》《君平集》。

三月：校《侨吴集》《鄞县志》《儒学正本》《方植之文》《潜邱札记》；撰《适园书目》《周易通变》《梦溪笔谈》及宋刻《圣宋文选》跋。

四月：校《抚安东夷记》《史例》《还山遗稿》；始校《大唐郊祀录》；校《广川画跋》并撰跋；写《癸甲集》文目。

五月：校《洛阳伽蓝记》《云林集》《欧阳行周集札记》；校补《珊瑚网》；撰《贝叶经歌》《儒学传》《文学传》《李审言文集》《常慊慊斋文集》序；撰《侨吴集》《夷白集》、重刻本《金石苑》《欧阳行周集校记》跋。

六月：校《复社纪略》《穆宗实录》毕；校《罪惟录》并撰跋；撰《陶真白文集》《续复古编》跋；购《灌园集》。

七月：校《闽行随笔》《南唐书》；始校《珊瑚木难》《宋书》；撰《明遗臣传》序及《宋代小说》《思庵闲笔》《鬼遗方》《北山海经》《补汉兵志》跋；撰《闽行日记》；修毕《清史凡例》。

八月：校《欧阳集》及宋本《曹子建文集》；撰《南唐书补注》序及跋；撰《逸经补正》及宋本《宋书》跋。

九月：校《逸老堂诗话》《文苑传》；校《癸甲集》《还山遗稿》毕；始校《后唐方镇表》及《湖西纪事》；撰《唐诗鼓吹》《香溪集》《石屏集》《诗人玉屑》《柳集》《欧集》《中州集》《白孔六帖》、尤本《文选》及《却扫编》跋。

十月：校《五代方镇表》《十国方镇表》《闫古古年谱》；始校《北堂书钞》，校《枫江草堂诗文》及《枫江草堂词》毕。

十一月：校《宋书札记》；撰《适园书目》跋毕；撰《黄文献公集》跋及《一山诗集》序；撰《常州先哲遗书缘起》《灵峰四景赞》。

十二月：校《宋书校勘记》《春雨楼集》《女真考》《沈炳巽文集》；校补《近事会元》；撰《翁覃溪诗》序及《刘熊碑》《励堂乐府》跋；购元版《小尔雅注疏》。

民国五年（丙辰）1916 年，年七十三岁，寓沪。

一月：校《翁覃溪诗》及《珊瑚网》；撰《孙叔和文集》序。

二月：校《诗境笔记》《癸甲稿》《复初斋集》《新唐书》《后汉三国艺文志》部分卷；购《百家唐诗》及《山谷集》。

三月：校《遗山集》毕并撰跋；始校《欧阳集》；撰《北堂书钞》《珊瑚网》及《天

一阁始末记》跋。

四月：是月到京小住，会商清史事。撰《武梁祠画像》跋。

五月：校《遗山年谱》《琴史》《权斋笔记》《梁史》《京师城坊考》《逸经考证》《文漫存》《吴峦雉残稿》；校《东观余论》《荆南唱和集》《皇甫集》《桂故》毕；撰《琉璃厂书肆后记》。

六月：校《公车徵士录》《鱼计亭诗话》《厉樊榭集人名考》《慎子》《王惟昊笔记》；撰《嘉业堂书跋》《渚山堂词话》《月泉吟社》《尚书单疏》《谷梁单疏》《滋溪文稿》跋；写《盛氏善本书目》《沈畏堂文目》；定《慈寿堂文钞》并撰跋。

七月：校《明史考异》《诗话总龟》《通鉴》及《书经注疏校记》；校《厉樊榭山房集注》毕；始校《魏书·艺文志》。

八月：始校《祇欠集》《彭节愍集家书》；校《一鸣集》毕；撰《戴名世传》《土司传》《诗话总龟》《查初白集外诗》跋；撰《适园丛书》跋毕。

九月：校《宋文鉴》《赵东山集》；校《麟溪集》《曲洧旧闻》并撰跋；校新写《明遗臣传》及宋庆元本《五代史》；撰《东观余论》《苏东坡集》跋；写《吹万楼碑目》。

十月：校《吴兴诗话》《东山集佚文》；校《孟子诗说》《简庄疏记》《查初白集》及《查初白集外诗》毕；撰《常丑奴志》跋及《盛公奏疏》序。

十一月：校《毗陵经籍志》《说文校议议》《碧溪诗话》《齐东野语》；校《周易》及《周易校记》；校《吴礼部别集》《沧海遗珠》《韵语阳秋》《癸辛杂识前录》《后录》及《续录》并撰跋；校《司马温公年谱》毕；购三妇评《牡丹亭》。

十二月：校《王文公诗》《太平广训》《政事纪年》《适园藏书志》《两尚书校勘记》《癸甲集》《长江集》《金石跋》《士礼居题跋》；校《灯下闻谈》毕；校《吴礼部诗话》并撰跋；勘《适园书目》毕并撰序；写《金石话》《结一庐书目》。

民国六年（丁巳）1917年，年七十四岁，寓沪。

一月：校《续吴郡志》；撰《京师城坊考序》《土司传》；撰《张幼樵书目》《朱古微词目》跋。

二月：校《毛诗正义》《松兆堂读诗随笔》《瞿中溶题跋》《临川集》《全辽文》。校《文房四谱》《香谱》并撰跋；撰《经子法语》《南朝史精语》《慎斿集》跋。

闰二月：校《墨谱》《文房笔谱》；起草《志书体例草稿》。

三月：校《先君子诗话》《孙可之集》《毛诗正义》；始校《古泉山馆金石文》《司马文正公谱》《桐谱》《冯溥传》。

四月：校《五代史补考》；校《闽中金石记》《朱乐圃先生集》并撰跋；校《王半山年谱》毕。

五月：校《慈寿堂》《五城坊巷志》《易林》；校《剡源逸诗》并撰跋；撰《江阴杂诗》《吴次尾年谱》《刘伯宗年谱》及《元草堂集》序。

六月：校《艺风堂藏书记》《台学统》《清史宰相传》《复初斋外集目》《道安禅师碑》《秋涧集》；校《政府奏议》《经子法语》毕；撰《覃溪外集》及《复初斋集外文》跋。

七月：校《墨品》《宋大诏令》《清史·列传》《建康集》；始校《惠砚溪诗》《订讹杂录》；编《乙丙稿》；撰《易林》跋；购《归愚全集》。

八月：校《拾遗志》《赍塔传》《缀英总集》毕并撰跋；写《河南碑目》；撰《国史唯疑》跋；撰《清史·武臣传》。

九月：该月进京小住。始校《郑堂日记》；校《西康土司传》《北辕录》；撰《许乃武传》；写《翰府名谈》《元宗遗事》。

十月：校《郑庵书目》《云南志》；始校《唐才子传》《适园书目》；撰《醒醉石》序。

十一月：校《四库校书目》《诗经校勘记》《朔方备乘札记》及《江阴石刻录》跋；撰《江阴志缘起》《积学斋书目》《金石记》序；编《嘉惠堂藏书记》；撰《朔方备乘札记》；得宋本《文选》六册。

十二月：校《李顺德师著作》《仪礼》《养蒙集》；撰《顾蓝卿志》《求恕堂藏书志》；编《江苏金石目》。

民国七年(戊午)1918 年，年七十五岁，寓沪。

一月：校《至元圣武亲征录》《王广陵集》；校《博物志》并撰跋。

二月：校《宋碑》《毛诗单疏》；校新刻《士礼居题跋》《道德经注疏》卷三毕；撰《汪氏谱序》；购《四妇人集》初印、《双照楼词》等。

三月：校《全归集》；注《唐书艺文志》毕；撰《象宾公传》。

四月：校《漱玉词》《断肠词》；校《东林同难录》《河汾遗老集》《对床夜话》毕；撰《说文校议议》及宋本《文选》跋；购《庸庵集》。

五月：校《顾亭林年谱》《宋史》目、《隋志》及野竹斋抄本《獭真子》；撰《徐州略志》跋。

六月：校《夷坚志》《翁文恭诗》；撰《芳华苑钱盆歌》《嘉惠堂藏书记》；购宋刻

施注《苏诗》四卷。

七月：校《段菊轩词》《知稼翁词》《东埔词》《十二砚斋跋》；撰《苏诗》跋；写江阴、江苏金石待访目。

八月：校《刑统》；撰《晋初传》；购《小石山房丛书》。

九月：校《宾阳子年谱》《旧五代史》《五代史》；撰《嘉业堂藏书志》序；购《周益公集》二下卷。

十月：校《扪虱新语》《纪文达公文》《清虚杂录》。

十一月：校《江阴碑》《言官传》《宰辅传》；撰《书林清话》序。

十二月：校《类林》《扪虱丛话》并撰跋；校《清史》传目；撰《林兴珠传》《曾氏女三言赞》《广武将军碑》《容斋随笔》跋。

民国八年（己未）1919 年，七十六岁，寓沪。

一月：校《东山外纪》；校《草堂雅集》毕；撰《耆旧续文》跋。

二月：校《王渔洋与汪于鼎札子》《申港明碑》《吴山子集》；撰《片玉词》跋。

三月：校《钱氏私志》《京师坊巷衖衖集》及《酒谱》；撰《嘉业堂丛书跋》及《士礼居藏书记》序；得《渔洋续集》为平生所未见。

四月：校《黄文献公集》；校《云溪友议》并撰跋；撰《王友石山人集》《月河所见录》跋；撰《王长沙师家传》《嘉业堂藏书志》。

五月：校《演繁露》《董子中诗》《齐民要术》《待访录》《李文忠尺牍》《涑水纪闻》《东坡先生诗》；校《嬾真子》毕；撰《四川访金石记》。

六月：校《旧五代史》；校《幽怪录》《任氏尚书》《任氏尧典》毕；校《涑水纪闻》毕并撰跋；撰《二程全书》《包孝肃奏议》《唐伯虎集》《宋名臣言行录》《两山笔谈》《水南集》《郑成功始末》跋。

七月：校《书录解题》《陈书》；校《韵语阳秋》毕并撰跋；撰《翁覃溪集》序；撰《申港志》；写《侨石碑目》。

闰七月：校《南部新书》《迩言》《孔丛子》、翁评《渔洋诗》；校《吴友鹿忆语》《柴庵忆语》毕，校《东轩笔录》毕并撰跋；撰《鸟鼠山人集》及《犁眉公集》跋。

八月：校《鲒埼亭外集》《萤雪丛说》；校《扪虱新语》毕；撰《左传正义》《广州城砖考》《王翰集》《七国考》及明九行本《十三经》跋；写《中州碑》。

九月：校《徐星伯先生集》《辽文续存》《潜邱札记》；校《五代史》《圣武亲征录》毕；撰《董美人志》跋；撰《地基始末》；购《东莱博议》《儒林外史》《季文敏

年谱》。

十月：校《东山外记》《梁书》《句余土音注》；校《江文通集》毕并撰跋；勘《说郛》目毕。

缪氏晚年书事记止民国八年十月二十一日。

十一月初一日艺风老人病逝上海。

原载《图书馆工作与研究》2000 年第 5 期
（作者单位：天津图书馆）

缪荃孙逸文四则

宫云维

艺风老人缪荃孙是我国近代著名学者,在历史学、金石学、方志学、校勘学等方面均有很深的造诣,著有《艺风堂金石文字目》《艺风堂藏书记》《艺风老人日记》等多种,其诗文则收入《艺风堂文集》及续集。然而,由于种种原因,缪氏诗文仍有不少散佚。笔者近来从浙江图书馆所藏金石拓片中发现缪氏所著墓志铭等四则,均未见于其相关文集,现迻录并标点、考释如下。

一、冯文蔚墓志铭

题名"清故内阁学士兼礼部侍郎衔冯公墓志铭",署"江阴缪荃孙撰,固始秦树声书①,安吉吴俊卿②篆盖,古吴张仲森钩刻"。近代拓本,60 cm×54 cm,出处不详。铭文内容如下:

> 德宗即位,举行恩科,联棻冯公以一甲第三人及第。公凤工书,一时以为得人。次年,散馆同人咸留京肄业,公邀同年曹中丞鸿勋③、吴侍郎树梅④、倪

---

① 秦树声(1861—1926),字宥横,号乘庵,河南固始人,清末著名书法家。光绪十二年(1886)进士,官工部主事。召试经济特科,曾官广东提学使。
② 吴俊卿,即吴昌硕(1842—1927),近代杰出书画家。初名俊,字仓石,一字昌硕,号缶庐,又号苦铁、破荷、大聋人。浙江安吉人。曾官清末的安东(今江苏涟水县)知县。致力于传统的金石碑刻的研究。
③ 曹鸿勋(1846—1910),字仲铭,又字竹铭,号兰生,光绪二年(1876)状元,潍县(今山东潍城区)人。中丞是御史中丞的简称,明清时用作巡抚的别称。曹曾于光绪二十九年擢贵州布政使兼署贵州巡抚,三十一年擢陕西巡抚,故有是称。
④ 吴树梅(1845—1912),字变臣,号毓春子,山东历城县人。光绪二年二甲第一人进士及第,曾官内阁学士、户部左侍郎等。

太守恩龄①、黄编修彝年②、王读学锡蕃③、陆文慎宝忠④、冯观察金鉴⑤、检讨崧生⑥及荃孙十人同课诗赋,月两集,试均及格。留馆。嗣后考差、大考,举课不辍。自丙子至丁亥前后十二年。己卯,又同分校顺天乡试。敦盘狎主,笙磬同音,交谊可谓至密矣。公在侍读任,逢大考,荐升侍讲学士,遂跻阁学,在同年中为最显。未几,陪祀天坛,感寒暴卒。呜呼！伤已。今公之孙绳祖,以事略求志其墓,以荃孙之交谊,何敢以不文辞。谨按事略:

　　公讳文蔚,字联棠,别字修庵,浙江乌程人。曾祖昭、祖渊、父荣甲,以公贵,赠光禄大夫,母皆赠一品夫人。公读书聪颖,中遇寇难,流离琐尾,未尝废学。光绪乙亥、丙子联捷及第,授编修,历升赞善、中允、洗马、侍讲、侍读、侍讲学士、少詹事、詹事、内阁学士;历署都察院右副都御史、宗人府府丞;历充日讲起居注官、咸安宫总裁、文渊阁校理、本衙门撰文教习庶吉士、己卯科顺天乡试同考官、壬午科河南学政,甲午科江南正考官。

　　公天性孝友,遇事能断。特以文学侍从之臣,未见有所设施。然督学中州,幸窦悉杜,名流悉拔,稍稍流露于一二。及将大用,公又不禄。屈指丙子同年,调鼎鼐、领封圻者,殊不乏人,然皆在公后,亦可见公之才气发越矣。公卒于光绪二十二年十一月二十八日,年五十有六,以二十三年归葬于乌程之道场山麓。

　　聘庞氏。娶沈氏,生子瑞耆。续夏氏,生子瑞绵。瑞耆官江西知县,后公十四年殁于江西。瑞绵早夭。孙二人:绳祖、绍祖。今年壬子,去丙子三十有七年,同年存者寥寥矣。荃孙乃补为墓铭。铭曰:

　　祥麟一角,威凤五色。扬于王庭,光我上国。既丰其遇,胡啬其年？可知者人,难测者天。昨岁京华,君门重过,旧雨不逢,凄然泪堕。嗟余后死,已值沧桑。顾地下之差乐,颠把辟而翱翔。

---

① 倪恩龄,字覃园,昆明人,光绪二年二甲第十人进士及第,官至南昌知府。
② 黄彝年,河南光州商城县人。光绪二年二甲第四十三人进士及第。《词林辑略》卷九云字枚岑,号美存,河南商城人,散馆授编修。
③ 王锡蕃,字季樵,山东黄县(今龙口市)人,光绪二年二甲第十八人进士及第,在翰林院供职多年,由庶吉士上升至编修。曾奉派主持湖南乡试,外放福建学政。宣统元年(1909)得以复官,补翰林侍读学士。
④ 陆宝忠(1850—1908),字伯葵,原名尔诚,字易门,江苏太仓人。光绪二年二甲第六十三人进士及第,朝考改庶吉士,次年散馆授编修。官至署理都察院副都御史,授内阁学士兼礼部侍郎衔。谥文慎。
⑤ 冯金鉴,字心兰,号藻卿,浙江桐乡人,光绪二年第四十四人进士及第。散馆授编修,官至四川川北道。著有《五音反切图注》《拙思斋诗文稿》。
⑥ 崧生,即冯松生,字听涛,号陶庐,浙江仁和人,光绪二年三甲第三十七人进士及第。散馆授检讨。

按,据《艺风老人日记》,该墓志铭于光绪壬子(1912)2月29日,从冯孙绳祖所请而作①。缪荃孙同为光绪二年(1876)进士,冯为第三名进士及第,即探花,缪为同科二甲第一百二十五人②,二人关系极为密切,仅缪荃孙《艺风老人日记》中提到冯文蔚,就多达三十余处。铭文中所谓"敦盘狎主,笙磬同音,交谊可谓至密矣""以荃孙之交谊,何敢以不文辞",诚为不虚。

二、沈燮源及夫人刘氏合祔墓志铭

题名"清故赠荣禄大夫沈府君配封一品夫人刘夫人合祔墓志铭",署"赐进士出身学部参议翰林院编修江阴缪荃孙撰""赐进士出身翰林院编修阳湖汪洵书并篆盖""吴郡陈伯玉刻"。一张,木板面裱。铭文如下:

君讳燮源,字子焌,浙江归安人。归安沈氏均梁侍中、领尚书令建昌侯③裔,世居湖州。祖铨,广东候补知府。父桂荣,广东候补通判,生子二,君其次也。沉潜好学,为文简洁,自喜如其人。早入邑庠,与兄树镛有二难之目。未几,兄病废。君目击而心伤之,遂亦成疾。时发时愈,缠绵二十年,卒于光绪己亥五月二十五日,年甫四十。庚戌,葬于吴县之尧峰山。

夫人刘氏④,乌程人,娴书算,知大义,警旦劝学,有古媛风。君病多年,妇代子职,侍衰翁,事病夫,内外家政一身督理。生二子二女,一子一女殇。夫人卒于宣统己酉七月十六日,年五十岁。女采芝殉焉。

子耀勋,邑庠生,以三品衔郎中分部学习,加三级,请封赠君荣禄大夫,夫人封一品太夫人。而耀勋又伤于毁,后夫人一月亦殁。

君继先业,相时接物,廉取厚蓄,益大厥家。夫人踵行其志,睦姻任恤,施予不贰。长姒徐夫人早殁,子女尚幼,夫人抚之如己出。逮婚嫁毕,析产授之,曰:"吾为沈氏妇,虽处境丰裕,而二十年来无一日不在忧危恐惧中,尔等勿忘吾之用心苦也。吾族繁衍,吾于长者恭顺之,贫者赒恤之。即偶有非

---

① 缪荃孙:《艺风老人日记》,北京大学出版社,1986年版,第6册,第2466页。
② 江庆柏:《清朝进士题名录》,中华书局,2007年版。本文所述曹鸿勋等同榜进士名次,均据该书。
③ 即沈约(441—513),字休文,吴兴武康人,历仕宋、齐、梁三代,梁时官至尚书令,封建昌县侯。
④ 据《湖州府志》,刘氏为南浔刘镛次女。刘镛(1826—1899),名介康,字冠军,一字贯经,大藏书家刘承幹之祖,南浔"四象"之首,富甲一方。

礼相加,亦情恕理遣,弗与较。今恃祖宗荫,稍有余积,尔等其善守之。"故卒之日,无不哭失声。嗣孙福佑、文潮、嗣昌将改葬君于归安马池潭,刘夫人祔焉。铭曰:

深山幽泽,芝兰独芳。君处丰腴,不改其常。善守能施,善用能节。茮苢无灵,杞梓遽折。仁者必勇,莫如夫人。挥斥万溢,沐浴九姻。润身不侈,守约不喑。君子难之,矧在妇德。寂寥黄壤,萧萧白杨。幽窀久安,斯名不忘。

按:从该墓志铭内容看,沈燮源氏并无显赫功名,亦非学界名人。据张謇所撰《刘镛墓志铭》,刘氏为南浔巨富刘镛次女,著名藏书家刘承幹姑母。缪荃孙与刘承幹往来密切,曾多次受聘为刘氏鉴定藏书、编校刻印图书等,并撰有《嘉业堂藏书志》。缪氏因晚年家用浩繁,除为刘氏物色旧家藏书外,家藏善本,亦多让售于刘氏,他的藏书是嘉业堂藏书的重要来源之一,其中不乏珍品。事实上,缪荃孙人生的最后几年是与嘉业堂的藏书刻书事业密不可分的。有人称誉缪荃孙为嘉业堂第一大功臣。则缪氏撰此铭,或从刘承幹之请而为之。待考。

三、张宝封家传

题"张质甫封公家传",署"江阴缪荃孙撰""南丰赵世骏书"。末署"梁溪吴荣刻石"。文曰:

六月徂暑,大雨时行,荃孙杜门养疴,读书自适,张君石铭闯门来见,手其尊人质甫封公行略,流涕而言曰:钧衡生十六年而孤,先府君之嘉言懿行,童年弗及知。稍有所知者,亦不能详。长侍桂太夫人,为述曩事,儳忾追慕,怆然以悲。今窀穸久安,亟求传之简册,以志不朽。荃孙聆其言辞,鉴其诚笃,与石铭交谊最洽,亦不敢以不文辞。谨按事略:

君讳宝庆,字质甫,吴兴人,先世自休宁迁湖之南浔,已及七世。祖讳维岳,字如嵩,国学生。妣沈氏、蒋氏。父讳颂贤,字竹斋,妣吴氏。均封荣禄大夫,妣皆夫人。如嵩先生贾于江西,勤俭起家。竹斋先生攒承遗绪,扩而充之,经营湖丝,兼办浙西岸盐务。

君生而聪颖,好读书,经史过目即能背诵如流,独不屑治举子业,视科第蔑如也。性至孝，以养志称。能逆揣父母之意所在，而视无声，听无形，维持之，补益之。与弟定甫尤友爱，出入必偕，蔼然见于颜面，而衣食之厚薄，居处之丰俭，事事相同。尤其显者，桂太夫人壬戌来归，温清堂上，唱随闺中，琴瑟之和，埙篪之乐。父母其顺，夫子言之，莫非孝思之所灌注乎？

竹斋先生办事既多，君左右其间，机宜悉协。竹斋先生自奉俭约，而好施与。君秉庭训，振贫乏，邑有义举，虽捐钜金不吝。佐理家政，心力交瘁，但使吾心能稍分亲之心于毫末而后始安。年未三十，因得怔忡疾。汪容甫所谓虐用其心，所致者顾以身。甫及壮，不使亲知，犹复以力行善事不倦，遂致沉绵而不能治，加以腹疾，遂卒，年正四十三。而竹斋先生犹在堂也。伤恸过甚。是时，钧衡年甫十六，泣闻遗言，事祖养母，谨领家教，无敢陨越，迄今三十余年矣。女二人，适同邑沈克明、丁乃源。

钧衡，甲午举人，二品顶戴，江苏补用道，以己职封赠三代。初娶桐乡主事徐君女，生子乃熊，附贡生，花翎、四品衔、邮传部主事。乃骅，花翎、四品衔，候选主事。乃骥，花翎、候选道。乃骏，殇。继娶震泽同知徐君女，生乃骙、乃骐、乃駉，均幼。女四，一字邢，次字邵，三适邱，四适徐。桂太夫人年踰七秩，康健如常，孙曾众多，家道亦盛，均质甫君孝思所感而成也。呜呼挚矣。

旧史氏曰：吾观史册，孝子多出身贫贱，茂族则少，不知家贫则奔走服劳，显而易见。至于富家，衣食无所用心，然宾客司会记之烦，廛市多赢缩之虑，早一时则见长，迟一时则见短，事事逆料，吾亲之所向，而预有以处之，内外职事，托付有人，皆得展其才力，用以趋时变，攸往咸宜，使吾亲之心不劳，而己心不屑多费。一饭可以十起，一函可以百下，以视贫家之孝，恐亦不甚上下。又天之生人，不钧丰约，至于颠连困苦、无术自存活，岂果造物者意耶？朝廷恩德，煦育于平日，自非丁大灾祲，发帑振䘏，其他条例虽严，有司或视为具文。其惠固有所不能遍者。《语》曰："富者贫人之母。"谓其能有以活之也。是故赢余而斥之、众力而举之，以各为于一方，岂不足以弥帱载之憾，而济政理之穷哉！况君体老父之心为心，而惟恐其不遍，亦致孝之一端也。《诗》曰："孝子不匮，永锡尔类。"其是之谓矣！

按，该《家传》作于己未年（1919）六月底。据缪荃孙《艺风老人日记》记载，六月二十日庚午，"叶景涵来，交张石铭太翁事略，求作传"。二十七日丁丑"撰张封翁家传"。二十八日戊寅,"撰张封翁家传"。"己卯","改张封翁家传"。七月二日辛巳,"送张封翁行状与石铭交付张石铭"①。只是日记与传中"张君石铭闯门来见,手其尊人质甫封公行略,流涕而言"求作传略有不同。

四、董夫人经塔记

题名"董夫人经塔记",末署"江阴缪荃孙记,钱塘张荫椿书"。记文如下:

佛家以造塔为功德,不仅铺金遍地,宝铎吟霄,侈谈十三级、九级、七级之钜丽也。元魏有须弥塔,唐有多宝塔,宋有辟支塔,闽有坚牢塔,南汉有千佛塔,吴越有千官塔,高只数丈,坚固不坏,种种功德亦曰无量。《金刚经》者,后秦鸠摩罗什首译之,共有六译,而唐人勒石,均用北魏菩提留支译本,为佛家无上之书。

石刻传世,以泰山石经峪大字为最,惜其文字不全。唐上元二年,龙门王知敬书。垂拱三年中山法果寺碑较为完善,书法亦工。房山雷音洞三刻皆钜碑。六和塔内亦有宋人写《金刚经》。此经刻石之最古者。

吴兴周君梦坡,博雅工诗,旁通内学,为追荐母董夫人,手书《金刚经》全部,倩钱塘女士丁恒绘佛像及感应图、写经图,并识其缘起。石刻横、方共四十石,岁在阏逢摄提格,建塔于西湖理安寺前山门之下、鹤涧亭之上,五面九级,高四丈二尺,周三丈八尺,累砖成之。正面题曰"董夫人塔",识所本也。

呜呼!自窣堵波改而为经幢,经幢改而为七如来幢,日趋简易,世风颓然,梦坡独能手书全经,力追古昔,以佑母太夫人生天成佛,在人意中。夫孝子事亲无方,而存没总归一致。存则思所以悦亲之心,不惜多方钩致;没则思所以资亲之福,何妨三教等观,况乎造塔写经,历代均有灵验,非容容求媚者可比。其精诚所至,数十年不少懈,孜孜矻矻以底于成,儒者所谓贞静专一,佛家所谓勇猛精进,如是而已。经之前冠以《多心经》,二经宗旨相同,前人往往并刻,不足异。岁在阏逢摄提格②午月。

江阴缪荃孙记。钱塘张荫椿书。

---

① 分别见《艺风老人日记》,第 8 册,第 3298 页、第 3301 页、第 3302 页、第 3303 页。
② "阏逢摄提格"就是"甲寅",即 1914 年。

按，该记撰于 1914 年 5 月，系为董夫人经塔所作。塔在浙江省杭州市九溪十八涧理安寺。

董夫人，姓董氏，乌程董邦基次女，南浔周味诗妻，著名商人、学者周庆云①生母。生于道光庚寅(1830)六月二十四日，卒于光绪癸未(1883)七月十四日，年五十有四。以奉亲至孝、俭约持家、乐善好施享誉乡里。生三子二女。周庆云为其幼子。

光绪癸卯(1903)，董夫人去世后二十年，周庆云游西湖理安寺，接受寺僧定能之言，发愿为母亲写《金刚经》一通，冠以《多心经》，以资冥福，并请钱塘(今杭州)著名女画家丁恒绘佛像，拟与经文合装成册，供奉寺中。民国三年二月，周庆云再适理安寺，在寺前山门之下，鹤涧亭之上，建五面九级浮屠，题名"董夫人塔"，以"志所本"。塔高四丈二尺，周三丈八尺，累砖石成之。塔上刻有《金刚经》全经七万二百余言，丁恒所绘佛像、图二幅，诵经感应图八幅，及缪荃孙撰记，杨葆光所撰《董夫人传》、周庆云自识等。

原载《文献》2011 年 1 月第 1 期
(作者单位：浙江工商大学历史学院)

---

① 周庆云(1864—1933)，字景星，号湘龄，别号梦坡，吴兴南浔人。光绪七年中秀才，后以附贡授永康县学教谕，例授直隶知州，均未就任，弃学从贾，随父辈从事丝织业，为南浔"八牛之一"。平时爱好诗词、书画、文物、藏书以及著述等，与学界名流多所交往，如书画金石家吴昌硕，国学家沈涛园、朱古徵、缪荃孙等。章太炎《吴兴周君湘龄墓志铭》说："家既给足，藏书至十余万卷，性善别铜器，获古彝亦至多，以是工篆隶。"

缪荃孙藏书流散考

杨洪升

一、生 前 售 书

缪荃孙收书始于其早岁客居成都时,后居官京师,讲学金陵,暇时必逛市肆搜购。远游他处,也必以访书为要务,济南、上海乃至日本东京等地无不留下他访书的脚印。经过数十年孜孜矻矻、长期不懈的搜淘,他的藏书至其晚年已积聚十余万卷[①]。

但这些藏书在缪荃孙生前就开始流散。傅增湘说:"老人晚岁侨居上海,时鬻书为刊书之资。"[②]荃孙自言:"予自国变蠖居海隅,佳椠旧钞,往往易米。"[③]

缪荃孙生前售书,宋元善本多归刘承幹、张钧衡[④]。刘、张均为民国初期后起的藏书家。辛亥之后,两人曾先后邀缪荃孙驻馆其家,为他们鉴定书籍,编撰书目,刊刻丛书。购缪氏之书,他们有近水楼台之便。据《缘督庐日记》载,民国二年,缪荃孙曾将《守山阁丛书》和《学津讨原》以五百元售与刘承幹[⑤]。民国五年,缪、刘又有售书之议,所售书"以宋刻《尚书正义》二十卷、《新唐书》二百五十五卷为巨擘",其次为有黄荛圃题跋的《圣宋文选》,明钱功甫钞本《庶斋老学丛

---

① 缪荃孙:《云自在龛随笔》卷首邓之诚序云:"丁巳秋,始贽见于上海,所居曰联珠楼,以得宋刊窦氏联吟集而名,楼上下五楹,藏书十一万卷,三万余册,触目皆佳籍也。铭心之品,则置于卧内。"商务印书馆,1958年版。
② 傅增湘:《藏园群书题记》,上海古籍出版社,1989年版,第283页。
③ 缪荃孙:《艺风藏书再续记》卷首自序,民国二十九年(1940),燕京大学排印本。
④ 傅增湘:《明涂桢刻本盐铁论跋》云:"老人晚岁侨居上海,时鬻去储籍……宋元善本多归刘翰怡、张石铭两家,余亦往往得其一二。"(《藏园群书题记》第282页。)
⑤ 叶昌炽:《缘督庐日记》民国癸丑年(1913)六月二日云:"艺风之《守山》《学津》两巨编亦归于刘,值五百元。"江苏古籍出版社,2002年版。

谈》,和唐《窦氏联珠集》,宋范文正、吕东莱两集,"共宋本十四种,钞本四种,值二万元。"①民国六年,缪荃孙又准备把宋元善本十六种售与刘承幹,叶昌炽亲见之,云:"赴翰怡之约……主人出宋椠书共赏,《窦氏联珠集》最精,有'顾大有藏'印,又有'百宋一廛'及'荛圃藏书'诸印;钱叔宝手钞《华阳国志》;南宋刻《尚书孔传》附释音重言重意本。其次赵善璙《自警编》,真西山《大学衍义》,元明间刊本。闻皆艺风老人物,欲归翰怡,而谐价未成也。"②又同年八月王国维与罗振玉谈到缪荃孙时曾说:"闻其近售宋元版书十六种于刘翰怡,得万一千元。"③两次售书,最终成交的书目盖较叶氏所记有调整。其中宋本《窦氏联珠集》在这两次交易中均未能直接售与刘氏,而在缪氏卒后辗转归于他。④《圣宋文选》最终归于张钧衡。缪氏藏书售与张氏者还有元人写本《敦交集》、清叶志诜手稿本《平安馆藏碑目》等。缪荃孙为二家编书目率不记自己的藏书印记,故而读《适园藏书志》《嘉业堂藏书志》,无法确切考出缪荃孙哪些书在其生前已售与他们。

傅增湘以和缪荃孙有交谊之雅,于缪氏善本书也间得一二。傅氏大力收书在人民国以后⑤,其时恰值缪氏藏书不断流出。缪荃孙藏书在其生前即为傅氏所得者有元刊本《中州集》、明嘉靖刻顾千里校本《嘉祐集》等。荃孙让书于傅增湘往往伴随一段故事,若顾校本《嘉祐集》,傅增湘以该书是扬州书估陈韫山为其所收而被荃孙抢购为由,前往商让,敦谕再三,荃孙最终答应以傅氏新得清平山堂《夷坚志》相易乃罢。⑥ 也有荃孙最终不肯出让者,如明涂桢刻本《盐铁论》,傅氏云:"二十年来南北周游,留心搜访,仅于缪艺风老人许一见之……曾商及此书,老人殊有不忍之色。盖书为老人故里江阴所刊,且并世无两,骎骎为海内孤帙,其珍惜与宋元古本同,宜也。"⑦艺风去世后,此书经古书流通处散出,为吴江沈无梦所得。后沈无梦因远参黑龙江戎幕乏资,傅增湘以三百金为赆,沈氏乃举此书见贻,终归双鉴楼。

---

① 《缘督庐日记》丙辰年(1916)八月五日条。
② 《缘督庐日记》丁巳年(1917)四月十五日条,第8014—8015页。
③ 王庆祥、萧立文校注,罗继祖审订:《罗振玉王国维往来书信》,东方出版社,2000年版,第284页。
④ 林钧:《篋书剩影录》卷下《窦氏联珠集》条云:"此本常携行篋,旅沪困于生计,友人作緩质于某处,旋以索债迫切,无法筹偿,踌躇多日,终决割爱,予频失眠食,引痛于衷,于今忆及,犹有余恨也。"是其书先为林氏所得,后让出。又此书见于《嘉业堂藏书志》卷四,其终归刘承幹。
⑤ 傅增湘:《双鉴楼善本书目序》云:"逮辛亥解组,旅居沪滨,得交沈寐叟、杨邻苏、缪艺风诸前辈,饫闻绪论,始知版本校雠之相资,而旧刻名钞之足贵。遂乃刻意搜罗,思有以绍承先绪。"(《藏园群书题记》1047页。)
⑥ 《藏园群书题记》,第669页。
⑦ 同上,第283页。

缪荃孙对于藏书流散的必然性有着深刻的认识,他说:"祖、父积累有年,一入子孙之手,无不烟销灰灭,凡收藏家类然。"①故其生前售书时比较旷达,他在《售书同好媵之以诗即和题元诗选韵》中说:

> 弃书题句我先知,樊榭龙泓各和诗。自昔香闺留韵事,至今艺苑有余悲。还瓿聚讼垂千古,佞宋闲情又一痴。枉自铭心夸绝品,不堪回首忆当时。
>
> 抛书往往畏人知,我独惭颜还咏诗。好友分襟还小坐,宫娥挥泪亦同悲。烟云过眼方为达,扃钥关心最是痴。斧季怀惭荛圃恨,何如一笑朗吟时。②

可见其得失之间的情怀。

二、逝后流散

与缪荃孙所料正同,他的藏书在其去世不到一年即出贳。伦明说:"筱珊先生子寿,名禄保。己未岁,以所藏书售之上海古书流通处,所余抄校本及刻本之罕见者尚不少,并家稿携之入都。十余年来,零售略尽,并先生自撰《五代史方镇表》,亦售与北京大学。"③

古书流通处的主人是民初沪上著名书贾陈立炎,艺风堂藏书经其流散者,苏州许厚基曾以两万金得其大半。④ 其中有清初钞本元周权《周此山先生诗集》,缪荃孙手跋;清乾隆钞本宋张淳《仪礼识误》,卢文弨校并跋,缪荃孙跋;明正统十三年王宗玉刊本《朱文公校文昌黎先生集》⑤;清初钞本元黄庚《月屋漫稿》;元刊缪氏艺风堂抄补本《精选名儒草堂诗余》;还有缪荃孙手校康熙间陆友桐摹写汲古阁抄本《历代钟鼎彝器款识法帖》等,多为缪荃孙生前铭心绝品。金石之书多为闽县林钧所得。他谈此次购书经过说:"辛酉北上,归道淞滨,适值江阴缪氏艺

---

① 祁承㸁:《澹生堂藏书约》卷末缪荃孙跋语,中华书局,1999年影印《藕香零拾》本。
② 《艺风堂文漫存·乙丁稿》卷一,民国间,艺风堂刻本。
③ 伦明:《辛亥以来藏书纪事诗》,上海古籍出版社,1999年版,第33页。
④ 王謇:《馆藏经籍跋文》之《研溪先生诗集》条云:"江阴缪氏藕香簃钞本。本馆得之市肆。缪氏名荃孙……遗书散在沪肆曰古书流通处,吴兴许氏怀辛楼以二万金收其泰半,皆上驷也。"(1936年6月《江苏省立苏州图书馆年刊》)
⑤ 此书《艺风藏书记》卷六误作"元刊小字本"。

风堂藏书出贳,艺老下世不久,后人弗守,所藏流散,迹其收藏,实为近代巨擘。肆主居奇,索价甚苛,曲尽措筹,以重金收得金石书及四部善本二百五十余种,如获至宝,捆载归舟。"①林氏为纪念得缪氏遗书,曾请友人周雨渔为作《风雨载书图》,海内同好,闻之者佥往索目。其所得之书,均载于其所撰《石庐金石志》及《箧书剩影录》中。

缪禄保携带入都之书,为李盛铎所购者甚多。李盛铎与缪荃孙多有交往,他十分看重缪氏藏书。他曾记购艺风堂钞本《开元天宝遗事》说:"《开元天宝遗事》三卷,缪筱珊前辈嘱胥景写本。原本非宋本即明建业文房活字本,必有与寻常本异同者。乙丑八月厂肆散出,因亟收之。"②可见其宝爱之情。据《木犀轩藏书目录》《木犀轩藏书题记及书录》《北京大学图书馆藏李氏书目》,李氏所得缪氏书,共有七十七种之多。

至民国后期缪氏子孙仍在零星出售遗书。金毓黻《静晤室日记》民国二十三年五月七日载:"夜至逸园先生寓,观其藏书,皆缪筱珊先生旧藏也。"③五月十一日详载其目,云:"荣氏所得皆由艺风老人之孙某持售。"④计有清庄述祖《尚书记》,清张绍南《孙渊如先生年谱》,元傅霖《刑统赋》《宋律学》,明丰坊《真赏斋赋》,清何焯《庚子消夏记校文》《桐城方戴两家书案记》,唐段公路《北户录》,唐段安节《乐府杂录》,清张穆《顾亭林先生年谱》,清汪琬《说铃》,清陆宸征、李铉《陆子年谱》,彭孙贻《湖西遗事》《西辽事迹》《秘书省续编到四库阙书目》,珠泉居士《续板桥杂记》,清冯舒《虞山妖乱志》等。金氏所云之逸园先生即荣厚,曾入缪荃孙之门。

缪荃孙遗书散出后,辗转为其他藏书家所得者也很多。东莞莫伯骥曾得清宣统二年缪荃孙家钞本宋饶节《倚松老人诗集》,清钞本明唐肃《丹崖集》,明嘉趣堂翻宋本《大戴礼记》,元翻宋本《事类赋》,明翻宋本《宋之问集》,钞本元吾丘衍《竹素山房诗集》等。最值得一提的是明钞本《儒学警悟》六种四十卷,此书系天地间孤本,清末盛昱得之山西书贾,盛氏藏书散出,荃孙闻之驰书傅增湘嘱代为物色,终以重值购得。⑤后细心校勘,去世两月前手授武进陶湘付梓。⑥ 该书也

---

① 林钧:《箧书剩影录》卷首自序。
② 李盛铎:《木犀轩藏书题记及书录》,张玉范整理,北京大学出版社,1985年版,第22页。
③ 金毓黻:《静晤室日记》,辽沈出版社,1993年版,第3312页。
④ 同上,第3316页。
⑤ 《藏园群书题记》,第1088页。
⑥ 《儒学警悟》卷首缪荃孙序及陶湘题记,民国十一年(1922)陶湘刊本。

辗转流入莫氏之手。

此外，无锡孙毓修曾得其清钞本宋贺铸《庆湖遗老诗集》，缪荃孙校并跋；清嘉庆十六年刻本清全祖望《鲒埼亭集外编》，清臧镛批点，缪荃孙录严元照校并记；明嘉靖间蜀藩木活字本宋苏辙《栾城集》。江宁邓邦述得其旧钞本宋韩驹《陵阳先生诗》，缪荃孙手校并跋；明成化刻黑口本元欧阳玄《圭斋集》等。海盐张元济得其旧钞本明朱谋垔《画史会要》、云自在龛钞本《飘然集》、艺风堂抄罟里瞿氏藏本《五百家播芳大全文粹》，等等，皆见于《涵芬楼原存善本草目》。民国十三年（1924），长沙杨树达曾得观其同县某收到的缪氏藏书："访同县某。观其近在上海所收购缪筱珊藏书，有南昌尚镕《三国志辨微》五卷，胡秉虔《尚书序录》，关文起《大戴礼记考》三种钞本。"①惜其未明确收书人姓氏。另外南陵徐乃昌、南通沈燕谋、安阳谢国桢、建德周叔弢、海宁陈乃乾、长洲章钰、长兴王修、吴兴蒋汝藻、贵阳赵慰苍、常熟孙祖同、长乐郑振铎、闽侯陈群、江宁邓之诚等均有所获。缪氏遗书在流传过程中出现了有趣的名家递藏现象。如《艺风藏书记》所载的知不足斋钞本宋邓深《大隐居士集》，先经林钧收藏，"旋与书估互易金石书，复流入上海"②。后此书为张元济所得，张氏赠予吴兴蒋汝藻。③

三、藏 书 今 况

缪荃孙藏书经过近百年的流传，今大多藏于公共图书馆。笔者积历年所见并通过各家公藏书目，考知下落者凡有五百余种，虽仅逮缪氏藏书之十一，然可以借以推知其大致流向。今天藏缪氏遗书颇多者有中国国家图书馆、北京大学图书馆、中国科学院图书馆、中国科学院考古所、上海图书馆、台湾地区"国家图书馆"，等等。

笔者曾见中国国家图书馆所藏缪氏遗书四十一种。如鲍氏知不足斋钞本宋张唐英《蜀梼杌》，附缪荃孙《蜀梼杌校记》，鲍廷博校并跋；《宋金元明人词》十七种，清光绪三十四年艺风堂钞本，缪荃孙手校；唐虞世南辑《北堂书钞》，清光绪十四年至十五年姚觐元集福堂怀俭斋活字印本，配清严可均刻本、清钞《大唐类要》

---

① 杨树达：《积微翁回忆录》，上海古籍出版社，2006年版，第22页。
② 《箧书剩影录》卷上《大隐居士集》条。
③ 王国维：《传书堂善本书志》集部《大隐居士集》条云："先大父旧藏，海盐张君菊生得以见贻，有先大父藏印，及'歙西长塘鲍氏知不足斋藏书印''抱经堂藏书印''缪荃孙印''荃孙''云轮阁'诸印。"艺文印书馆影印密韵楼写本。

本、缪荃孙补钞本,缪荃孙校并跋;明天启六年岳钟秀刻本宋曾慥辑《类说》,缪荃孙校;明嘉靖二十七年俞宪鹁鸣馆刻本宋姚宽《西溪丛语》,黄丕烈跋,缪荃孙校;明万历三十年张鼎思刻本唐刘知幾《史通》,缪荃孙跋,并录清卢文弨、顾广圻校跋;宋临安府陈解元宅刻本《王建诗集》,缪荃孙校跋并请人补录佚诗,陈乃乾跋;等等,皆为善本。可惜的是《北京图书馆古籍善本书目》不载藏书印记,无法尽知之,否则所见当倍蓰于此。

北京大学图书馆馆藏的基础是李盛铎木犀轩藏书。李盛铎卒后,其遗书除少数散失外,皆被其子李滂售与汪伪临时政府,后交与北京大学典藏,故李氏所收缪氏遗书今多藏于此。此外,该馆于缪氏遗书还另有所得。如缪氏手稿《五代方镇表》和《艺风老人日记》等。该馆藏缪氏遗书笔者经见和确可考知者凡六十三种,但似非全部。

中国科学院图书馆藏书多源于民国时的东方文化事业总委员会,邓之诚藏书也多捐藏于此。邓氏以与缪氏有姻亲之雅,留心搜访缪氏遗书,亦曾获赠,得缪氏遗书不少。我曾于该馆见缪氏遗书八种。其中有缪荃孙手稿本《蜀石经校记》和烟画东堂钞本清纪映钟《戆叟诗钞》,书衣皆有邓氏题记。还有缪荃孙撰校稿本《唐书艺文志注》,钤"江安傅沅叔藏书记"朱文长方印,有攸县龙伯坚过录傅增湘题记,即《藏园群书题记》中误认为唐景崇所撰之本。此外还有缪荃孙手稿本《云自在龛笔记》等。据林钧所述,其藏书于1957年尽捐与中国科学院考古所,该所当藏缪氏遗书二百余种,惜未能往观。①

笔者在上海图书馆见到缪氏遗书三十一种,其中有稿本《云自在龛金石目初续编》,钤"国桢之玺""国桢藏书"朱文方印,曾经谢国桢收藏;鲍氏知不足斋钞本唐姚汝能《安禄山事迹》,缪荃孙校并跋,沈燕谋跋;毛氏绿君亭刻本北魏杨衒之《洛阳伽蓝记》、宋孟元老《东京梦华录》,缪荃孙校,徐乃昌跋;明万历间康丕扬刻韩范二公集本《范文正公集》,缪荃孙跋,钤"阳湖陶氏涉园所有书籍之记"朱文长方印,经陶湘递藏;艺风堂钞本清吴颖芳《说文解字理董》残本,叶景葵递藏;等等。该馆所藏缪氏遗书当远远多于三十一种。

台湾地区"国家图书馆"的前身是民国时的国立中央图书馆,该馆可谓清末民初江南私家藏书的总汇,张钧衡适园藏书尽归于此,刘承幹嘉业堂所藏明版书、徐乃昌积学斋的大半藏书多在此,故缪氏遗书藏于此馆者最多。考诸该馆所

---

① 参《篋书剩影录》卷首自序。

编《"国家图书馆"善本书志初稿》和屈万里《国立中央图书馆善本书目初稿》等书目,凡得一百一十一部,当非全部。其中宋本有南宋建安魏仲立宅刻本《新唐书》残本、宋乾道间刊巾箱本《圣宋文选全集》(有抄补)、南宋初刊宋修本《五代史记》,元刊本有《新编排韵增广事类氏族大全》、元天历二年刊元曾世荣《活幼心书》(有抄补,黄丕烈、缪荃孙手跋)、元刊本《精选名儒草堂诗余》(有艺风堂抄补);稿本有翁方纲手稿本《复初斋文稿》《诗稿》《笔记稿》《札记稿》,李慈铭《乾隆绍兴府志校记》,沈青选《周易改注》,等等。多为当年艺风堂铭心绝品,想来令人神往。

此外,南京图书馆、浙江图书馆、天津图书馆、陕西图书馆、青海省图书馆等地方图书馆,以及清华大学图书馆、北京师范大学图书馆、人民大学图书馆、南京大学图书馆、复旦大学图书馆、浙江大学图书馆、中山大学图书馆、台湾地区"中央研究院"历史语言研究所傅斯年图书馆等各有多少不一的收藏。也有些遗书现藏于私人藏书家之所。如益都黄裳即藏有嘉靖刻蓝印本《人物志》,是书钤"涌芬""求是室藏本"朱方,"云轮阁""荃孙""小绿天藏书"朱长方,"安印世济""孙毓修"白方等印记,曾经孙毓修等人递藏。藏有华亭鹤史沈文伟道光校刻本《玉壶山房词选》,该书钤"华亭雷良树权人父校藏""云轮阁""荃孙""积学斋徐乃昌藏书"朱长方,"葆廉"白方,"通波词客"朱方等印记,曾经徐乃昌等人递藏。还有嘉庆刻本清邹炳泰《午风堂丛谈》、乾隆刻本《姜西溟先生文钞》、康熙刻本《荆溪词》初集等,皆为清刻之佳者,均见于近年出版的艺风藏书题跋、读书记中。另外,江阴黄永年先生亦有所藏。

缪氏遗书也有零星散出海外者。民国时期,日本、美国等国文人前来收书,书贾为逐利往往外售。① 流往美国者仅于《柏克莱加州大学东亚图书馆中文古籍善本书志》考见宋邓肃《栟榈先生文集》一种,于沈津《书城挹翠录》考见明张孚敬《钦明大狱录》一种。前者系缪氏艺风堂钞本,经缪荃孙手校,钤"蒹葭楼"朱文方印,曾经顺德黄节递藏。黄氏生平好藏书,有志保存国粹,清末民初曾与章炳麟、刘师培、邓实、陈去病、马叙伦等创办国学保存会,建风雨楼储藏国学书。然其晚年执教北平,学校欠薪,不得不出所藏易米,此书盖即此时散出。后者今藏哈佛大学燕京图书馆,系明蓝格钞本,钤有"浣红楼夫妇读书记""陶毅印""唐华馆"等印记,书衣有近人题记云:"明张永嘉藏之原本,后归刘恭甫所藏,复为缪氏

---

① 郑振铎:《西谛书话·劫中得书续记序》:"平沪诸贾,搜括江南诸藏家殆尽;足迹复遍及晋鲁诸地。凡有所得,大抵以辇之美日为主。"(三联书店,1983年版,第271页。)

艺风堂所得，以巨价易之于古书流通处者。内数页即缪氏手钞。癸亥缪氏藏书全数出售，乃由富晋斋王氏作缘归于寒斋。"①后来此书又从此人处流出。流往日本者仅考知日本京都大学人文科学研究所藏明徐𤊱《红雨楼书目》一种。该书系艺风堂钞本，绿格，十一行二十四字，内有荃孙朱笔校字，卷末有荃孙墨笔题记一行："辛卯二月借顺德师藏本录副。"卷首钤"东方文化学院京都研究所"楷书朱长方印。东方文化学院京都研究所即今天的京都大学人文科学研究所的前身，创立于1929年前后，1938年更名东方文化研究所，次年改今名。此书当系1929年至1938年间流往日本的。

  缪氏遗书也有些在流传中亡佚，如曾为涵芬楼收得者。光绪三十年（1904）至二十世纪二三十年代，张元济先后建立了涵芬楼和东方图书馆抢救文化典籍，"于时溧阳端氏、江阴缪氏、巴陵方氏、荆州田氏、南海孔氏、海宁孙氏之书亦各星散。余辗转搜求，多有所获。"②至1932年上海"一·二八事变"，涵芬楼和东方图书馆藏书多化为灰烬。其中缪氏遗书必然不少。后来张氏撰写《涵芬楼烬余书录》，尚存明覆宋本宋徐积《节孝先生文集》、元至正本元苏天爵《国朝文类》、钞本元郝经《郝文忠公陵川文集》，其化为灰烬者则不可知了。同时为战火所焚者还有吴兴蒋汝藻的藏书。民国十四年（1925），蒋氏因经营失败，遂出密韵楼善本书抵押于浙江兴业银行，至期不能赎，遂为涵芬楼以十六万元购去，内中也有不少缪氏遗书。今检《传书堂善本书志》和《传书堂善本书目》，得宋刊本《王建诗集》、明刊本张衮《江阴县志》、艺风堂钞本《鸿庆居士集》等缪氏旧藏八种，恐怕今多已不在人间。

原载《文献》2008年10月第4期

（作者单位：南开大学文学院）

---

① 沈津：《书城挹翠录》，上海社会科学院出版社，1996年版，第33页。
② 张元济：《涵芬楼烬余书录》卷首自序，《张元济古籍书目序跋汇编》，商务印书馆，2003年版。

北京师范大学图书馆
缪荃孙旧藏抄本书述略

康冬梅

缪荃孙(1844—1919),字炎之,一字筱珊,又作小山,晚号艺风,江苏江阴人,中国近代藏书家、目录学家、史学家、方志学家、金石家、教育家。光绪二年(1876)进士。早年曾协助张之洞编修《书目答问》。光绪末年先后执掌江南图书馆和京师图书馆馆务,是中国近代图书馆事业的先驱者和奠基者。一生致力于古籍和金石的收藏与研究,在史学、金石、目录、校雠、考据等领域均有突出成就,留下大量书志题跋。其生前藏书多达十万卷,载诸《艺风藏书记》《艺风藏书续记》《艺风藏书再续记》中。

北京师范大学图书馆藏有缪荃孙旧藏抄本书五种,均抄写精良,堪称善本,具有较高的版本价值及文物价值。本文拟按照题名、卷次、著者、版本年代、册函、行款版式、批校题跋、钤印、递藏、收录情况等方面对这五种书作简要论述。

一、《国朝名臣事略》十五卷

元苏天爵辑。清抄本。金镶玉装,一函六册。

半叶十三行二十三字,无格。据元统乙亥三年(1335)余志安勤有堂刊本钞写。内书衣有墨笔题签"元朝名臣事略,影元刊旧钞,季沧苇藏书,芙川玺秘"。书前副叶有沈炳垣、李兆洛识语两则。卷前有许有壬、欧阳玄、王理序文三篇及王守诚跋文一篇。序后有目录三叶。目后有"元统乙亥余志安刊于勤有书堂"十三字。卷端题"国朝名臣事略卷第一赵郡苏天爵伯修辑"。书中有沈炳垣、缪荃孙朱笔批校,校字标注所在叶上眉端。尾册卷末有缪荃孙墨笔手书跋语。书中钤"行素堂藏书记""南通沈燕谋印""泰峰所藏善本""佛桑仙馆""小琅嬛福地张氏藏""张蓉镜""双清""沧苇""云轮阁""荃孙""云自在龛"诸印。

书前副叶李兆洛识语云:"武英殿聚珍本颇有讹梲,以此本校之,二卷夺二叶,九卷夺一叶,十一卷夺六叶。余小小夺落百数,讹字亦百数。聚珍本已称难得,此本更为仅见之书。得好事者重依此本刊之,以流传于世,则古书之幸也。芙川其有意乎!道光十五年正月李兆洛识。"

李兆洛(1769—1841),字申耆,晚号养一老人,江苏常州人。清嘉庆十年(1805)进士。精舆地、考据、训诂之学,是阳湖派代表人物之一。藏书逾五万卷,主在治学,皆手加丹铅,校勘一过,校正谬误。藏书室名"养一斋""辈学斋""东读书斋""御香书屋"等。著有《养一斋文集》二十卷。辑有《皇朝文典》《大清一统舆地全图》《凤台县志》《历代舆地沿革图》《皇朝舆地韵编》等。芙川,张蓉镜字。李兆洛与张蓉镜二人均好藏书,交往颇多,张蓉镜藏书得李兆洛经眼者为数不少,如清抄本《秘书省续编到四库阙书目》、宋刻本《纂图互注礼记》《三苏先生文粹》、明万历刻本《宋周公谨云烟过眼录》等书,均有李兆洛手撰识语。

书前副叶沈炳垣识语云:"海上藏书家,为吾门郁君泰峰最富。泰峰精鉴别,所藏多宋元旧本,而又勤于雠校,终岁孜孜不倦焉。道光辛丑秋七月,逆夷英吉利再陷定海,江苏戒严,余奉大府檄,协理上海,防堵局务。时与泰峰聚首,而军书旁午,卒卒未暇遍览。壬寅五月,逆夷连陷宝山、上海,旋即退去。余后奉檄来此,难后与泰峰相见,知其家为土匪蹂躏,而所藏书幸未全散。唯《大清一统志》《高丽国史》《元文类》数种为英夷之译官马礼逊取去。迨议抚事成,人心稍定,泰峰乃整理签架,网罗散失。余暇辄过从,因出是书,嘱校。旋余奉制府檄,调江宁,勾当公事,南北往来,爰于舟次,校读时作时辍,凡五阅月而三终卷。共得钞误二百六十九字,疑者三十六字,阙脱者三十五字,用朱识于每册尾。其字从俗写者,即标注每叶之上,而原校之字不与焉。余学识浅陋,舟中又未携书,故于地理人名概未深考。校既毕,将以还泰峰。因识其缘起于简首,并以自愧云。时道光癸卯四月上旬,桐乡沈炳垣手书于吴门寓馆。"

沈炳垣(1784—1855),字紫卿,号晓沧,浙江海盐人。清道光二十五年(1845)进士。历官上海知县、松江府海防同知、广西学政。喜藏书,藏书室名"斫砚山房""三千藏印斋""祥止室"等。编有《斫砚山房藏书目》四卷。别著有《斫砚山房草》《祥止室诗钞》《读渔洋诗随笔》《毛诗正字考》《诗经音韵异同汇说》等。由沈氏识语可知,清道光癸卯二十三年(1843),此书已入藏郁泰峰家。沈氏校此书乃受郁氏之嘱。泰峰刻书,多由沈炳垣为之校订,或曾有过刊行之意也未可知。

末册卷后副叶缪荃孙跋语云:"光绪辛卯,以齐鲁金石拓本五十种与陆存斋易此书。钞手甚旧,出自元勤有堂刻。历经季沧苇、张芙初、郁泰峰收藏。李申耆先生有跋,又经沈晓沧校雠三次,可谓善本矣。今秋借吾友沈子培元刻细覆,方知减笔俗体,沈所举正乃元刻真面目,坊本固非官本可比。元板略有脱误,有在沈校之外者,均识眉端。沧苇书目载元刻亦载此书,并未轻视,余虽未得元刻而存此旧钞,并以元刻一一手勘之,前贤所谓下真迹一等者,后人其宝之。此钞与元刻分寸吻合,是影写者不知宋元刻笔意,未能夺目。元刻亦泰峰所藏,大约先得此本,泰峰用《文类》校,黏签在内而未校元刻,是晚得之证。"

由艺风老人跋语可知,郁松年得此抄本在前,后又入藏元刊本。而此抄本由宜稼堂转易皕宋楼后,在清光绪十七年(1891)由陆存斋转易给缪艺风,后者是以齐鲁金石拓本五十种不菲代价交换得来,此时距陆存斋去世尚有三年光景,是以此本并未流落日本为静嘉堂文库所藏。郁松年所藏元刊本现藏台湾地区图书馆,有"海日楼""爱日精庐""汪士钟读书""蒋祖诒""郁印松年""泰峰"等诸家钤印,亦无静嘉堂文库任何钤印痕迹。

此书最后入藏的私人藏书家应为沈燕谋。沈燕谋(1891—1974),名翼孙,别号易生,江苏海门人。有藏书楼名"行素堂"。沈氏抗战胜利后赴港从事教育事业,曾任新亚书院校董兼图书馆馆长,回流大陆散失线装古籍五万余卷。其个人藏书在赴港前已逐渐散失,流落至海内外众多收藏单位。柏克莱加州大学东亚图书馆、香港中文大学图书馆、浙江大学图书馆、山东大学图书馆、中国人民大学图书馆等单位均有其旧藏。

《艺风藏书记》卷四著录此书为"旧影元钞本"[①]。经查北京师范大学图书馆馆藏登记簿,此书为1958年购入。20世纪50至80年代正是北京师范大学图书馆丰富馆藏的黄金时期,曾有三次下江南的购书史话。

二、《珊瑚木难》八卷

明朱存理辑。清抄本。一函四册。半叶十一行二十一字,无格。有佚名朱

---

① 缪荃孙:《艺风藏书记》,上海古籍出版社,2007年版,第85页。

墨笔校补。钤"荃孙""曾经艺风勘读"印。

卷四末有墨笔跋语："是卷传钞不出一手，有老学乘兴乱写落叶者，有稚笔依样葫芦往往舛错者。十三日午后展卷重阅，以武林暨梁溪客至辍笔。次日为吕祖诞辰，云怡进香，客复沓至禾斋，未遑握管。十五日晨起毕之，虽两经翻阅，疑窦尚多，殊未惬怀抱，时当再读一过，瓜泸外史识于读骚如斋。"

"瓜泸外史"为清人章绶衔之别号。章绶衔（1804—1875），字紫伯，又作子伯、子檗，号辛复，浙江归安人。清代书画家、藏书家，精通诗词韵律。斋名"磨兜坚室""读骚如斋""翼诜堂"等。著有《磨兜坚室书画录》《磨兜坚室诗抄》等。

此书约撰成于明成化末年，书中屡屡出现乙巳、丙午、丁未等年款。书名典出曹子建诗"明珠交玉体，珊瑚间木难。""木难"是"金翅鸟沫所成碧色珠"，与珊瑚一样都是难得的宝贝。以此为书名，意表书中所辑录者都是作者历年所见之稀世珍宝。此书通行版本有《四库全书》本和《适园丛书》本，在此之前多以钞本流传。《适园丛书》本所据底本为朱存理原本，现藏国家图书馆。

《艺风藏书续记》卷八记："《珊瑚木难》八卷，传钞本。此明朱存理本，书出自王百谷家，后有崇祯纪元王广跋，非外间流传坊本可比。原本藏钱塘丁氏，其中诗文世所罕觏。唯辗转传写，讹脱不免耳。《敏求记》作《杂识》五卷，《名画》五卷，《法书》五卷，与此本卷数不合。[1]"

三、《九僧诗》一卷

宋释希画等撰。清抄本。佚名墨笔批校。一函一册。半叶八行二十字，无格。卷前有清康熙五十一年(1712)毛扆跋，卷末附乾隆四十年(1775)余萧客跋。钤"艺风堂藏书""荃孙"印。书末内叶有售书签。

毛扆跋曰："欧公当日以《九僧诗》不传为叹。扆后公六百余年，得宋本而读之，一幸也。较之晁、陈二氏，皆多诗二十余首，二幸也。晁公武《郡斋读书志》：《九僧诗》一卷，一百十篇；陈直斋《书录解题》一百七首。今扆所得一百三十四首，比晁多二十四首，比陈多二十七首。此本但有僧名而不著所产，又从周煇《清波杂志》，各得其地名，三幸也。又从《瀛奎律髓》，得宇昭《晓发山居》一首，并为增入。但陈直斋所云'景德初，直昭文馆陈充序目之曰琢玉工，以对姚合射雕手'

---

[1] 缪荃孙：《艺风藏书记》，上海古籍出版社，2007年版，第467页。

者,此本无之,诚欠事也。方虚谷谓司马温公得之以传于世,则此书赖大贤而表章之,岂非千古幸事哉!《杂志》又谓序引崇《到长安》'人游曲江少,草木未央深',此亦无之。且谓惠崇能画,引荆公诗为据。读《瀛奎律髓》,有宋景文公《过惠崇旧居》诗;又读《杨仲宏集》,有《题惠崇古木寒鸦》诗,并《欧公诗话》《清波杂志》二则,附录于左。康熙壬辰三月望日,隐湖毛扆斧季识。"

毛扆(1640—1713),字斧季,江苏常熟人。毛晋第五子。汲古阁后期主人。承家学遗风,更嗜收藏,曾变卖田产千余亩为买书、刻书之资。精校雠,所校图书以精善称,名著一时,有"海虞毛扆手校""西河汲古后人""叔邓后裔"等诸印。撰有《汲古阁珍藏秘本书目》一卷。

卷末余萧客跋曰:"《九僧诗》在宋屡为难得,汲古主人更六七百年,得见诚为幸事。况所传本视直斋、公武所见,又多二三十首,宜跋语之色飞而神动也。第汲古佳钞,以谨守宋椠之旧推重士林。而此本首据《清波杂志》,九僧各冠地里,又以《瀛奎律髓》一篇添入宇昭之下,则与宋本稍龃龉矣。余谓《清波》一条,既载跋后,则卷首地理自当删去。而《瀛奎》一篇,宜列毛公跋后,以还宋本旧观,以匡汲古主人好古之万一,或不至以此获罪于当世诸君子也。九僧诗人有唐中叶钱、刘、韦、柳之室,而浸淫辋川、襄阳之间,其视白莲、杼山有过无不及。然山谷所称'云中下蔡邑,林际春申君',此集不载。而惠崇自定《句图》,五字百联,入此集者亦不及十之二三。使汲古主人闻之,则欣跃之余,更当助我浩叹矣。乙未冬初,假滋兰堂藏本录毕记之。古农余萧客。"

余萧客(1729—1777),字仲林,号古农,苏州人。师从经学大师惠栋,并为直隶总督方观承聘修《畿辅水利志》,与学者纪昀、朱筠等交游京师。后以目疾归,教授乡里,终老布衣。耽嗜古籍,有室名"选音楼"。著有《选音楼诗选》《古经解钩沉》《文选音义》等。事迹见《清史列传》卷六十八,《清史稿》卷四百八十一《儒林传》,《汉学师承记》卷二。

九僧为剑南希画、金华保进、南越文兆、天台行肇、沃州简长、青城唯凤、淮南惠崇、江东宇昭、峨眉怀古。九僧同属天台宗,为宋初诗坛"晚唐体"颇具代表性之诗人群体,借助汴京译经院为平台结社吟诗,与士大夫唱酬,遂引起关注而诗名大振。北宋真宗景德年间,时直昭文馆的太常博士陈充将九僧诗编集并作序,始得流传。宋代所传除陈充本外,据《清波杂志》卷十一载,尚有景德五年(1008)直史馆张亢作序之节本。此两本今已亡佚。南宋晚期陈起将九僧诗增补刊入《圣宋高僧诗选》。后世所传各家抄本,均源自毛氏汲古阁影宋抄本,其所据底本即为陈起后来增补本，即陈氏书棚本《圣宋高僧诗选》之前集。台湾地区"国立中央"图书馆藏有清师竹友兰室抄本，有清光绪二十五年（1899）邹存淦手跋，曰："《九僧诗》一卷，宋希画等撰。载于晁氏《读书志》、陈氏《书录解题》，而马端临《文献通考》亦采入，然当欧阳文忠公时已不复传，其世鲜刊本可知，何至明季忽有影宋抄本，为汲古主人所得耶？此必系书贾射利，由宋刻《江湖小集》中影出，以欺毛氏者，其是否九僧原作，抑为陈起所纂辑，则无可质证矣……《江湖小集》有石门顾氏读书斋重刻本，其第二十五册之前一卷即九僧诗，当觅之以校其脱伪，庶可称完璧也。光绪己亥仲夏中浣九日，海宁邹存淦丽笙氏识，时年七十有一。"①邹氏又一则手跋作于清光绪二十八年（1902），曰："汲古阁影宋写《九僧诗》，余从虞山席玉照家购得，归于滋兰堂朱氏，此本乃余萧客从滋兰本钞出者，为世名书。壬寅秋，余得广陵马氏宋本《江湖小集》，内有《圣宋高僧》，前后续四卷，其前集即九僧诗也，弄而对之，不独诗数相符，行款格式亦不异，不知当时汲古主人宋本即此否？或为书贾所欺，以《高僧诗》残本作伪者？因为校正四十余字，甚精。复从《云门志略》补入简长诗一首，从《湘山野录》补入惠崇诗一首，并录摘句于后。"②《江湖小集》亦为陈起所编，可见九僧诗能流传至今，陈起是有着重要贡献的。抄本之外，有清道光石韫玉校刻本、民国李之鼎宜秋馆刻《宋人集》本。今人所编《全宋诗》，九僧目下诗全收《宋高僧诗选》前集，另有逸篇零句作为补入。

艺风堂藏书续记卷六录："九僧诗一卷，余萧客钞本。衍石斋得自陈妙士，有'妙士名纸'题签，有'衍石'白文方印。"③北师大图书馆馆藏登记簿记此书为1963年购入。

四、《河东先生集》十六卷

宋柳开撰，门人张景编。清抄本。一函四册。半叶十一行二十字，无格。钤"吴氏西斋""无竞先生独志堂物""荃孙""云轮阁"诸印。首册书衣底部贴有售书价签。

---

① 台湾地区"国立中央"图书馆特藏：《标点善本题跋集录（下册）》，台北"中央"图书馆，1992年版，第694页。
② 祝尚书：《宋人总集叙录》，中华书局，2004年版，第11—12页。
③ 缪荃孙：《艺风藏书记》，上海古籍出版社，2007年版，第382页。

柳开(947—1000),北宋文学家。字仲涂,号东郊野夫、补亡先生,河北邯郸人。开宝六年(973)进士,累官殿中侍御史,并曾知贝州、全州、桂州等地。是宋代古文运动的倡导者。因官至如京使,世称柳如京。《宋史》卷四百四十有其传。

此书史志及私藏书目亦有录为《柳仲涂集》。前十五卷为河东先生遗文,包括书、序、说、墓志铭等,卷十六为张景所撰《柳公行状》。宋代付梓情况不详,今无明以前刻本著录,然钞本颇多,以明吴氏丛书堂本为最古,此本原藏常熟瞿氏,《铁琴铜剑楼藏书目录》卷二〇有著录,今藏国家图书馆。清乾隆六十年(1795),兰溪柳湜川文印堂据浦江戴氏藏何焯校本刊刻,有卢文弨、钱大昕序,戴殿海跋。此本国内著录五部,北京大学图书馆、湖北省图书馆等单位有藏。国外日本静嘉堂文库、东京大学图书馆亦有收藏。清光绪六至七年(1880—1881),方功惠碧琳琅馆据乾隆刻本刊入《三宋人集》,为是集现存除乾隆柳氏本外的第二个刻本。此外尚有光绪六年(1880)韩江官署本等。

《直斋书录解题》记为《柳仲涂集》十五卷;《善本书室藏书志》记二部,分别为《河东柳仲涂先生文集》十五卷附行状一卷、《河东先生集》十六卷;《八千卷楼书目》卷十五记为《河东集》十五卷附录一卷;《季沧苇藏书目》记为《宋河东先生柳开文集》十六卷;《皕宋楼藏书志》记二部,分别为《河东柳仲涂先生集》十五卷附录一卷、《河东先生柳仲涂集》十六卷;《汲古阁珍藏秘本书目》记为《河东先生文集》十五卷附录一卷;《绛云楼书目》卷四记为《柳开河东先生集》;《四库全书总目》记为《河东集》十五卷附录一卷。

由钤印可知,此书曾经吴西斋、张其锽入藏。《艺风藏书记》卷六记此书:"《河东集》二十卷,旧钞本。收藏有'吴氏西斋'朱文界格小方印。"[①]《北师大图书馆馆藏登记簿》记为1963年购入。

五、《思贤阁词草》二卷

清丁履恒撰。清抄本。金镶玉装。一函一册。半叶八行二十四字,无格。钤"艺风堂藏书""天马山房藏书印""夷初""辅仁大学图书馆藏书"诸印。卷端题名下小字题"藏清人所著词第二百七十九种"。

此抄本书前无序跋目录,内附金勇词四阕。丁履恒(1770—1832),字道久,

---

① 缪荃孙:《艺风藏书记》,上海古籍出版社,2007年版,第137页。

别字若士,号东心。江苏武进人。生平事迹见清人吴育《私艾斋文集》卷五《丁履恒传》、包世臣《艺舟双楫》卷八《皇敕授文林郎山东肥城县知县丁君墓碑》、张际亮《张亨甫文集》卷四《丁若士先生墓志铭》等。其室名有思贤阁、宛芳楼、写韵斋、望云听雨山房等。丁履恒词名早著,为常州词派重要作家。《续修四库全书提要》云:"《宛邻词选》附录履恒三阕,均在第二卷中,然名《宛芳楼词》,不称《思贤阁词草》也。其词不宗一家,深邃纯正。"[①]此书为后人所汇辑,有清咸丰四年(1854)木活字本,为其子丁绍基所印。由书中钤印可知,此书经缪荃孙艺风堂、马叙伦天马山房递藏后,入藏辅仁大学图书馆,遂为北京师范大学图书馆馆藏。

原载《大学图书情报学刊》2018年9月第36卷第5期
（作者单位：武汉大学信息管理学院）

---

① 王云五：《续修四库全书提要》,台湾商务印书馆,1972年版,第762页。

图书及图书馆学研究

缪荃孙与图书编撰学

王海刚

缪荃孙(1844—1919),字炎之(一字筱珊),晚号艺风,江苏江阴人。清代著名文献学家、史学家和图书编撰家。缪荃孙生而聪颖,口齿清,记性好,"幼嗜缣素,得一异书,寝食俱废"①。据《艺风老人日记》记载,光绪元年(1875)八月,缪荃孙执贽张之洞门下受业,命撰《书目答问》四卷②。光绪二年(1876)获恩科进士,曾任翰林院编修、清史馆总纂,并历主南菁、泺源、龙城、钟山等书院讲席,创办过江南图书馆和京师图书馆,被誉为"中国近代图书馆之父"。辛亥革命后,长期寓居上海,"杜门不出,著述自娱,自谓不以富贵易其乐也"。③ 民国八年(1919),缪荃孙贫病交加,仍铅椠不辍,《(民国)江阴县续志》为其绝笔之作。是年与世长辞,终年76岁。

缪荃孙平生博览群书,广收典籍,擅长文史,精于考订,交游广泛,著述繁富,自称"身历十六省,著书二百卷"④,计有《云自在龛随笔》《书目答问》《艺风堂文集》《艺风藏书记》《艺风堂考藏金石目》《京师图书馆善本书目》《清学部图书馆方志目》《(光绪)顺天府志》《(光绪)昌平州志》《(光绪)湖北通志》《(民国)江苏通志稿》《(民国)江阴县续志》《辽文存》《续碑传集》《孟子音义札记》《辽史艺文志补证》《慎子补遗》等数十种。在清末民初,他与王壬秋、张季直、赵尔巽齐名,誉称"四大才子"。

缪荃孙在目录学、金石学、方志学、史学、教育学等方面颇多建树,本文拟就其在图书编撰方面的成就与贡献略陈一孔之见。

---

① 缪荃孙:《钱塘丁氏八千卷楼藏书志序》,见《艺风堂文续集》卷五。
② 缪荃孙:《艺风老人日记》,北京大学出版社,1986年版,第3376页。
③ 同上,第3443页。
④ 同上,第3357页。

一、关于书目编撰

（一）关于书目的作用

缪荃孙认为，书目的作用应当是"藏书、读书者循是而求，览一书而精神、形式无不具在"。[①] 我国著名目录学家钱亚新先生说，所谓"精神"是指一书的内容实质，所谓"形式"是指一书的外表体制。这种要求是我国目录学上优良传统的标志，而鲜明地加以强调的，始于缪氏[②]。把一书的精神形式相提并论，对我们今日的书目编撰工作有重要的启示和借鉴意义。

（二）关于书目的分类体系

自《隋书·经籍志》问世以来，四分法独步一时。至清代乾隆时编《四库全书总目》，更是将四分法运用到了登峰造极的地步。然而，四分法并非十全十美，因此，缪荃孙最初编撰的《书目答问》就未因袭陈法，而是冲破四部分类之藩篱，加了一个丛部与经史子集分庭抗礼，变为五分法。姚名达《中国目录学史》评论说："《书目答问》虽未能破坏四部内质，然已示人以四部之不必拘守，且为举要目录奠一基础焉。"[③]我国编辑的《中国古籍善本书目》，就深受缪氏影响，在四部之后加设了"丛书"部。缪荃孙在后来编制的其他书目亦未采用四分法，如《艺风藏书记》和《艺风藏书续记》是采用十分法，将藏书分为经学、小学、诸子、舆地、史学、金石、类书、诗文、艺术、小说等十类编排。《艺风藏书再续记》采用的是七分法，即按版本特点，将图书分为宋刻本、元刻本、明刻本、旧钞本、校本、影写本、传抄本七类编排。总之，缪荃孙在类目设置上的不拘一格，灵活处理，除旧更新的特点，是值得推崇和效法的。

（三）关于书目的选书标准

缪荃孙认为，书目编撰时，应当"分别条流，慎择约举"。如缪氏编撰的《书目答问》四卷，所收录的二千二百种书，都经过了一番严格的选择。各部的收录范围是"经部举学有家法，实事求是者；史部举义例雅饬，考证详核者；子部举近古

[①] 缪荃孙：《积学斋藏书志序》，见《艺风堂文漫存·乙丁稿》第二卷。
[②] 钱亚新：《略论缪荃孙在目录学上的贡献》，图书馆杂志，1982年第4期。
[③] 姚明达：《中国目录学史》，上海古籍出版社，2002年版，第341页。

及有实用者;集部举最著者;丛部举多存古书,有关实学,校刊精审者。"①以下五类著作则不予收录,"凡无用者、空疏者、偏僻者、淆杂者不录;古书为今书所包括者不录;注释浅陋者、妄人删改者、编刻为谬者不录;古人书已无传本,今人书尚未刊行者不录;旧椠旧钞,偶一有之无从购求者不录。"②经过这番"分别条流,慎择约举"的选择后,其所录之书"为修四库时所未有者,十之三四;四库有而其书校本、注本晚出者,十之七八。"③

(四) 关于书目著录

缪荃孙认为书目著录应当"不仅能开聚书之门径,而且能标读书的脉络"④。为此,缪荃孙设计了一套书目著录格式:

XXXX 几卷

XXXX 撰(撰人上有籍贯或官衔,须照原书卷首抄写),XX 刊本(何时刊本,须略具鉴别力),每半页 X 行,行 XX 字,白(或黑)口,单(或双)边,中缝鱼尾下有 XX 几字,卷尾题 XXXX(此记校刻人姓名或牌子)前有 XX 几年 XXX 序,XX 几年 XXX 重刻序,后有 XX 几年 XXX 跋。XX 字 XX,XX 人,XX 年进士,官至 XXXX(撰人小传可检本书序跋或四库提要节抄),书为 XXX 所编集(或子侄所编或自编),初刻于 XX 年此则据 XX 刻本重刻者。XX 氏 XX 斋旧藏,有 XX 印⑤。

由此,我们可全面了解一书的卷数、版式、序跋、撰者生平、版本流传、藏书印等情况。另外,缪荃孙在编撰《京师图书馆善本书目》时,首次提出著录时,要有书的高广尺寸及边栏两项,以作为鉴定版本的重要依据。尔后,王重民《中国善本书提要》及《中国古籍善本书目》在编制著录时,都有这两项。可见缪荃孙此影响之巨。

二、关于地方志编撰

(一) 编撰思想:通经致用,中体西用

缪荃孙一生追随张之洞,"捧手以授大义,提耳以领微言",深受张氏"通经致

---

① ② ③ 张之洞:《书目答问·略例》,清光绪五年(1879),贵阳重刻本。
④ 缪荃孙:《积学斋藏书志序》,见《艺风堂文漫存·乙丁稿》第二卷。
⑤ 陈乃乾:《上海书林梦忆录》,见张静庐《中国现代出版史料·甲编》,中华书局,1954 年版,第 425 页。

用,中体西用"思想的影响。表现在地方志的编撰上,缪荃孙强调所撰内容要反映国情,体察民意,以利于人民的生活和生产。他认为述地理志要"验风俗盛衰,则思与民休息,维之于不弊"①;述食货志则要蠲除苛政,"使民知耕凿之乐,效输将之忱,而沐仁泽于无涯也"②;述河渠志"是在穷其源,极其委,勤板筑,通淤塞,使堤有金石之固,而防无丝缕之罅,则沮洳皆化上腴,黔首于以永谧也"③。另外,《(光绪)顺天府志》对京畿的煤矿记述也很详尽,缪荃孙亲撰经政志之矿产,详列了自汉至清顺天所有煤铁矿之所在,他认为"近年以来,大开封禁,轮船机器,取法泰西,煤铁要需,尤宜筹画……非惟富民,抑以强国。"④这体现了缪荃孙"中体西用"的修志思想。

(二)编撰体例:继承创新,与时俱进

在编撰体例上,缪荃孙一改当时萧规曹随,因陈相袭之风,而是根据时代的进步与发展,或因或创,或继承或创新。如《(光绪)昌平州志》之体例,则取法乾嘉地理学派洪亮吉的《(乾隆)登封县志》,所有类目皆以前人撰著为本、无一处无来历。如职官表,系仿汉班固《百官公卿表》;列女传,系仿汉刘向《列女传》等,此为体例之继承。又如《(光绪)顺天府志》虽取法南宋临安二志,"然宋时行都草创,制度阔疏,非若燕京为五朝首善之地,建置宏,遗闻丰衍。"清代的顺天府,"府辖两道、四厅、五州、十九县,幅员之广,政令之繁,特异于他府",因此其府志非"创纂"而不能体现其"大一统之规",此为体例之创新。对此,李鸿章称赞道:"体例之善,文采之美,则九能三长,授简缀辞,极天下之选,以成一代之书,信今传后无疑也。"⑤近代方志学家瞿宣颖赞曰:"是其立例初,已有刊除俗体,悉规雅正之意。"⑥《续修四库全书提要》也称其为"近世方志之冠"⑦。梁启超等学者也对这部名志十分赞赏⑧。

(三)编撰人员:学有所长,通力合作

缪荃孙认为,修志一事,非一己之力所能为,当延请学有所长之士,通力合

---

① ② ③ 《(光绪)顺天府志》卷一百三十。
④ 《(光绪)顺天府志》卷五十七。
⑤ 《(光绪)顺天府志·序》。
⑥ 《方志考稿·甲集》第一编。
⑦ 王云五:《续修四库全书提要》,台湾商务印书馆,1972年版,第1831页。
⑧ 梁启超:《清代学者整理旧学之总成绩——方志学》,《东方杂志》第二十卷第十八号。

作,方克成功。如缪荃孙担任《(光绪)顺天府志》总纂一职,他在编写疆域、寺观、沿革、矿厂、钱法、乡贤、艺文、金石等卷,并复审全书之余,又延请当时的"名儒硕彦"担任各门分纂,其中有鲍恩绶、廖廷相、陈鬻、汪凤藻、洪良品、朱一新、傅云龙、蔡赓年、刘恩溥等15人,他们志同道合,晨夕搜讨,通力合作,历七年而成此鸿篇巨制。近代方志学家瞿宣颖评价道:"载笔之士,皆一时豪俊,学有专长,而缪荃孙擅目录之学,既自纂艺文、金石二志,兼为覆辑全书,故能卓然成不磨之业,为近时诸志称首也。"①

(四)编撰材料:旁征博引,实地调研

缪荃孙认为,地方志编撰既要注重对材料的旁征博引,又要强调实地调研,从而避免修志中非转贩即沿讹的弊端。考《(光绪)顺天府志》引用书目竟达842种之多,经、史、子、集,靡所不包,其史料之丰富,令人叹为观止。然"纸上得来终觉浅,绝知此事要躬行。"缪荃孙与其同仁除了考订文献,还实地调研,征询故老耆旧而后成书,"山川关隘亲履其地,而前人之异说可折衷,物产人物无取借材,而邑乘之统病可尽涤"。②"盖采访诸端,一字未确,一节为稳,往往搁笔。至是乃条征件采,书牍并发,舟车踵接,日下耆旧,敦请考证,务尽所能。其日久无应及访证弗获者,仍其阙。纂辑既齐,继以校雠,至十一年春,始以志书有成。"③这种一丝不苟,认真严谨的编撰态度,在官修志书中是难能可贵的。

(五)编撰的具体方法

其一,关于各"门"的撰写。如艺文门,"每书撰一提要,注明存、佚、未见、未刊四等,以时为次,不分经、史、子、集。"④京师门"不宜过繁",⑤官师门"多归表,少立专传。"⑥其二,关于文辞。缪荃孙认为,"文辞必宜古雅,亦不可过于偏涩险怪"。⑦"文字有褒贬抑扬处,须从众议,不得偏执独见",⑧力求达到"文不敢慕夫高洁也,惟求其赅;辞不敢尚夫华缛也,惟取其征信;事不敢专企夫雅俊也,惟重

---

① 《方志考稿·甲集》第一编。
② 《(光绪)昌平州志》卷十八。
③ 《(光绪)顺天府志·序》。
④⑤⑥ 《(光绪)顺天府志·通例》。
⑦⑧ 《(光绪)顺天府志·略例》。

其足以敦厉浮俗"。① 其见地可谓至深。其三,关于引文。缪荃孙认为,"引书凭古雅者""引书用最初者""引用注明第几卷","采用旧志及各书,须覆检所引原书"②。

三、关于金石学著作的编撰

缪荃孙一生精研金石之学,编撰了几部金石学方面的著作,计有:《艺风堂考藏金石目》《顺天金石志》三卷、《畿辅金石志》二十四卷、《待访目》二卷、《湖北金石志》(已佚)、《金石分地篇》二十四卷、《金石录札记》一卷、《今存碑目》一卷、《苍崖先生金石例札记》一卷,以及收在《云自在龛随笔》中的"金石随笔"一卷。另外,缪荃孙还撰写了数十篇很有学术价值的金石序跋,散见于《艺风堂文集》各卷之中。在这些专著和单篇文章中,集中体现了缪荃孙关于金石学著作编撰的思想。

(一)关于金石材料的来源

"巧妇难为无米之炊",要编撰好一部金石学著作,首先需要解决的是材料问题。缪荃孙认为,金石材料来源有二:购买和实地捶拓。"酷嗜金石,先后得刘燕庭、韩小亭、马砚孙、兰坡、崇雨、樊文卿、沈韵初诸家所藏拓本"③。除购买以外,缪荃孙还亲自或托人到碑刻的所在地即时捶拓。他早年曾三次由川入京参加会试,途中"每逢阴崖古洞,破庙故城,怀笔砥墨,详悉记录。或手自捶拓,虽极危险之境,甘之如饴。"④有时甚至是"山深月黑,夜不能归。蜷宿岩下,与丐为伍。明日出险,与朋友言,无不大笑。尔时不以为苦,反以为乐。"⑤这种以苦为乐,献身学术的精神,令人"高山仰止,景行行止"。此外,北京的李云从,南京的聂明山,这两个拓碑工人,尤擅长捶拓,当时号称"北李南聂"。缪荃孙与他俩交情甚笃,曾多次雇请他们代拓碑刻文献,数十年间,几乎拓遍了大半个中国,极大地丰富了自己的收藏。

---

① 《(光绪)顺天府志》卷一百三十。
② 《(光绪)顺天府志·略例》。
③ 缪荃孙:《艺风老人日记》,北京大学出版社,1986年版,第3444页。
④ 缪荃孙:《王仙舟同年金石文抄序》,见《艺风堂文续集》卷五。
⑤ 缪荃孙:《与顾鼎梅书》,见《艺风堂文漫存·乙丁稿》卷二。

(二) 关于金石材料的选择标准

经过购买和实地捶拓两种途径,缪荃孙金石拓本收藏之富,前所未有,反映在他所编撰的《艺风堂考藏金石目》中。此目刻于光绪三十二年(1906),共分 18 卷,按时代先后收录了自周迄元之间的碑板拓片一万零八百余通。缪朝荃诗云:"一万八百种,刊成金石篇。庋藏愈集古,纂录仿潜研。足历九千里,心勤三十年。琳琅新见惠,绝后复空前。"① 这万余通拓片并非缪荃孙藏品的全部,编撰时的选择标准是"去其重复者、破损者、模糊者、造像墓志之伪造者、摹刻者、无年月亦无官衔地名可考者"②,比当年号称海内第一的刘喜海的收藏足足多了一倍,可谓成绩非凡。

(三) 关于金石编撰家的分类

缪荃孙把清代金石编撰家分为赏鉴和考据两派,"一曰覃溪派,精购旧拓,讲求笔意,赏鉴家也。原出宋人《法帖考异》《兰亭考》等书;一曰兰泉派,搜采幽僻,援引宏富,考据家也。原出宋人《金石录》《隶释》等书,二家皆见重于艺林。惟考据家专注意于小学、舆地、职官、氏族、事实之类,高者可以订经史之讹误,次者亦可广学者之闻见,繁称博引,曲畅旁通,不屑以议论见长,似较专主书法者有用矣。"③ "……荃孙寒窘无力,不能多藏旧拓,而各史别集,素所留意,遂专趋兰泉一派。"④ 由此可见,缪荃孙认为赏鉴和考据两派金石编撰家,各有所长,但更推崇考据派金石编撰家。

(四) 关于金石学著作编撰的程序

缪荃孙晚年的时候,曾经总结了自己在金石研究方面的实践经验,就如何编好一部以收录金石文字为主的著作这一问题,提出了一套切实有效的编撰程序:先准备两间宽敞明亮的大房间和几张大桌子,用来摊放大大小小的金石拓片。委派两个人负责金石文字的隶定、誊录工作,再指派一人专事校对。另外,要配备各省通志以及已经出版的几部重要的金石著作,如《隶释》《寰宇访碑录》以及《关中》《中州》《山左》《两浙》诸金石志等,以备随时参考。这个编书程序看似琐

---

① 缪荃孙:《艺风堂友朋书札》,上海古籍出版社,1980 年版,第 779 页。
② 缪荃孙:《艺风堂考藏金石目・自序》。
③ 缪荃孙:《王仙舟同年金石文抄序》,见《艺风堂文续集》卷五。
④ 缪荃孙:《答郑叔问书》,见《艺风堂文外集》。

碎,实则行之有效,甚至对我们今天的编撰工作也不无参考价值。

总而言之,缪荃孙在图书编撰学上取得的成就,值得我们认真学习和研究。

原载《山东图书馆季刊》2004 年第 3 期

(作者单位:武汉大学信息管理学学院)

略论缪荃孙的版本学

杨洪升

人们对版本的研究与探讨，可溯源到汉代刘向的《别录》。到了宋代，雕版盛行，重视版本和讲究版本开始形成风气，至清大盛。清儒治学，专从书本上钻研考索，而又极讲究"实事求是"，这种学风使清人读书、刻书、藏书极讲究版本。他们编写善本书目，撰写题跋，罗列诸本，考证源流，记录行款，详论纸墨。随着学者们知识经验的积累，版本学渐渐从目录学中独立出来，叶德辉的《书林清话》是较早的系统研究版本学的著作。我国近代公共图书馆创始人、目录学家缪荃孙对版本学也有着深入的研究，他序《书林清话》："荃孙于版本之学，亦有同嗜……读君《清话》所已言者，无不如吾所欲言，亦间有未及知者。守宋廛一民之微旨，薄重论文斋之陋说，则心心相印也。"[①]尽管他没有如《书林清话》那样的版本学专著，但其版本学的湛深功力处处体现在其各类著作中。缪氏的版本学在晚清民初以及对后世都有很大影响，在版本学史上有承前启后之功。

一、精于鉴别

缪荃孙精于版本鉴别。他在版本鉴别的实践活动中，往往既注意书籍形式方面的特点，又研究书籍内容方面的差异，搜罗多种特征、信息，并大力借鉴前人的研究成果，综合多种方法得出结论。

版式。由于不同时代雕刻的书，版式不同，不同版本的同一种书往往呈现出不同的版式特点，缪荃孙往往把版式作为重要的鉴别依据。他鉴别《五代史记》

---

① 叶德辉：《书林清话》卷首缪荃孙序，湘潭叶氏观古堂刻本，民国九年（1920）。

道:"是本版刻阔大,每半叶十行,行二十二字。高六寸八分,广五寸四分。白口,单边。实元大德乙巳丙午九路所刊,无序无跋,不知何路分刻耳。"①这种版式是元大德所刻诸史的典型特征。而不同的书具有相同版式也往往能说明它们可能出于一家所刻,这也是缪荃孙鉴别的依据,他鉴别《增广注释音辨唐柳先生文集》说:"明刊本。行款与《韩文》同,当是一家所刻。"②他还通过版式来判断书籍的源流,其论明万历丙申冯梦祯、黄汝良刊本《三国志》说:"每半叶十二行,行二十三字。与单行宋本《吴志》行款一律,其所自出欤?"③他还注意到了边栏高广对鉴别版本的作用,在《艺风藏书续记》和《清学部图书馆善本书目》中首开记录该项之例,为人们通过版式鉴别版本开创了新途径。由于受时代风气和传统习惯的影响,不同时代不同地区刻书字体往往有不同的特点,缪荃孙在鉴别版本时也注意到了这一点。他叙《范忠宣公文集》说:"元天历刊本。每半叶十二行,每行二十字。行款与嘉定本《文正公集》同,但字体有方圆之别耳。"④嘉定是南宋宁宗的年号。这两个集子行款相同,容易误判,缪荃孙指出了字体的"方圆之别"是区别它们的方法。

牌记。缪荃孙还特别留意那些反映出版单位与时间的牌记,十分重视牌记对版本鉴别的价值,牌记是他判断版本最重要的依据之一。他叙《后汉书》说:"元刊本……首列《景祐校正后汉书状》,《状》半叶八行,行十八字,《状》后有大德九年牌子,与《爱日精庐书志》所载元大德刊本《后汉书》合。"⑤此即为缪氏依据牌记判定版本的实例之一。缪荃孙还常将牌记附录于叙录之后,其《艺风藏书续记》和《清学部图书馆善本书目》两部书里收录了不少牌记。有的书失去牌记,缪荃孙还摹在书前。他曾购得《元典章》旧钞本,因非影钞,无牌记,就从曹君直携来的影元钞本"摹两集牌子,订于书前,俾学者识元刻之典型"⑥。记录牌记可以帮助人们认识所藏书的版本特征,同时也为后人提供了鉴别依据。

刻工。古代的刻书工匠为便于计算自己的劳动成果,同时也为了明确责任,往往在所刻书版上留下自己的姓名,或其中的一两个字,这为鉴别版本提供了一

---

① 缪荃孙:《艺风藏书续记》卷四《五代史记》条,艺风堂刻本,民国二年(1913)。
② 缪荃孙:《艺风藏书记》卷六《增广注释音辨唐柳先生文集》条,艺风堂刻本,清光绪庚子(1900)、辛丑(1901)间。
③ 《艺风藏书记》卷四《三国志》条。
④ 《艺风藏书记》卷六《范忠宣公文集》条。
⑤ 缪荃孙:《清学部图书馆善本书目》史部正史类《后汉书》条第六部,国粹学报社《古学汇刊》排印本,民国元年(1912)。
⑥ 《艺风藏书续记》卷四《元典章前集》条。

定的依据。清人在鉴别版本时,很早就注意到了刻工,但他们只是将此作为古籍版式的一个重要特征之一来看待的。缪荃孙也继承了这一点,他介绍《宋史》说:"元杭州路刊本。每叶二十行,行二十字。高七寸五分,广五寸二分。大题在下。版心小黑口,鱼尾上左'宋史第几',右字数,鱼尾下左写人姓名,右刻工姓名。补叶鱼尾上同,下则无矣。"①不仅如此,缪荃孙还开始利用刻工来鉴别版本。如他在《嘉业堂藏书志》里叙宋赣州刻本《六臣注文选》②中,详列该书九十四位刻工名氏,可见他对刻工的重视,其《艺风藏书再续记》的《六臣注文选》条也有同样的文字。尽管缪荃孙没能够对此加以总结,将其扩大为一种广泛使用的鉴别方法,但其利用刻工鉴别版本的方法也影响着后来的研究者,其后傅增湘、张元济等人逐渐广泛运用,出现了总结刻工的专门文章和专著。

纸墨。通过研究书籍纸、墨来鉴别版本是缪荃孙常用的方法之一。他叙《册府元龟》说:"明棉纸蓝格钞本。纸背皆公牍文字,明时装,二百零二册,每册五卷,首二册为目录。完善无缺,不易得也。"③将明公牍棉纸看作该书版本的显著特征。论宋刊元修《国语》说:"此本以成化二十余年册纸印行,尚在弘治许赞重刻之前,殊为可宝。"④根据册纸确定了该本印行的时间。

避讳。作为中国古代社会特有的风俗,避讳伴随中国历史达二千年之久,"其流弊足以淆乱古文书,然反而利用之,则可以解释古文书之疑滞,辨别古文书之真伪及时代,识者便焉。"⑤利用避讳鉴别版本,在清代十分盛行,缪荃孙也惯用此法。他在《孟子注疏四卷跋》里说:"宋刊本,止存《公孙丑》上下四卷,每半叶八行,行大十六字,小二十二字,白口,有刻工姓名,扩、廓皆避讳,知其宁宗时本。"⑥缪荃孙也常常据讳字确定版本源流。如他叙明嘉靖本《陶靖节集》说:"明嘉靖戊申大中丞傅印台刻于九江郡斋本。晋陵华云序,九江府知府王廷乾跋……行款与元刊李公焕集录本同。序言取宋蒋氏本翻雕,殷、敬、徵、真、竟皆缺笔,则出于宋本无疑。"⑦但缪荃孙主张对避讳应该分析看待,针对有人专求避讳以辨宋刻的现象,他说:"宋刻避讳,监本、官本最为慎重,家刻、坊刻多不拘,近

---

① 《艺风藏书续记》卷四《宋史》条。
② 缪荃孙、吴昌绶、董康撰:吴格整理:《嘉业堂藏书志》,复旦大学出版社,1997 年版,第 1125 页。
③ 《艺风藏书记》卷五《册府元龟》条。
④ 《艺风藏书记》卷四《国语》条。
⑤ 陈垣:《史讳举例》卷首自序,上海书店出版社,1997 年版。
⑥ 缪荃孙:《艺风堂文漫存·辛壬稿》卷三《孟子注疏四卷跋》,艺风堂刻本,民国间。
⑦ 《艺风藏书记》卷六《陶靖节集》条。

人专求避讳以辨宋刻,往往贻误。"① 他不拘泥于避讳而鉴别成功的例子也不少,如他鉴别范应元《道德经古本集注直解》说:"今《道藏》目录不载是书,宋讳亦不甚避,然字画纸墨为宋板宋印无疑。"② 今国家图书馆藏本与缪氏在该跋中所言本行款相同,经缪荃孙和沈曾植、杨守敬、邓邦述、章钰、王闿运等人跋过,仍定为宋本,即缪荃孙此跋所论者。

序跋。古书序跋是鉴别版本的重要依据,因为它们大都有版刻缘起、经过的翔实记载。缪荃孙非常看重用此法来鉴别版本,如他论《大戴礼记》说:"首有元□□(挖去'至正'二字)甲午郑元祐序,后有宋淳熙乙未韩元吉跋,据郑序知为海岱刘庭干刊置嘉兴郡庠本。"③ 就因为序跋有如此作用,所以缪氏叙录一书常有"前有XX几年XXX序,X几年XXX重刻序,后有XX几年XXX跋"的记载。他还十分注意利用卷端题名和所附公文等来鉴别版本。

内容。同一种书籍不同版本之间内容有时也会有差异,缪荃孙能抓住这些差别判定优劣,区分版本。如他叙元人左克明的《古乐府》元刻本道:"焦仲卿诗'守节情不移'句下未增'贱妾留空房,相见常日稀'二句,是左氏原本也。"④ 明刻本条说:"明刻大字本。尚自元本出,未增移字韵。"⑤ 显然这两个本子都较善。这种鉴别方式需要广见多识才能得出结论。

钤印和手迹。缪荃孙还通过钤印、手迹等其他方面的一些材料鉴别版本。他谈《南唐书》说:"明嘉靖庚戌顾汝达万玉楼翻宋本。东海晋明姚昭跋,提行避讳均从宋刻,字画亦极秀雅。向见友人藏是书,诧为宋板,果得高价售去。盖贾人撤去姚跋,伪刻末叶,增入一牌子'宝庆丙戌王伯大刊'两行。而首叶'万玉楼'白文方印与此本同,终难掩作伪之迹也。"⑥ 这是他用刻书钤印鉴别版本真伪的实例。他还据手迹鉴别《剡源集》系著名藏书家劳格藏校本:"从何梦华手写本录出,并录荛圃两跋。其中朱笔细字是劳季言手迹,王、洪均未之知,则为名人藏校之书,尤为可宝。"⑦

前人成果。缪荃孙也注意利用前人题跋、目录著作等他人记载来鉴别版本。他跋《湘山野录》说:"宋本《湘山野录》二卷,元人补钞一卷,《续录》一卷又

---

① 缪荃孙:《艺风堂文漫存·癸甲稿》卷三《五代史平话跋》,艺风堂刻本,民国间。
② 《艺风堂文漫存·癸甲稿》卷三《道德经跋》。
③ 《艺风堂文漫存·癸甲稿》卷三《大戴礼记跋》。
④⑤ 《艺风藏书续记》卷六元刻本《古乐府》条。
⑥ 《艺风藏书记》卷四《南唐书》条。
⑦ 缪荃孙:《艺风藏书再续记》卷七《剡源逸稿》条,燕京大学排印本,民国二十九年(1940)传钞本。

补钞首阙二叶,士礼居所藏,手跋之……刻本仁宗以前御讳有阙笔,余不阙,黄荛圃以为北宋本,钞本卷下'殿中丞程东美'条'时陈'下注'英宗庙讳';《续录》'李和文公'下注'犯御名',按和文名遵勖,勖为神宗嫌名,知亦从北宋本出。"①他接受了黄跋对刻本的鉴别结果,自己又据讳字鉴别钞本也是从北宋本出。但缪荃孙并不盲从前人,如他在《唐史论断跋》里就指出张敦颐刊《唐史论断》之南剑州系"福建之南剑州,非四川之剑州",从而澄清了黄准、陈振孙将《唐史论断》闽版当作蜀版的错误,而没有盲从之。② 由于此误由来已久,四库馆臣仍沿袭之。

当然,缪荃孙鉴别版本并非孤立运用某种方法,而是综合运用各种方法,最终得出较科学的结论。这一点从上述的一些例子中也可以看出,兹不再举例。综合运用多种鉴别方法使缪荃孙得出的结论比较科学。

二、擅断版本优劣

版本学产生的根源就是一书有了不同版本以及各本之间有优劣之别,尤其是内容上的差别。这也是学者最为关心的。进一步辨别版本的优劣长短是版本鉴别更高的一个层次。缪荃孙之所以在清末民初被公认为版本学大家,就是因为他能做到这一点。这在其所撰藏书记和题跋里随处可见。如他叙日本享保重刊本《明律》说:"《四库》入存目者,出于《大典》,此犹从明刊本重雕。"③认为此本胜于《四库存目》著录的本子。他叙明嘉靖翻雕庆历本《春秋集传纂例》说:"每半叶十行,行二十字。此书钱衎石以墨笔校订,非玉玲珑阁刻本可比。"④对二本之优劣作出了明确的判断。

缪荃孙对于版本优劣的判断,是建立在广闻博见基础上的。缪荃孙勤于访书,自他随父客游成都开始购书起,几十年勤奋访书,坚持不懈,积累至十余万卷,加上他喜交游,多识藏书家,后又兼领南北两大图书馆,故多见异本,广闻博识。这一点可以通过他所撰的一些序跋看出。在《刘宾客文集跋》里,缪氏先后罗列了该集明万历二年刊本、常熟瞿氏藏宋刻残本、归安陆氏藏述古堂影宋钞

---

① 缪荃孙:《艺风堂文漫存·乙丁稿》卷四《湘山野录跋》,艺风堂刻本,民国间。
② 《艺风堂文漫存·乙丁稿》卷四《唐史论断跋》。
③ 《艺风藏书续记》卷二《明律》条。
④ 《艺风藏书续记》卷一《春秋集传纂例》条。

本,并指出了他们的版本特征和流传情况,判断朱子涵旧藏明蓝格钞本原出于宋本,最后指出《畿辅丛书》本所据之底本是从明刻钞出,又据《全唐文》校改,殊失古意,不如朱氏抄本远甚。① 如果不是对《刘宾客文集》各个版本及其流传情况有充分了解,是不可能得出这样清晰明辨的结论的。

除渊博的专业知识和广博的见闻学识外,缪荃孙还勤于校雠,这是他擅断版本优劣的另一基础。缪氏终生以校书为日课,长期的校勘工作使他切实了解各书不同版本的优劣。如他论《游宦纪闻》蓝格钞本为善本,就是通过和鲍刻卢抱经校本对勘后得出的结论。《游宦纪闻》向以卢校本为最善,缪氏将蓝格钞本与卢校本对勘,发现不仅与卢校本合者甚多,还有很多胜于卢本之处。② 通过校勘论版本优劣长短极见缪荃孙学术功力。

缪荃孙在评判某书版本优劣时,往往对其版本源流有明确的认识。如他论明钞本《论衡》说:"此书自宋代至今,代有刊本,然世所通行者只通津草堂刊本为最,程荣以下更不可问。通津本卷一脱去四百余字,以后诸本遂沿其讹。此明钞本,出自宋刊,通津所缺,此独完善。可珍也。"③ 这里缪氏指出了通津本《论衡》是该书的善本,通津本以后的通行诸本多与通津本有渊源关系,故缺失亦同;同时也指出了明钞本源自宋本,通津本所缺者独完,有胜于通津本之处。这是在熟知版本源流的基础上做出的判断。

三、重视探讨总结

缪荃孙在长达几十年研究版本学的生涯中,对各个时期的版本都进行了深入的探讨,也对它们进行了总结。在《嘉祐七史考》里,他根据《郡斋读书志》所载及元印本《南齐书》后所附崇文院敕文,考证并总结了嘉祐七史刊刻经过:嘉祐中馆职受命校雠,分别经宋绶、杨忱、丁宝臣、郑穆、钱藻、孙洙、孙觉、赵彦若、曾巩、刘攽、刘恕、安焘、范祖禹、王安国、林希等人校正后付刊于杭州,治平二年开板,至政和始颁行,前后历时五十余年。纠正了"西庄以为颁行者尚是写本"的错误。嘉祐七史因战乱遭厄,绍兴十四年,四川漕广搜之,"命眉山刊行",于是有了

---

① 缪荃孙:《艺风堂文续集》卷七《刘宾客文集跋》,艺风堂刻本,宣统二年(1910)。
② 《艺风堂文漫存·辛壬稿》卷三《游宦纪闻跋》。
③ 《嘉业堂藏书志》,第437页。

眉山七史。从而理清了嘉祐、眉山七史的关系。① 其后王国维在《五代两宋监本考》里所考结论与缪荃孙所论相同,而不及缪荃孙详尽。

在《平水板本考》里缪氏对平水一地的版刻情况进行了总结。② 平阳系金、元两代北方的刊刻中心,明清还有刊行。缪荃孙指出了其历史因革,并考出所存金、元、明三代的平阳刊本,所考较叶德辉《书林清话》更为全面。叶氏曾指出金时平阳刊书昌盛的原因在于"金源分割中原不久,乘以干戈,惟平水不当要冲,故书坊时萃于此"③,而缪氏则指出其流传稀少是因为元末明初的北方兵祸特甚。将此文与叶氏《书林清话》合读,可获得对平水版更完整的理解。

缪荃孙对汲古阁毛氏钞本非常推崇,曾总结其特点说:"世重隐湖钞,荛圃别成卷。隐湖有心人,佞宋能推衍。选书必佳帙,抡工皆上选。提行前后同,点画几微辨。中郎不可见,虎贲成冠冕。所以赏鉴家,宝之若瑚琏。"④而对毛氏刻书却指出了种种缺点:"毛刻书沿明人陈眉公等气习,种种不洽人意。如刘后村仅刻《前集》四卷,又杂入《后集》两条。《容斋题跋》是作伪,并未见《容斋全集》。"⑤又说:"汲古阁本诸经,皆每篇第一行顶格,至次行以下皆低一格,盖明朝坊本时文之俗例也。《仪礼》则每节除第一行外,以下无不低一格者。《礼记》每篇中之每节,另起一行顶格,其二行以下皆低一格。《尔雅》则释诂、释山之类,皆每条顶格,甚不画一。此例甚不妥,不如经文皆顶格为是。敖氏本每篇记文,皆与正经一样顶格。《丧服》之传文亦然,如此方是。"⑥前者批评作伪和篡改,后者批评诸经行格混乱。另外,他批评刘成德校本"镌刻极佳,藏书家甚重之。惟不遵旧式,妄为分体,明人恶习"⑦,称赞苏州陆元大用宋刻翻雕的《李翰林别集》《晋二俊文集》《花间集》"形式古雅,今亦视之如宋本矣"⑧,称赞金台汪谅刻书"多翻宋、元本,刻印皆工"⑨,将载于翻张伯颜本《文选》序后的汪氏翻刻书目摘录了出来,以便于学者搜访。

缪荃孙在其主持编纂的张之洞《书目答问》里,首次对清代的版本进行了较

---

① 《艺风堂文漫存·癸甲稿》卷三《嘉祐七史考》。
② 《艺风堂文漫存·癸甲稿》卷三《平水板本考》。
③ 《书林清话》卷四《金时平水刻书之盛》。
④ 《艺风堂文漫存·癸甲稿》卷一《题吴甘遯藏毛钞石药尔雅》。
⑤ 缪荃孙:《云自在龛随笔》,北京商务印书馆,1958年版,第103页。
⑥ 同上,第107页。
⑦ 同上,第100页。
⑧ 同上,第98页。
⑨ 同上,第119页。

全面的总结。编纂该书时,版本就是主要的着眼点。所著录者皆为精本、易得之本,俾读者读书事半功倍且易购求。缪荃孙在广取约择的基础上举书约两千二百种,涉及作者两千四百余人,所举版本十之九为清人版本。少者举一种,多者举五种,总数有五六千种之多。其最精要处在于评语,往往指出版本的特点,如卷一《说文解字》条:"平津馆小字本,小学汇函重刻孙本,汲古阁五次剜改大字本,朱校大字本即毛本,藤花榭额氏刻中字本,广州新刻陈昌治编录一篆一行本,苏州浦氏重刻孙本。孙本最善,陈本最便"①,指出平津馆是小字本,小学汇函本、苏州浦氏本皆系重刻该本。又认为汲古阁本经过五次剜改,每次印本当然有不同;广州新刻陈昌治编录本是一篆一行;最后从学术角度指出孙本最善,从实用角度指出陈本最便。使读者不仅能辨别各本,区分优劣,还能根据所需进行选择。有的指出某一版本的优点的同时也指出其他版本的缺点,如卷一《十三经注疏》条说:"共四百一十六卷。乾隆四年武英殿刻附考证本,同治十年广州书局覆刻殿本,阮文达覆元刻附校勘记本,明北监本,明毛晋汲古阁本。目列后。阮本最于学者有益,凡有关校勘处旁有一圈,依圈检之,精妙全在于此。四川书坊翻刻阮本,讹谬太多,且削去圈,尤谬。明监、汲古本不善。"②《书目答问》列举书目尤其注意举清人著作,在经学、小学、史部地理部分作者均明确提出多收录清人著作,最为明显。如小学部分凡收书一百一十余种,清人著述占了八十余种。这就使它总结在清人著作的版本上有一定意义。

缪荃孙对于专书的版本总结甚多,见于其文集和所编书目中,往往能洞悉源流异同。我们可以《黄山谷集》为例加以说明。宋代以来,黄庭坚的集子流传颇广,刊刻的情况比较复杂。在《与沈子培书》里缪荃孙对《黄山谷集》的各个版本的异同和源流进行了一次较全面的总结。指出宋原刻本《黄山谷内集》,洪炎所编,《外集》十四卷,李彤所编,内、外集均彤所校刻,《别集》二十卷,《词》一卷,《简尺》二卷,《年谱》三十卷,《黄文篆异》一卷,均黄𦸗编;指出了明嘉靖丁亥南昌刻本、弘治张元祯刻本、万历陈以志刻本、聚珍本、翁刻本的源流异同;指出陈三立所刻者有诗无文,底本是日本覆刻本,非真宋本,沈子培藏本是绍熙刊本;还纠正了祠堂本误注的《年谱》刻书年代。③ 此文系缪氏为答沈曾植所问而作。沈氏欲校刻黄集,曾多次向缪荃孙请教,沈氏致缪荃孙诸札见《艺风堂友朋书札》。钱仲

---

① 张之洞:《书目答问补正》,范希曾补正,中华书局,1963年版,第51页。
② 同上,第1页。
③ 《艺风堂文漫存·癸甲稿》卷三《与沈子培书》。

联曾论沈氏题跋说:"作者有自己的见解,订正前人误说,比勘版本异同与优劣,探索某些本子的原来面目,特别是有关黄山谷诸集的跋文,原原本本,如数家珍。"①而不知沈氏实获益于缪荃孙。今人祝尚书撰《宋人别集叙录》叙录黄集亦未引及该文,与之对读更可见缪荃孙的版本学功力。

四、传 承 和 影 响

缪荃孙的版本学是在继承前人的基础上形成的。他对版本学发展史了然于胸,他论各家书目说:"今所传者则以南宋晁、陈两家为书林之矩矱焉,《遂初》兼载重本,《敏求》独嗜宋刻,踵事增华,例益加密。"②对前人的不足也有深刻的认识,说:"国朝以来,钱遵王《敏求记》为人所重,然钞刻不分,宋元无别,往往空论,犹沿明人习气。"③这无疑是在深入研究前人的基础上得出的结论。缪氏特别喜欢前人撰写的藏书、刻书题跋。光绪初年,他从文冶庵借录了一部林吉人辑抄的《红雨楼题跋》,藏诸箧中三十年,"时时检阅,奉为导师"④。清代是我国的版本学繁荣时期,治版本的诸位学者最先能称得起大师者当推黄丕烈。缪荃孙对黄氏的版本学最为推崇,说:"若夫辨板刻之朝代,订钞校之精粗,则黄氏荛圃蹊径独辟,惜《所见古书录》未能手订成书,而缀拾丛残,犹觉空前绝后,非他书目可比。"⑤实际上缪荃孙就是黄丕烈的继承者,他一生四十几年搜刻黄跋,对黄氏学术理解甚深,自称治版本学"守宋廛一民之微旨"。所谓"微旨",缪荃孙曾有总结:"先生之精语曰'目录之学,涉笔愈知其难,遑论其他'……又曰'识书之道,在广见博闻,所以多留重本';又曰'古书源委,必借他书以证明之';又曰'凡旧板模糊处,最忌以新板填补';又曰'举宋刻之残鳞片甲,尽登簿录'。"⑥凡此种种,均为缪荃孙规守并发扬光大。

缪荃孙的版本学在晚清民初有很大的影响。秦更年说:"同光以来,谈目录版本者,必以艺风缪先生为之职志。"⑦秦氏所论得其实。缪荃孙在世之日,虽老

---

① 沈曾植:《海日楼札丛·海日楼题跋》卷首《前言》,辽宁教育出版社,1998年版。
② 《艺风堂文续集》卷五《钱塘丁氏八千卷楼藏书志序》。
③ 《艺风堂文漫存·乙丁稿》卷二《积学斋藏书志序》。
④ 缪荃孙:《重编红雨楼题跋》卷尾缪荃孙跋语,《峭帆楼丛书》本。
⑤ 《艺风堂文续集》卷五《钱塘丁氏八千卷楼藏书志序》。
⑥ 缪荃孙、章钰、吴昌绶等辑:《荛圃藏书题识》卷首缪序,金陵书局,民国八年(1919)。
⑦ 《上海图书馆善本题跋·史部·竹汀先生日记钞》,《历史文献》第五辑,上海科学技术出版社,2001年版,第69页。

宿耆硕，亦必问难请益，往往得其一言而定。此一点读《艺风堂友朋书札》可知。是书载当时学者一百五十七位，一时名流硕学，若陈三立、沈曾植、王懿荣、叶德辉、章钰等，相请益者甚众。晚起的目录版本学者张元济、傅增湘与缪荃孙均在师友之间，受缪荃孙影响甚大。民初时期，以藏书雄于海内者系南浔张钧衡的"适园"、刘承干的"嘉业堂"、蒋汝藻的"传书堂"，还有盛宣怀的"愚斋"，这几家的藏书目录，除蒋氏是请王国维编撰以外，余下三家均系请缪荃孙所编，也可见其影响之大了。事实上，当时以缪荃孙为中心，形成了一个版本学探讨研究的团体，大大推动了版本学的发展。

晚清民初的时候，目录版本学界十分推崇黄丕烈，这和缪荃孙的大力提倡很有关系。他大半生致力于黄丕烈跋的搜辑和出版，对当时版本学的发展颇有推动之功。黄丕烈的学术地位在生前并没有被广泛认可，在光绪十年前后代表他版本学成就的藏书题跋，才第一次被搜集出版，这就是《士礼居藏书题跋记》，编辑者署名是潘祖荫，其实是缪荃孙代为编刊。黄跋的第二次出版，是江标刻的《士礼居藏书题跋续记》，这也是缪荃孙搜辑的。不过这次江标在卷首的序言里说明了该书系缪荃孙搜辑，他是借刻。第三次出版的是《士礼居藏书题跋再续记》，民国初年缪荃孙将他编入了《古学汇刊》，排印了出来。第四次出版，是在民国八年(1919)，缪荃孙这时已经七十六岁了，他请章钰、吴昌绶把以前三编合编到一起，补入新辑，成为《荛圃藏书题识》，又加上《荛圃刻书题识》，大概有七百篇，自己出资刊刻出来。黄丕烈题跋的这四次出版，大大推动了版本学的发展。黄丕烈今天在版本学史上的地位，同缪荃孙大力搜刻黄跋密切相关，而版本学在清末民初获得长足发展，并形成独立的学科，缪氏也居功至伟。

缪荃孙掌教书院多年，其弟子如曹元忠、孙毓修、丁国钧、柳诒徵多能传其学，治版本学皆颇有成就。现当代的版本目录学者也多和缪荃孙有渊源关系。如版本学家赵万里，大家知道他是王国维的弟子，其实在他入王门之前在东南大学是柳诒徵的学生。目录版本学家范希曾，也是柳诒徵的弟子。又如当代著名版本目录学家顾廷龙，其目录版本之学，早年受外叔祖王同愈启迪，迨负笈燕京，多受教于长州章钰。而章钰则出入于缪荃孙之门而以后学自居，学术深受缪荃孙影响。[①] 其学术递承关系可知。一九九五年顾氏为缪荃孙纪念馆赋诗云："柱

[①] 《顾廷龙文集》卷首王绍曾序，北京图书馆出版社、上海科学技术文献出版社，2002年版。

史溯源自久长,平生仰望艺风堂。书林薪火千秋耀,遥望江城献瓣香。"①可见他对缪荃孙的景仰。由是论之,缪荃孙之版本学,颇有承前启后之功。

原载《国家图书馆学刊》2009 年第 2 期

(作者单位:南开大学文学院)

---

① 江苏省图书馆学会编:《缪荃孙学术研讨会论文集》卷前插页,江苏省图书馆学会,1998 年版。

缪荃孙与江南图书馆

徐忆农

缪荃孙(1844—1919),字炎之,一字筱珊,又作小山,晚号艺风老人。江苏江阴人,光绪二年(1876)进士。著名史学家、教育家、图书馆学家、藏书家、版本学家、目录学家、金石学家,曾先后参与创办三江师范学堂(南京大学、东南大学等校前身)、江南图书馆(南京图书馆前身之一)、京师图书馆(今中国国家图书馆),被誉为中国近代教育和图书馆事业的先驱与奠基人。

一、金 陵 岁 月

南京古称金陵,坐落于长江下游,自古经济繁荣,人文荟萃,从公元3世纪以来,许多王朝在此建都,故有"六朝古都""十朝都会"之称。清朝在此置江宁府,为两江总督驻地。缪荃孙自订《艺风老人年谱》(以下简称《年谱》)①中称"身历十六省,著书二百卷",而他在文化教育事业和学术研究方面取得的不少重要成就都与南京密不可分,留下了不可磨灭的历史足迹。

缪荃孙在《年谱》中自述,同治二年(1863)"八月,先大夫(缪荃孙之父缪焕章)遣刘唐两弁迎往湖南,吴表兄鹤生侃送至汉口。买小舟,出扬州,入大江,过金陵……"。当时只是路过金陵而未入城。光绪十五年(1889)"七月间柚岑(缪荃孙堂弟缪祐孙)自海外归,往扬州访之……渡江,初至金陵。"此次在金陵游览名胜、会门人与购书籍。光绪二十一年(1895)到江宁谒张文襄师(张之洞),订明年钟山书院之约。从光绪二十二年至二十七年(1896—1901),主讲钟山书院,其

---

① 缪荃孙:《艺风老人年谱一卷附行状一卷》,民国二十五年(1936)北平文禄堂刻本。

间复遥领常州龙城书院,又到湖北领江楚编译书局总纂。光绪二十八年(1902)七月,开办学堂,领高等中小三堂事;九月,刘忠诚公(刘坤一)薨于位,张文襄师调署;十二月奉派赴日本考察学务。光绪二十九年(1903)正月偕徐积余太守[乃昌]及各教习赴日本考察各学;三月十四日回江宁。其后至光绪三十三年(1907)在高等学堂;三月辞两江师范学堂稽查;七月午帅(端方)奏派主图书馆事;十月偕陈善余(陈庆年)赴浙购八千卷楼藏书,丁氏书旋陆续运江宁。宣统元年(1909)五月,学部奏派京师图书馆正监督。宣统二年(1910)二月张安圃制军(张人骏)奏修江苏通志,延荃孙总纂;九月由京汉火车入都;十一月传旨召见养心殿,监国(醇亲王载沣)询学务及南北图书馆办事,一一奏对。宣统三年(1911)供职京师。三月回江宁重订通志条例;五月回京;八月湖北兵变,天下大乱,全家窜上海;九月乞假回上海寄寓;江宁亦于十月失陷。其后,皇帝逊位于民国,称"国破家亡,生不如死"。夏孙桐(1857—1941)撰《缪艺风先生行状》①载:"江苏通志重议开局,冯梦华中丞(冯煦)主之,以金石一门非专家莫办。先生命子僧保预其事。自发家藏拓本,编录考定,一手成之。"民国七年(1918)三月,江苏通志局恢复,续修省志,聘任冯煦(1842—1927)为总纂,志局设南京②。说明缪荃孙在民国期间,与南京仍有割舍不断的联系。

据《南京大学百年史》③介绍,光绪二十八年四月初一(1902年5月8日),两江总督刘坤一邀请张謇、缪荃孙、罗振玉等江苏学者、名流商议兴办学堂事宜,力主兴学"应从师范学堂入手"。刘坤一不幸病逝后,张之洞奉召署理两江,开始筹办三江师范学堂。光绪二十九年正月初八(1903年2月5日),张之洞正式奏请创建三江师范学堂。在此之前,1902年底张之洞命缪荃孙、徐乃昌、柳诒征等八人赴日考察教育。翌年初出发,后奉新任总督魏光焘(1837—1915)电召回到江宁,不久,缪荃孙即被委任为三江总稽查,而柳诒征则在1903年6月被录用为三江的教习。三江师范学堂先后更名为两江师范学堂(1906)、南京高等师范学校(1914)、国立东南大学(1921)、第四中山大学(1927)、江苏大学(1927)和国立中央大学(1928),1949年定名为南京大学。

从光绪二十二年(1896)至宣统二年(1910),是缪荃孙在金陵集中活动时期,课士办馆之余,他著书、编书、刻书,学术成果令人瞩目。他写《艺风堂金石目》,

---

① 缪荃孙:《艺风老人年谱一卷附行状一卷》,民国二十五年(1936)北平文禄堂刻本。
② 江苏省地方志编纂委员会办公室:《江苏省通志稿(大事志)》,江苏古籍出版社,1991年版。
③ 王德滋:《南京大学百年史》,南京大学出版社,2002年版。

编刻《旧德集》,校刊《常州词录》,撰刻《续碑传集》,交《(湖北)通志稿》,刻《藕香零拾》《常州先哲遗书》《艺风堂藏书记》《艺风堂文集》《孔北海魏文靖韩致尧李忠毅四谱》《读书记》《对雨楼丛书四种》《王怀祖诗》《东坡七集》,印行《云自在龛丛书五集》,为山西胡中丞(聘之)订定《山右石刻文编》稿本,为家蘅甫(缪朝荃)刻《中吴纪闻》并撰札记又《玉峰志》《玉峰续志》,刻刘光珊(刘炳照)《感旧诗》,为刘葆良刻其兄葆真(可毅)文集,为吴仲饴刻《拙轩集逸文》。另外,刘世珩《聚学轩丛书》印行,举旧藏书应刻者助之。

缪荃孙在南京的生活相对较为安逸。光绪二十二年(1896)二月挈家至江宁,住书院院西偏一小园。光绪二十七年(1901)购颜料坊李氏屋,次年四月移居颜料坊新宅,《年谱》称"寒家自曾祖以来无立锥地,兹积历年馆谷置此数椽亦云幸矣"。光绪三十二年(1906)三月在宅东辟地造一楼庋书,正对雨花台,名之曰对雨楼。卢前《冶城话旧》载,缪荃孙的南京私宅,后归夏氏所有①。今天,缪荃孙故居已不存在,其旧址后改建为小学,院内雪松老柏,据说为缪氏当年手植②。

二、江南建馆

江南图书馆系缪荃孙协助满族大臣端方于1907年在江宁创办的图书馆。端方(1861—1911)于光绪三十一年(1905)出国考察,得知欧美大邦"凡名都巨埠,皆有官建图书馆",并且认识到"强国利民,莫先于教育,而图书馆实为教育之母"③。端方回国后任两江总督期间,开始在江宁筹建图书馆,聘缪荃孙、陈庆年主其事,缪氏为"总办",陈氏为"坐办"。缪荃孙曾主江阴南菁书院,陈庆年为其高足弟子。1905年,时任湖南巡抚的端方聘陈庆年为湖南图书馆第一任监督,此馆始为1904年创办的湖南图书馆兼教育博物馆,是我国第一家以"图书馆"命名的省级公共图书馆④。

清朝末年,江苏常熟瞿氏铁琴铜剑楼、山东聊城杨氏海源阁、浙江吴兴陆氏皕宋楼与钱塘丁氏八千卷楼并称四大藏书楼。陆氏皕宋楼藏书在1907年由日

---

① 卢前:《冶城话旧(节选)》,薛冰编:《金陵旧事》,百花文艺出版社,2001年版,第54页。
② 苏克勤、苗立军:《南京名人旧居:散落在大街小巷的流年碎影》,河南人民出版社,2007年版,第186—189页。
③ 柳诒徵:《国立中央大学国学图书馆小史》,民国十七年(1928)排印本。
④ 周德辉:《湖南图书馆建馆初期史实考正:兼答炳辉同志》,《图书馆》,1986年第5期,第37—40页。

本人岛田翰(1879—1915)介绍,被日本岩崎氏静嘉堂文库以11.8万元购去,武进人董康(1867—1947)跋《皕宋楼藏书源流考》太息曰:"古芬未坠,异域长归,反不如台城之炬、绛云之烬,魂魄犹长守故都也。"①当时钱塘丁氏家道中落,时论颇惧蹈陆氏覆辙。在此珍籍存亡之际,丁申之子丁立诚向缪荃孙函告书籍欲出售②,浙江提学使支青向缪荃孙、陈庆年通告此事③,二位建议端方购入丁氏藏书④。光绪三十三年(1907)端方筹款7.3万余元,派缪、陈二人赴浙,将杭州丁氏八千卷楼所藏60万卷古籍,悉数购至江宁。这批古籍中善本颇多,据柳诒徵《国立中央大学国学图书馆小史》统计⑤,有宋板40种,元板98种,明板1120种、明钞84种,四库底本36种,稿本14种,日本刊本34种,高丽刊本9种,成为江南图书馆的骨干藏书。

"八千卷楼"系清代杭州丁国典藏书楼名。其孙丁申、丁丙沿用之。丁氏兄弟,皆好古嗜书,而最著者为丁丙。丁丙(1832—1899)字嘉鱼,别字松生,晚号松存。八千卷楼藏书,是在丁氏几代藏书基础上,经丁丙与其兄丁申(1829—1887)三十余年锐意搜求建立起来的。据柳诒徵考据研究,自明以来收藏家,如范氏天一阁、项氏万卷堂、祁氏澹生堂、毛氏汲古阁、钱氏绛云楼、曹氏敬惕堂、朱氏潜采堂、黄氏千顷堂、王氏池北书库、顾氏秀野草堂、钱氏述古堂、曹氏楝亭、赵氏小山堂、吴氏瓶花斋、孙氏寿松堂、王氏十万卷楼、马氏小玲珑山馆、汪氏开万楼、鲍氏知不足斋、黄氏士礼居、吴氏拜经楼、袁氏五砚楼、何氏蝶隐园、许氏鉴止水斋、严氏芳椒堂、张氏爱日精庐、陈氏稽瑞楼、马氏汉晋斋、袁氏卧雪楼、马氏汉唐斋、汪氏艺芸精舍、瞿氏恬裕堂、蒋氏别下斋、劳氏丹铅精舍、郁氏宜稼堂、朱氏结一庐、李氏瞿硎石室之书,少或一二种,多至数十百部,丁氏皆有所藏。另,世所传钱氏绛云楼被焚,其书不存,其实不尽然。南京图书馆现藏一部《乐府新编阳春白雪前集》五卷《后集》五卷,元杨朝英辑,元刻本,清柳如是校,黄丕烈、丁丙跋。书中钤有"钱受之""牧斋""女史""惠香阁读书记"等印,当是流传于世的绛云楼幸存之物;又有"士礼居藏""黄丕烈""复翁"等印,还有"八千卷楼珍藏善本"之印,说明此书曾为黄、丁二家所藏。从以上可以看出,江南图书馆的善本古籍,虽得之

---

① 袁咏秋、曾季光:《中国历代国家藏书机构及名家藏读叙传选》,北京大学出版社,1997年版,第359页。
② 缪荃孙:《艺风老人日记》,北京大学出版社,1986年版。
③ 许廷长:《缪荃孙与江南图书馆》,载《东南文化》,1999年第5期,第117—121页。
④ 许进、徐芳:《陈庆年文集》,南海出版公司,1996年版,第249页。
⑤ 柳诒徵:《国立中央大学国学图书馆小史》,民国十七年(1928)排印本。

丁氏，而包涵了明清两朝藏书家之结晶。

丁氏藏书至江宁后，端方与缪荃孙、陈庆年选择江宁龙蟠里盋山园（今南京市龙蟠里9号）为馆址，该处原为上元高等小学堂，再往上溯是道光年间两江总督陶澍为纪念远祖晋代陶侃（侃常语人曰：大禹圣者，乃惜寸阴）设立的惜阴书舍（后更名为惜阴书院）。光绪三十四年（1908）九月端方又在小学堂后院兴建前后两栋藏书楼，为砖木结构，上下两层，前后两进，中有庭院，共44间，耗银3.47万两，高大门扇，雕花窗棂，青砖小瓦，飞檐高屋，院内遍植嘉木，具有典型的中国古典建筑风格。藏书楼于宣统元年（1909）九月竣工。宣统二年八月十八日（1910年9月21日）正式开放，其后缪荃孙于九月二十日（1910年10月22日）到馆话别赴京。在清朝末期，从全国来看，虽然浙江、湖南、湖北等省的官办公共图书馆建成时间较早，但实力最雄厚、影响最大的则属江南图书馆，受到当时朝野普遍的关注，曾多次得到清朝政府的褒奖，如清廷学部曾称"各省设立图书馆，在宪政筹备之内，江南最为完备，经费颇省，来阅览者亦多。"①

三、陶风遗韵

辛亥革命后，江南图书馆曾多次变更馆名和隶属关系，业务很难开展。1919年，馆名更作江苏省立第一图书馆。1927年7月，著名史学家柳诒徵被聘为馆长；9月馆名易为第四中山大学国学图书馆。1928年5月，复更名为国立中央大学国学图书馆。1929年10月，馆名定为江苏省立国学图书馆，新中国成立初期仍沿用此名。1952年并入国立南京图书馆，此馆前身是1933年国民政府时期建立的国立中央图书馆。1948年底，中央图书馆馆长蒋复璁等奉命携馆藏珍籍13万册去台湾。1949年5月，中央图书馆由南京市军事管制委员会接管。1950年3月19日，奉中央文化部令，定名为国立南京图书馆，由文化部文物局和华东军政委员会文化部双重领导，馆长贺昌群（1903—1973）。1954年7月，文化部将国立南京图书馆改名为南京图书馆，直属江苏省文化厅领导至今②。

柳诒徵（1880—1956），字翼谋，晚号劬堂，江苏镇江人。少从陈庆年请益论学，后由陈氏介绍，到南京江楚编译局任编辑，受总纂缪荃孙赏识。1903年随缪

---

① 李希泌、张椒华：《中国古代藏书与近代图书馆史料（春秋至五四前后）》，中华书局，1982年版，第147页。
② 南京图书馆：《南京图书馆志（1907—1995）》，南京出版社，1996年版。

氏赴日考察教育,回国后遵嘱写成《日游汇编》。其后任教于南京高等师范学校(后更名为东南大学),于1948年任中央研究院院士[①]。1928年,柳诒徵为了纪念陶侃、陶澍、端方(号匋斋)与缪荃孙(号艺风)等四位先人,将藏书楼题名为"陶风楼",并请国民政府主席谭延闿(1880—1930)书写匾额,悬挂楼前。20世纪中期,陶风楼因年久失修,白蚁蛀蚀,破损严重。1962年江苏省委书记刘顺元、彭冲等视察后,认为应保留这一著名的藏书楼,决定由省政府拨款20万元重建,改砖木结构为钢筋水泥、砖木混合结构,但外观保持与原来一样,而且雕花门窗等都利用原楼拆下来的材料。现该楼为南京市文物保护单位——惜阴书院旧址上的主体建筑。

虽然缪荃孙任职于江南图书馆的时间很短暂,但由于他的影响,江南图书馆在采、编、典、阅四项基本业务工作方面颇有新意,有所建树,为中国图书馆事业的起步和发展,奠定了基础。因此,陶风楼不仅是江苏最早设立的官办公共图书馆遗迹,也是中国现代化进程中的一个重要里程碑。

(一) 以古入今

公共图书馆是人类社会文明发展到一定阶段的产物。19世纪中叶,英、美等西方国家陆续兴建起的近现代意义公共图书馆,是古代藏书楼演变为近现代图书馆的主要标志。在中国,公共图书馆是20世纪初才开始出现的,从本质上看,它是在西学东渐浪潮的推动下而引进的一个外来事物。

柳诒徵撰《缪荃孙传》[②]云:"当是时,新学小生直葛故籍,诸老先生流风寖衰矣。而南北二馆,先后巍立,号为册府,笃古之士犹得钻仰胀沫其间,不令中国历代巨刻珍钞、万国希觊之瑰宝,流放沽鬻于东西都市者,荃孙力也。"

江南图书馆建立之初,缪荃孙力劝端方购入丁氏八千卷楼藏书。宣统元年五月,学部奏派其为京师图书馆正监督,即赴常熟与瞿氏商量进书事。宣统二年九月入都。时图书馆未建,借北城广化寺开办,其到馆任事,分类理书。宣统三年三月派回江南催瞿氏进呈书;五月回京并解瞿氏书五十种。可见他为京师图书馆访书亦尽心尽力。

---

① 柳定生:《柳诒徵传略》,江苏省政协文史资料研究委员会《江苏文史资料选辑(第19辑)》,江苏古籍出版社,1987年版,第164—185页。
② 柳诒徵:《缪荃孙传》,中国历史文献研究会《历史文献研究(北京新一辑)》,北京燕山出版社,1990年版,第1—2页。

江南图书馆及国学图书馆藏书十之八九系得之于私家藏书楼之书,除钱塘丁氏八千卷楼书外,以武昌范氏木犀香馆、桃源宋氏之藏书最为著名。江南图书馆于1910年购得武昌范氏木犀香馆4 557种书籍。范氏所藏,以集部古籍为多。"桃源宋氏"指宋教仁。宋教仁因反对袁世凯专政,于1913年被袁派人刺杀于上海车站。他生前有60箱藏书,因其身后书无所归,由江苏省署发交图书馆储藏。1952年,国学图书馆并入国立南京图书馆时,计有历史文献23万册,其中善本古籍5万余册,奠定了今天南京图书馆善本藏书的基础。

1912年孙中山先生所组建的南京临时政府仅存在三个月,但在只出版几十期的《临时政府公报》上就出现十多次"教育部收买古籍广告",首句称"本部现拟筹设中央图书馆",说明逾百年前民国临时政府已有筹设此馆之意。其后因首都北迁,筹办工作自然中止。当时教育部由蔡元培(1868—1940)任总长,缪荃孙曾与蔡氏通信请其设法保护江南图书馆,蔡元培非常认真给予回应①,可见二人在对待古籍方面有相通之处。中央图书馆创设后,曾两次大规模收进古籍。第一次是抗战时期,为避免国家重要文献流落异域,郑振铎、张元济、张寿镛等爱国学者,在上海组织"文献保存同志会",由中央图书馆首任馆长蒋复璁(1898—1992)居中联络,利用管理中英庚款董事会拨交的部分建筑经费,冒险搜购沦陷区书肆私家旧籍不下十余万册,其中半属善本。第二次大规模入藏古籍是在抗战胜利后,接收汪伪政府要员陈群(1890—1945)泽存书库的藏书约40万册,其中约有4万余册古籍善本书。

南京图书馆时期,得之于藏书家的图书也有不少,其中最有影响的是历史学家朱希祖(1879—1944)遗书与苏州顾氏过云楼藏书。经过几代图书馆工作者的艰辛努力,南京图书馆总体馆藏已形成涵盖社会科学和自然科学各个领域的资源体系。其中古籍160万册,包括善本14万册;民国文献70万册。馆藏中不乏唐代写本,辽代写经,宋、元、明、清历代写印珍本。

美国历史学家斯塔夫里阿诺斯在《全球通史》②中说,中国文明的特点是聚合和连续。就是说中国文明已延续数千年而未曾中断过,这在人类历史上是独一无二的。长期以来,学术界一直有人在争议和探讨,当一个古老国家在向现代化迈进的时候,还需不需要全面保存数千年来所积累的历史文化典籍,从张之

---

① 杨洪升:《缪荃孙研究》,上海古籍出版社,2008年版。
② [美]斯塔夫里阿诺斯:《全球通史:从史前史到21世》,吴象婴等译,北京大学出版社,2006年版,第155页。

洞、缪荃孙、端方、陈庆年、蔡元培、柳诒徵、蒋复璁、郑振铎、张元济、张寿镛等前辈所言所行得到的启示是，保护古籍和传播古籍所承载的传统文化精髓是现代国家的神圣职责。因为作为历史悠久的文明古国，丰富的古代典籍承载着中华民族的文化血脉和思想精华，它们滋养着民族的生命力、创造力和凝聚力，推动着中华文化历久弥新、不断发展壮大。千百年来，在新旧易代、历史转折的危急关头，正是有无数心存远虑的仁人志士，克服困难，不计得失，守卫着民族文献典籍，华夏文明才得以绵延不绝，源远流长。

（二）修正四部

缪荃孙一生著作甚丰，目录学成就显赫，所编综合性古籍书目有《书目答问》《艺风藏书记》与《清学部图书馆善本书目》等。

光绪初，张之洞任四川学政时，缪荃孙曾任其幕僚。缪荃孙在《年谱》记载，光绪元年（1875）八月执贽张孝达先生门下受业，命撰《书目答问》。姚名达《中国目录学史》①称，《四库全书总目》统一整个目录学界之时代，除孙星衍（《孙氏祠堂书目》将所藏之书分为十二大类）外，未有敢违背其成法者。直至百年之后，始有张之洞撰《书目答问》（实际是缪荃孙代笔），始于"四部"之外，别增"丛书""别录"两目（"别录"实为附类）。"《书目答问》在分类史上之地位，不在创造，而在对《四库总目》加以他人所不敢为之修正。"

据学者研究，我国最早的丛书是南宋俞鼎孙、俞经的《儒学警悟》，此书流传很少，因此，前人每以宋左圭《百川学海》为丛书之祖。《四库全书总目》②称"古无以数人之著合为一编而别题以总名者"。如《明史·艺文志》将毛晋《津逮秘书》等丛书入子部类书类。《四库全书总目》分类法分部、类、属三级，共计分四部四十四类六十五属，将《津逮秘书》等丛书入子部杂家类杂编之属。据南京图书馆钱亚新（1903—1990）先生考证，在清康熙年间姚际恒（1647—约1715）的《好古堂书目》中，除经史子集四部外，已立有"经史子集总"部，这个总部实际上就是丛部。更前一些，在明末清初祁理孙的《奕庆藏书楼书目》中，除经史子集四部外，已立有"四部汇"部，这个四部汇实际上也就是丛部。所以以"丛"立部的首创者，当推祁理孙，但缪氏把丛部加以强调，当时大有影响，这是值得一提的③。

---

① 姚名达：《中国目录学史》，上海古籍出版社，2002年版。
② ［清］永瑢、纪昀等：《四库全书总目》，中华书局，1965年版。
③ 吉林省图书馆学会等：《钱亚新论文选》，成都东方图书馆学研究所，1988年版，第92页。

缪荃孙撰《艺风藏书记》①分为经学、小学、诸子、地理、史学、金石、类书、诗文、艺术、小说十类。《藏书记缘起》云："用《孙祠书目》例，分为十类，编成八卷。"据夏孙桐撰《缪艺风先生行状》称："先生恪守乾嘉诸老学派，治经以汉学为归……目录之学，贯串古今，尤慕士礼居黄氏……自编藏书记，欿然谓限于力，仅可与阳湖孙氏五松园相颉颃。"这可能是其撰私家藏书记采用《孙祠书目》例的原因。

宣统二年九月，缪荃孙入京到京师图书馆任事，即开始分类理书。宣统三年六月编呈《各省志书目》四卷。刻本馆《宋元本书留真谱》（本书一叶牒文牌子序跋述源流者均摹之，加考一篇）；九月复交新编《善本书目》八卷即乞假回上海寄寓。此《善本书目》由缪荃孙编纂为《清学部图书馆善本书目》②正式出版，此目属综合目录，分为经部、史部上下、子部、集部五卷。所录《天学初函》《传是楼汇钞》二丛书入子部杂家类杂编之属，可能因书少不能独立成部而为之。

丁氏书归馆后，善本书印有《江南图书馆善本书目》③一册，分经、史、子、集四部；其余丁书及初设馆时调取之官书、购置之新书，印有《江南图书馆书目》（据封面题名著录，卷端题"阅览室检查书目"）八册，分经、史、子、集、丛、志六类。另据缪荃孙《艺风老人日记》载，宣统二年十二月六日交江南图书馆书目于馆。说明江南馆书目体现了缪氏分类思想。

著名历史学家陈垣（1880—1971）先生撰《艺风年谱与书目答问》④一文，举了不少证据，不同意缪氏代撰之说，不少学者也支持这种观点⑤。但师承缪荃孙先生的柳诒徵在《书目答问补正序》中说"文襄之书，故缪艺风师代撰"。柳诒徵的学生范希曾（1899—1930）著《书目答问补正》一书，跋文曰："张氏《书目答问》，出缪筱珊先生手，见艺风自订《年谱》……书成以来，翻印重雕，不下数十余次，承学之士，视为津筏，几于家置一编。顾其书成于光绪二年，后此五十年间，新著新雕，未及收入，亦时有小小讹失。"因此范希曾对《书目答问》作了补正⑥。《书目答问》原著收书两千余部，《补正》主要做了以下工作：一是纠正了原书的错误，二是补原书漏记版本，也补光绪二年以后新出的版本，三是补收一些和原书性质

---

① 缪荃孙：《艺风藏书记》，黄明、杨同甫标点，上海古籍出版社，2007年版。
② 缪荃孙：《清学部图书馆善本书目》，上海国粹学报社，民国三年（1914）铅印古学汇刊本。
③ 江南图书馆：《江南图书馆善本书目》，《书目四编》，广文书局，1971年版。
④ 陈垣：《艺风年谱与书目答问》，《图书季刊》，1936年（1—2合刊），第19—20页。
⑤ ［清］张之洞等：《书目答问校补》，吕幼樵、张新民校补，贵州人民出版社，2004年版。
⑥ ［清］张之洞等：《书目答问补正》，范希曾补正，瞿凤起校点，上海古籍出版社，1983年版。

相近漏收和后出的书籍,共补收图书一千二百种左右,因而使《书目答问》的面貌有了较大的变化,在学术界引起广泛关注。如著名学者来新夏在《书目答问汇补叙》介绍,20世纪40年代初,他考入北平辅仁大学历史学系,除选历史系课程外,还选读了中文系的"目录学",主讲者余嘉锡(1884—1955)先生规定以《书目答问》为基本教材,并要求准备《书目答问补正》作读物①。由此可知,由于缪荃孙是江南图书馆的创建者,而后继者与他有师承关系,因而《书目答问》在国学图书馆就具有不可取代的重要地位。这种认知,也为国学图书馆在目录学方面的深入探索带来了较大的推动力。

图书目录具有纲纪群籍的作用,清代学者王鸣盛在《十七史商榷》中说"目录之学,学中第一紧要事,必从此问途,方能得其门而入,然此事非苦学精究,质之良师,未易明也。"②从19世纪起,代表西方思想文化的"新学"著作大量涌入中国,不仅使图书的内容有了很大变化,同时也让人们对图书分类法有了新的认识。清末《书目答问》问世,分经、史、子、集、丛五部,每部所分各类也不拘守《四库全书》,算是对四部分类法的修正。其后,梁启超推出《西学书目表》,建立西学、西政、杂类三大部类,开始冲击传统四部分类法体系。而徐树兰开办以存古、开新为宗旨的古越藏书楼,具有近代图书馆性质,所编《古越藏书楼书目》,先分学部和政部,两部再各分二十四类,将古今中外书籍,务求平等对待。进入民国后,在新旧图书分类方面,可归为两大类:一为新旧并行制,二为统一制。著名图书馆学家刘国钧先生认为:"新旧并行制,窒碍殊多,而统一制则较为便利。"③显然新旧并行制在当时的学术界认可度较低,而新旧统一制大体有两派:或散新书入旧类,或混合新旧书而仿杜威"十进法"。前者如国学图书馆将旧籍与新著混合编目,所编《江苏省立国学图书馆图书总目》分经、史、子、集、志、图、丛七部,又在子部增入工家、耶教、回教、自然科学、社会科学等类,这在中国目录学史上是独树一帜的。后者如1929年刘国钧编制的《北京图书馆中文普通线装书分类表》,1990年版《北京图书馆普通古籍总目》④即依此表分类,全书共15卷,分别为:目录门、经籍门、史乘门、地志门、传记门、古器物学门、社会科学门、哲学门、宗教门、文字学门、文学门、艺术门、自然科学门、应用科学门和总记门。

---

① [清]张之洞等:《书目答问汇补》,来新夏、韦力、李国庆汇补,中华书局,2011年版。
② [清]王鸣盛:《十七史商榷》,商务印书馆,1937年版。
③ 史永元、张树华:《刘国钧图书馆学论文选集》,书目文献出版社,1983年版,第33页。
④ 北京图书馆普通古籍组:《北京图书馆普通古籍总目》,书目文献出版社,1990年版。

柳诒徵《书目答问补正序》云："丁卯（1927）夏，余馆盋山，邀希曾助编馆目……馆书逾四十万卷，希曾创意厘析，为目若干卷，分别部居多独到。"说明著《书目答问补正》的范希曾为编馆目发挥了重要作用，此馆目自然与《书目答问》有渊源关系。顾廷龙（1904—1998）撰《柳诒徵先生与国学图书馆》评价《江苏省立国学图书馆图书总目》说："自有图书馆以来，能将全部藏书编成总目者，此为第一家，其特点有三：一、将四库分类加以增删；二、将丛书子目分归各类，便于检索；三、别集编次，以卒年为断，便于定易代之际作者归于何朝……合众图书馆编印藏书目录，即明确说明分类采用国学图书馆分类法。1938 年日本东方文化学院京都研究所汉籍目录及上海图书馆编《中国丛书综录》，均将子目分类，国学图书馆之《总目》实导夫先路。"①

当私家藏书楼之旧籍涌入官建图书馆后，必然面临重新统一编目的问题。中央图书馆将旧籍与新著分开编目，《国立中央图书馆善本书目》是由屈万里先生主持编纂的。屈万里（1907—1979），字翼鹏，山东鱼台县人，为享誉海内外的知名学者。他不仅在经学、史学、古文字学等领域造诣精深，佳作传世，而且在版本学、目录学方面成就斐然，著述颇丰。1937 年，屈先生撰《山东省立图书馆善本书目》，阅读过此目的骆伟先生介绍说："全目计收经、史、子、集、丛五部"。1947 年，屈万里先生任中央图书馆特藏组主任，编纂的《国立中央图书馆善本书目初稿》（以下简称《初稿》）②油印本正式问世，全目分经、史、子、集、丛五部。1957 年、1967 年和 1986 年，台湾地区"中央"图书馆善本书目先后增订出版，皆以《初稿》为蓝本。《"中央"图书馆善本书目（增订本）·凡例》③称："本目分类，略同四库，而稍有损益。"并云："汇刻群书，始于南宋，迄明而寖盛，已由附庸蔚为大国；爰仿《书目答问》例，自子部杂家类析出，列入四部之后，别为丛书一部。"可见屈先生五部分类法乃承续《书目答问》四部"修正派"而来。显然，屈先生的古籍分类法属新旧并行制而非统一制体系。从具体类目看，屈先生对传统四部有调整，亦有损益。如易正史类为纪传类，削别史类散归各类，改载记类为外国史类，将舆图、金石、函牍从旧属类分出，各立专类，与《江苏省立国学图书馆图书总目》较为相似。

---

① 顾廷龙：《柳诒徵先生与国学图书馆》，柳曾符、柳佳：《劬堂学记》，上海书店出版社，2002 年版，第 249—252 页。
② 屈万里：《"国立中央"图书馆善本书目初稿》，《屈万里全集(16)》，台北联经出版事业股份有限公司，1985 年版。
③ "中央"图书馆特藏组："中央"图书馆善本书目（增订本）》，"国立中央"图书馆，1986 年版。

从总体上看,今天的海内外图书馆界,中文古籍与现代图书在分类上普遍采用的是新旧并行制。如北京图书馆 1959 年版《北京图书馆善本书目》[①]与 1989 年版《北京图书馆古籍善本书目》[②],按照经、史、子、集四部分类编排,丛书设专类归在子部下,比《四库全书总目》杂编之属提高一级,应该是吸收了《书目答问》的经验。20 世纪末,全国 789 家古籍收藏机构联合编制的《中国古籍善本书目》,共分经、史、子、集、丛五部,与《书目答问》及《国立中央图书馆善本书目初稿》相近。而经过 20 年的艰苦努力,最近出齐的《中国古籍总目》亦分经、史、子、集、丛书五部,其中子部在传统分类基础上,新增了诸教和新学两大类。诸教类著录道家类、释家类以外的宗教书籍,分设基督教、伊斯兰教、民间宗教三属。新学类著录 19 世纪至 20 世纪初介绍外国近现代思想文化、科学成就的著作,将旧籍与新著混合编目,与国学图书馆所编《江苏省立国学图书馆图书总目》一脉相承。

因此,以现代眼光看,四部分类法有其内在的合理性。同时,此分类法与中国历代典籍相伴随、相适应,也是中华传统思想文化的重要组成部分。因而,《书目答问》经、史、子、集、丛五部分类法,不仅为古籍分类立下典范,也发挥了民族文化遗产传薪作用。

(三) 守用并重

缪荃孙先生为南北二馆访书、购书、护书尽心尽力,这种对典籍的敬畏与守护之情,被他的后继者不断延续并发扬光大。如民国建立之初,陈庆年在《横山乡人日记》中云:1912 年 1 月 10 日,昨嘱庄(庄蕴宽)延艺风来馆,兼总《通志》,庄未甚许可。拟他日再说。2 月 5 日,谒卫戍总督徐固卿(徐绍桢),教育部总长蔡孑民(元培),均谈图书馆事。浙军去而广军又来,墙角屋隅,皆支行灶,令人惴惴[③]。由此可见陈庆年对图书馆事业的忠诚与热爱,也说明他希望在动荡之时能借助缪荃孙之影响力来守护图书馆。抗日战争时期,陶风楼所藏珍籍一度被日军劫移到竺桥地质陈列馆。抗战胜利后,柳诒徵先生多方查找,亲访接收大员,要求发还陶风楼藏书,甚至为此不惜长跪以求,方如所愿。正是在一代代这样的中国图书馆人守护下,中华典籍才得以传续至今而未在战乱中损毁。

[①] 北京图书馆善本部:《北京图书馆善本书目八卷》,中华书局,1959 年版。
[②] 北京图书馆:《北京图书馆古籍善本书目》,书目文献出版社,1989 年版。
[③] 陈庆年著,明光摘注:《横山乡人日记选摘(有关辛亥革命的部分)》,江苏省镇江市政协文史资料研究委员会:镇江文史资料(第 13 辑),1987 年,第 214 页。

作为现代图书馆,不仅要保存典籍原本,还要利用各种手段传播典籍内容供读者阅览。据陈庆年《横山乡人日记》记载,江南图书馆正式开馆的第二天,"有铜器铺匠人来观农业书"①,当时缪荃孙还未离宁赴京,说明他所主持的江南图书馆是真正向民众开放的现代公共图书馆。同时,张元济编印《四部丛刊》②,缪荃孙实首倡者,而且较多利用了江南图书馆藏书。《四部丛刊》分三编,初编1919 年出版 323 种,续编 1934 年出版 75 种,三编 1936 年出版 73 种。影印出版所用底本有宋元旧刻、稿抄校本及明清精刻本,初编使用江南图书馆藏书为底本共 38 种:《释名》《战国策》《晏子春秋》《孔子家语》《新书》《刘向新序》《潜夫论》《申鉴》《孙子集注》《邓析子》《尹文子》《抱朴子》《楚辞》《陆士衡文集》《陆士龙文集》《王子安集》《杨盈川集》《孟浩然集》《唐李文公集》《唐贾浪仙长江集》《元氏长庆集》《白氏文集》《樊川文集》《温庭筠诗集》《唐甫里先生文集》《王黄州小畜外集残集》《范文正公集》《直讲李先生文集》《伊川击壤集》《石门文字禅》《渭南文集》《西山先生真文忠公文集》《秋涧先生大全集》《翰林杨仲弘诗》《东维子文集》《高太史全集》《高太史凫藻集》《国秀集》。三编使用江南图书馆藏书为底本 1 种:《颐堂先生文集》。张元济曾于宣统三年二月到江南图书馆看善本书,或与编印《四部丛刊》有关。

在古代中国,藏书家们往往"以独得为可矜,以公诸世为失策"(见曹溶《流通古书约》)。因此,历代的私家藏书楼,多处于"门虽设而常关"的封闭状态。如著名的宁波范氏天一阁就规定"子孙无故开门入阁者""私领亲友入阁及擅开橱者""擅将书借出者"都将受到严厉惩罚。但是,古代也有反其道而行之的藏书家。据张崟《文澜阁四库全书浅说》载:"咸丰十一年(1861)太平军再陷杭州,(文澜)阁圮书散。钱塘丁松生先生与其兄竹舟先生独忧文献之失坠,冒险拾残,收藏海上。"光绪初年,"丁氏昆仲更复出其珍秘,力为补写,历时七年,得书三千余种,虽所阙尚不在尠,然阁书之得兴复,丁氏之功为足念也。"③如上所述的事例,在古代被视为反常现象。而"秘不视人"之封闭性则是旧式藏书楼的常规状态。与此相反,新式的图书馆一问世,就以向公众开放的姿态出现在世人面前。民国期间,鲁迅、朱自清等许多名人都曾在国学图书馆阅读、研习并抄录文献资料。国

---

① 陈庆年著,明光摘注:《横山乡人日记选摘》,江苏省镇江市政协文史资料研究委员会:镇江文史资料(第 17 辑),1990 年,第 190—211 页。
② 张静庐辑注:《中国现代出版史料·乙编》,中华出版社,1954 年版,第 351—364 页。
③ 张崟:《文澜阁四库全书浅说》,浙江省立图书馆月刊,1933 年第 1 期,第 39—45 页。

学图书馆为方便学者长期利用馆藏资料，开设了住馆读书的服务项目，住读者每月交18元食宿及杂务费，即可长期在馆阅览。这种住馆读书制度，在我国近代图书馆史上是罕见的。

今天，南京图书馆在努力探索各种新型的服务方式，以便把更多的读者吸引进图书馆。我们举办"玄览论坛""陶风读书会"，评审"陶风图书奖""优秀读者"，在网站上增设"国学导览"栏目，在报纸上开设"国学玄览堂"专栏，等等。这些不断变化的探索与努力，都可以说是缪荃孙与江南图书馆所遗旧韵之新谱乐章。

原载《新世纪图书馆》2014年第12期

（作者单位：南京图书馆）

缪荃孙图书馆思想与实践平议

夏明宇

缪荃孙(1844—1919),初字小珊,后改字炎之,号筱珊,晚年又号艺风,江苏江阴人,是清末民初著名的史学家、版本目录学家、教育家、藏书家和图书馆学家。缪荃孙进士出身,做过张之洞的幕僚,曾任清代翰林院编修,国史馆纂修、民国清史馆总纂等职,与王闿运、张謇和赵尔巽并称为晚清京师"四大才子"。缪荃孙一生在文化诸多领域都有建树,因他在主持筹建江南图书馆与京师图书馆时的杰出贡献,被奉为中国近代图书馆的创始者①。

作为晚清南北两大图书馆的创建人,缪荃孙的图书馆思想必定是值得挖掘的财富。缪荃孙图书馆思想的形成,一方面源自他积年累月的实践,包括藏书、购书、刻书、编目等;另一方面又深受晚清时期风起云涌的图书馆思潮的滋养,涵容了国学的"旧"功底与西学东渐后兴起的"新"观念。

一、缪荃孙的图书馆思想及其实践

光绪三十三年(1907),端方奏请朝廷聘缪荃孙为江南图书馆总办②。宣统元年(1909),张之洞负责的学部奏请筹建京师图书馆,并向朝廷上了《筹建京师图书馆折》,学部委任缪荃孙担任监督③。缪荃孙因其在藏书、目录、编目等文献学领域的杰出成就,而由一位浸沉书斋的旧式国学大家,被推举到了新式图书馆

---

① 缪荃孙:《缪荃孙全集·前言》,凤凰出版社,2014年版。
② 缪荃孙:《筹办江南图书馆、京师图书馆纪事》,李希泌,张椒华:《中国古代藏书与近代图书馆史料(春秋至五四前后)》,中华书局,1982年版,第140页。
③ 李希泌,张椒华:《中国古代藏书与近代图书馆史料(春秋至五四前后)》,中华书局,1982年版,第134页。

建设的大舞台上。缪荃孙的图书馆创办实践中,蕴含着他一以贯之的藏书、刻书、编目、流通等图书思想。

(一) 建馆使命

让善本皆入馆藏。中国历代不乏藏书名家,藏书馆舍也历代兴替不衰,从宫廷之馆阁翰苑到地方的各种书院与私人藏书楼,图书与藏书馆舍始终相依相存。晚清民初,各地藏书楼庋藏着大量善本书籍,但因为战乱频发,财政吃紧,大多藏书楼难以维系。南北两大图书馆的兴建,对于这些陷于举步维艰中的藏书楼来说,是一次难得的摆脱困境的机遇,同时,它们丰厚的图书库藏,也破解了新生图书馆的馆藏难题。缪荃孙在主持筹建南北两大图书馆的过程中,利用各种机会与渠道,致力于将天下善本入藏新兴的图书馆。

购买。缪荃孙主持江南图书馆时,正值八千卷楼主后代经商不利,面临着售书抵债的危急关头,恰恰这时日本人又"复眈眈于丁氏八千卷楼藏书"[1]。缪荃孙得知此事后,就建议两江总督端方抓紧抢购八千卷楼全部藏书,以免重蹈皕宋楼古籍外流日本的覆辙[2]。缪荃孙全力抢救八千卷楼藏书的举动,让处于风雨飘摇中的私家藏书楼摆脱了独木难支的困境,使得私人藏书得以顺利入归"国库",免遭散轶外流的厄运,中华文化的血脉传统借此得以保存下来。这批善本秘籍的入藏,让江南图书馆成为南方的文化重地,其时学部赞其"卷帙既为宏富,其中尤多善本"[3]。缪荃孙主持收购八千卷楼藏书的行为,对私人藏书家和公共图书馆具有双重的导向作用,"既给公共图书馆指明了一条扩充馆藏的重要途径,又给私人藏书家指出一个最好的归宿"[4],在近代图书馆史上有着极其重要的示范意义。

征调。京师图书馆创建之际,在学部的"国家"干预之下,翰林院、文津阁、国子监南学的藏书和内阁大库所藏残本都先后转入归藏,如《四库全书》《永乐大典》数十百册,皆成为京师图书馆最初的馆藏基础[5]。随后学部又调集了各省的官书局藏书入藏。这些被调集的书籍,多为中央政府与地方政府收藏的珍贵书

---

① 齐耀琳:《江南图书馆覆校善本书目序》,《江南图书馆善本书目》,广文书局,1970年版,第7页。
② 岛田彦桢:《皕宋楼藏书源流考并购获本末》,李希泌,张椒华:《中国古代藏书与近代图书馆史料(春秋至五四前后)》,中华书局,1982年版,第480—490页。
③ 《学部奏筹建京师图书馆折》,李希泌,张椒华:《中国古代藏书与近代图书馆史料(春秋至五四前后)》,中华书局,1982年版,第133页。
④ 王君南:《论缪荃孙在我国图书史上的贡献》,中国典籍与文化,1998年第4期,第27—32页。
⑤ 张宏武:《缪荃孙的藏书实践与图书馆实践考论》,图书馆工作与研究,2012年第9期,第86—90页。

籍,数量大,质量亦佳,大大扩充了京师图书馆的馆藏。

抄录。缪荃孙在赴京师图书馆任之前,曾与常熟铁琴铜剑楼主人瞿氏商谈藏书入馆事宜,瞿氏应允,"旋蒙图书馆监督缪将书目详加选择,就其中之孤本或钞本,外间尠流传者,摘出七十一种,嘱即精抄,并益以旧刊本,足成百种,俟抄毕一并进呈",并以此为"蒙缪监督体恤"①。宣统三年,瞿氏抄成元明版及汲古阁刻本合计50种进呈京师图书馆。

缪荃孙认识到馆藏乃近代图书馆的根基所在,是一切图书馆工作的出发点。因此,他竭尽所能地开拓各种渠道,了解珍本藏匿之所,通过书友亲朋的引荐或官方权威的征调,让散存于民间或地方馆藏的书籍,得以进入"国家"图书馆馆藏。缪荃孙致力于让一切善本书籍入藏图书馆的藏书思想与实践,为创建近代图书馆建设夯下坚实的镇馆基石。

(二) 书目编纂

馆藏整理的生命线。入归馆藏的善本书籍,恰如散落的珍珠,需要用一根线串联起来,才能方便于观瞻与使用。缪荃孙在主持筹建南北两大图书馆的过程中,勤力于对散漫芜杂的图书进行分类编目。他不仅指导馆员从事分类、编目工作,有时还亲自出马,以传统的经、史、子、集四部类为基础,对各种善本书籍进行排比分类。《缪艺风先生行状》中对缪荃孙的这段经历有着详细记录,"馆犹未建,暂借城北积水潭广化寺为储书之所。既任事,先分类清理书籍。内阁大库检出元明旧帙,其中宋本犹为元师灭宋时,由临安秘阁所收,一鳞半甲,有自来藏书家所未睹者,集刻为宋元本留真谱,牒文、牌子、序跋述源流者均著之。加考一篇。又编本馆善本书目八卷、各省志书目四卷"②。缪氏还从宋元旧版和名家抄校的善本入手,整理出了《清学部图书馆善本书目》一部,目录分为经部、史部上下、子部、集部五卷,共收书七百余种,我国公共图书馆编制善本书目从此开端③。关于缪荃孙编纂《清学部图书馆善本书目》的过程,在其《艺风老人日记》中有多处记载。如宣统三年一月十四日癸丑、十五日甲寅"写善本目",一月廿六日乙丑"校《绛云楼书目》",二月十六日乙未"善本书排毕",二月十九日戊戌"编

---

① 李希泌,张椒华:《中国古代藏书与近代图书馆史料(春秋至五四前后)》,中华书局,1982年版,第138—139页。
② 夏孙桐:《缪艺风先生行状》,缪荃孙:《艺风老人日记》,北京大学出版社,1986年版,第3440—3441页。
③ 傅璇琮,谢灼华:《中国藏书通史(下)》,宁波出版社,2001年版,第1107页。

史部金石类、目录类、子部类书类"①。

除了京师图书馆,缪荃孙在主持江南图书馆时,也对馆藏书籍进行书目整理,他特意安排典守编纂丁国钧等人组织编辑了《江南图书馆善本书目》上、下卷,分经、史、子、集四部(线装排印本)和《江南图书馆书目》;据封面题名著录,卷端题"阅览室检查书目"八册,分经、史、子、集、丛、志六类,《江南图书馆善本装箱书目》抄本,残存一册,《江南图书馆外楼装箱书目》抄本八册②。

缪荃孙深知浩如烟海的馆藏,若没有一个纲举目张的成体系的书目作为索引,图书的分类整理以及流通将极为不便。因此,他身体力行,不辞繁难,全身心投入到南北两大图书馆的书目编纂工作中,可谓殚精竭虑,厥功至伟。从某种意义上来说,缪荃孙的图书馆藏编目思想,正是他"书去目存"藏书观念的一种延续。

(三)馆藏流通

学术乃天下之公器。图书流通思想古已有之,程千帆认为,"我国古代藏书家一直存在着主张流通与反对流通两种思想"③。明末清初藏书家曹溶在《古书流通约》中明确提出了古书的流通方法:第一,藏书家之间彼此相互传抄以互通有无;第二,有资力的藏书家出资刻印借以广流传。缪荃孙对曹氏的图书流通观念颇为心仪,"为流通古书创一良法。藏书家能守此法,则化单刻为千百化身,可以不致湮灭,尤为善计"④。缪氏主持筹建南北两大图书馆时,就践行并发扬了曹氏看法,一变传统藏书楼的闭关自守而为近代图书馆的公益性、开放性与流通性,兑现了清代学人"学术乃天下之公器"的学术理想。

江南图书馆甫一落成、尚未正式开放之际,已经开始接待读者,正式开馆之后,每日到馆学习的人络绎不绝。据陈庆年《横山乡人日记》记载,江南图书馆正式开馆的第二天,"来看书者60人,有铜器铺匠人来观农业书,甚难得也"⑤。可见江南图书馆与传统藏书楼完全不同,旨在为社会各界提供无偿的图书流通、借还、阅览、参考咨询等服务。清政府学部对江南图书馆的开放流通举措赞赏云:

---

① 缪荃孙:《缪荃孙全集·艺风老人日记(三)》,凤凰出版社,2014年版,第126、127、131、131页。
② 张宏武:《缪荃孙的藏书实践与图书馆实践考论》,《图书馆工作与研究》,2012年第9期,第86—90页。
③ 程千帆,徐有富:《校雠广义·典藏编》,齐鲁书社,1998年版,第450页。
④ 缪荃孙:《古书流通约按语》,李希泌,张椒华:《中国古代藏书与近代图书馆史料(春秋至五四前后)》,中华书局,1982年版,第32页。
⑤ 陈庆年:《横山乡人日记选摘》,江苏省镇江市政协文史资料研究委员会:《镇江文史资料(第17辑)》,中国文史出版社,1990年版,第190—211页。

"各省设立图书馆,在宪政筹备之内,江南最为完善,经费颇省,来阅览者亦多。"①中国近代图书馆,在其建成之初,便呈现出开放流通、开启民智的宏阔气象。

缪荃孙是"清代最后一代理董旧籍学者的典型代表"②同时又能接纳容受西方新思想,他在创建近代图书馆时所取得的杰出成就,与此种"新""旧"交织的思想文化素养密不可分。友人屠寄在给缪荃孙的书札中曾说过,"我心维新,我学守旧,公则乾嘉诸老之风,寄亦道咸时学之党也"③。屠氏"心维新"而"学守旧"的矛盾思想,实为晚清士人普遍性的心理写照,并对新生的图书馆事业产生了深刻影响。作为一个清末旧臣,缪荃孙全力创办近代图书馆,既有保存民族文化典籍的责任感,又有替大清帝国延续命脉的意旨。因而,当辛亥革命推翻清廷帝制,覆灭了缪荃孙的旧臣念想之后,缪氏随即离开京师,携全家奔赴上海寄居。同时,作为一个出过国门,眼界开阔,思想开明的晚清士子,缪荃孙在图书馆管理方面,特别是图书收藏、书目编纂、开放流通等关捩环节,体现出他既能吸纳中国传统以及西方图书馆界的图书管理思想,又能不为规制所束缚的开创精神。缪荃孙作为"我国南北两大图书馆的实际创建人"④,开创了中国近代图书馆事业的新纪元。南北两大图书馆的开创,让激荡了大半个世纪的晚清图书馆思潮,得以从空想落到实地,同时宣告了传统藏书楼时代的结束和近代图书馆的正式开端。台湾地区图书馆学家严文郁在《中国图书馆发展史》中评述道:"萌芽时期所创设的公私图书馆,为民国以后的图书馆事业的重要基础。亦可以说,民国初年的公共图书馆,多半是规抚前清遗绪而光大之。"⑤该论从中国图书馆发展史的视域,高度评价了缪荃孙领衔创办的南北两大图书馆在中国图书馆史上的奠基意义。

二、缪荃孙图书馆思想的价值与启示

"思想史研究之所以是必要的和有价值的,乃在于思想史除了具有'史'的史实描述维度,还有'思想'的价值揭示维度。所谓价值揭示,就是要深度挖掘古代思想的现实价值,将古代思想的重建和现代图书馆学理论的诠释相结合,寻绎古

---

① 李希泌,张椒华:《中国古代藏书与近代图书馆史料(春秋至五四前后)》,中华书局,1982年版,第147页。
② 缪荃孙:《缪荃孙全集·前言》,凤凰出版社,2014年版。
③ 缪荃孙:《艺风堂友朋书札(上册)》,上海古籍出版社,1980年版,第498页。
④ 吴晞:《从藏书楼到图书馆》,书目文献出版社,1996年版,第82页。
⑤ 严文郁:《中国图书馆发展史(自清末至抗战胜利)》,枫城出版社,1983年版,第40页。

代思想中对现代图书馆学仍有启发价值和指导意义的智慧资源。"[①]笔者检讨缪荃孙的图书馆工作实践,披露缪氏隐而不显的图书馆思想,恰是为了挖掘其图书馆思想的当代价值。

(一)树立社会转型紊流中的担当意识

缪荃孙生活的晚清时代,思想纷纭芜杂,时局动荡不安,有良知的知识阶层自觉地挑起民族救亡图存的重任。缪荃孙乃痴迷于典籍文献的一介书生,本来无意于国事,但因他在藏书文献与国学整理领域的盛名,被端方、张之洞等晚清重臣所赏识举荐,意外地在社会转型变革的紊流中,获赐主持筹办近代图书馆的良机。在数字信息及图像艺术突飞猛进的今天,依赖纸媒收藏与利用的传统图书馆,在数字图书馆、移动图书馆等新时代图书馆理念的冲击下,是否也会面临着晚清藏书楼那样的转型境遇,是每个图书馆人必须思考的问题。但不管技术如何变化发展,图书馆人只要有缪荃孙那样在危局中勇于担当的使命意识,就必定能顺势而上,将图书馆事业带入一个新天地。

(二)培育新旧融通的文化素养

缪荃孙没有受过新式图书馆教育,但他能担任新式图书馆的创建,源自他"旧"的国学功底与集传统文献学之大成的综合素养,以及"新"的中西合璧的开放眼光。缪氏的"新""旧"素养使他拥有了敏锐的"发现"能力,在版本鉴定、真伪辨别、目录拟定以及开放流通等方面,登上了时人所达不到的高度。图书馆服务工作的特定性要求,决定了图书馆人也要具有"新""旧"两种维度的知识结构。面对数千年的民族文化传统,需要有"旧"的知识累积,要有传统目录学、版本学、校雠学等文献基础,由此才能够顺利进入古籍文献领域;同时,面对 21 世纪以来新科技浪潮以及新的读者诉求,需要能够接纳新知,并能利用新技术推进图书馆服务顺应时代的发展要求。图书馆人不能仅浮游于书籍采访及流通等技术性层面,更要有自己的专业研究方向,要具有在某个领域能与国内外专家对话的能力,鉴别的能力,以及发现新材料的能力,比如对于晚清以降散轶在民间的稿本、抄本以及非物质文化遗产等,要设法通过捐赠、复印、抄录等渠道与方式,使这些

---

① 傅荣贤:《史实描述和价值揭示:中国古代图书馆学思想史研究的两个维度》,载《图书情报知识》,2015 年第 3 期,第 62—65 页。

私密收藏得以进入馆藏。图书馆人如果没有过硬的专业技术与文化素养的支撑，就会缺少"发现"的能力，只能成为学术的边缘人。

（三）推进馆藏图书的采访与流通

缪荃孙面对历代藏书家秘而不宣的藏书潜规则致使大量典籍湮没无闻的惨痛现实，提出了"书去目存"的图书观，并身体力行，孜孜以求，通过互换、获赠、抄录、影印、购买等多种方式收藏善本，并通过编制书目、刻印丛书等途径，推动馆藏图书进入流通借阅渠道，在那个"重藏轻用"观念根深蒂固的年代里，缪荃孙肩负起"良书播惠九州岛"的历史重任，实在让人钦佩。在纸本及数字资源供应商主动服务上门的当下，图书馆人还应有缪荃孙那样走出图书馆的心理准备，采访散轶于民间乃至海外的珍本图书资源。同时，图书馆之间应破除馆藏的壁障，将馆藏中不宜示众的"镇馆之宝"，通过复印、影印等形式，促使其进入流通环节，以方便读者观摩阅读与研究。

（四）厘清图书馆事业的"道"与"技"

缪荃孙的图书馆思想，一方面沾溉了前人的图书馆思想滋养；另一方面也受益于当时中西文化对冲的润泽，他本人就曾跻身晚清考察日本学务的行伍。因此，缪荃孙的图书馆思想是保存中国传统文化典籍之理想与西方近代图书馆管理思想相融合的产物，有着"道"与"技"两个层面，其核心要义是保存国故，弘扬国学，促进流通，泽被民智。缪荃孙以中国传统的版本、目录、校勘等文献学素养为"内功"，来采访、甄别、庋藏善本文献资料，以此作为图书馆建设的本源之"道"；而以日本、欧美等国的图书馆管理理念与技术，作为图书馆馆舍建设、馆员管理、书目编纂等服务领域的辅助之"技"。缪荃孙图书馆思想给当代图书馆建设的启示，就是要正确处理好"道"与"技"的关系。在信息技术飞速发展的当下，随着数字图书馆、移动图书馆等概念的发生，对传统依靠纸质文献为优势的图书馆带来了巨大冲击。图书馆人不能在技术面前迷失方向，要让技术成为实现图书馆"道"之理想的助推器。图书馆依然要高度重视图书资源典藏建设，引领读者完善知识结构，开阔眼界，滋养心灵，进而完善读者美好人格，延续民族文化血脉，这正是在技术日益成为"拜物教"的当下，图书馆存在必要性的本质要义。

原载《兰台世界》2018年第8期

（作者单位：上海大学图书馆）

缪荃孙与京师图书馆藏书目录

张廷银

从宣统二年(1910)九月赴京就任京师图书馆监督,到宣统三年(1911)九月乞假寓居上海,缪荃孙(1844—1919)在京师图书馆任职差不多一年时间。在此期间,缪荃孙除了参与日常的图书馆事务,最主要的精力用于整理藏书和编制藏书目录,为京师图书馆的藏书建设与书籍保护奠定了良好的基础。他主持编订的《清学部图书馆善本书目》和《清学部图书馆方志目》,则不仅成为我们今天了解京师图书馆建馆初期古籍收藏的重要依据,也为各图书馆编制古籍目录提供了良好的典范。

一、京师图书馆即"清学部图书馆"

缪荃孙在京师图书馆所编纂的两部书目都冠以"清学部图书馆"之名,那么,两部书目所著录的是否就是京师图书馆的藏书呢?因为确实有个别材料所说的学部图书馆,就与京师图书馆完全无关。比如袁英光、刘寅生编纂的《王国维年谱长编》,据樊炳清《王忠悫公事略》中"三十二年(1906)丙午,学部奏调参事(罗振玉),因荐公在学部总务司行走,历充图书馆编辑和名词馆协修"几语,而认定光绪三十三年夏历三月,王国维由海宁北上抵北京,受命在学部总务司行走,充学部图书馆编辑,主编译及审定教科书等事。[1] 因为王国维从未在京师图书馆任职,因此,"学部图书馆编辑"云云,就让人感觉似乎在京师图书馆之外,学部还曾单独有过一个图书馆。事实上,这里的"学部图书馆编辑"准确含义即是在学

---

[1] 袁英光、刘寅生:《王国维年谱长编》,天津人民出版社,1996年版,第43页。

部里任图书馆编辑。按照《学部奏酌拟学部官制并归并国子监事宜改定缺额折》,学部当时拟设五司十二科。五司分别是总务司、专门司、普通司、实业司和会计司。总务司下的审定科"掌审查教科图书,凡编译局之已经编辑者,详加审核颁行。并收管本部应用参考图书,编录各种学艺报章等事"①,这些事务皆与图书有关。而且,王国维既然是在总务司上行走,所谓"图书馆编辑"应该就是总务司审定科所从事的业务,是属于学部内部的图书编辑,而不是对外的某个图书馆的编辑。不能据此认为王国维曾经在学部的图书馆里担任编辑。独立的"学部图书馆"其实是不存在的。

再从缪荃孙、曹元忠等京师图书馆人的言论中,也可以看出学部图书馆与京师图书馆就是一体的,区别仅在于:"学部"就隶属言,"京师"则就位置言。缪荃孙在《艺风藏书续记缘起》中概括其从辛丑(光绪二十七年,1901)至庚戌(宣统二年,1910)间的经历时就说:"先后游日本东西京,又观书于四明天一阁,领江南、学部两图书馆,颇见异书。"②将学部与江南两图书馆并列,证明他所谓的学部图书馆即京师图书馆。曹元忠致缪荃孙函又说:"惟闻学部图书馆业已却聘,未能安车北上,殊为怅惘。"③所指即缪荃孙不肯继续接受京师图书馆监督之聘任。

将缪荃孙所编《清学部图书馆善本书目》与民国二年江瀚主持编纂的《京师图书馆善本简明书目》相比,可以发现二者之间有非常密切的联系。如经部之《汉上易集传》一书,《清学部图书馆善本书目》著录该书为"宋刊本",而且有"晋府书画之印"朱文钤记,存三之十一,这与《京师图书馆善本简明书目》的著录完全一致。《大易粹言》一书,《清学部图书馆善本书目》著录为"宋曾种撰,宋刊本",并指出《宋史·艺文志》作十卷之误以及存六十之六十七的情况,而《京师图书馆善本简明书目》亦作"宋曾种撰,宋刊本,刻甚精。《宋史·艺文志》作十卷,盖误。存六十之六十七"。基本可以看出,凡是《清学部图书馆善本书目》著录的,《京师图书馆善本简明书目》都有著录,而且主要内容基本一致。这就更能说明,《清学部图书馆善本书目》虽然不以京师图书馆冠名,但反映的就是京师图书馆的最初藏书。

---

① 《大清光绪新法令》第 3 册,商务印书馆第 5 版,第 37—41 页,引自《中国近代教育史资料汇编·教育行政机构及教育团体》,上海教育出版社,2007 年版,第 13 页。
② 《艺风藏书记》,上海古籍出版社,2007 年版,第 207 页。
③ 《艺风堂友朋书札》,上海古籍出版社,1981 年版,第 986 页。

二、缪荃孙编纂《清学部图书馆善本书目》

作为一个学者和藏书家，缪荃孙非常重视编纂藏书目录。因为书籍有聚合，必然也有流散。藏书家的任务不仅在保存书籍，亦当留存书籍信息。缪荃孙在说明编纂藏书目的缘起时就说："他日书去而目或存，挂一名于艺文志，庶不负好书若渴之苦心耳。"① 在编辑《艺风藏书续记》时又说："隐湖之易参，虞山之挥泪，前型具在，何敢怨尤，至于书去目存，昔贤以之慰张金吾者，吾亦藉之以自慰也。"②"书去目存"的认识成了缪荃孙编纂藏书目录的重要指导思想。相对于私藏，公藏图书流散的可能性也许会小一些，但缪荃孙依然觉得编辑目录是一件很重要的事情。因为目录除了记录收藏结果外，还有一个目的就是便于检索和观览，他在《艺风藏书续记缘起》中曾介绍，张之洞看到他编的《艺风藏书记》就问到："不畏人指名而索耶？"缪荃孙则回答："本是待贾而沽耳。"③ 私藏如此，公藏有保存与流通之双重目的，就更应该编制目录。可能就是出于这些考虑，缪荃孙1910年9月履职京师图书馆监督后，就将很大的精力投入《清学部图书馆善本书目》和《清学部图书馆方志目》的编纂工作中，影响最大的自然首推《清学部图书馆善本书目》。

关于缪荃孙编纂《清学部图书馆善本书目》的过程，在其《艺风老人日记》中有多处记载。如宣统二年十一月十九日己未"到馆，定史部目"④；宣统三年正月十五日甲寅"写善本书目"⑤；二月十四日癸未"编善本目录"⑥；二月十七日丙申"编目录经部小学类"⑦；十九日戊戌"编史部金石类、目录类、子部类书类"⑧；廿一日庚子"编集部目"⑨；廿二日辛丑"到馆，史部目成"⑩；廿三日壬寅"编子部目"⑪；廿九

---

① 《艺风藏书记·藏书记缘起》，第3页。
② 《艺风藏书续记缘起》，《艺风藏书记》第207页。
③ 同上。
④ 《艺风老人日记》，北京大学出版社，1986年版，第2337页。
⑤ 同上，第2354页。
⑥ 同上，第2362页。
⑦ 同上，第2363页。
⑧ 同上，第2364页。
⑨ 同上。
⑩ 同上。
⑪ 同上。

日戊申"校集部目，与熙之重写副本"[1]；七月十二日丁丑"校善本目"[2]；十五日庚辰"校史类目"[3]；十七日壬午"定史部全目"[4]；十九日甲申"补史部目"[5]；廿七日壬辰"补子史两类书目"[6]；廿八日癸巳"到馆，编释家目"[7]；八月一日乙未"阅补集部旧目"[8]；八月十一日乙巳"校史部目录"[9]；十二日丙午"定总集目"[10]。从这些记载可以看出，宣统三年这一年里缪荃孙花了大量的时间，比较集中地进行了善本书目的编制和校订。

《清学部图书馆善本书目》被邓实辑入《古学汇刊》第二集，民国三年由上海国粹学报社铅印出版。全书五卷，经部、子部、集部各一卷，史部分上下卷。因为这是近代以来第一部公藏书目，而且著录内容详尽，尤其是第一次明确地著录行款和版式，因此其藏书史价值和目录学意义都很显著。1916年6月京师图书馆馆长夏曾佑向教育部呈文请求鉴定新编《京师图书馆善本书目》时，就指出分别由缪荃孙、江瀚和馆员王懋镕所编纂的三部书目中，"以缪本为最详"[11]。不过，从现存《清学部图书馆善本书目》稿本所记录的信息，我们更能够真切地感受到缪荃孙古籍编目的基本精神和规范。

国家图书馆普通古籍书库中有两册缪荃孙编辑《清学部图书馆善本书目》的稿本，编目员根据全书的笔迹，确定为抄写本。但书中几乎每一页都留下了缪荃孙亲笔校改和补充的文字，后来被编入《古学汇刊》的《清学部图书馆善本书目》都是按照缪荃孙校改和补充而定稿，因此，这毫无疑问是其校正稿本。书前扉页处有署名庄尚严的一则墨笔题记：

> 数年前在护国寺街一小书店购得此目两本，查系前教育部京师图书馆编目稿本，虽残，亦可留。况有缪艺风手迹，今谨赠国立北平图书馆。

---

[1] 《艺风老人日记》，北京大学出版社，1986年版，第2365页。
[2] 同上，第2410页。
[3] 同上，第2411页。
[4] 同上，第2412页。
[5] 同上。
[6] 同上，第2414页。
[7] 同上。
[8] 同上，第2415页。
[9] 同上，第2417页。
[10] 同上。
[11] 李希泌、张椒华：《中国古代藏书与近代图书馆史料（春秋至五四前后）》，中华书局，1982年版，第216页。

此稿本是如何流入坊肆的不得而知，但从内容的不齐全以及前后顺序之颠倒，可以肯定其中必有人进行了一些改动而出现了混乱。

稿本《清学部图书馆善本书目》虽然内容不全，但其中所反映的情况则非常值得重视。该稿本中原抄写的书目，多处原无版框说明，缪荃孙在校改时则基本都予以补充，如元刊《周易集说》，定稿中有"高六寸广四寸四分黑线口"，而这一条在稿本中是缪荃孙在页眉处亲笔所加；元刊《诗传通释》中"高六寸九分广四寸二分黑口"，也是缪荃孙后来校改所补。稿本中缪荃孙补充版框的情况还有很多，其中有些是写在页眉处，有些则旁批在行间。除了版框大小，缪荃孙还十分注意大小字数及藏书印等，在宋大字本《后汉书》的页眉处，他就很郑重地标注："查大小字同不同。"显然是提醒自己或他人再去核实有关问题。而且原抄写作"行大小十六字"，缪荃孙则改作"行大十六字小二十字"，可见他确实亲自或请人对原书进行了认真的核对。宋大字本《汉书》，原来的抄写中无"首页有晋府图书之印"的藏书记录，是缪荃孙后补的。这些细节既反映了缪荃孙对古籍编目工作的认真审慎，也表明了他的古籍著录基本思想。因为判定或鉴别古籍版本，书框尺寸、行款格式以及递藏关系历来是很重要的依据。缪荃孙认为书目分两种："一则宋椠明钤分别行款、刻书之年月，考流传之图记，以鉴古为高，以孤本自重，如《爱日精庐藏书志》《艺芸精舍宋元书目》是也；一则涉猎四部，交通九流，蓄重本以供考订，钞新帙以备记载，供通人之流览，补秘府之缺遗。"①而最好的书目则是二者的结合，他曾经对《积学斋藏书志》大加赞赏："积余此目，其书必列某本旧新之优劣，钞刻之异同，宋元本行数、字数、高广若干，白口、黑口、鱼尾、旁耳，展卷具在，若指诸掌，其开聚书之门径也。备载各家之序跋，原委粲然。复略叙校雠，考证训诂，簿录汇萃之所得，各发题解，兼及收藏家图书，其标读书之脉络也。世之欲藏书读书者，循是而求览一书，而精神形式，无不具在。"②缪荃孙如此重视书籍的外在特征，说明他编制的并不仅仅是一个用于检索的目录，而且是一个经过了考订尽可能达到精确的目录。他完成的不是一般的古籍著录工作，更包含了深刻细致的目录校勘学内容。这样的书目不但可以用于检书，还可以作为目录校勘学研究的重要资料。所以，我们说它是一部奠定近代藏书目录规范的著作。对于这部古籍书目，我们似不必毫无保留地相信其所有内容，《京师图书馆馆长夏曾佑呈送善本书目请教育部鉴定文》即认为缪荃孙所编书目"草创

---

① 缪荃孙：《辛壬稿》卷二《平湖葛氏书目序》。
② 缪荃孙：《艺风堂文漫存·乙丁稿》卷二《积学斋藏书志序》。

成书,不能无误"①,但其严谨致密的编目精神确实值得我们学习。后来所编制的许多藏书目录,包括缪荃孙之后江瀚主持编纂的《京师图书馆善本简明书目》和夏曾佑主持编纂的《京师图书馆善本书目》,都不著录一书的版框、序跋,甚至连行款项都付诸阙如。这样的藏书目录固然无妨于图书馆了解自己的馆藏,但却十分不便于学者之利用。

稿本《清学部图书馆善本书目》用印有"京师图书馆"字样的绿丝栏稿纸抄写,缪荃孙直接书写的条目也用此纸,这更说明缪荃孙清楚地意识到他就是在为京师图书馆编制善本书目。

三、缪荃孙编纂《清学部图书馆方志目》

差不多在编纂《清学部图书馆善本书目》的同时即宣统三年,缪荃孙也开始整理馆藏方志图籍,并编辑相关目录。缪荃孙自订年谱记载宣统三年"六月,编定各省志书目四卷"。《艺风老人日记》则有更详细的记载:三月十一日己未"到馆,检新运到志书"②,十三日辛酉"到馆,检志书"③;五月廿日丁巳"到馆,理志书"④,廿一日戊午"到馆,理志书"⑤;六月十一日丁丑"到馆,写安徽省志八十种"⑥,十七日癸未"到馆……写山东省志书"⑦,二十日丙戌"到馆,理江西志书"⑧,廿四日庚寅"到馆,写河南志目"⑨,廿五日辛卯"改江苏、安徽、山东、河南志目"⑩,廿六日壬辰"到馆,写山西志目"⑪,廿八日甲午"到馆,理浙江志"⑫,卅日丙申"到馆,理直隶志"⑬,闰月三日己亥"到馆,阅直隶、福建志"⑭,六日壬寅"到馆,阅两广、四川志"⑮,八

---

① 《中国古代藏书与近代图书馆史料(春秋至五四前后)》,第216页。
② 《艺风老人日记》,北京大学出版社,1986年版,第2368页。
③ 同上。
④ 同上,第2387页。
⑤ 同上。
⑥ 同上,第2393页。
⑦ 同上,第2396页。
⑧ 同上,第2397页。
⑨ 同上,第2398页。
⑩ 同上,第2399页。
⑪ 同上。
⑫ 同上。
⑬ 同上,第2400页。
⑭ 同上。
⑮ 同上,第2401页。

日甲辰"到馆,理湖南志"①,十三日己酉"到馆,理甘肃志书"②,十四日庚戌"结各直省志书账"③,二十一日丁巳"校各省志"④,廿二日戊午"送各省志书交装"⑤,廿六日壬戌"到馆,补志例"⑥,廿七日癸亥"整补志目"⑦,七月十日乙亥"到馆,理书。送志目与梧生"⑧。方志书目于宣统三年六月即告竣,而日记中此后仍有关于校订善本书目的记录,缪荃孙自订年谱也记载该年九月交善本书目八卷。这就表明,方志书目实际上先于善本书目而完竣。

《清学部图书馆方志目》同被编入《古学汇刊》第二集。在该目"凡例"中,缪荃孙明确规定每种志书"记卷数、册数、主修人,年月有可考者必书",事实上,除了以上内容,该目还有一项很重要的记录——刊印时之题序。与善本书目相比,方志目少了行款和版框项,却比较注重对序作者的记录。缪荃孙如此处理,其实是很有道理的。因为明清以来的志书的版本特征已经不是非常重要的内容,而其纂修者的情况以及序文信息则不仅关系修纂、刊行时间,亦有关于该志之编纂缘起、特点及意义等。所以,缪荃孙在方志书目中就没有再记录行款,却比较多地关注序文作者。我们同样认为,缪荃孙的这种方志目录编纂思想是比较合理和完善的,其《清学部图书馆方志目》也可以视为方志书目之典范。后来的书目在著录志书时,有的记录了行款项却没有志序(如《北京图书馆古籍善本书目》),有的不但没有序作者内容,竟然缺少卷册数项(如《中国地方志联合目录》),这其实于志书的检索和研究都不尽合理。

国家图书馆普通古籍库中藏有4册《京师图书馆方志目录》的稿本,也是用印有"京师图书馆"字样的绿丝栏稿纸抄写。与馆中所藏之《清学部图书馆善本书目》稿本相比,方志目录抄写的笔迹更为俊逸流畅。各省志书的顺序为:直隶顺天、保定、河北、天津、安徽、山东为一册;甘肃、福建、浙江、江西、湖北为一册;山西、河南、陕西为一册;湖南、四川、广东、广西、云南为一册。各志之间的关系与《清学部图书馆方志目》基本一致。而且在《京师图书馆方志目录》中,亦有多处校改,改后的情况亦同于《清学部图书馆方志目》,如:(崇祯)《固安志》在卷册

---

① 《艺风老人日记》,北京大学出版社,1986年版,第2401页。
② 同上,第2403页。
③ 同上。
④ 同上,第2405页。
⑤ 同上。
⑥ 同上,第2407页。
⑦ 同上。
⑧ 同上,第2410页。

数后,原抄作"邑人苏志皋崇祯庚午知县秦士奇序",校改为"知县秦士奇修　崇祯三年刊本自序";(康熙)《宝坻志》,原抄在卷册数后作:"知县牛一象修　邑人杜立德序",校改则为"知县牛一象修　康熙十二年刊本邑人杜立德序"等等。稿本《京师图书馆方志目录》与定本《清学部图书馆方志目》文字上的这种关系,基本说明前者就是后者的校改稿本。再将其中的校改笔迹与前述稿本《清学部图书馆善本书目》中缪荃孙的笔迹相比,二者也完全一致。因此,我们完全能够确定这部所谓的《京师图书馆方志目录》稿本,就是《清学部图书馆善本书目》的底本。"京师图书馆方志目录"几字书写在其中一册之封面上,笔体与书中的抄录文字以及校改文字均不类,估计是图书管理员或该书流传过程中经手者所书。之所以如此题名,可能是看到稿纸上印有"京师图书馆"字样,编目整理时又已时届民国。殊不知,缪荃孙的《清学部图书馆善本书目》稿本也是抄写在京师图书馆的稿纸上。题写者不做全面仔细的核对,率尔题名,几使艺风老人之手稿本隐没无闻。国家图书馆的古籍采访目录记载,该草稿本1958年4月15日从修绠堂买来。修绠堂为陶湘(1871—1939,字兰泉)创办,聘请孙锡龄、孙诚俭先后经营。据《艺风老人日记》,缪荃孙与陶湘经常交换互赠书籍,稿本《京师图书馆方志目》也许即因此而流入修绠堂。但最终又回到图书馆,则实是大幸。

原载《文献》2008年10月第4期

(作者单位：国家图书馆)

金石方志研究

略论缪荃孙在金石学上的
成就与贡献

刘心明

缪荃孙,字炎之,一字筱珊,晚年自号艺风老人,江苏江阴人,道光二十四年(1844)生。早年随侍其父缪焕章游宦四川,于同治六年(1867)考中四川乡试举人。光绪二年(1876)成进士,入翰林院。历官顺天乡试分校、国史馆纂修、总纂。后因遭人排挤,愤而辞官。自此以教读为业,先后主讲梁溪南菁书院、济南泺源书院、南京钟山书院、常州龙城书院。晚年曾东渡日本考察学务,归国后主持江南图书馆、京师图书馆馆务。辛亥革命后,长期寓居上海。民国三年(1914)开清史馆,担任总纂,条举大纲,创设新例,并亲手撰定了六类传稿,为《清史稿》的编成,做出了很大贡献。缪氏一生刻苦自励,笃志向学,且勤于撰述,著作甚丰,已刻未刻者共计200多卷。另外,他还网罗遗佚,编辑校勘并出资刊刻了《藕香零拾》等四部丛书,对于保存文献,其功至巨。民国八年(1919)在上海去世,享年76岁。

缪荃孙是清末民初的著名学者,更是一位优秀的古典文献学家,他在古典文献学及其分支学科如版本目录学、方志学、金石学等方面都取得了很高的学术成就,对推动中国古典文献学的发展与转型做出了巨大的贡献。在一篇几千字的文章中,当然不可能对缪荃孙一生的学术活动进行全面的总结,笔者只想对缪氏在金石学上的成就与贡献进行简要论述。

我国传统的金石之学,肇端于北宋时期,主要代表人物是欧阳修、吕大临、赵明诚等人,欧阳修的《集古录》、赵明诚的《金石录》是代表性著作。不过,这两本书只有目录、题跋,不载金石原文,体例还不完善。因为此时的金石学,尚未完全脱离文玩鉴赏的附庸地位,还算不上是一门专门的学问。

到了清代乾嘉时期,朴学之风渐浓,研治金石学的人日益增多,此学由附庸蔚为大观，盛极一时。在支伟成所著《清代朴学大师列传》①一书中，被称为"金石学家"的人共有 40 多位，半数以上是乾嘉时期的学者，其中最著名的要数钱大昕、孙星衍、王昶、毕沅、阮元、严可均等人。他们将考据学的方法引入金石学领域，取得了丰硕的研究成果，编撰了不少金石学方面的优秀著作。钱大昕的《潜研堂金石文跋尾》，史料考证之精审，无人能及。孙星衍等人所编的《寰宇访碑录》影响最大，流传最广。王昶的《金石萃编》集嘉庆以前碑刻之大成，堪称体大思精。毕沅的《关中金石记》《中州金石记》均是开创性的著作，对后世影响深远。阮元的《山左金石志》《两浙金石志》也仿毕沅的体例，而后出转精。严可均的《金石题跋》虽然只有四卷，创获亦复不少。

乾嘉稍后的金石学者则以刘喜海的成就为最高。刘氏虽然出身世宦名门，但因为祖父辈皆为清官，所以"室无长物，萧然若寒素"②，但他泰然处之，"独酷嗜金石碑刻款识，纵横满几"③。刘喜海一生共收罗了金石拓本 5 000 余通，并据此撰成《长安获古编》《金石苑》《三巴瞀古志》《海东金石苑》等金石著作多种。他收藏的金石拓片绝大多数都是精善之本，后人都以购得他的藏品而自喜自重。

清代末年，学者中以金石学名家的也不少，潘祖荫、吴大澂、杨守敬、缪荃孙等人都是其中的佼佼者，而尤以缪荃孙的成就为最高。缪荃孙在金石学方面的藏品之多、著述之富、考证之精，当时无出其右者。限于历史条件，缪氏虽然终其一生也没有在金石学方面建立起自己的理论体系，但他已经开始在宏观上对金石学加以深切的关注，在理论上进行了一些有益的尝试，并取得了可喜的成果。他在金石学方面的成就与贡献主要表现在以下三个方面。

一、搜集了大量的金石拓本，给后世留下了一份宝贵的文化遗产

缪荃孙金石拓本收藏之富之精，首先反映在他的《艺风堂考藏金石目》中。此目刻于光绪三十二年(1906)，共分 18 卷。按时代先后收录了先秦至宋元之间的碑版拓片 1.08 万余通。这万余通拓片并非缪氏藏品的全部，而是经过一番"去其重

---

① 岳麓书社 1986 年 3 月影印第 1 版，所据底本为上海泰东图书局 1928 年再版本。
②③ 《清代朴学大师列传·金石学家列传》。

复者、破损者、模糊者、造像墓志之伪造者、摹刻者、无年月亦无官衔地名可考者"①的甄别工作之后筛选出来的精品，比当年号称海内第一的刘喜海的收藏足足多了一倍，可谓成绩非凡。此目刻成以后，续有所得，约1000种，又新编目录2卷，存而未刻。

缪氏一生由于长守冷官，收入有限，虽然算不得清贫，但也绝称不上富足。他能积累历代金石拓片至万通之多，其中之艰难自然倍于常人。他收集拓本的主要途径不是花高价收购，而是亲自或托人到碑刻的所在地即时捶拓。他早年曾三次由川入京参加会试，途中"每逢阴崖古洞，破庙故城，怀笔舐墨，详悉记录。或手自椎拓，虽极危险之境，甘之如饴"②。他在晚年写给友人顾燮光的一封信中讲了这样一个故事：有一次，他到褒城的石门山去访拓古碑，工作到很晚，"山深月黑，夜不能归。蜷宿岩下，与丐为伍。明日出险，与友朋言，无不大笑。尔时不以为苦，反以为乐"③。这种以苦为乐、献身学术的精神不能不令人敬佩。

缪荃孙一生中结识过两位特别擅长捶拓技法的打碑工人，一个是北京的李云从，一个是南京的聂明山，当时号称北李南聂。缪荃孙与他俩都有很深的交往，曾多次雇请他们代拓碑刻文献。光绪二年至光绪二十年间(1876—1894)，缪氏任职京师，曾与潘祖荫、叶昌炽等人共同"纠资往拓顺天、易州、宣化、定州、真定碑刻"④。这期间，他曾于光绪十七年(1891)在山东济南的泺源书院担任过半年的主讲，又利用这次机会托人尽拓泰安、肥城、汶上、东阿、济宁、蓝山、沂水、蒙阴十余县的古碑。光绪二十二年(1896)，已经辞官的缪荃孙受张之洞之邀主讲南京钟山书院并遥领常州龙城书院，他又请人去拓了江宁、句容、溧水以及"上江之太平、当涂、潜山、桐城、贵池，下江之常熟、松江、太仓等处"的碑刻⑤。数十年间，几乎拓遍了大半个中国。

缪荃孙本人也由于经常参与这种实地的拓碑活动，加之处处留心，博闻强识，因此在碑版鉴定方面达到了很高的水平。他在给顾燮光的那封信中说他自己能"远望造像碑形，可断为何代物，十能得其八九"⑥，可见他在这方面还是相当自信的。

---

① 《艺风堂考藏金石目·自序》。
② 《王仙舟同年金石文抄序》，载《艺风堂文续集》卷五。
③ 《与顾鼎梅书》，载《艺风堂文漫存·乙丁稿》卷二。
④⑤ 《艺风堂考藏金石目·自序》。
⑥ 《与顾鼎梅书》，载《艺风堂文漫存·乙丁稿》卷二。

缪荃孙在搜求金石拓本的过程中，除了实地捶拓外，也有几次较大的收购活动，"先后得刘燕庭、韩小亭、马砚孙、瑛兰坡、崇雨舲、樊文卿、沈韵初诸家所藏拓本"①，极大地丰富了自己的收藏。

缪荃孙全力搜求历代金石文字，当然不是为收藏而收藏，而是有明确的自觉的学术目的，那就是在续补王昶《金石萃编》的基础上编成一部统括历代、包罗各省的金石文字汇编，可惜这一宏伟的目标最终没有实现。这件事，缪氏在给另一位友人周庆云的信中谈得很详细。他说："自来欧、赵开山，只有目录；洪氏《隶释》，始载全文；《中州》《关中》，仍寻欧、赵之例；德甫录全文，加考据，前人所记，同人所考，始集大成，自周至金，成书百六十卷，为谈金石者一大家（下略）。而后出之碑至多，欲续之者数家：孙渊如、严铁桥首续之，只成《平津馆金石萃编》二十四卷（下略）；翟木夫续之，成《古泉山馆金石文字》一百二十卷，陆劭闻续之，只成四十卷（下略）；方彦闻续之，只成四卷；陆星农太夫子续之，成一百二十卷（下略）。荃孙从前亦思续之，后揣才力难继，中止。"②从中可以得知，书虽然没有编成，但是缪荃孙已经对金石著述的历史及现状进行了认真细致的调查研究。后来，他退而求其次，编成了《金石分地编》24卷。

缪荃孙去世以后，他的金石藏品幸而没有散失，基本完整地收藏在北京大学文科研究所内。这份宝贵的文化遗产，为后世的学术研究提供了多方面的重要的原始资料。著名史学家陈垣先生早年在编辑《道家金石略》这部巨著的时候，就曾把缪氏的金石藏品作为最主要的原始资料来源。对此，陈垣先生有明确的交代。他说："余昔纂《道家金石略》，曾将《道藏》中碑记及各家金石志、文集并艺风堂所藏拓片，凡有关道教者悉行录出，自汉至明，得碑千三百余通，编为百卷。"③

可以说，这份收藏在过去有用，现在以至将来肯定还会有用。只要人们肯下功夫整理爬梳、校勘考订，就一定能钩稽出更多有价值的学术资料。

二、编撰了多种金石学著作，为金石学研究提供了学术依据

缪荃孙一生精研金石之学，撰写了数十篇很有学术价值的金石序跋，散见于

---

① 夏孙桐：《艺风老人行状》，载《艺风老人日记》第八册。
② 《与周湘舲书》，载《艺风堂文漫存·乙丁稿》卷三。
③ 陈垣：《南宋初河北新道教考》，中华书局，1962年版。

《艺风堂文集》各卷之中。此外,他还编撰了几部金石学方面的著作,计有:《顺天金石志》3卷、《畿辅金石志》24卷、《待访目》2卷、《湖北金石志》(已佚)、《金石分地编》24卷、《金石录札记》1卷、《今存碑目》1卷、《苍崖先生金石例札记》1卷,以及收在《云自在龛随笔》中的"金石随笔"1卷。在这些专著及单篇文章中,集中体现了缪氏在金石学研究方面的三个主要特点:

(一) 注重条例的抽绎

《云自在龛随笔·金石》[①]中有这样一条:"造像有'定七巳朔',是东魏孝静帝武定七年己巳朔。唐宋题名年月,类此者甚多。"揭示出唐宋题名碑中在记录日期时每多简化的惯例实始于东魏时期。在"万梅岩藏礼器碑"条下有云:"元人拓碑,往往湿墨着纸,不事毡蜡,一刷即过,谓之刷拓。此本墨浓掩字,而古光油然,神采腴活,是三四百年前物。"介绍了元人的刷拓技法,指明了元代刷拓本的一般特征。这种对金石通例的概括与提炼,对后人有很大的启发作用,对以后金石学学科的创立也产生了积极的影响。

(二) 注重文字的校订

缪荃孙曾经在多篇金石序跋中一再强调校勘、考订工作在金石研究中的重要性,他在给友人的信中也曾这样写道:"此事非书目可比,释文、校字必得明白而年轻者三、四人助理,方能编成草稿。至于修饰、考据,逐渐成之,金石释文最难,即各书所采,亦须核对一遍,校字形,分行数。"[②]这方面的实例,在缪荃孙的金石著述中可说是俯拾即是。如《云自在龛随笔·金石》"汝帖第八卷"条下云:"'齐樊逊书','逊'字可辨,北齐樊孝谦也。伪本作'樊退'矣。"结合史实校勘驳蚀不清的碑文,进而指明伪本之谬。"华山碑"条下云:"商丘本缺十字,华阴本缺九十七字。"在参校众本的基础上,指明了各本文字之多寡,孰优孰劣,不辩自明。

(三) 注重编书的程序

缪荃孙晚年的时候,曾经总结了自己在金石研究方面的实践经验,就如何编好一部以收录金石文字为主的著作这一问题,提出了一套切实有效的编辑

---

① 缪荃孙:《云自在龛随笔》,商务印书馆,1958年版。
② 《与周湘舲书》,载《艺风堂文漫存·乙丁稿》卷三。

程序：先准备两间宽敞明亮的大房间和几张大桌子，用来摊放大大小小的金石拓片。委派两个人负责文字的隶定、誊录工作，再指派一人专事校对。另外，要配备各省通志以及业已出版的几部重要的金石著作，如《隶释》《寰宇访碑录》以及《关中》《中州》《山左》《两浙》诸金石志等，以备随时参考。这个编书程序看似琐屑，实则行之有效，甚至对我们今天的科研工作也不无参考作用。

三、利用金石学的研究成果考证文史，校订文字，成绩斐然

缪荃孙致力于金石学方面的研究，主要有两个目的：一是想编纂一部能够接续补正《金石萃编》的巨著，二是要借助于金石学方面的研究成果以从事多方面的学术研究，丰富自己的研究方法，扩展研究领域。

缪氏把清代言金石者分为赏鉴和考据两派，认为"惟考据家专注意于小学、舆地、职官、氏族、事实之类，高者可以订经史之讹误，次者亦可广学者之闻见，繁称博引，曲畅旁通，不屑屑以议论见长，比较专主书法者有实用矣"[①]。很明显，他肯定的是考据派，对赏鉴派则持不以为然的态度。他本人也以考据派自居，在用金石学的研究方法考论经史、是正文字方面取得了很好的成绩。下面就举几个实例加以具体说明。

缪荃孙在《唐河南府参军张轸墓志》中读到了"为宠为光"一语，联想到《毛诗·小雅·蓼萧》一诗中"既见君子，为龙为光"二句，历代注疏皆释"龙"为"宠"，但迄无版本依据，因而指出这篇墓志中的"为宠为光"四字恰好为历代经训提供了一条有力的佐证[②]。唐人文章中保存了不少汉儒经说的有关资料，需要努力发掘，才能像缪氏这样有所发现。

缪氏《唐著作郎张漪墓志跋》一文中有云："志首行有'侄子愿述'字，是撰文者为张愿，漪之从子也。《新唐书·张柬之传》以愿为柬之之子，《宰相世系表》以愿为漪之子，二者互异而皆误也。"[③]以墓志文字纠正了正史之误。类似的例子还有很多，如据《齐陇东王感孝颂》肯定孝子郭巨为河内人，而非肥城人，改正了

---

① 《王仙舟同年金石文抄序》，载《艺风堂文续集》卷五。
② 《唐河南府参军张轸墓志跋》，载《艺风堂文集》卷六。
③ 《艺风堂文集》卷六。

《肥城县志》误署古人籍贯的错误。据《陆游钟山题名》订正赵翼《放翁年谱》在系年方面的错误,等等。可以说是不胜枚举。

《宋曹辅墓志跋》一文反映的情况更为突出①,缪氏不仅根据这篇墓志补证了《宋史·曹辅传》的缺误,而且还利用它来校勘墓志作者杨时的文集《龟山集》。校勘的成果,缪氏在跋文中有详细的记录:

> 《龟山先生文集》卷三十七有是文。取明万历刻本与碑相校,有脱去者,如第七行"上曰:'今日所虑,正在金虏。'公曰:'有贤相则金虏无足虑也。'"集本脱"上曰"至"无足虑也"廿二字;第十四行"而不知移祸于异日,异日之祸将使天地易位。"脱"异日之祸"四字;第十八行"三镇之求,复寻前约。"脱"之"字;第廿二行"不知决水灌之",脱"之"字;第廿三行"恪坚持之不出",亦脱"之"字。当据碑补。有衍者,第六行"除南外宗室财用","南"上衍"主管"二字;第十八行"左右二辅臣议不协","二"上衍"一"字;第廿二行"公称谢,即奏栗轻儇不可任。""谢"下衍"中"字;第三十二行"临奠,夫人张氏再辞免。""再"上衍"一"字。当据碑删。有误者,第三行"编管郴州",与《宋史》本传同,"郴"作"彬",误;"延康殿学士","学"作"主",误;第四行"字载德",与《宋史》本传同,"载"作"戴",误;第五行"除一司敕令所删定官","司"作"月",误;第十三行"大金意欲得十六字徽号","徽"误"故"字;第廿一行"臣章叠上",误"累累";第廿七行"虏再邀銮舆出郊","再"误"欲",按是时宋帝第二次入敌营,遂北狩,"再"字是也;第三十三行"初娶邓氏","邓"作"郑"。当据碑改正。……

据金石拓本校出传世刻本的脱文、衍文、误字达 17 处之多,收获确实不小。另外,缪氏还校出了几条拓本与刻本两通的异文,这里就不再一一赘录了。

最后,还要提一下《辽文存》一书。此书是缪氏在张金吾所辑《金文最》的影响和启发下,历时十余载才编辑而成的。书凡 6 卷,卷一录诗 70 首、谣谚 8 首,卷二录诏令 39 篇、册文 2 篇,卷三录策问 1 篇、文 2 篇、表 13 篇、奏疏 6 篇、铭 8 篇,卷四录记 23 篇,卷五录序 8 篇、书 18 篇、碑 8 篇、墓志 3 篇,卷六录塔记 14

---

① 《艺风堂文集》卷六。

篇、幢记 19 篇、杂著 2 篇。在这部篇幅不算太大的书中，金石碑刻文字占了相当大的比重，大约在三分之一。《辽文存》的编纂也是缪荃孙用金石学的研究成果来补充史学研究的成功一例。

原载《中国典籍与文化》第 39 期

（作者单位：山东大学）

捶石入纸：拓本生产与流通中的拓工
——以晚清缪荃孙及其拓工为中心

程章灿

拓本与石本、书本相对，是中国古代石刻文献的三种主要物质形态和存在形式之一。① 就物质形态链而言，拓本处于石本与书本之间，既能保存与再现石本的物质与文本形貌，又具有与书本类似的易读、便携、利于流传等特点，可以说兼具石本和书本两者之优长。晚清金石家缪荃孙在编撰《江苏金石记》时，确立了这样一条体例："金石以拓本为主。明知此碑尚在而未拓到，即编入'待访'，不列正编。如此碑已佚而拓本存者，亦据本收入。"② 在他看来，拓本乃是金石的核心。从这个角度甚至可以说，他心目中的金石学就是拓本学。

拓工是拓本生产环节至为关键的人物，也是拓本流通环节不可忽略的一个重要因素。就石刻文献文化史研究而言，缺少了作为拓本生产者的拓工，正如缺少了作为石刻生产者的刻工一样，是不可思议的。③ 然而，无论是金石考古研究界，还是书画文物收藏界，对于拓工的关注依旧十分寥落。古代金石家外出访碑，时常携拓工以从，然而照例不载拓工之名，只有明代赵崡曾记其所携长安拓工李守才之名，诚如空谷足音。④ 晚清以前，拓工姓名见于文献记录者，寥若晨

---

① 程章灿：《石刻研究的基本问题》，载《湖南科技学院学报》，2015年第7期。
② 缪荃孙：《江苏金石记·例言》，载《缪荃孙全集·金石》第二册，卷前，凤凰出版社，2014年版，第2页。
③ 石刻刻工早在清代就引起金石学家的关注，清人有辑录石刻刻工人名著作多种，近人曾毅公先生在清人基础之上增广为《石刻考工录》（书目文献出版社1983年版），然而挂一漏万，对刻工的系统研究阙如。2008年，上海古籍出版社出版拙著《石刻刻工研究》，才有了第一部系统辑录历代石刻刻工资料并对其展开较为全面研究的专著。
④ ［明］赵崡：《石墨镌华》卷七《访古游记·游终南》，见《石刻史料新编》第一辑第25册，台北新文丰出版公司，1982年版，第18646页。

星,其受人关注的程度,甚至远远不及刻工。被文献冷落,被历史遗忘,拓工这个群体基本上成了石刻文化史的缺席者。

迟至晚清时代,这一状况才有所改观。晚清金石学家热衷于收集、玩赏并研究金石拓本,此风盛极一时,成为彼时文人学士的群体时尚。① 作为拓本生产制作的承担者和买卖流通的参与者,拓工的身影经常出入于这些文人学士圈子,其姓名也时常出现于金石学人的笔下。因此,他们的形象才渐渐由模糊而清晰,他们在文化学术史上的地位,也逐渐引起了文人学士尤其是金石学家的注意。② 晚清著名金石学家叶昌炽在其名著《语石》中,曾提到几位拓工,并且着重肯定了他们对于拓本流通的贡献:

> 书估如宋睦亲坊陈氏,金平水刘氏,皆千古矣。即石工安民,亦与《党人碑》不朽。惟碑估传者绝少。毕秋帆抚陕时,有邰阳车某,以精拓擅场,至今关中犹重车拓本。赵㧑叔《补寰宇访碑录》,搜访石本,皆得之江阴拓工方可中。㧑叔之识可中也,因山阴布衣沈霞西,犹牛空山之于褚千峰也。千峰与聂剑光虽文士,亦以毡椎镌刻糊口四方。余在京十年,识冀州李云从,其人少不羁,喜声色,所得打碑钱,皆以付夜合资。黄子寿师辑《畿辅通志》,缪筱珊前辈修《顺天府志》,所得打本皆出其手。荒岩断涧,古刹幽宫,裹粮趼访,无所不至,夜无投宿处,拾土块为枕,饥寒风雪,甘之如饴,亦一奇人也。邰阳碑估多党姓,前十年厂肆有老党者,亦陕产。其肆中时有异本,余及见时已老矣。沈子培比部尝称之。筱珊在南中,得江宁聂某,善搜访,耐劳苦,不减李云从。余所得江上皖南诸碑,皆其所拓,戏呼为"南聂北李"云。③

叶昌炽将拓工与碑估、书估相提并论,意在强调晚清拓工也是碑帖交易的重要推手。对于这些拓工,他是极为熟悉的,这段文字中提到的几个拓工,大多数与叶昌炽有所往来。其中,李云从、聂某(聂明山)两人,与同时期的另一位金石

---

① 程章灿:《玩物:晚清士风与碑帖流通》,载《学术研究》,2015 年第 12 期。
② 近年来,随着金石书画研究的深入拓展,学者们对拓工的关注有所增强,其代表性成果首推徐建新《高句丽好大王碑早期拓本制作者李云从考》(《中国学术》第十九、二十合辑,商务印书馆 2005 年版)、郭玉海《晚清民间的"名家传拓"与"传拓名家"》(载《故宫学刊》第五辑,紫禁城出版社 2010 年版)、白谦慎《吴大澂和他的拓工》(海豚出版社 2013 年版)。郭文篇末附有两种拓工名录,虽多遗漏,仍然很值得注意。按:王家葵《由〈冯承素墓志〉推考初唐弘文馆拓书人问题》(《文汇报》2015 年 9 月 18 日),其中所谓"拓书人",乃是负责摹写的书手版,非拓工。
③ 叶昌炽:《语石》,载《语石·语石异同评》(合订本),中华书局,1994 年版,第 565 页。

家缪荃孙,关系更为密切。①

缪荃孙晚年曾作书致其同道顾鼎梅(燮光),自叙从事金石目录之经过,特别提到自己与李、聂两位拓工的渊源:

> 荃孙自廿一岁,有志金石之学,身自搜访,手自捶拓,所历之境,见《艺风金石目》自序,亦时见诸《语石》。常访襄城之石门玉盆,山深月黑,夜不能归,蜷缩岩下,与丐为伍,明日出险,与友朋言,无不大笑。尔时不以为苦,反以为乐。迨处境稍裕,必携拓工自随,否则翻书开目,令工往拓。在京师得李云从,在金陵得聂明山。云从以往拓《好大王碑》出名,明山亦在安徽得石牛洞、浮山、齐山诸石刻。《语石》推为"北李南聂",皆荃孙所蓄之工人也。现无其人,荃孙亦无此豪兴矣。②

缪荃孙早年有过"身自搜访,手自捶拓"的访碑经历,因此,"处境稍裕"之后,他对拓工格外理解和关怀。实际上,缪荃孙所蓄用的拓工,并不只李云从、聂明山两人,仅《缪荃孙全集》所记,至少还有黄士林、张天翔、沙士瓒、田福、贾升、老孟、富华阁碑贾小王、文林堂碑估老王等人。笔者即以缪荃孙及其拓工为中心,重点关注晚清拓工的身份地位、拓碑活动及其与金石学家的互动。

一、缪荃孙与北京拓工李云从

李云从是晚清活跃于以北京为中心的京津冀地区的著名拓工。他与晚清京师金石学者潘祖荫、盛昱、端方、叶昌炽、刘鹗等人的关系相当密切,其拓本制作技艺也深受京城金石学家圈子的认可。他们经常委托李云从去往指定地方,拓取指定的碑刻,比如前往今吉林集安市拓取《好大王碑》。徐建新撰有《高句丽好大王碑早期拓本制作者李云从考》一文,对李云从的生平及其所拓《高句丽好大王碑》,做了专题探讨。③ 徐文的重心在《高句丽好大王碑》,其他方面的探讨仍

---

① 按:民国金石学者陆和九在其《中国金石学讲义》(北京图书馆出版社 2003 年版)中列举七位拓工姓名,即包括李云从、聂明山两人。
② 缪荃孙:《与顾鼎梅(燮光)书》,载《缪荃孙全集·诗文》第一册,凤凰出版社,2014 年版,第 658 页。按:此书末尾称"昔年同志……今只存一鞠裳",又自称"今年逾七十"。叶昌炽,字鞠裳,卒于 1917 年,可知此书作于 1917 年前;缪荃孙 1913 年 70 岁,则此书作于 1914 至 1917 年间。
③ 徐建新:《高句丽好大王碑早期拓本制作者李云从考》。

有未尽。例如,关于李云从的家世,徐文虽然考察了李云从的里籍,却从未涉及其父李宝台。日本学者吉川幸次郎汉译内藤湖南《意园怀旧录》,其中提到李云从小名李龙儿,是北京拓工李宝台之子,曾为盛昱拓《好大王碑》,并作《访碑图》以纪其行等。① 上引徐建新文虽然提到内藤此文,但系转引而得,未能通读其全文,故未提及李宝台之子一事。今考李宝台生于清道光年间,居北京,善伪造古泉,人称"小钱李"。李宝台亦善拓,《古泉薮》一书是其手拓。② 由此可见,李云从拓碑技术出自家世传承。

在考察李云从生卒年时,上引徐建新文主要根据叶昌炽的日记。徐文推考的结论是:李云从生年约在1850年,卒年不应早于1897年。如果参据同时代其他金石家的日记,则推考可更进一步。例如,《缪荃孙全集》的"日记"和"诗文"卷中,就有很多与李云从往来的记载,特别是日记中的记载,都有明确的时间坐标。其中年代最晚的三条,都在戊戌年(1898)九月。其中一条是九月七日丁巳:"李云从自京师来。"另一条是九月十四日甲子:"约李云从、汤王二估坐船到仁(竹)桥,诣蒯礼卿谈。回至问柳小酌。"③还有一条是九月十九日己巳:"寄吴、刘两集,李云从带。"④这一年,缪荃孙在南京,李云从自北京南下来见他,至少停留了12天。十九日北返时,缪荃孙还托李云从顺路带两部书到北京。日记中虽然没有明确李云从此行所为何来,但从缪氏约李云从及汤、王两估的情况来看,应该与碑帖买卖有关。换算成公历,戊戌年九月十九日是1898年11月2日,已接近这一年的年底。那么,照常情推测,李云从的卒年不应早于1899年。

晚清金石学家刘鹗与李云从亦有往来,其《壬寅日记》曾多次提到李云从,并对其专精金石之学给予高度评价。《壬寅日记》正月二十八日(1902年3月7日)记:"申刻,赴刘竹溪之约。坐中有丁芾臣叔侄,又有李姓号云从。闻其金石之学甚精,盖久与潘、王、盛诸君相周旋者。"二月初九日(3月18日)记:"李云从送元拓本《孔羡碑》来,又道光拓本《张迁表》。"二月二十日(3月29日)记:"买得《白石神君》一轴,似甚旧,而李云从亦定其为乾隆拓本。"三月初三日(4月10

---

① [日]吉川幸次郎:《吉川幸次郎全集》第十六卷《清·现代篇》,筑摩书房,1970年版。
② [清]杨守敬撰、李宝台手拓:《古泉薮》,中国钱币文献丛书(第十九辑),上海古籍出版社,1992年版。
③ 按:南京地名似无仁桥,《缪荃孙全集·日记》第二册,凤凰出版社,2014年版,第66页载"至竹桥蒯礼卿处便饭。"检缪荃孙《艺风老人日记》(北京大学出版社1986年影印本),此处"仁桥"果是"竹桥"之讹。
④ 《缪荃孙全集·日记》第一册,第535、536、537页。

日)记:"李云从送丁芾臣之六爵杯来。"①由此可见,李云从直到1902年4月还相当活跃。一般来说,他的卒年不应早于1903年。至于叶昌炽、缪荃孙两人日记中未见1902年前后的记载,显然与叶、缪两人当时已离开北京有直接关系。

现存缪荃孙日记,始于戊子年(1888)三月,终于丙辰年(1916)。从日记来看,缪荃孙与李云从相识,至迟在戊子年三月九日。缪氏在当日的日记中有如下记录:"给打碑人廿金,令其赴唐县一带访碑。"②我认为,这个打碑人就是李云从。有两条根据。第一条,自该年三月开始,缪荃孙初步形成了"分地录金石,名之曰《云自在龛金石分地编》"③的编纂设想,为此,他需要大量搜集各地的金石拓本,雇人往唐县拓碑就是实现此计划的一个重要步骤。第二条,该年四月十二日日记明确记载"李云从来,拓得曲阳碑廿余种。"④曲阳、唐县两地相近,都在今河北保定,显然属于同一条拓碑路线。从三月九日到四月十二日,拓得碑刻20余种,从时间节奏来看,也是合情合理的。可见,至迟在1888年,李云从就已经成为缪荃孙雇请的拓工。换句话说,缪、李两人在金石拓本方面的合作,至迟始于1888年,早于李云从与叶昌炽的合作。⑤

李云从与缪荃孙相识,可能早至光绪初年。叶昌炽在《语石》中曾说"光绪四、五年间,重修《顺天府志》。碑估李云从承当事之命,裹粮幞被,狂走京畿诸邑。[清]荒村古刹,足迹殆遍。所得辽碑,视孙、赵倍蓰过之。余著录辽幢五十余通,皆其时拓本也。"⑥而缪荃孙就是《光绪顺天府志》的实际主持者。据缪氏自述,此志初由张之洞"拟定义例",缪氏"照例编辑",光绪辛巳年(1881),张之洞出任山西巡抚,乃"令荃孙专任其事""始于辛巳,讫于乙酉"。⑦ 缪荃孙说《光绪顺天府志》修撰,起于辛巳年,讫于乙酉年,即1881—1885年,与叶昌炽所谓光绪四、五年(1878—1879)略有出入。叶氏所言指《光绪顺天府志》重修开局,而缪氏所言指其正式介入其事。由此推算,缪荃孙与李云从相识,应在光绪四年到七年(1878—1881)之间。

---

① 刘德隆、朱禧、刘德平编:《刘鹗及老残游记资料》,四川人民出版社,1985年版,第148、150、152、156页。
② 《缪荃孙全集·日记》第一册,第7页。
③ 同上,第5页。
④ 同上,第13页。按:今本缪荃孙《金石分地编目》卷四,录曲阳县石刻一百余种,其中当包括李云从此次所拓得者。
⑤ 据上引徐建新文中所制表格,叶昌炽与李云从的往来始于1890年。
⑥ 同上,第50页。
⑦ 缪荃孙:《光绪顺天府志序录》,见《缪荃孙全集·诗文》第一册,第139页。

李云从是一个敬业的拓工。他"每拓一碑，必于纸背书在某村、某寺或某冢，距某县城若干里，可谓有心人也已"。这种敬业精神，获得叶昌炽的高度评价："若依此著录，后人按籍而稽，何至迷其处所？"①在长期从事金石拓本制作与买卖过程中，李云从积累了深厚的专业素养。叶昌炽曾举一例："曩时黄仲弢学士收得一大安碑，以为金刻。碑估李云从折之云：'金大安只有三年，即改元崇庆。此碑立于大安六年，乃辽刻耳。'仲弢不觉愧服。"②黄绍箕（1854—1908），字仲弢，浙江瑞安人，光绪六年（1880）进士，授翰林院编修，官侍讲，是晚清有名的金石家和藏书家，其学问自非等闲。李云从谙熟金代纪年，考证信而有据，连专家也不能不佩服。

李云从的拓碑区域，主要在京冀一带。他不惮辛苦，风餐露宿，时有发现。如果主顾有需求，他也会专程到其他区域拓取碑刻。例如《高句丽好大王碑》，原来"在吉林省辑安县"，"清光绪六年边民刊木发现，多煤烟拓，不精。王懿荣、潘祖荫、叶昌炽等，派李云从携纸去拓"，乃得善本。③ 他也曾往山西拓碑，"道出井陉，访得韩吏部题壁。与裴晋公一刻同时同地，又为之一喜"。④

像李云从这样的拓工，其生意主顾或者服务对象，绝不是某一位特定金石家，而是一个金石家群体。他了解这些金石学家各自的所需，也利用这一有利条件，在这些学者间建立起一个碑拓销售与流通的网络。所以，缪荃孙不仅委托他打碑，从他手中购买拓本，也通过他的帮助，卖出自己手头的拓本复本。光绪十六年（1890）六月十二日，李云从专程送来三监本《皇甫碑》。此碑在缪荃孙手中只停留了两天时间，他在次日的日记中曾记"读碑"一事，很可能就是细读此碑。第三天，他决定以"廿四金"的价格购进这一拓本。⑤ 七月十三日，李云从又送来《元公姬夫氏人志》旧拓本，索价甚昂，从此后日记记载来看，缪荃孙未购入。⑥ 八月三日，李云从自缪荃孙手里取走《关胜诵德碑》《杨君铭》，缪荃孙"并给八金，清账"。⑦ "八金"显然不足以购入《元公姬夫氏人志》，而只是付给李云从送来的其他拓本的价钱。八月二十二日，李云从又自缪荃孙手里取走了90种碑拓，⑧

---

① 《语石·语石异同评》，第65页。
② 同上，第50页。
③ 张彦生：《善本碑帖录》，中华书局，1984年版，第55页。
④ 《语石·语石异同评》，第484页。
⑤ 《缪荃孙全集·日记》第一册，第128页。
⑥ 同上，第133页。
⑦ 按：七月廿八日日记："释《关胜诵德碑》。"（同上，第135页）显然，缪氏有意通过考释此碑，以抬高其拓本的身价。
⑧ 《缪荃孙全集·日记》第一册，第138页。

这批碑拓是缪荃孙托其代售的。从这个角度来说,李云从这样的拓工,是联系拓本生产、流通和消费诸环节的重要中介。

现据《缪荃孙全集·日记》所载,将缪荃孙与李云从之间的碑拓往来编年整理如表1:

表1 缪荃孙与李云从碑拓往来表①②

年 份	月 日	记 事	《日记》册数·页码
戊子(1888)	三月九日	给打碑人廿金,令其赴唐县一带访碑。	1—7
	四月十二日	李云从来,拓得曲阳碑廿余种。	1—13
庚寅(1890)	六月十三日	李云从送三监本《皇甫碑》来。	1—128
	七月十三日	李云从送《元公姬夫人志》旧拓来,值甚昂。	1—133
	八月三日	李云从取《关胜诵德碑》《杨君铭》去,并给八金,清账。	1—135
	八月廿二日	李云从取碑九十种去。	1—138
辛卯(1891)	正月二日	李云从来。	1—151
	二月十五日	李云从送元拓《家庙碑》,议价六十金。	1—155
	二月十六日	屺怀来,持《家庙碑》去。	
	二月十八日	购李云从旧拓《李思训碑》。	1—156
	八月四日	老李售《开元廿七年投龙璧记》,去银廿八两。	1—178
	八月十一日	李云从送碑来。	1—179
	九月三日	李云从取十金去。	1—182
壬辰(1892)	七月二日	李云从取宋拓《圣教序》去。	1—221
	七月八日	李云从送《圣教序》回。	
	七月十七日	李云从送方兰坻临《寇白门小像》,来出卅五金购之。	1—223
	九月五日	李云从送金石来。	1—230
	十二月廿六日	严隽云、李□□来。取李云从画两张,送隽云处。	1—243
癸巳(1893)	六月廿八日	李云从取二金去。	1—267
甲午(1894)	二月廿七日	老李来讲明字画碑板价共五十九两五钱,折冲去岁四两,取五两五钱去。	1—300
丙辰(1896)	九月十一日	永贤自京回,带回……李云从信……	1—432
戊戌(1898)	九月七日	李云从自京师来。	1—535
	九月十四日	约李云从,汤王二估坐船到仁(竹)桥,诣蒯礼卿谈,回至问柳小酌。	1—536
	九月十九日	寄吴、刘两集,李云从带。	1—537

① 按:此"老李"当即李云从。所售者是以往寄售之拓本。
② 按:此处"老李",当亦指李云从。

从表1可以看出,缪荃孙与李云从的金石往来,至少持续了11年,从1888年至1898年。对于金石家缪荃孙来说,离开北京,也就意味着离开了全国最重要的金石收藏圈,离开了全国最大的拓本集散中心。在这种情况下,往来于南北两京之间的李云从,扮演了缪荃孙的代理人、中介和掮客的角色。

二、缪荃孙与江宁拓工聂明山

光绪二十二年(1896),缪荃孙应时任两江总督张之洞的邀请,主讲南京钟山书院。此后一段时间,他所蓄用的拓工是聂明山。聂明山主要活动在江南,其主顾主要是在南方的金石收藏家们,特别是缪荃孙;而李云从主要活动于北方,其主顾也以京城金石收藏家为主。叶昌炽《语石》中以"南聂(明山)北李(云从)"并称,可见两人在晚清金石收藏圈内影响之大。特别值得一提的是,"南聂北李"虽然有各自的活动空间,但却有一个共同的服务对象,那就是缪荃孙。

《缪荃孙全集·日记》中,涉及聂明山的记录将近60条,今依照编年顺序整理如表2:①

表2 缪荃孙与聂明山碑拓往来年表②

年 份	月 日	记 事	《日记》册数·页码
丙辰(1896)	二月廿三日	夔生约至静海寺,访三宿岩。乘马车,拉打碑人聂姓往于函岩灰洞,剥藓剔苔,得题字六段。	1—402
	二月廿八日	况夔生送三宿岩题名来,代打碑人支三元另六百文而去。	1—402
	三月十七日	打碑人取五元去。	1—405
	四月十六日	打碑人送钟山石刻未印,撰《陆务观题名跋》。	1—410
	四月廿五日	老聂自茅山回,拓得题名,有唐咸通、元至正各种,极佳。	1—411
	五月廿八日	老聂自溧水来,得碑四种。	1—417

① 按《缪荃孙全集·日记》第四册,附有《〈艺风老人日记〉人名索引》,其中,"老聂"(见聂明山)、"聂估"(见聂明山)、"聂明山""聂姓打碑人"(见聂明山)分列为四条,但所录仅第一册第536页和第二册第57页两处,缺漏甚为严重,难以信据。
② 此段引文,"汉"原作"汉","儋"原作"澹",据北京大学出版社1986年影印《艺风老人日记》改。

（续表）

年　份	月　日	记　　事	《日记》册数·页码
	五月三十日	老聂以《孔襄》《孔衷碑》来售，以三元留之，又借一元。	1—417
	六月四日	老聂取《刁遵志》《龙多山记》《普照寺碑》去。	1—418
	七月七日	老聂送《端平两桥记》《方山》两碑来。	1—422
	七月十日	老聂送《好大王碑》卅二番来。	1—423
	九月三日	老聂送《狄知愻碑》来。	1—431
	九月四日	老聂取句容邓沄渠信去。	1—431
	九月七日	老聂借八元去。	1—431
	九月廿八日	老聂自太平回，所得碑甚夥。	1—435
	十月一日	老聂来拓墓志。	1—435
	十月四日	老聂送江宁溧水句容拓本一百零一种来，共三分。交古井寄京，附闻枝信。……读碑。	1—435
	十月十日	老聂又得一元井阑。	1—436
	十月十三日	老聂来取《郭聿修志》去。……定明日游栖霞。	1—437
	十月十四日	巳刻，挈打碑人老聂、贾升出太平门，五里蒋王庙，循钟山之北，连过小山，三四十里汉道口，五里瑶华，十里华林村访《吴平阙》。五里访《萧儋碑》。三里甘家巷，访《萧秀东西碑并西阙》。十里过玉龙桥至栖霞，入栖霞寺，主僧荆树（大竹人）。入寺小憩，偕老聂遍访佛龛。晚，访矿务委员丁幼云（乃文）。宿栖霞禅室。	1—437
	十月十五日	早游天开岩，险峭侧劣，生平游山所未见。宋人题名均在石稜缝中，拓亦不易。饭后，由旧路回书院。入院已戌刻。老聂借六元，连前十元，共十六元（又八日借八元）。	1—437
	十一月一日	老聂送句容碑。	1—440
	十一月五日	老聂往拓太平碑，支卅五元去。	1—440
	十二月廿九日	老聂索贰拾元去。	1—448
丁酉(1897)	二月六日	老聂支五十元去，又与之《曹真碑》一纸（足二元）。	1—457
	五月廿九日	老聂自皖回，得贵、桐城、潜山金石多种。	1—469
	六月二日	又发叶鞠裳信，寄贵池、桐城、潜山各题名，又《李含光碑》两套与前徐梧生信，均交薛斋带。……老聂来取卅元去。	1—469
	六月十一日	老聂又取廿元去。	1—471

(续表)

年　份	月　日	记　事	《日记》册数·页码
	八月十四日	老聂取廿元去。	1—478
	九月五日	老聂来算账,给卅一元,清安徽金石账。	1—481
	十月七日	老聂取五十元去。	1—486
	十月八日	又给老聂十元,托带袁碌秋地图一分。	1—486
	十二月廿六日	老聂自太平归,得碑二十一种。	1—497
戊戌(1898)	一月四日	老聂来。	1—498
	一月廿日	老聂自南京来(江阴)。	1—500
	二月二日	王升自苏州回,取到子异回片、老聂回付,去洋百元。	1—502
	三月三日	老聂起程。	1—506
	六月一日	老聂自淞太拓金石回。	1—522
	六月四日	老聂取五十元去。	1—523
	六月十七日	老聂送大瓶来。	1—525
	七月一日	发苏州费屺怀信,并祭幛乙轴,交老聂带。	1—526
	八月廿三日	交老聂叶鞠裳信。回苏州取天宝幢,运送德丰典。	1—533
	九月十三日	又接聂明山信,言天宝幢取回。	1—536
	十二月廿七日	老聂来,接费屺怀并石印《春在堂全集》。	1—550
	十二月廿八日	老聂来,借廿元去。	1—550
己亥(1899)	一月四日	老聂来。	2—5
	一月六日	交乾隆本《李元靖碑》并乾隆重摹碑与老聂。	2—5
	一月廿九日	老聂送帐来。	2—9
	五月廿五日	老聂信……老聂送通州拓本来。	2—25
	七月一日	老聂来。	2—30
	七月四日	老聂送新裱《李元靖碑》,还安徽石牛洞等拓片三分。	2—30
	七月廿四日	发从太仓缪衡甫信,送《留溪外传》《旧德集》,还《据梧集》《蕴愫阁文集》《愿学斋文集》,交老聂带。	2—33
庚子(1900)	一月二日	聂明三来。	2—57
	二月廿四日	接……通州徐积余信并寄十元,随复一信,寄老聂拓片又《湖海草堂词》。	2—64
	二月廿五日	老聂自镇江回。	2—65
	六月十七日	老聂来。	2—80
甲辰(1904)	四月廿八日	李贻和、老聂来。	2—286
	四月卅日	老聂来,给钱七元。	2—286

缪荃孙对这个拓工的称呼，有"打碑人""老聂""聂明山""聂明三"以及"聂估""聂姓打碑人"等多种。① 郭玉海先生认为聂明山又名聂剑光②，缺乏证据。考聂剑光名钦，字剑光，是乾隆时期山东泰安人，著有《泰山道里记》，③与聂明山毫无关系。缪荃孙与聂明山相识，似始于光绪二十二年二月廿三日。那一天，刚到任南京钟山书院不久的缪荃孙，应况周颐（夔生）之约，出游静海寺，寻访三宿岩。同行的聂明山，应该是况周颐邀约的，因为5天后聂明山所拓的三宿岩题名，是经由况周颐送到缪氏府上的。也就是说，况周颐是缪荃孙与聂明山相识的中介。④《艺风老人年谱》记其于光绪二十二年"夏间访得江宁聂名山，善访碑，叶鞠裳《语石》与李云从并称南聂北李者也"。⑤ 聂名山即聂明山，而夏间则是缪荃孙正式雇请聂明山的开始。

南京是聂明山的活动中心。缪荃孙在南京本地访碑，会约上聂明山。例如，光绪二十二年十月中旬，缪荃孙出太平门，循钟山之北，寻访南朝陵墓石刻和栖霞山佛龛石刻，就事先与聂明山约好，带他随行拓碑。由表2也可以看出，聂明山的拓碑活动，先是以南京以及周边的江宁、溧水、句容等地为中心，其后才逐渐扩展到安徽太平、贵池、桐城、潜山等地，继而又扩大到苏南淞太镇江以及江北的通州。

缪荃孙对聂明山的拓碑技艺是颇为赞赏的。他在致金石同道王懿荣的信中，叙述自己在南京钟山书院悠闲度日，"暇则温理旧书，间或出游，城南诸山，蜡屐殆遍。萧秀东西碑，均有数十百字，精拓之尚可读。唐人题名，宋之各碑，于严子进《记》外，约得七八十种"，特别提道："打碑人聂姓，精细不亚李云从，并由安徽太平，走池州齐山、安庆潜山、桐城，拓得百五十余种，皆昔人未著录者。"⑥ 聂明山的访拓，显著丰富了缪荃孙的江南碑拓收藏。

聂明山既是拓工，也是碑估。缪荃孙与其交往中，也不乏金石拓本的交换与买卖。有时候，聂明山还兼任缪荃孙的使者，替他带些书籍和书信，往来于各地。这些从表2都可以看出来，不再赘述。

---

① 按：聂估见《〈艺风老人日记〉人名索引》，载《缪荃孙全集·日记》第四册，第508页。
② 郭玉海：《晚清民国间的"名家传拓"与"传拓名家"》。
③ 参看永瑢等：《四库全书总目》卷七十六《泰山道里记》（提要），中华书局，1965年版，第667页。
④ 况周颐似乎与南京本地拓工也有相当密切的关系。该年四月九日，他曾向缪荃孙推荐了拓工老荀，次日，老荀就为缪荃孙拓来了《涌金闸》。见《缪荃孙全集·日记》第一册，第409页。
⑤ 参看张廷银：《缪荃孙致凌霞函札释读》，《文献》2010年第2期。
⑥ 《缪荃孙全集·诗文》第二册，第328页。

三、缪荃孙与泰安黄士林及其他刻工

光绪十七年（1891），缪荃孙受山东巡抚张曜聘请，出任济南泺源书院山长。虽然此次他在济南停留只有短短四个多月，但他仍然利用这一机缘，大力搜访山东各地的金石拓本。经由其门人尹彭寿介绍，他找到原籍山东泰安的著名拓工黄士林，派其四处拓碑，"尽拓泰安、肥城、汶上、东阿、济宁、兰山、沂水、蒙阴十余县"。[①] 尹彭寿也耽好金石碑拓，故与黄士林相熟。

《艺风堂金石文字目·前言》没有明确说缪荃孙雇请黄士林始于何时，翻检《艺风老人日记》，是年三月二十二日有"尹祝年（彭寿）来，甚为淹雅"的记载，[②] 可知尹彭寿推荐黄士林应在此日或之后。三月二十九日又有"黄姓打碑人送碑十七种来"[③]的记载。这个"黄姓打碑人"应即是黄士林。如果这一推测不错，那么，缪荃孙雇请黄氏，当在三月二十二日至二十九日之间。两天之后，缪荃孙又"为黄姓开西路金石单"，[④]益可证"黄姓（打碑人）"即是黄士林，因为上文所列黄士林拓碑区域（泰安、肥城、汶上、东阿、济宁、兰山、沂水、蒙阴等），恰是属于山东之西路。

四月十九日以后，黄士林的名字正式出现在缪荃孙的日记中。十九日，"黄士林打碑来算账"；二十日，"黄士林结账，付彼□□千，又借彼十金"。[⑤] 六月十四日，黄士林将其所拓泰山碑送来；二十一日，缪荃孙读好了这批碑拓，认为应给黄士林"四十金"。[⑥] 从这一价钱来看，黄士林送来的这批碑拓数量颇为可观。七月六日，在缪荃孙即将离开济南前夕，黄士林又一次送来一批肥城、泰安的碑刻拓本。[⑦] 余下的拓本，第二年五月十一日黄寄过一次，但直到是年六七月间，缪荃孙还在不停地催促黄士林寄山东碑刻，可见黄士林手里还有拓本未曾寄到。[⑧]

---

① 缪荃孙：《艺风堂金石文字目·前言》，见《缪荃孙全集·金石》第一册，第7页。参看杨洪升：《缪荃孙与泺源书院》，《山东图书馆学刊》2006年第3期。
② 《缪荃孙全集·日记》第一册，第160页。
③ 同上，第161页。
④ 同上，第162页。
⑤ 同上，第164页。
⑥ 同上，第171、173页。
⑦ 同上，第175页。
⑧ 同上，第211、213、222页。

《艺风老人日记》是年三月二十九日记:"张姓打碑人自长清来,交宋元碑二十份,支四两去。"四月十二日又记:"检长清新拓金石,与张打碑结账。"①这位"张姓打碑人"当即张天翔,因为四月二十五日日记即有"张天翔送长清拓本来"的记录,而二十六日日记又有"专张天翔拓青州金石"的记录,②皆可以为证。这也说明,在黄士林之外,缪荃孙在泺源书院时期还雇请了其他拓工。从现有文献资料来看,缪荃孙对黄、张两人做了大致分工,黄士林集中拓西路碑刻,而张天翔负责拓东路碑刻。

江阴是缪荃孙的原籍。缪荃孙曾主讲南菁书院,对家乡石刻特别注意访求。其间,江阴拓工给了他很大帮助。江阴有丰厚的金石学术传统,曾出过著名的拓工方可中。如前文所引《语石》页 565 所言,赵之谦撰《补寰宇访碑录》时,搜访拓本,多得江阴拓工方可中之助。而缪荃孙所依赖的江阴刻工,主要是沙士瓒。

沙士瓒出自江阴暨阳沙氏。据《暨阳沙氏宗谱》,沙士瓒,一名镇藩,是沙秀岩第六子,道光十七年(1837)生,光绪十七年(1891)卒,年 55 岁。聘沈氏,未娶而卒于母家,终未再娶,以胞兄士璋子文龙双祧。③江阴市暨阳名贤研究院网站上有该研究院院长薛仲良撰《暨阳沙氏源流考略》:"十六世沙士瓒,于同治年间,曾会同大学者缪荃孙将《乾明寺五百罗汉名号残碑》制成拓片,遂使佛教界之五百罗汉名号赖以传世,功盖佛界。"④《乾明寺五百罗汉名号残碑》是江阴重要的南宋碑刻。所谓乾明寺,亦称广福寺,全名乾明广福禅寺,规制宏敞,殿阁庄严,为邑中诸刹之冠。光绪十五年(1889)十月二十日,正在南菁书院任职的缪荃孙与友人"偕至广福寺,观《政和庄田记》《延祐修寺碑》。出寺,草间得绍兴罗汉名号碑阴檀越名残石一块,约百许字,奉之而归,汲水涤清,立拓数纸,江阴人无不以为颠也"。⑤

虽然此处没有明言拓碑者是谁,但结合下文记载来看,拓工当可确定为沙士瓒。光绪十五年十二月二十日日记又记:"打碑人送建炎牒来,云又得绍兴碑一,急遣之往拓。打碑人沙士瓒甚韵致,广福寺《元符碑》在彼处,愿送书

---

① 《缪荃孙全集·日记》第一册,第 163 页。
② 同上,第 164 页。
③ 暨阳沙氏宗谱编修委员会编:《暨阳沙氏宗谱》(诒福堂,卷三),江阴市图书馆藏 2010 年版。
④ http://www.jymxyjy.com.cn/news/list.asp? unid=771。
⑤ 《缪荃孙全集·日记》第一册,第 92 页。

院,其方可中之流亚与!"① 由此可见,缪荃孙对沙士瓒评价很高,甚至将其比作当年的方可中。同月二十六日日记又记:"打碑人送绍兴牒来,撰建炎、绍兴两牒跋尾。"② 此打碑人当亦指沙士瓒。次年(1890)四月十五日,缪荃孙听人说城东有一古碑,即前去查看,"系前湖何烈女诗,王逢撰,非元刻即明初也",随即派沙士瓒往拓。③ 结合前文对沙士瓒生卒年的考证,可知这几种拓本都是在沙士瓒生命的最后几年所制作的。

缪荃孙所撰"建炎、绍兴两牒跋尾",今存《艺文堂文集》卷六,可与其日记中相互印证。《宋建炎复江阴军牒跋》:"《江阴志》亦载,从父老胡崇之请,复为军,而不录此碑,金石各家亦未著录。己丑冬,犹子志名搜得之,手拓以归。江阴古碑日少,得此如获一真珠船矣。因遣工打十数本,分饷海内同志。"④ "犹子志名"指缪荃孙的侄子缪永禄,他是此碑最早的拓工,而此跋中"遣工"所指则是沙士瓒。《宋绍兴复江阴军牒跋》云:"《宋绍兴三十一年江阴复军牒》,在建炎牒碑阴。余拓建炎牒,打碑人沙君士瓒,为言碑阴亦有文字,因薙榛莽,发瓦石,出而视之,则绍兴牒也。"⑤ 可见建炎牒真正的拓工是沙士瓒,绍兴牒的发现者和拓制者也是沙士瓒。

赵阿二,亦称"赵二""打碑人赵姓"。缪荃孙初见打碑人赵阿二,是在庚寅年(1890)正月二十三日。⑥ 二十六日,友人请客,缪荃孙与赵阿二同席,"赵拓到《南唐井栏》《元城隍庙》二碑,天宁寺旛竿石题字一,皆昔人未著录者"。⑦ 赵阿二此次所拓为江阴本地的碑刻。1892年,赵阿二受命远赴河北正定拓碑,九月廿五日从正定回来,十月八日他送来了"唐山造像全份"。缪荃孙旋即展读这些碑拓,并于十月十八日与赵阿二议定价格,买下了这批造像拓本。⑧ 值得注意的是,十月十八日的日记中称赵阿二为"赵估",可见赵阿二亦是碑贾。

在北京时,缪荃孙还雇用过一位姓孟的拓工,日记中称为"老孟"。光绪十六年(1890)六月二十九日,缪荃孙"专老孟赴赵州一带拓碑";十月十一日,"老孟打

---

① 《缪荃孙全集·日记》第一册,第101页。
② 同上,第102页。按:同上第99页,十二月九日日记:"上惠山啜茗,观打碑人拓乾符幢。"从前后文来看,此打碑人应亦指沙士瓒。
③ 《缪荃孙全集·日记》第一册,第121页。
④ 《缪荃孙全集·诗文》第一册,第196页。
⑤ 同上,第196页。
⑥ 《缪荃孙全集·日记》第一册,第105页。
⑦ 同上,第106页。
⑧ 同上,第232—234页。

碑旋京,送碑六十余种来",十三日,缪荃孙"读老孟新得碑"。光绪十八年八月三日,他"嘱老孟持函觅梁杭雪开单",五日,"老孟送石幢一双来",十日,"老孟持十金去"。① 由此可见,老孟当是京城碑拓。梁于渭,字杭雪、杭叔,番禺人,光绪十五年进士,当时与缪荃孙同在京,有交游。梁杭雪对金石亦有浓厚兴趣,有《龙门山碑目》,②他给老孟开列的当亦是访碑目录。

被缪荃孙称为"小王"的拓工,相对于老孟而言,可能年轻一些。缪荃孙与小王的联系更早,往来也更多。其日记中所见最早记载,是光绪十四年(1888)四月二十五日,"小王自河南来,拓得磁州、安阳多种,均购之"。由此可见,小王是拓工,此次专从河南拓碑归来。此后数日,小王连续上门:二十七日,"小王送湖南题名来,选得卅种",二十八日,"小王送湖南金石来,挑得六十余种",二十九日,"小王送九龙岩石刻来,挑得卅种"。③ 由此可见,小王当是京城碑估,手上有相当多拓本资源。他了解缪荃孙收藏金石拓本的兴趣,经常送货上门,供缪荃孙挑选,推销成效可观。五月六日,缪荃孙"开赵州石刻交小王",次日,又"发邢台丁听鹭表叔信、汤穀原信,交小王自投。给小王十金,作拓碑费"。④ 虽然小王此前赴河南拓碑是否受缪荃孙雇请尚不能确定,但此次赴河北拓碑,显然受缪荃孙所雇。缪氏不仅预支拓碑费,而且为他写信给亲友,拜托关照。此后,小王与缪荃孙还维持了多年的碑拓往来。光绪十六年十二月十八日,"小王送《麓山寺碑》来"。⑤ 次年二月十七日,"小王来拓《甘泉大师塔铭》",十八日,缪氏"购小王《卫景武公碑》《许熙载碑》"。⑥ 光绪十八年(1892)六月十七日,"小王送《关宝颙诵德碑》来";七月十二日,"小王取《尹宙碑》去"。⑦ 直到光绪二十年(1894)正月二十二日,缪荃孙还从小王手中购得"乾陵无字碑拓本"。⑧ 这是日记中缪、王交往最后的一条记载。

遗憾的是,缪荃孙在日记中从未提到小王的名字。据日记,光绪十九年(1893)二月七日,缪荃孙"录朝鲜碑目与小王",⑨此是为小王往朝鲜拓碑做先期

---

① 《缪荃孙全集·日记》第一册,第 130 页、144、145、226 页。
② 同上,第 301 页。
③ 同上,第 15、16 页。
④ 同上,第 17 页。
⑤ 同上,第 149 页。
⑥ 同上,第 156 页。
⑦ 同上,第 216、223 页。
⑧ 同上,第 295 页。
⑨ 同上,第 248 页。

准备。十一月十五日,"小王送高丽碑至",次日,"小王来支钱十八千去"。这说明,在十一月十五日之前,小王已自朝鲜拓碑回来。这是金石学历史上第一次赴海外拓碑。清代嘉庆以来,金石学人开始注意海东石刻,其时海东石刻拓本多源自来京的朝鲜使臣,相当稀罕。① 小王专程赴朝鲜拓回的碑拓,质量好,种类多,弥足珍贵。缪荃孙看到这批碑拓之后,马上写定碑目。十二月廿七日,小王"来定高丽碑值,口议给十六两,小王亦允"。② 仅从这个价格也可以看出,当时的高丽碑拓堪称奇货可居。小王这次海东拓碑,应该属于"众筹",但缪荃孙负责开列碑目,从中发挥了主导作用。从《语石》中的相关记载来看,叶昌炽似乎也参与此事,并且得到了《平百济碑》和《刘仁愿纪功碑》等拓本。"《平百济碑》,显庆五年贺遂亮文,权怀素书。其书重规叠矩。鸿朗庄严……厂估王某渡海精拓,余得一本。……同时并拓得《刘仁愿纪功碑》,安雅宽博,亦初唐之佳构。"③ 这个"厂估王某",即是《艺风老人日记》中所记之"小王"。可惜叶昌炽亦未记其名。今检《张佩纶日记》光绪十九年三月初九日载:"富华阁碑贾王春山,欲赴朝鲜拓碑,乃廉生所荐,此君古兴可谓豪矣。"④《张佩纶日记》所记时间与缪氏所记相合,缪氏所谓"小王"可能即富华阁碑贾王春山。⑤

四、雇请拓工的运作方式及其影响

缪荃孙雇请拓工数量之多、频率之密、时间之久,堪称一时之冠。以缪荃孙为典型,可以窥探晚清金石家雇请拓工的运作方式。概括而言,其运作方式有如下五个显著特点:

(一)"众筹"方式

晚清金石收藏家雇请拓工制作拓本,经常采取"众筹"的方式。对拓工来说,这种方式可以为他们提供更大的市场需求,能够刺激他们制作拓本的积极性;对收藏家来说,这种方式可以使拓工薄利多销,有利于降低拓本价格,减少经济支出。缪荃孙在所撰《艺风堂金石文字目·前言》中,回忆自己在供职京师岁月里

---

① 参看《语石·语石异同评》,第140—141页。
② 同上,第285、291页。
③ 同上,第141页。
④ 张佩纶撰,谢海林整理:《张佩纶日记》,凤凰出版社,2015年版,第531页。
⑤ 参看程章灿:《玩物:晚清士风与碑帖流通》,载《学术研究》2015年第12期。

出入厂肆,典衣质物,购藏拓本,"又得打碑人故城李云从,善于搜访,约潘文勤师(祖荫)、王莆卿户部(颂蔚)、梁杭叔礼部(于渭)、叶鞠裳编修(昌炽)纠资往拓。顺天、易州、宣化、真定碑刻,大半前人所未见。即辽刻得一百十六种,其他可知"。① 叶昌炽于其晚年所撰《语石》中,对"众筹"拓碑所涉及人员及地理范围,讲得更为具体:"二十年前,京都士大夫以金石相赏析。江阴缪筱珊、瑞安黄仲弢、嘉兴沈子培、番禺梁杭叔皆为欧赵之学,捐俸醵资,命工访拓。顺天二十四州县以逮完唐诸邑,西至蔚州,东至遵化,北至深定,足迹殆遍。所得诸碑,视前贤倍蓰过之。今厂肆尚有当时拓本。"②从两人所列参与"众筹"的名单来看,缪荃孙无疑是核心中的核心。参与"众筹"的士大夫汇集京都,刺激了京都的碑拓市场,使之成为名副其实的碑拓集散中心,这正如稍后的柯昌泗所言:"士大夫既屡有集赀拓碑之举,碑贩亦往来奔走,每遇新品,必致都下。"③

(二) 假借官势

这种"众筹"拓碑,一方面固然是参与诸人有共同的拓本收藏兴趣,另一方面,也往往与某部官书的修撰有关。例如,雇请李云从往顺天等地拓碑,就跟当时正在设局修撰《光绪顺天府志》有关,缪荃孙曾参与其事。多年以后,到了宣统二年(1910),他又主持修撰《江苏通志》。《江苏通志》局刚刚成立,缪荃孙就将需要访求的金石目录发给琉璃厂碑估袁回子,④请其代为寻访,同时又专门雇请拓工袁伯成及其徒弟4人外出,在江苏全境搜访石刻拓本。从六月到八月,短短两个月里,袁氏师徒的足迹已遍及江宁、镇江、常州等地,⑤收获亦相当可观。例如,六月二日,"袁伯成新(自)栖霞回,得造像题名五十余种"。⑥ 这一访碑计划

---

① 缪荃孙:《艺风堂金石目》,载《缪荃孙全集·金石》第一册,第7页。
② 《语石·语石异同评》,第71页。
③ 同上,第73页。
④ 《缪荃孙全集·日记》第三册,第87页。按《清稗类钞·鉴赏类》"袁回子辨碑字"条:"江宁有回人袁某者,佚其名,光绪初,设肆于京师琉璃厂,人呼之曰袁回子。精于鉴别碑帖,某本多字,某本少字,历历言之,不稍爽。"见《清稗类钞》第九册,中华书局版,2010年,第4448页。缪荃孙亦称其为袁回回,光绪十九年十一月一日记:"袁回回送志铭来,挑十七种,以三两四钱酬之。"见《缪荃孙全集·日记》第一册,第283页。参看同册284页,以及第二册502页、第三册第58页。
⑤ 缪荃孙:《江苏金石记·例言》,载《缪荃孙全集·金石》第二册,第1页:"宣统开志局时,尚拓工袁姓带徒四人到处搜访。庚戌五月开局,六月出外,辛亥八月停办,止访及江宁七县、镇江四县、常州三县,至无锡而止,所得不少,惜宜兴未到。今日续办,只凭艺风堂所藏旧本掺入,共得五百种,不过十之五。他日俟有心人续之。"按《艺风老人日记》(《缪荃孙全集·日记》第三册,第81页)记载,庚戌三月廿二日"已刻到志局,行开局礼",则庚戌三月已开局。
⑥ 《缪荃孙全集·日记》第三册,第92页。

相当宏大,可惜,由于《江苏通志》局半途而废,访碑未能全面展开。可以庆幸的是,袁伯成师徒在宁、镇、常、锡等地访碑的成果,后来被缪荃孙吸收,编入他的个人著作《江苏金石记》之中。

参与"众筹"者多半是官僚或与官僚有往来的文士学者,有时还有官书修撰的堂皇理由,因此,这种"众筹"方式,往往可以假借官势,假公济私,以得其便。李云从在河北一带拓碑,就得到了潘祖荫等京官的支持,因此,他才能够拓到一般人拓不到的石刻。例如,河北定兴标义乡石柱颂,自唐以来,从未见于著录,李云从访碑时发现了此刻,"一字不损,新出于硎",但当地人认为"此石为一方之镇,风水攸关,封禁甚严",不许捶拓,后来潘祖荫兼任顺天府尹,才命令属下网开一面。① 又如,聂明山被缪荃孙派往安徽拓碑时,缪荃孙也打算通过旧日相识的关系,为他牵线搭桥,提供方便。他在致友人凌霞的信中谈道:

> 打碑人聂姓,甚可爱,南中之李云从也。茅峰回,拟由铜井到太平府,游采石,不知礼房先生准他人拓否? 闻方堃吾太守连轸已到任,此京中旧游,或借官势以行之。游山访碑,均极雅事,然不借官势,往往有不能畅者,殊属可哂。②

所谓"方堃吾太守连轸",指的是安庆知府方连轸,字堃吾,缪荃孙在京时即与之相识。拓碑、玩石原是风雅之事,却不得不假借公权才能畅行无阻,这让缪荃孙也感到无可奈何。这种无奈并非他一个人所有。在他之前,1873—1876年,吴大澂任职陕甘学政,陈介祺请其协助派工拓取仓颉庙及石门、敦煌等地石刻;而吴大澂本人为了获取远在新疆的《裴岑纪功碑》等拓本,也曾请求左宗棠帮忙。③ 显然,这也是假借官势的表现。

(三) 定向寻访

缪荃孙和叶昌炽同是晚清金石大家,同样富于金石拓本收藏,但两人的收藏范围以及收集方法各具特色。叶昌炽曾自言,"曩年访拓本不可得,乃募工专往拓之",并且承认,"缪艺风诸公访拓畿辅之碑,致力极勤"。④ 相对而言,缪荃孙

---

① 《语石·语石异同评》,第 558 页。
② 《缪荃孙全集·诗文》第二册,第 338 页。
③ 白谦慎:《吴大澂和他的拓工》,海豚出版社,2013 年版,第 31—39 页。
④ 《语石·语石异同评》,第 57 页。

特别自觉地通过金石目录的调查，主动雇请拓工到指定的地方拓碑。所谓"访拓畿辅之碑"，指的是缪荃孙在京主持《光绪顺天府志》编撰的时候。到南京之后，他的寻访重点则是安徽、江苏两省的碑刻。在他眼里，拓工不仅是拓本的生产者和供货来源，而且弥补了金石学家的体力与时间的不足，是金石学家访碑的手足和耳目的延伸。缪荃孙搜集金石拓本和研治金石学的每一阶段，都有拓工相伴，目的性相当明确。他不仅为修官书而雇请拓工，也出于自己访碑集拓的需要而雇请拓工。即使在旅行途中，遇到新的碑刻，他也会雇请拓工拓取。① 特别值得一提的是，他发挥自身对金石目录学的专长，为拓工指引方向。小王赴朝鲜拓碑，就是根据缪荃孙所提供的碑目，有方向、有重点地搜寻碑石。

（四）亲友支持

正因为缪荃孙重视拓工，对拓工的需求量大，因此，他的日记中时常可见有同道朋友向其推荐拓工。这种推荐的背景，要么基于缪荃孙的需要，要么出于拓工的请求，要么是两者兼而有之。缪荃孙初到南京不久，况周颐就向他推荐了聂明山，还推荐了另一位拓工老荀。② 他的另外两位朋友蒯礼卿、徐珂宝则分别向他推荐过赵姓拓工和打碑人张瑞卿。③ 显然，这些拓工是以拓碑为生的，不但为人拓碑，而且买卖拓本，是联系拓本生产和流通两个环节的重要人物。例如，况周颐所推荐的老荀，就是专业碑估，缪荃孙也称他为"打碑人山东荀估"；他曾为缪荃孙带来"久已湮没"的《宋陆游钟山定林寺题名》拓本，让缪荃孙欣喜不已。④

如前文所言，缪荃孙年轻时就曾"身自搜访，手自捶拓"，他对拓碑之道有深切的体会。他不仅尊重拓工，也培养家人和仆从学习拓碑技艺，为他制作石刻拓本。缪荃孙的侄子缪志名，就是他培养出来的拓工。徐乃昌是晚清一大文献学家和收藏家，他曾答应赠予缪荃孙《崇川金石志》，缪荃孙十分高兴，因为根据《崇川金石志》中的金石目录，他就可以按"目"索"石"了。他对徐乃昌说"舍侄能打碑，或令其来拓，可不致漏泄。"⑤这个"舍侄"就是缪志名，⑥曾参与《宋建炎复江

---

① 《缪荃孙全集·日记》第三册，第 77 页。记其在杭州，发现新碑刻，即"与（丁）善之约雇人拓金石"。
② 《缪荃孙全集·日记》第一册，第 409 页："夔生荐老荀来。""老荀拓《涌金阑》来。"
③ 《缪荃孙全集·日记》第二册，第 233、510 页。
④ 缪荃孙：《[宋] 陆游钟山题名跋》，载《缪荃孙全集·诗文》第一册，第 198 页。
⑤ 《缪荃孙全集·诗文》第二册，第 385 页。
⑥ 同上，第 390 页。缪荃孙致徐乃昌另一信中言："石件有舍侄志名料理，无论何时，专价来取，不敢刻期。"可以为证。

阴军牒》的访拓。① 培养家人和仆从拓碑的一大好处是，可以保证相关的碑拓信息不致泄漏，保证同一石刻不因流传拓本过多而降低其市场价值。实际上，徐乃昌与缪荃孙之间，时常交换各自所有的金石目录。徐乃昌此次所赠《崇川金石志》，后来交给了聂明山，由其赴南通拓取，而缪志名则负责将缪荃孙手上的金石目抄录一份寄赠徐乃昌。

相传唐代著名书法家颜真卿不仅本人精于镌刻，还有两个精于镌刻的侍从。② 此说迄今无法得到确证。清代咸丰年间，书法家何绍基据宋拓本，模刻《秦望山法华寺碑》，由其仆人陈芝负责奏刀重刻③，这是有案可稽的。缪荃孙可能受到前贤的启发，有意培养他的仆从从事拓碑之役。他的仆从拓工中，以北京时期的田福和南京时期的贾升两人最值得注意。壬辰年（1892）八月廿五日，缪荃孙曾派田福"上真定打碑，给盘费廿金"，十月三十日回来。④ 次年四月七日，他"命田福售像及正定、定州二碑与陆纯伯"。⑤ 到了光绪二十年（1894）十月，他发现田福手脚不干净，"盗物甚多，洋锁、席票，并有开考篮偷去银两之弊"，立即将田福逐走。⑥ 贾升是在田福被逐走之后来的，那时，缪荃孙已经到了南京。光绪二十二年（1896）三月廿六日，缪荃孙"专贾升上句容拓新出绍圣经"，三十日，"贾升自句容回，拓来经幢一、经两份、造经记一份"。但不知具体什么原因，第二天，缪荃孙就以"贾升可恶"为由，要将其"立即逐出"。⑦ 不过，这似乎只是一时气话，贾升并没有真的被赶走，因为这一年十月十四日缪荃孙还带着贾升和聂明山一起到栖霞山拓碑。⑧

（五）慎择拓工

郭玉海曾将晚清拓工分为两类，一类是文人士大夫从事传拓者，亦称"名家传拓"，一类是职业传拓者，亦称"传拓名家"。⑨ 后者也就是所谓职业拓工。从《艺风老人日记》中可以看出，晚清职业拓工数量甚多，不说京城琉璃厂职业碑贾

---

① 《缪荃孙全集·诗文》第一册，第196页。
② 曾毅公：《石刻考工录·自序》，载《石刻考工录》，卷前，书目文献出版社，1987年版，第3页。
③ 参看程章灿：《石刻刻工研究》，第6页。
④ 《缪荃孙全集·日记》第一册，第228、236页。
⑤ 同上，第256页。
⑥ 同上，第330页。
⑦ 同上，第407页。按：所谓"绍圣经"，是指"新在句容塔上得《金刚经》《千佛名经》三种（另有造经记两石），绍圣三年写"（缪荃孙致凌霞信，载《缪荃孙全集·诗文》第二册，第338页）。
⑧ 《缪荃孙全集·日记》第一册，第437页。
⑨ 郭玉海：《晚清民国间的"名家传拓"与"传拓名家"》。

丛集,京城以外也不难觅得好的拓工,如泰安黄士林和江宁聂明山。因此,缪荃孙对拓工不必"从一而终",而是根据时空环境的方便和需要,慎择拓工。①

拓工的专业水平及其工作态度,决定拓本的质量,也影响拓本的流通。李云从所拓《高丽好大王碑》远胜他本,所拓《定兴标义乡石柱颂》也"一字不损",若"新出于硎"。② 与敬业的李云从相反,亦有一些拓工草率从事。例如,对于昭陵诸碑,叶昌炽就曾批评"近时拓工惜纸,其磨泐处皆不拓,岁久尘埋,下半截深入土中,亦未尝举而出之,故精本整本极为希觏"。③ 又如《张弘范墓碑》,由于碑身高大,缪荃孙等人雇请的拓工"惧梯架之费,因而置之",④留下了遗憾。另一方面,这些拓工一次出行,往往制作若干份拓本,除了如约交还雇主,以备留存或交流之需,也会自留一些,作为买卖的商品,扩大了拓本的流通面。

原载《上海师范大学学报》2018 年第 5 期

(作者单位:南京大学)

---

① 叶昌炽曾专论"拓手之不可不慎择",见《语石·语石异同评》,第 552 页。
② 同上,第 558 页。
③ 同上,第 27 页。
④ 同上,第 57 页。

缪荃孙：晚清藏碑第一人

张春岭

清代金石学的繁盛，达到了空前绝后的境界，以金石碑帖为主的收藏活动，成为自皇亲国戚、封疆大吏到知名学者、乡村寒儒都热衷参与的行为。首先，碑帖收藏有广泛的基础。有条件读书的孩童，在摇头晃脑地诵读《三字经》《百家姓》的同时，就要描红写仿，碑帖成为最为基本的临习课本。其次，自清初，学者们对前代只讲明心见性的空谈已经感到厌倦，讲求实用的风气开始抬头，到了乾嘉时期，由于文字狱的兴起，文人学士为了避免因议论时政而遭到迫害，都一头钻进了故纸堆中，搜求青铜彝器、赏玩碑版拓片，更有利于远离灾祸。时代风气的变迁，助推了金石学的发展。

清陈康祺《燕下乡脞录》卷十四记载："乾嘉钜卿魁士，相率为形声训诂之学，几乎人肆篆籀，家耽《苍》《雅》矣。诹经榷史而外，或考尊彝，或访碑碣，又渐而搜及古砖，谓可以印证朴学也。"并且涌现了一批卓有成就的大家，声名显赫者如顾炎武、黄宗羲、朱彝尊、钱大昕、孙星衍、翁方纲、阮元、吴式芬、王昶等。

乾嘉之后的金石学者刘喜海，"独酷嗜金石碑刻款识，纵横满几"。刘喜海一生共收罗了金石拓本5 000余通，并据此撰成《长安获古编》《金石苑》《三巴香古志》《海东金石苑》等金石著作多种。在这样的背景下，要想成为藏碑第一人，实非易事。然而，晚清学者缪荃孙却以收藏12 000余通石碑而稳坐碑帖收藏的第一把交椅，远远超过了刘喜海的收藏数量。

缪荃孙，字炎之，号筱珊，晚号艺风老人，清道光二十四年（1844）农历八月初九生于江阴申港镇缪家村一个官宦之家。他的曾祖父、祖父曾为知县、知州，父亲是举人出身的幕僚，以后当了贵州候补道。缪荃孙自幼接受书香门第的严格教育，11岁已经读完五经。17岁时太平军进江阴，侍继母避兵淮安，丽正书院肄业,习文字学、训诂学和音韵学。21岁举家迁居成都,习文史,考订文字。24岁应四川乡试中举。1876年33岁时会试中进士,曾任翰林院编修、清史馆总纂,并历主南菁、泺源、龙城、钟山等书院讲席,创办过江南图书馆和京师图书馆。缪荃孙最终成为中国近代藏书家、校勘家、教育家、目录学家、史学家、方志学家、金石家,中国近代图书馆事业的奠基人,中国近代教育事业的先驱者之一。

缪荃孙留意治金石之学,和他早年阅读欧阳修的《集古录》与赵明诚的《金石录》分不开。同治九年冬,缪荃孙第二次入京会试之时,"始为金石之学"。第二年落第后返蜀途中,开始了金石收藏。同治十一年他入川东道姚觐元幕府,曾助姚访求金石碑拓,随后又精心研读了毕秋帆、阮文达、王德甫、孙渊如等人的著作,凡遇冷摊故家碑帖,见到就买,"所积益多,所嗜益笃"。

缪荃孙所藏碑帖,一大部分来自他亲自或托人捶拓。在荒郊野外、古墓坟园从事拓碑,是一项很辛苦的工作,说不定还会遇上危险,这对于出身官宦世家的缪荃孙,确实是一项挑战。《艺风堂收藏金石目序》中曾记载他在由川入京会试途中,"每逢阴崖古洞,破庙古城,怀笔舐墨,详悉记录,或手自捶拓,虽及危险之境,甘之如饴。"有一次,他去褒城石门山访拓古碑,一直忙到很晚,因为山深月黑,只能蜷宿山崖下面,和乞丐为伍。他还充分利用到各地任职或讲学的机会访碑拓碑。供职京师时,他一方面尽力收购,另一方面又派人到顺天、易州、宣化、定州等处拓碑。光绪十七年,他在山东济南的泺源书院讲学半年,他利用这个机会尽拓泰安、肥城、汶山、蒙阴等十多个县的古碑;光绪二十二年,他主讲南京钟山书院并遥领常州龙城书院,他又请人去拓了江宁、句容、溧水以及"上江之太平、当涂、潜山、桐城、贵池,下江之常熟、松江、太仓等处"的碑刻。数十年间,几乎拓遍了大半个中国。由于他长期参加实地的拓碑过程,在碑刻鉴定上已经有很高造诣,他曾经自言:"远望造像碑形,可断为何代物,十能得其八九。"

几次大规模的购买活动,充实了他的收藏。光绪三年,在京师首次大规模购置书籍和金石碑拓:"汤文端家藏书全出以千金购之,又购韩小亭家碑版拓本四大箱。"特别是一些从故去的硕儒家中流散出来的碑帖,拓片精绝,年代久远,十分珍罕,对于这样的藏品,缪荃孙总是不遗余力地购买。如曾任四库全书纂修官的翁方纲,不但是当时著名的学者,也是藏书大家,藏书处有石墨书楼、三万卷斋、赐书楼、宝苏斋等。翁方纲去世的时候,他的儿子已经先去世了,只有一个五岁的孙子翁颖达。家事由家人刘安代理。而刘安与琉璃厂的商贩勾结,将翁方纲的藏书、金石书画、著作手稿及其他遗物偷卖不少。翁方纲的学生孙烺,以五千金买到翁氏所藏宋拓碑帖及手稿四十巨册,后手稿归魏稼孙,稼孙去世后,又归缪荃孙。

光绪二十二年(1896),江南藏碑大家沈树镛旧藏散出,总数有3 600余通。缪荃孙得知这一消息后,却陷入了矛盾之中。一方面,如果拥有这批藏品,他的碑帖收藏数量就可以达到当时巅峰。另一方面,作为一名虽称不上清贫,但也不是富足的官员和学者,他一时也拿不出那么多的现钱。同时,他还有一位潜在的竞争对手,那就是同样以收藏金石著名的叶昌炽,只是叶昌炽当时正深陷在丧子绝嗣之痛中,暂无暇问津;缪荃孙终于下定决心,卖掉家中的田产买碑。从此,碑帖收藏第一的桂冠,就戴在了缪荃孙头上。事后叶昌炽十分懊丧,觉得自己失去了一次绝好的机会。

作为一名学者,缪荃孙收藏碑帖的目的,并不是为了争得个天下第一的虚名,也不是像一般人那样,只是鉴赏碑帖上的书法艺术,更不是像现代人囤积居奇,谋求暴利。他所重视的是金石的文献史料价值。他曾经根据金石收藏的目的和使用的情况,把清代的金石学者分为鉴赏和考据二家。认为考据家高者可以订经史之异同,次者亦可广学者之闻见,比只会鉴赏、专注书法者更有意义,他本人就以考据派自居。

关起门来做学问虽然是一种不错的选择,但是,广交同好,转益多师,会取得更好的效果。缪荃孙与当年的金石学家多有交往,如叶昌炽、吴大澂、王懿荣、潘祖荫等,他们的来往信札中,有不少人都谈到碑学与金石拓片及书法等方面的内容。如吴大澂在给缪荃孙的信札中写道:"十八访碑后,翌日即宿古寺中,看山读书,万籁俱寂,碑目钞毕奉缴,内《夹江碧云亭记》下注拓本二字,是否原石已毁,仅见拓本,或尚未访得耶……"

除了学者,缪荃孙一生中还结识过两位特别擅长捶拓技法的打碑工人,一个是北京的李云从,一个是南京的聂明山,当时号称北李南聂。李云从除了捶拓技术精湛,还有很高的文史知识修养,当年曾有潘祖荫考问李云从,李云从对答如流的趣事,连总督端方对他也青睐有加。缪荃孙与李聂有很深的交往,曾多次雇请他们代拓碑刻文献。

缪荃孙藏品之富,在同时代人中已经有不少记载,如晚清篆刻家黄牧甫写道:"在澄江艺风堂处览尽宋、元、明众多彝鼎、权量、镜铭、砖瓦、古陶及周魏诸刻石拓片,及其意趣,实乃受益,助吾印学……"缪荃孙利用自己的藏品,精研金石之学,编撰了几部金石学方面的著作,计有:《顺天金石志》3卷、《畿辅金石志》24

卷、《待访目》2卷、《湖北金石志》（已佚）、《金石分地编》24卷、《金石录札记》1卷、《今存碑目》1卷、《苍崖先生金石例札记》1卷，以及收在《云自在龛随笔》中的"金石随笔"1卷。同时，在碑刻文献研究、碑帖真赝鉴别方面，都取得了丰硕的成果。

缪荃孙去世后，其子缪禄保把大部分藏书卖给了上海古书流通处，碑帖和珍本则随缪禄保移北京，后多为北大图书馆所得。著名历史学家罗尔纲在一篇回忆性文章中说，他早年在北大考古室做的工作，就是编缪荃孙收藏的金石拓本目录。

田洪都序《艺风堂藏书再续记》评论缪荃孙说："……孤稿秘籍，多赖流布，广人见闻，裨益文化之功，可谓至巨。"缪荃孙对金石文字、名迹碑拓的遍访与探求，那种勤奋、执著、顽强、持之以恒的学习态度，对当今的人们，仍具有教育意义。

原载《东方收藏》2018年第1期

《缪荃孙全集·日记》所见缪氏金石交往

李 娟

缪荃孙(1844—1919),初字小珊,后改字炎之,号筱珊,晚年又号艺风。江苏常州人。清光绪二年(1876)中进士,入翰林院。次年4月,受聘主纂《顺天府志》。清光绪二十年(1894)离开京城赴江南,次年受张之洞之邀,到湖北武昌修《湖北通志》。次年2月,再应张之洞之邀,赴南京主讲钟山书院。在南京期间,开办中小学堂,兼两江师范学堂稽察,创办江南图书馆。清宣统二年(1910),在京城主办京师图书馆。1911年辛亥革命爆发,始避居上海。缪荃孙是晚清著名的金石学家和金石收藏大家。他的"云自在龛"藏碑帖近一万两千通。"在金石学方面,他编纂了《艺风堂金石文字目》十八卷,收录其三十年所聚碑版一万零八百种,被誉为'历来金石收藏之冠'"[1]。

标点整理本《缪荃孙全集》近年由南京凤凰出版社出版发行,为缪荃孙研究的进一步开展提供了便利。其中《缪荃孙全集·日记》(下文简称《日记》)[2]根据原影印稿本《艺风老人日记》[3]整理,共分4册。日记时间自1888年(缪荃孙时年44岁)至1919年(缪荃孙76岁去世)止共32年,记载了缪荃孙学术旺盛时期的工作、学术、生活等日常活动。《日记》中金石方面记载比比皆是,包括缪荃孙收集整理金石拓片、进行金石研究以及金石交往等,为研究还原缪氏金石研究的发展、所藏金石拓片的来源、其金石交往圈,提供了丰富的一手资料。当前缪荃孙研究已有《缪荃孙研究》等相关专门研究

---

[1] 徐有富:《缪荃孙研究》序,杨洪升:《缪荃孙研究》,上海古籍出版社,2008年版。
[2] 缪荃孙著,张廷银、朱玉麒主编:《缪荃孙全集·日记》,凤凰出版社,2014年版。
[3] 缪荃孙:《艺风老人日记》,北京大学出版社,1986年版。

著作①,但在金石学方面,目前的研究关注不够,缪氏金石交往等相关研究也多是举例性质。有必要充分利用一手资料,对缪荃孙金石交往圈,进行全面、穷尽性整理分析,为全面了解和研究缪荃孙的金石学成就,为进一步梳理晚清民国学术交往圈提供参考。

笔者以《缪荃孙全集·日记》为据,将《日记》中金石相关交往进行全面梳理。经梳理发现,《日记》中涉及金石相关交往817处,涉及人物共297人。其中可考者74人。这些人物身份各异、年龄不同,与缪荃孙的亲疏关系有别,主要包括师友、弟子、亲属,以及拓工、刻工、为缪荃孙整理藏品的雇工等四类人物。在这四类人物中,其中友朋类交往频率最高,徐乃昌、顾燮光、况周颐、刘世珩等人,《日记》中记载的金石交往次数均在20次以上。下文依类列个人小传及金石相关交往如下:

一、师　友

1. 徐乃昌(1862—1936),字积余,号随庵,安徽南陵人。近代藏书家、刻书家。曾任江苏淮安知府、江南盐运道等职,又任江苏高等学堂总办、三江师范学堂监督等。生平以藏书、著书、校书、刻书为事。辑刊有《积学斋丛书》《许斋丛书》《怀幽杂俎》《随庵丛书》及《随庵丛书补编》数种。编著有《宋元科举三录》《永嘉四灵集》《金石古物考》《徐文公集补遗》等。

《日记》中记载徐乃昌与缪荃孙金石相关交往共有37处,是《日记》所载与缪荃孙金石交往频率最高的人。在两人37次的相关交往中,以互借、互送(寄)金石著作、碑拓、碑目为主,此类交往占到33次。从《日记》中可知,徐乃昌曾于1894年2月22日向缪荃孙求撰《刘芝田中丞神道碑》,并馈缪荃孙百金。这是《日记》中记载的徐与缪的第一次金石相关交往。从"馈百金"来看,当时的徐与缪应属初识,徐尚以客自居,应有以百金致谢之意。在以后的交往中,缘于共同的志趣,自客及友,关系日密,至1907年7月12日,徐乃昌又以《金石例》求校,就没有馈金之说了,且缪荃孙还送给徐乃昌《金石目》两部。《日记》还记载缪荃孙曾两次托徐乃昌售碑,可见对其甚为信任。此两次分别是:1897年9月3日,"诣徐积余谈托售重分碑事";1897年11月21日,"检三次剩碑,写目交于积余

---

① 杨洪升:《缪荃孙研究》,上海古籍出版社,2008年版。

转售"。民国后,二人又同期寓居上海,每年都有几次互借、送金石著作的会面。《日记》1919年5月29日载:"又诣徐积余,未晤,还其《十二砚斋金石录》。"《日记》1919年6月27日又载:"接徐积余来信,借《金石志》三册。"从"未晤"到"接信",可确定徐当时应是人未在上海。至1919年9月5日,"徐积余送曾氏碑志来",两人再次会面。此是《日记》中所载缪生前与徐的最后一次金石相关交往。三个月后,缪荃孙溘然长逝。从以上诸多事例中可以看出徐乃昌是缪荃孙晚年重要友朋之一,二者关系甚笃且亦师亦友。与缪荃孙的交往,徐乃昌获益匪浅。缪氏去世后,徐乃昌言:"余与先生订交垂三十年,饫闻绪论,获益良多。"①

2. 顾燮光(1875—1949),字鼎梅,别号非儒非侠,浙江绍兴人。清光绪间贡生。工书法、绘画,尤精碑版金石目录等学。编有《译书经眼录》《江南制造局译书提要》,著有《非儒非侠斋诗文集》。

《日记》中记载缪荃孙与顾燮光金石相关交往共有33处。顾燮光是缪荃孙晚年所结交的朋友。两人属忘年之交,缪年长顾31岁,顾燮光尊称缪荃孙为年丈、年伯。从两人交往来看,交往类型主要是书信往来,交往内容以顾燮光寄碑拓为最多。《日记》所载两人33次的交往中,仅顾燮光给缪荃孙寄石刻拓本就有16次。从《日记》中查考,他们的初次交往是以书信的方式进行的,即《日记》1915年10月8日载:"接顾鼎梅《河朔访古录》四例,极佳。"初次会面则是在1915年12月22日,顾燮光在其父亲顾黼卿的引领下与缪荃孙见面,即《日记》1915年12月22日载:"顾鼎梅侍其父来,呈所著。"此处所言"所著"应指顾的《河朔访石志》。《日记》1916年9月16日记载:"接卫辉寄来碑。"这是《日记》中两人交往中首次出现的寄碑记录。《日记》1917年1月6日又载:"接卫辉《访古录》,甚佳。"此两处记载虽未出现顾燮光的名字,只出现了地名"卫辉",但查顾燮光生平,知其自1915年至1917年间,主要是在河南、内蒙古一带访碑,所到之地就有河南卫辉县,且在河南卫辉县编纂了《河朔古籍志》,由此可知缪在此处应是以"卫辉"代指顾燮光。且《日记》中尚多次出现"顾鼎梅"前冠以"卫辉"二字的记录,如:1915年11月10日载"发卫辉顾鼎梅信,送《文集》两部、石拓两分,交科学仪器馆顾逸农";1916年9月26日载"发卫辉顾鼎梅信,寄《刘熊碑考》去";1918年4月30日载"发卫辉顾鼎梅信,寄《宝刻丛编》《金石林时地考》两条"。观顾与缪的数年友情交往,缪荃孙实等同于顾之导师。顾始终视缪荃孙对金石

---

① 郭立暄等整理:《上海图书馆善本题跋选辑·史部(续三)》,上海图书馆历史文献研究所编《历史文献》第五辑,上海科学技术文献出版社,2001年版,70页。

的考证为经典,在其所著《梦碧簃石言》一书中,他27次引用缪荃孙的考证。开篇卷一"秦泰山刻石残字汇考"中,两次引用缪荃孙的话语为证:"缪年伯云此碑尚在。""缪年伯云:王文敏公重价求此拓本未得,遂力诋为宋翻,其忮如此,不足凭也。"1917年顾黼卿去世,缪荃孙为其撰墓志铭,足见其与顾燮光友情之深厚。

3. 况周颐(1859—1926),原名周仪,字夔笙,一作夔生、葵生,号蕙风,又别号二云、玉梅词人等。广西临桂(今桂林)人。清光绪五年(1879)举人,授内阁中书。先后入两江总督张之洞、端方幕。著有《蕙风词》《蕙风词话》。

《日记》中记载缪荃孙与况周颐金石相关交往共有29处。其中,除互借、互送金石著作,相约访碑外,缪荃孙还经常委托况代售碑拓或从况处买进金石资料及实物。《日记》1895年7月30日载"检旧书旧拓碑版交夔生代售";1895年8月6日载"况夔生来,售出……《墨妙亭碑目考》六书,旧拓《丽山碑》《冯绲碑》《无尤王碑》,共价七十五元";1906年9月1日载"况夔生代购《晖福寺碑》"。直至缪荃孙去世前几个月,他们仍有金石相关交往,如1919年8月22日载"交重分碑与况夔生"。1899年3月22日载"况周仪送扬州碑来,却之"。这一次缪拒绝了况周颐送碑,不知何因。

4. 刘世珩(1874—1926),字葱石,号聚卿,别号楚园。安徽贵池人。近代藏书家、刻书家。曾任道员、江苏候补道、江宁商会总理、直隶财政监理官、度支部左参议等职。喜文学,尤工词曲。编有《宜春堂景宋元巾箱本丛书》《聚学轩丛书》《贵池先哲遗书》等。

《日记》中记载缪荃孙与刘世珩金石相关交往共有26处。缪荃孙与刘世珩亦属忘年交,缪长刘30岁,但与顾鼎梅交往形式相较不同的是,《日记》中关于两人金石相关交往无书信来往记载,交往形式均是会面。缪荃孙与刘世珩的金石交往自1896年始,时值缪荃孙主讲南京钟山书院,而据刘世珩生平,刘或于此时任江苏候补道,所以说南京期间应是两人交往的密集期。此时期,两人除互借金石著作、互送碑拓外,刘曾4次索校于缪荃孙,《日记》1897年4月9日载"聚卿送旧拓《夫子庙碑》求勘读";1897年4月14日载"刘聚卿来,求改神道碑文";1897年6月7日载"刘聚卿嘱校《金石记》";1897年6月23日载"聚卿以《安徽金石志》索校"。可知刘世珩亦是视缪荃孙为师长辈。缪荃孙还曾售碑于刘氏,《日记》1897年10月24日载:"售重分碑于刘聚卿,价乙千元。"1901至1903年间两人无相关交往。从缪荃孙生平履历可知:1901年缪荃孙任江楚编译局总纂,1902年在江宁开办学堂,同年赴日本考察学务。1903年,在南京开办中小学堂。此三年间,缪荃孙应是将主要精力放在了办学事务上。《日记》记载的两人最后一次金石相关交往是:1915年5月23日,"理金石三份与聚卿"。

5. 凌霞(约1820年至1890年前后人),一名瑕,字子与,号尘遗,又号病鹤等,浙江归安(今湖州)人。诗、书、画俱通,亦通小学。

《日记》中记载缪荃孙与凌霞金石相关交往共有17处。其中,有16次是书信来往,只有1次会面:即1895年9月11日,"到新关银号晤凌尘遗,送《七家词》、新钞《山西金石目》《古泉山馆金石跋》,又借去《山右金石记》六册"。二人金石交往内容主要以互寄金石志书为主,另有凌寄给缪氏碑志拓本4次、碑目1次。

6. 罗振玉(1866—1940),字叔蕴,一字叔言,号雪堂。浙江上虞人。近现代著名学者、金石学家、甲骨学家、藏书家。一生著述颇丰。

《日记》中记载缪荃孙与罗振玉金石相关交往共有16处。缪与罗的交往包括相互寄送拓本、金石著作,并相互购买过对方的金石资料,如《日记》1911年5月29日载"叔蕴借《寻阳公主志》拓本去,又购《续碑传集》一部"。《日记》1915年10月3日载"还朝鲜碑价六十元并罗叔蕴信与范伟军"。除购买外,罗振玉还两次赠送缪荃孙碑拓:《日记》1897年11月9日载"罗叔蕴赠碑五种";1914年1月20日载"叔蕴寄还敦煌碑文,赠朝鲜汉碑一纸"。

7. 端方(1861—1911),字午桥,号陶斋,满洲正白旗人。清光绪八年(1882)举人,历任湖广、两江总督,宣统元年(1909)调直隶总督,后被弹劾罢官。宣统元年(1911)起为川汉、粤汉铁路督办,入川镇压保路运动,为起义新军所杀。著有《陶斋藏石记》《陶斋吉金录》等。

《日记》中记载缪荃孙与端方金石相关交往共有15处。清光绪三十二年(1906),端方任两江总督,聘缪荃孙为其鉴定书画。《日记》中缪荃孙与端方之间的金石交往除互借金石著作、互赠金石碑拓外,他们还经常一起赏游、聚会并赏鉴拓片等。如:《日记》1894年4月20日载"饭后,木斋、云阁、剑霞、伯熙同至午桥处,碑石林立,真赝参半,然郭休、曹真、蔡俊各碑皆绝妙也"。1908年12月26日载"入署谒陶帅,晤俞恪士之弟。见旧拓《栖霞寺碑》,极佳"。1909年1月5日载"樊山招饮陪陶帅……出观书画,以王孤云《金明池图》……为最,东林寺碑拓本"。

8. 王先谦(1842—1917),字益吾,号葵园。湖南长沙人。清末著名学者。清同治四年(1865)进士。授翰林院编修。历任江苏学政和湖南岳麓书院、城南书院山长。晚年任翰林院侍讲、国史馆总纂等。著有《虚受堂文集》《庄子集解》《汉书补注》《水经注集校》等。

《日记》中记载王先谦与缪荃孙金石相关交往共 11 处。他们之间的交往主要是信件往来,内容以王先谦寄《金石文字目》为主。

9. 叶昌炽(1847—1917),字颂鲁,号鞠裳,一号缘督,自题缘督庐主人。长洲(今江苏苏州)人。近代著名金石学家、藏书家。清光绪十五年(1889)进士,选庶吉士,散馆授编修。历任国子监司业、翰林院侍讲,督甘肃学政等。撰《语石》《藏书纪事诗》等。

《日记》中记载缪荃孙与叶昌炽金石相关交往共有 11 处。两人自 1877 年初次见面后,交往日密。叶昌炽钦佩缪荃孙学识,称缪荃孙为"前辈"。缪氏在《日记》中记载的两人金石来往主要是叶昌炽寄送碑拓与缪荃孙及互借金石著作。

10. 费念慈(1855—1905),字屺怀,号西蠡,晚号艺风老人、归牧散人。江苏武进(今常州)人。清光绪十五年(1889)进士,官编修。工书、精鉴赏,兼长山水画。

《日记》中记载缪荃孙与费念慈金石相关交往共有 11 处。《日记》载两人的金石交往自 1891 年始,交往以会面居多,交往内容主要是互借碑拓及墓志。1894 年之前缪荃孙居京,费应也是在京任职,二人多见面晤谈。1894 年缪荃孙离京后二人则通信往来。缪荃孙曾在屺怀处用早饭,可知关系亲密,即 1892 年 10 月 21 日,"在屺怀处早饭,假其《嵩洛访碑图》归"。《日记》中还有两处关于《般若台》拓片的记载:1893 年 12 月 10 日,"送《般若台》与屺怀";1893 年 12 月 12 日,"屺怀退般若台并送五凤二年碑来"。从记载来看,缪氏送《般若台》与屺怀,两天后屺怀退回并赠送缪"五凤二年碑"。关于《般若台》的一来一往,或是缪只是送《般若台》给费观赏,或是赠予费而费未收。具体是何详情待考。

11. 蒯光典(1857—1910),字理卿,一作礼卿,号季逑。安徽合肥人。清光绪九年(1883)进士。清光绪二十四年(1898)以道员发江南,创江宁高等学堂,后曾任京师督学局局长。著有《许慎说文札记》《许慎说文札注》《金粟斋遗集》。

《日记》中记载缪荃孙与蒯光典金石相关交往共有 9 处。两人的交往主要是互送、借金石著作及拓本为主,并以缪赠送蒯金石资料居多。交往形式主要是居所会面,无书信来往。

12. 夏孙桐(1857—1941),字闰枝,一字悔生,晚号闰庵。江苏江阴人。清光绪十八年(1892)进士,授编修。历任会典馆编书处总纂、广东考官,浙江湖州、宁波、杭州知府,民国初入清史馆。

《日记》中记载缪荃孙与夏孙桐金石相关交往共有 7 处。其中有 5 次是书信来往,主要是缪接夏氏寄送的金石著作及碑目。另外两次非书信来往分别是:1893 年 12 月 29 日,"夏闰枝借《皇甫诞碑》去";1894 年 2 月 5 日,"闰枝还《皇甫碑》来"。

13. 柯逢时(1845—1912),字懋修,号逊庵。武昌(今湖北鄂城)人。清光绪九年(1883)进士,授翰林院编修。升任江西布政使、贵州巡抚、广西巡抚,迁户部侍郎,湖北商办铁路公司名誉总理。喜刻书,尤嗜藏书。刻印书籍有《武昌医学馆丛书》,主修《武昌县志》。

《日记》中记载缪荃孙与柯逢时金石相关交往共有 7 处。柯与缪交往主要是互借金石志书,柯逢时还以《常山贞石志》索校于缪荃孙。《日记》1896 年 11 月 5 日载"逊庵送《常山贞石志》来索校"。《日记》中关于两人金石交往的最后一件事是:1908 年 1 月 26 日,"并还逊庵《闽中金石略》《容台集》各一部,给盘费 150 元"。

14. 周庆云(1866—1934,一作 1864—1933),字景星,号湘舲,别号梦坡。浙江乌程(今湖州)人(生于上海)。一生收藏书画、金石器物颇丰。又擅诗词、绘画,小楷尤精。

《日记》中记载缪荃孙与周庆云金石相关交往共有 7 处。缪与周的金石交往主要是碑拓来往事。《日记》1916 年 2 月 10 日记载过拓碑款事,"周湘舲寄端宅拓碑款一百六十元"。"端宅"或指端方家人,则端方逝后,周庆云作为中间人,缪荃孙与端方家人有拓片来往。

15. 章寿康(1850—1906),原名贞,字硕卿,浙江会稽(今绍兴)人。监生,清光绪初为张之洞幕僚,后任湖北嘉鱼知县。收藏精椠秘本、金石书画极富,藏书数十万卷,亦精鉴别书画。辑刊有《式训堂丛书》。

《日记》中记载章寿康与缪荃孙金石相关交往共有 6 处,其中 5 次会面,1 次书信往来。主要是借、送书籍及拓本。缪曾以 20 洋元购章硕卿《孔庙碑》。《日记》1894 年 8 月 29 日载:"又购其西厢堂及《李仲璇修孔庙碑》,去洋十二元。"

16. 章钰(1864—1937),字式之,号茗簃。江苏长洲(今苏州)人。近代藏书家、校勘学家。清光绪二十九年(1903)进士,官至外务部主事。辛亥革命后,寓天津,以收藏、校书、著述为业。著《四当斋集》《钱遵王读书敏求记校正》《胡刻通鉴正文校字记》等。

《日记》中记载章钰与缪荃孙金石相关交往共有 5 次,1 次众友相聚,其余 4

次皆为借还金石著作。5 次来往中,其中书信来往 2 次。

17. 莫棠(1865—1928,一说 1929),字楚生,别号初僧。晚清著名藏书家莫友芝之侄。贵州独山人。早年游宦两广,民国以后寓居苏州。富藏书,精版本目录之学。有《铜井文房砖录》《文渊楼藏书目录》等①。

《日记》载缪与其过往甚密,多次晤谈、宴集,交流古籍、碑拓。民国初二人皆寓居江南,故可常相会面。《日记》所见金石相关交往约 5 处,包括莫氏给缪氏送碑拓,以及缪氏为莫棠拓本题跋。1912 年 2 月 28 日"莫楚生来,出示《泰山廿九字》真迹,《龙藏寺碑》有张公礼款,水拓《瘗鹤铭》,均佳"。次月 5 日缪氏为之作跋,6 日与莫氏晤谈,交还此三种拓本。1912 年 7 月 22 日、1918 年 5 月 10 日莫氏两次给缪氏送碑拓,当为出售。前者所送"一唐两宋,皆罕见"。另据缪氏为之题跋的《龙藏寺碑》《瘗鹤铭》,则莫、缪交流碑拓多为旧拓、善拓。

18. 吴隐(1867—1922),原名金培,字石泉,更名隐,字石潜,号遁盦,又号潜泉。浙江山阴(今绍兴)人。篆刻家,工书画,篆刻宗浙派。善制印泥。

《日记》中记载二者金石相关交往共有 5 处,除校《金石学录》外,其余 4 次皆是借还金石著作。交往主要是会面,无书信来往。

19. 刘承幹(1881—1963),字贞一,号翰怡。浙江南浔人。现代著名藏书家,藏书达 60 万卷近 20 万册。藏书被编成的书目及藏书志有多种。缪荃孙等为其编成《嘉业堂藏书志》等。

《日记》中记载缪荃孙与刘承幹金石相关交往共有 5 处,皆为会面,无书信往来。内容主要是借还《台州金石记》《金石苑》。其中 1916 年 12 月 19 日记载"翰怡馈百元,并遗重订《金石》《坊巷志》去"。刘承幹一生痴心藏书。缪荃孙在《嘉业堂丛书序》中说:"诸藏书家多佚出之本,无不归之,收藏遂富甲海上。"缪荃孙为其藏书考订校勘,可知两人关系甚笃。

20. 冯煦(1843—1927),字梦华,号蒿庵。江苏金坛人。清光绪十二年(1886)探花,授编修,官至安徽巡抚。民国后曾受聘纂修《江苏省通志》,任参政院参政。以词名,又工书法。辑有《宋六十一家词选》。

《日记》中记载缪荃孙与冯煦金石相关交往共有 4 处,主要是缪荃孙送冯煦《徐州二义士集》《明皇陵碑》《金石记》及冯煦归还所送书籍事。两人的交往时间跨度较大,自 1897 年 1 次交往至 1919 年 3 次交往,其间有 20 余年未有金石相

---

① 莫棠生平参史丽君:《莫棠生平及其藏书与题跋考述》,《图书馆杂志》2013 年第 5 期。

关来往,在缪荃孙众多金石之友中尚属个例。

21. 陶濬宣(1849—1915),原名祖望,字心云,又字文冲、文仲,号稷山居士。浙江会稽(今绍兴)人。近代书法家。清光绪二年(1876)举人。曾任广东广雅书院山长,并任职广雅书局。著有《论书绝句百首》等。

《日记》中记载陶濬宣与缪荃孙金石相关交往共有 4 次,交往内容分别是聚赏、借还、校勘金石拓片。其中可见缪荃孙对金石的珍爱之情,如《日记》1892 年 6 闰月 15 日载"心云还金石各种,点抹不堪,懊恼之至"。可想而知,缪荃孙借与陶濬宣的金石拓片被污,令其非常恼火。

22. 张钧衡(1871—1927),字石铭,号适园主人。浙江吴兴人。近代藏书家。清光绪二十年(1894)举人。主编有《适园藏书志》,由缪荃孙代笔。

《日记》中记载他与缪荃孙金石相关交往共有 4 处,皆是互借、送金石著作。

23. 陈作霖(1837—1920),字雨生,号伯雨,晚号可园,人称可园先生。江苏江宁(今南京)人。清光绪元年(1875)举人,历任南京奎光、尊经等书院主讲,江楚编译局分纂,上元、江宁两县高等小学堂总教习、两江学务处参议、江南图书馆典籍(司仪)等职。著有《金陵通纪》《江苏兵备志》《钟南淮北区域志》等。

缪荃孙与陈作霖的金石相关交往主要是关于《山右石刻丛编》一书,共 3 处:1899 年 11 月 20 日,"陈雨翁送《山右石刻丛编》二、三来"。1899 年 12 月 7 日,"送《石刻丛编》卷四与陈雨生"。1899 年 12 月 9 日,"交雨生《石编》第五卷"。

24. 吴重熹(1838—1918),字仲怿,或作仲饴,晚号石莲老人,山东海丰(今无棣县)人。清著名金石学家吴式芬之子。历任河南陈州知府、直隶布政使、江西巡抚、邮传部侍郎等职。辛亥革命后寓居天津。

《日记》中记载缪荃孙与吴重熹金石相关交往共有 3 处:1897 年 2 月 4 日,"吴颂(仲)伊(饴)送钟鼎拓本 4 帧来,又借来《攈古录》《金石汇目分编》稿本两份"。同年 10 月 25 日,"送湖北碑目于吴仲饴"。1900 年 7 月 22 日,"发吴仲饴信并《孔氏词钞》新刻词样本、《湖南金石目》"。

25. 叶德辉(1864—1927),字涣彬,一字渔水,号郋园。湖南长沙人。近代藏书家、版本学家。清光绪十八年(1892)进士。家藏图书 4000 余部逾 10 万卷。著有《书林清话》等。

《日记》中记载缪荃孙与叶德辉金石相关交往共有 3 处:1907 年 2 月 8 日,"送王一师、叶奂(涣)彬《对雨楼》各一份,叶又送《续碑传集》,均袁子庵带"。1908 年 4 月 1 日,"叶奂(涣)彬自湖南来,长谈,赠以碑目、《辽文存》《乐章集》"。

1916 年 12 月 10 日,"发……苏州叶奂(涣)彬信并《邠州石室录》"。

26. 宗舜年(1865—1933),字子戴,一作子岱,号耿吾。江苏上元(今南京市)人。清光绪十四年(1888)举人,官浙江金华府知府,后充张之洞、端方幕僚数载。

《日记》中记载缪荃孙与宗舜年金石相关交往共有 3 处,分别是:1907 年 3 月 6 日,"送《小丛书》《读书记》《藏书记》《金石目》于宗子岱"。1909 年 6 月 6 日,"借子戴《兰陵王碑》朱拓,《湘山野录》,宋刻配元钞也"。1909 年 6 月 8 日,"为子戴题《兰陵王碑》并《湘山野录》,均还之"。缪氏借阅宗舜年藏拓本并为之题签。

27. 董康(1867—1947),字授经,号诵芬室主人,江苏武进人。近代藏书家。清光绪十六年(1890)进士。家富藏书,并以刻书知名。其"诵芬室"藏书以多精本见称。

《日记》记载缪荃孙与董康金石相关交往共 3 处:1913 年 9 月 23 日,"董授经来同早饭,赠《罗池庙碑》一本"。1916 年 4 月 28 日,"授经送碑拓五份来"。1919 年 5 月 28 日,"理董授经金石"。董康的精本后经缪荃孙介绍,归于刘承干"嘉业堂"。

28. 谭献(1832—1901),原名廷献,一作献纶,字仲修,号复堂。浙江仁和(今杭州市)人。清同治六年(1867)举人,任含山、歙县等地知县。生平好聚书、刻书,藏书数万卷。亦精于鉴别校勘。有《复堂词录》《复堂类集》等。

《日记》中记载缪荃孙与谭献金石相关交往共有 2 处:1894 年 6 月 29 日,"诣谭仲修先生谈,并送行,赠以《普宁寺钟》拓本并卅十一种宋元词"。1895 年 7 月 24 日,"仲修还《八琼室碑目》一册"。

29. 杨守敬(1839—1915),字惺吾,号邻苏。湖北宜都人。清末藏书家、书法家、历史地理学家。清同治元年(1862)举人,为黄州府学教授。曾出使日本,撰有《日本访书志》等。

《日记》中记载缪荃孙与杨守敬金石相关交往共有 2 处:1890 年 3 月 18 日,"又拜杨惺吾学博守敬,惺吾好收藏金石书籍,又游日本,所得尤多"。1909 年 10 月 18 日,"赠积余、杨惺吾照片、碑拓"。

30. 孙葆田(1840—1911),字佩南,山东荣成人。清同治十三年(1874)进士。著有《汉人经解辑存序目》《汉学传经记》等。

《日记》中记载缪荃孙与孙葆田金石相关交往共有 2 处:1891 年 3 月 27 日,

"假佩南《山右金石记》六本。《山右金石记》十卷,通志本不录全文,不分存佚……从无此例,不通金石学者所为也"。1891年4月30日,"佩南同游骨(古)董铺,得旧拓《多宝塔碑》、赵秋谷条幅"。

31. 吴昌硕(1844—1927),字昌硕,又字苍石、仓石、仓硕等。浙江安吉人。清末民初著名书画家、篆刻家。

《日记》中记载缪荃孙与吴昌硕金石相关交往共有2处:1904年11月25日载"万欣陶招饮,汪柳门、吴仓石、徐翰卿、斌臣同席",诸人共赏鉴明拓《郑文公吕望表》等碑拓、字画。1908年9月3日载:"送《文集》及《续碑传集》与萧世兄、吴仓硕。"

32. 沈曾植(1850—1922),一名增植,字子培,号乙庵。浙江嘉兴人。清光绪六年(1880)进士,历任刑部员外郎、南昌知府、总理衙门章京、安徽提学使等,主讲两湖书院。沈氏深于史学、刑律,工诗词,书法负盛名。著有《蒙古源流笺证》《西北舆地考》《汉律辑补》《晋书刑法志》等。

《日记》中记载缪荃孙与沈曾植金石相关交往共有2处:1892年4月22日,"又观子培藏《高植》《刁尊》两志,皆旧拓本"。1917年4月9日,"送丁汀鹭《金石跋》与子培"。

33. 沈曾桐(1853—1921),字子封,号同叔,沈曾植弟。浙江嘉兴人。清光绪十二年(1886)进士,授翰林院编修,清末曾任广东提学使。

《日记》中记载缪荃孙与沈曾桐金石相关交往共有2处:1907年9月17日,"沈子封来,取泽古堂两集去,又送《续碑传集》零本"。1908年4月10日,"送……子封《续碑传集》一部"。

34. 翁长森(1857—1914),字铁梅。江都(今江苏扬州)人。诸生,官浙江云和知县。建"津寄藏书楼",购置古今图书万卷供借读。

《日记》中记载缪荃孙与翁长森金石相关交往共有2处:1898年3月28日,"铁梅来,约到杭州会并赠《苍玉洞题名》《观妙斋金石文字略》二种"。1900年10月19日,"翁铁梅送《云和金石》来"。

35. 梁鼎芬(1859—1919),字心海,号节庵、藏山,晚号葵霜。广东番禺人。清光绪六年(1880)进士,授翰林院编修,官至湖北按察使。受张之洞聘为惠州丰湖、广州广雅等书院山长。后又任丰湖书院、钟山书院山长。刻有《端溪丛书》,著有《款红楼词》等。

《日记》中记载缪荃孙与梁鼎芬金石相关交往共有2处:1907年3月16日,

"永贤回鄂,带去梁心海一信、黄仲弢一信、杨葆初一信,《金石目》三部,《文集》《续碑传集》各一部"。1907 年 3 月 20 日,"接梁心海信,《湖北金石志》"。

36. 费寅(1866—1933),字景韩,号复斋。浙江海宁人。曾任嘉兴教谕。辛亥革命后设书肆于海宁硖石镇,多得善本。

《日记》中记载他与缪荃孙金石相关交往共有 2 处:1917 年 6 月 16 日,"费景韩取《嵩山禅师碑》《受禅碑》"。1913 年 12 月 18 日,"赠费景韩、文小坡《金石目》"。

37. 俞樾(1821—1907),字荫甫,号曲园。浙江德清人。清道光三十年(1850)进士,历任编修、河南学政。后致力于著述、讲学,主讲杭州诂经精舍 30 余年,从学者人才辈出,有章太炎等。终身从事著述和讲学,所著极富,《春在堂全书》收一百六十余种。《日记》所见二人金石相关记载 1 处:1906 年 9 月 29 日,"送'严书'及《藕香零拾》《续碑传集》《对雨楼》四种呈俞曲园年丈"。

38. 陆心源(1834—1894),字刚甫,号存斋,晚号潜园老人。归安(今湖州)人。清咸丰举人,官至福建盐运使。建"皕宋楼",专贮宋元旧椠及名人精抄、手校本。另建"十万卷楼",储藏明以后秘刻及精抄、精校。著有《金石学补录》等。《日记》所见二人金石相关记载 1 处:1891 年 3 月 10 日,"陆存斋来辞行,留五十金为拓碑之费"。

39. 黄槐森(1834—1902),字作銮,号植庭,亦作植亭。广东香山(今中山)人。清同治二年(1863)进士,曾任贵州按察使、广西布政史、云南巡抚等。喜绘画,尤善画蝶。《日记》1891 年 12 月 24 日载:"植庭送画来看,留一汪淑明山水扇面,又拓玄妙观石柱至正题字来。"

40. 张之洞(1837—1909),字孝达,号香涛。直隶南皮(今属河北)人。清末洋务派领袖。清同治进士,历任湖北学政、山西巡抚、湖广总督等。1907 年调任军机大臣,掌管学部,官至体仁阁大学士,卒谥文襄。著《书目答问》,有《张文襄公全集》。

1875 年,缪荃孙投张之洞门下,为其撰写《书目答问》草稿,两人师生关系密切。缪的一生受益于张之洞最多。缪荃孙经张之洞请派任京师图书馆监督之职。与张之洞的金石交往,缪荃孙在《日记》中只记载了 1 处:1904 年 4 月 16 日,"南皮师索《江宁金石》"。

41. 陆廷黻(1837—1922),字渔笙,号已云。浙江鄞县(今宁波)人。清同治十年(1871)进士,官翰林院编修。清光绪八年(1882)出任甘肃提学使,后辞官归里。有《镇亭山房诗文集》三十卷。《日记》1908 年 4 月 7 日载:"派王成、王妈送春姬赴宁波,带去闰枝信两件、碑目一部、元板《礼经会元》一部,《续碑传集》两部,一赠陆渔笙,又一信。"

42. 王秉恩(1845—1928),字息存,一作雪岑、雪澄等,号茶龛。四川华阳(今双流)人。清同治举人,曾被张之洞聘至广雅书局刻书,任提调。精目录校勘学。著有《养云馆诗存》。《日记》1916 年 9 月 25 日载:"送碑一份与王雪岑。"

43. 樊增祥(1846—1931),字嘉父,一作云门,号樊山,晚号天琴老人。湖北恩施(今属湖北鄂西自治州)人。清光绪三年(1877)进士,曾任陕西布政使、江宁布政使、护理两江总督。喜诗文及收藏书籍、古画。著有《樊山集》《樊山公牍》等。《日记》1909 年 1 月 5 日载:"樊山招饮,陪陶帅,百年、子立、阆生、孝禹、汉甫、东畲同席。出观书画,以王孤云《金明池图》、钱叔美《辋川图》、恽画山水册稿、杜陵内史《杨妃醉酒图》、钱玉鱼山水花卉为最,东林寺碑拓本。"

44. 王瓘(1847—?),字孝玉,一字孝禹,号遁庵。四川铜梁人(一作安徽桐城)。曾官江苏道员,后入端方幕。工书法、篆刻,辑有《赏古斋秦汉印存》。《日记》1910 年 6 月 12 日载:"王孝禹送魏碑、唐像。"

45. 梁于渭(1848—1917)①,字鸿飞,又字杭叔、杭雪。广东番禺(今广州)人。清光绪十五年(1889)进士,官礼部祠祭清吏司司员。喜画花卉,晚嗜山水,又工篆刻。《日记》1894 年 3 月 6 日载:"借梁杭叔《龙门山碑目》。"梁氏约于 1889 至 1895 年在北京,与京城缪荃孙、叶昌炽、潘祖荫等人过往。此缪氏借梁氏《龙门山碑目》即当时交往之一例。

46. 陈琇莹(1853—1891),字芸敏。侯官(今福建闽侯)人。清光绪二年(1876)进士,官至河南学政。喜目录考证之学,曾续朱彝尊《经义考》、谢启昆《小学考》,稿厚数尺,书未完成而卒。《日记》1888 年 3 月 3 日载:"还《金石学补》于芸敏。"

47. 黄绍箕(1854—1908),字仲弢,号鲜庵。浙江瑞安人,清光绪六年(1880)进士,官至湖北提学使。著有《鲜庵遗集》等。《日记》1907 年 3 月 16 日载:"永贤回鄂,带去梁心海一信、黄仲弢一信,杨葆初一信,《金石目》三部、《文集》《续碑传集》各一部。"

48. 裴景福(1854—1926),字伯谦,号睫闇。安徽霍邱人。清光绪十二年(1886)进士。晚年以收藏金石碑帖书画自娱。著有《河海昆仑录》。《日记》1892

---

① 参邓庆燊:《梁于渭生平考述》,林雅杰、朱万章主编:《广东绘画研究文集》,岭南美术出版社,2010 年版,第 255—275 页。

年 9 月 20 日载:"伯谦出示范纯甫告身墨迹、旧拓《夏承碑》。"

49. 马其昶(1855—1930),字通伯,晚号抱润翁。安徽桐城人。清末著名桐城古文家。清光绪间任学部主事、京师大学堂教习。辛亥革命后为清史馆总纂,撰《清史稿》之光、宣列传。辑有《桐城古文辑略》。《日记》1906 年 10 月 9 日载:"发马通伯信,寄《文集》《续碑传集》。"

50. 汤寿潜(1856—1917),原名震,字蛰仙,一作蜇先。浙江山阴(今杭州萧山)人。清光绪十八年(1892)进士,授编修,曾任安徽青阳知县、两淮盐运使。辛亥革命杭州光复后被举为浙江都督。著有《尔雅小辨》《三通考辑要》《理财百策》等。《日记》1909 年 11 月 24 日载:"接汤蛰仙信,即复之,并送《金石目》一部,又允代搜未收文。"

51. 郑文焯(1856—1918),字俊臣,号小坡,又号叔问。奉天(今辽宁)铁岭汉军正白旗人,自署山东高密人。清光绪元年(1875)举人,曾为江苏巡抚幕府,在苏州授学于存古学堂,晚岁以业医卖画为生。精通音律,兼擅书画、金石、医学。著有《大鹤山人诗集》及《医故》《词源效律》等。《日记》1913 年 12 月 18 日载:"费景韩来,文小坡来,赠以《金石目》一部。"

52. 赵凤昌(1856—1938),字竹君,别号松雪道人,又号惜阴主人。江苏武进(今属常州)人。早年以佐幕湖广总督张之洞而闻名。《日记》1888 年 7 月 26 日载:"赵竹君自广东来,赠《舜庙碑》《荔子碑》《党籍碑》。"

53. 张森楷(1858—1929),字元翰、式卿,号端叟、石亲。四川合川人。著有《贲园书库目录辑略》。《日记》1894 年 4 月 24 日载:"张式卿辞行,送金石四十三种。"

54. 郑孝胥(1860—1938),字苏堪,号太夷。福建闽侯人。清光绪八年(1882)福建乡试解元,历任驻日使馆书记官和神户领事,广西边防大臣,安徽、广东按察使,湖南布政使。辛亥革命后,居上海以遗老自居。"九·一八"事变后,任伪满总理兼文教部长等职。善作诗与画松。有《海藏楼诗》等。《日记》1906 年 11 月 24 日载:"郑苏堪来,赠以《金石目》一部。"

55. 汪康年(1860—1911),初名灏年,字梁卿,后改名康年,字穰卿,又字毅伯,晚字恢伯。浙江钱塘(今杭州)人。清光绪二十年(1894)进士,曾入张之洞幕。著有《汪穰卿笔记》等。《日记》1895 年 8 月 11 日载:"汪穰卿借《和林金石录》去。"

56. 汪大钧(1862—1906),原名舜俞,字仲虞、颂虞。浙江钱塘(今杭州)人。附贡生,官至广东候补道。1898 年在沪办《工商学报》,又与汪康年等办《时务日报》,著有《传经表补正》《传经建立博士表》等。《日记》1889年2月28日载:"交赵晋斋《竹崦盦金石目》五册于汪颂虞。"

57. 庄蕴宽(1866—1932),字思缄,号抱闳,晚号无碍居士。江苏常州人。南菁书院肄业,副贡生。历任广西平南知县、梧州知府等。民国后曾任审计院院长,又任故宫博物院理事兼图书馆馆长,《江苏通志》总纂。工诗文,擅草书。《日记》1889年4月27日载:"思缄以皋文先生藏《始平公造像》见示,纸墨均佳,百余年前物也。"

58. 陶湘(1870—1940),字兰泉,号涉园。江苏武进(今属常州)人。近世著名藏书家和刻书家。曾任京汉铁路行车副监督、北京交通银行总经理、上海裕元纱厂经理等职。辑刻书多种,《宋元明本词》等大型丛书就有10种;编有《明吴兴闵版书目》《故宫殿本书库现存目》等。《日记》1914年2月8日载:"陶兰泉取《续碑传集》《金石目》各一部。"

59. 罗振常(1875—1942),字子经,号邈园。罗振玉从弟。浙江上虞人。工诗古文辞。中年设"蟫隐庐"旧书店,既买卖又收藏古籍。《日记》1915年4月13日载:"寄蟫隐庐……《金石目》二部。"

60. 蔡守(1879—1941),字哲夫。广东顺德人。金石书画诗文无所不能,亦好收藏文物。著有《印林闲话》等。《日记》1919年9月12日载:"蔡哲夫自广东来,赠砚及图书,先带石印碑版一份去。"

61. 徐鸿宝(1881—1971),字森玉。浙江金华人。著名版本学家、文物鉴定专家。毕业于山西大学堂,曾任北京大学图书馆馆长,后任京师图书馆主任、北平图书馆采访部主任、故宫博物院古物馆馆长。一生致力于文化、图书事业。《日记》1916年10月16日载:"徐森玉来,送碑四份。"

62. 瞿廷韶(清咸丰至光绪间在世),字赓父,亦作赓甫、耕莆,号舜石。江苏武进(今属常州)人。清同治九年(1870)举人,官至湖北布政使。《日记》1891年11月18日载:"耕莆出新刻《湖北金石志》,甚精。"

二、弟　子①

1. 陈庆年(1863—1929),字善余。江苏丹徒人。肄业于江阴南菁书院。清

---

① 此5人与缪荃孙师生关系参杨洪升:《缪荃孙研究》。

光绪十四年(1888)戊子科优贡生,选授江浦县教谕。后先后入张之洞、端方幕。在江南端方幕府,受委江楚编译局、江南图书馆事。此时期与缪荃孙共创江南图书馆,缪荃孙为江南图书馆总办,他为坐办。著有《横山乡人类稿》等。1888 年,缪荃孙主讲南菁书院时,陈庆年已入读二年,二人又有师生之谊。《日记》载缪与其金石相关交往共 4 处,主要是缪荃孙借给陈庆年金石著作。

2. 丁国钧(? —1919)字秉衡,号秉衡居士。江苏常熟人。室名荷香馆(有《荷香馆琐言》)。著《晋书校文》《补晋书艺文志》。丁秉衡早年从师缪荃孙。《日记》中记载他与缪荃孙金石相关交往共有 3 处:1900 年 1 月 17 日,"接仪征学丁秉衡信并王胜之寄湖北名碑"。1915 年 3 月 22 日,"丁秉衡自常熟来,送明桂一片、《金石目》一部"。1919 年 7 月 23 日,"丁秉衡寄瞿氏碑志,止唐一种,宋佚名一种,余均明志"。丁氏作为学生,为师搜集碑志拓本。

3. 梁炎(1864—1926),一名英,字公约、慕韩,号饮真,室名端虚堂。江苏江都(今扬州)人。清光绪年诸生。工诗词、精绘画,尤以画芍药、菊花入神,有"梁芍药"之称。长年客居江宁(今南京市)。《日记》1899 年 3 月 17 日载:"陈伯雅、梁炎来,赠以《常山贞石志》《孔北海年谱》。"当时缪荃孙主讲南京钟山书院,缪、梁二人同在南京。

4. 曹元忠(1865—1923),字夔一,号君直。江苏吴县人。清光绪二十年(1894)举人,官翰林学士、玉牒馆校勘官、礼学馆纂修等。富藏书,善本颇多,有《笺经室书目》《笺经室遗集》等。《日记》1911 年 9 月 8 日载:"还《金石萃编》与曹君直。"

5. 柳诒徵(1880—1956),字翼谋,号劬堂。江苏镇江人。清光绪举人。有志于图书馆事业,创办《国学图书馆年刊》,旨在把图书馆办成学术研究中心。著有《中国文化史》《中国商业史》《中国教育史》等。《日记》1906 年 10 月 12 日载:"丁德洲送毛边纸印《金石目》三十部,送夔生、翼谋各一部。"

三、亲 属

1. 缪谷瑛(1875—1955),字莆孙,号由里山人、晚香室主。江苏江阴人。缪荃孙堂弟,为黄山寿再传弟子。画工花卉,最擅写菊,有《由里山人菊谱》。工诗,有《晚香室诗钞》稿。《日记》1919 年 3 月 16 日载:"谷瑛来,取去石印碑文一套。"

2. 阿三,缪荃孙之三子缪僧保。《日记》记载有 3 处:1909 年 1 月 14 日,"偕阿三过观音寺访宋元碑"。1917年1月13日,"交阿三写碑,自写造像"。1917年7月8日,"与阿三读汉碑"。

四、拓工　刻工　写手　装订人

1. 陶子麟(1857—1928),湖北黄冈人①。清末民初四大著名刻工之一。在武昌开旧书铺,兼营雕版刊刻与出版发行。在为杨守敬、缪荃孙等版本目录学家刻印古籍过程中,经交流指点,其刻版技术逐渐成熟,并形成风格,为时人推重。据统计,缪荃孙委托陶子麟刊刻古籍多达45种②。《日记》所见他与缪的交往多达500余处,可见为刊刻上述40余种古籍,二人交流之频繁。其中金石相关的有9处(所记陶子麟,"麟"字或作"霖""麐""岭"),主要是刊刻《金石例》《金石例札记》《续碑传集》事。1906年12月19日托喻春峰带《金石例》给陶子麟。1908年1月30日缪荃孙又寄去此书校改本,并《金石例札记》,同年9月4日接到陶子麟寄回的《金石例札记》。次年《日记》所见,缪荃孙委托陶子麟刊刻《续碑传集》,4月24日寄去"《续碑传集》四十七、八、九、五十"。1910年3月9日,"寄陶子霖《碑传集》五册",6月11日"陶子霖寄《续碑传集》样本来"。

2. 李云从(1862—1902),名龙,又名大龙,字云从,以字行。直隶故城县(今属河北省衡水市)人。掌宜古斋。善拓碑。李云从是缪氏居北京期间的主要拓工。缪荃孙《艺风堂金石文字目》"前言"可印证:"又得打碑人故城李云从善于搜访,约潘文勤师(祖荫)、王茀卿户部(颂蔚)、梁杭叔礼部(于渭)、叶鞠裳编修(昌炽)纠资往拓。顺天、易州、宣化、定州、真定碑刻,大半前人所未见。"③《日记》中共有11处缪荃孙与李云从的金石相关记载。如1888年3月6日"李云从送曲阳碑来",次月12日又记"李云从来,拓得曲阳碑20余种"。除新拓外,还送来旧拓本,如1890年7月13日,"李云从送《元公姬氏夫人志》旧拓来,值甚昂"。1891年2月18日,"购李云从旧拓《李思训碑》"。1892年7月2日,"李云从取宋拓《圣教序》去"。据此可以推知,李云从不单纯是一个拓碑人,同时还是一位古董商。

---

① 陶敏:《怀念父亲陶子麟》,《武昌文史》第5辑,1989年版,第74页。
② 王海刚:《近代黄冈陶氏刻书考略》,《出版科学》2007年版第6期。
③ 缪荃孙:《艺风堂金石文字目》"前言",张廷银、朱玉琪主编:《缪荃孙全集·金石》,凤凰出版社,2014年版。

3. 聂明山,清光绪间(1875—1908)在世。江宁(今南京)人。善拓碑,亦为职业画家。聂明山是缪氏居南京期间的主要拓工。缪荃孙《艺风堂金石文字目》"前言"亦言及,"甲午返江南,丙申主讲江宁之钟山,又得江宁聂明山为拓江宁、句容、溧水,上江之太平、当涂、潜山、桐城、贵池,下江之常熟、松江、太仓等处"。① 《日记》中共有 24 处与聂明山的金石相关记载。如 1897 年 5 月 29 日"老聂自皖回,得贵池、桐城、潜山金石多种",1897 年 9 月 5 日"老聂来算账,给卅一元,清安徽金石账",1898 年 6 月 1 日"老聂自淞太拓金石回",1899 年 5 月 25 日"老聂送通州拓本来"。

4. 沙士瓒,为缪荃孙送碑的另一位打碑人。早在清同治十三年(1874)缪荃孙到江阴访碑,发现 10 余块罗汉名号碑碎石,乃请"虹桥沙士瓒一并打成拓片"②。缪荃孙将乾明寺五百罗汉名号残碑制成拓片,遂使佛教界之五百罗汉名号赖以传世。《日记》中记载他与缪荃孙金石相关交往共有 2 处:1889 年 12 月 20 日,"打碑人送建炎牒来,云又得绍兴碑一,急遣之往拓。打碑人沙士瓒甚韵致,广福寺《元符碑》在彼处,愿送书院,其方可中之流亚欤"(按,方可中亦打碑人,江苏江阴人)。1890 年 4 月 15 日,"田自芸来,言城东有一碑甚古,偕稻孙往视,系前湖何烈女诗,王逢撰,非元刻即明初也。遣沙士瓒往拓……涌塔庵侧池畔小石,审为明缪文贞公与欧阳太守论先达书,嘱朱秋纫移入文庙"。

5. 张天翔,打碑人。《日记》中记载他与缪荃孙金石相关交往共有 3 处:1891 年 4 月 25 日,"张天翔送长清拓本来"。1891 年 4 月 26 日,"致书法小山,专张天翔拓青州金石"。1891 年 5 月 26 日,"打碑人张天翔自青州回,得法小山信"。

上述人物之外,《日记》所见,缪荃孙身边有专门的写手与装订人等,帮助缪荃孙整理金石文献。缪荃孙专门雇人为其进行整理藏品,可证对收藏的重视程度。《日记》所见出现次数最多的一位写手是丁少裘,共出现 7 次,都是发生在缪荃孙去世当年即 1919 年,主要是有关《金石记》,如 1919 年 10 月 5 日记,"丁少裘送《金石记》后二卷来"。另有一位写手名喻春峰,《日记》中记载他与缪的金石相关交往共 2 次,且都是在 1906 年:1906 年 8 月 12 日,"发《金石例》与喻春峰"。1906 年 12 月 19 日,"交《金石例》二大册……带与陶子龄,喻春峰带"。除此之外,有一位记为"孙写官",其余则只记为"写官",未言姓氏。《日记》中还出

---

① 缪荃孙:《艺风堂金石文字目》"前言",张廷银、朱玉琪主编:《缪荃孙全集·金石》,凤凰出版社,2014 年版。
② 程以正:《江阴乾明院罗汉尊号碑及图录》,《江阴文史资料》第 20 辑,1999 年版,第 174 页。

现了 3 位装订人：李如茂、朱二楞、老刘。其中《日记》李如茂与缪荃孙金石相关记载 4 次：1896 年 3 月 9 日，"以《天下碑目》《石刻文编》交李姓订"；1896 年 3 月 11 日，"李姓送《天下碑目》《江左石刻文编》来，又交《至圣林庙碑目》《武林金石志》《北堂书钞》去"（按，从《日记》前后文看，此两处"李姓"应指"李如茂"）；1897 年 10 月 19 日，"交碑目与李如茂装订"；1914 年 2 月 19 日，"李儒茂又取一大丛书、两《金石目》去"。另一装订人朱二楞在 1905 年《日记》中出现过 2 次：1905 年 3 月 27 日，"交《金石录》清样与朱二楞"；1905 年 7 月 18 日，"送《金石录》清样与朱二楞"。装订人老刘在《日记》中相关记载也有两处：1904 年 12 月 19 日，"校《碑目》第十六卷、第十七卷，全交老刘装订"；1906 年 5 月 9 日，"括苍《金石》交老刘装订"。

通过以上对缪荃孙金石交往圈的梳理，可知晚清民初仅与其往来的金石学之友就多达数百人。他们在往来中互赠金石碑拓，共究金石之道。在他的金石交往圈中，有师长、有友朋、有亲属，也有拓工、刻工、写手、装订人等，或是鱼雁传书，或是拜会晤谈，或是宴饮雅集，交往内容主要有互寄金石著作，赠、让碑志拓本，鉴赏品评珍稀拓本，沟通金石著作刊印出版，等等。《日记》所见，李云从、聂明山等名拓工专事传拓，传拓足迹遍及南北各省，所供应拓片是艺风堂拓片藏品的集中和主要的来源。《日记》中相关记载可见艺风堂"一万零八百种"规模的金石拓片是如何一步步形成的。金石著作交流方面，《日记》所见，围绕缪氏《艺风堂考藏金石目》(《日记》中简称《金石目》)的编撰、校对、装订、印刷、寄赠等，可谓交流频繁，交往人物有徐乃昌、罗振常、袁回子、李怡和、汤寿潜、王一梧、李如茂、陶湘、魏伯举、吴隐、况周颐等多人，由此亦可见学术著作在凝聚缪氏金石交往圈中的重要作用。

以《日记》所见缪氏金石交往圈，与杨洪升《缪荃孙研究》第二章"交游考"所见交往圈相比，可见人物有交叉也有不同。其不同或是因为杨书"交游考"非穷尽性梳理，非面面俱到；或是杨书关注缪氏古籍交往，所梳理为缪氏古籍交往圈，因此这种不同或许反映了缪氏古籍交往圈与金石交往圈的不同。诸如《日记》所记与俞樾的交往，为杨书所未见；其他如《日记》所见打碑人沙士瓒、刻工陶子麟及装订人等，通过梳理可补充缪氏搜集、整理金石拓片的细节。由此也可见全面梳理缪荃孙金石交往的意义。

原载《文津学志》2017 年第 0 期

（作者单位：山东省莒南县图书馆）

略论缪荃孙的方志学特色

杨洪升

根据《中国地方志联合书目》统计,清代流传下来的方志有5 700余种,是宋、元、明三朝流传下来方志总数的5倍。随着方志纂修之风的盛行,清代诞生了一大批方志学家,他们有实践、有理论,甚至形成了流派,缪荃孙就是其中的一位。梁启超在《中国近三百年学术史》中称,举清代优秀方志,缪荃孙主纂的《顺天府志》《昌平州志》《江阴县续志》《湖北通志》均在其列①。仓修良先生亦称"缪荃孙确实是一位名副其实的著名方志学家。"②

一、考古与征今

前人认为清代方志学有两个流派:一是地理派,志书内容以属于自然现象之疆域、建置、山川、物产为主,属于人文之政治、经济、文化为辅,因其最重考证地理沿革,亦称考古派,以戴震、洪亮吉、孙星衍等为代表;一是历史派,视方志为历史,认为方志即一方之史,主张以撰史之法写方志,他们认为编纂方志的目的是保存文献,故亦称文献派,以章学诚、谢启昆、鲁一同等为代表。有将缪荃孙视为文献派者,如仓修良《方志学通论》认为,缪荃孙修《江阴县续志》多取法章氏。而续昌在光绪《昌平府志序》中则认为缪荃孙继承了洪亮吉的家法,说:"我朝儒臣辈出,舆地之学,上掩前人。阳湖洪氏尤为精核,自时厥后,继轨接踵,名郡剧县,著作林立,缪编修生于其乡,习闻家法,以承明大雅之选,博稽掌故,参酌体

---

① 梁启超:《中国近三百年学术史》,山西古籍出版社,2001年版,第289页。按,梁启超还列有一种《荆州府志》,系其误记,缪荃孙未纂此志。
② 仓修良:《方志学通论》,齐鲁书社,1990年版,第396页。

制,勒为是书。"①缪荃孙亦自视为考古派,他在《孙佩南校经堂室集序》里记他与孙葆田谈论同修《山东通志》事说:"又议同修《通志》,先生主章鲁派,荃孙主洪孙派。先生曰:'汝师法乡人耳。'荃孙答曰:'志以事实为主,以文行之,略避记账之诮,如实斋之志,首增征实一门,仍不离乎事实;通甫则前志源流、古迹、艺文一概扫除,文字虽高,于武功、朝邑已蹈刘知幾改史为文之讥矣。'先生亦首肯。"②是时,孙葆田主纂《山东通志》,缪荃孙后离开了济南,没能参与该志纂修,但是该志自始至终都贯穿了缪荃孙的修志思想,以考据著称。

笔者以为,缪荃孙所编纂的方志,既非纯粹的章鲁派,也非单纯的洪孙派,而是兼取二家,各有所继。缪荃孙所主纂的《顺天府志》考古与征今并重。戴震是考据学大师,将考据之风带进了方志编纂领域。缪荃孙编纂方志亦极重地理沿革。其主纂的《顺天府志》,光绪五年(1879)十月二十八日开局③,首纂沿革表,《艺风老人年谱》光绪五年条云:"十月兼尹万文敏师青藜府尹、梁檀圃前辈兆煌延修顺天府志,同事刘博泉(恩溥时以御史丁忧)、洪右丞良品两前辈,廖泽群同年,傅懋垣云龙、潘季驯通两兵部,蔡松夫学录赓年、羊辛楣刑部复礼共八人,晨夕搜讨,先成沿革表四卷。"可见用力甚巨。光绪《顺天府志》第一部分是京师志,京师志中首为城池,包括《辽故城考》《金故城考》《元故城考》《明故城考》《元钟鼓楼考》;第二部分为宫禁,包括《辽故宫考》《金故宫考》《元故宫考》《明故宫考》,皆系考古之佳作,其中除了《元钟鼓楼考》外,其余诸篇皆出于缪荃孙之手,可见其考沿革甚力。在《顺天府志》中,缪荃孙重视考古,并非仅仅表现在地理沿革一方面。食货志之一户口,自汉代载起,之四田赋下有《前代田赋考》《明代马政编地考》《明代徭役考》。经政志之三漕运部分有《前代漕运考》。官师志之一传收录自陶唐至清光绪年间之"官师",之四顺天府前代守土官表自周秦载起,之五前代治竟统部官表自陶唐载起,之六前代州县表自汉载起,之八前代学官表自金元载起,之九前代盐铁等官表自唐载起,又有明督抚部院分司表、明司道同知通判表、前代武职表。人物志之先贤、鉴戒、方技、选举自两汉载起,杂人、侨寓自战国载起,列女自魏载起,释道自上古载起,爵封表自夏代载起,昭忠表自金元载起,乡贤自魏晋载起。艺文志自周秦载起。金石志除御碑外均为考古之作。

---

① 缪荃孙、刘万源:《昌平州志》卷首续昌序,清光绪十二年(1886)刻本。
② 缪荃孙:《艺风堂文漫存·乙丁稿》卷二《孙佩南校经堂文集序》,民国艺风堂刻本。
③ 周家楣、缪荃孙等编纂:(光绪)《顺天府志》卷首沈秉成序,北京古籍出版社,1987年版。版本下同。

《顺天府志》在重视考古的同时，也非常注意征今。河渠志部分即以征今为主。京师志之祠祀、衙署、官学、厂局、坊巷各部分以记清代文献为主。其中坊巷部分由朱一新主纂，缪荃孙补纂，极为精审，多次单独出版。撰此志时，朱氏"昼则步行广术委巷，就官堆老卒，本巷居民详询之；夜则备录日中所闻见，证诸旧图，参以往籍，考索钩贯，漏三四下不休"①，为考古征今相结合的佳作。其他各志也均考古、征今并重。缪氏在《顺天府志序志》之修志条例第五条中说："古事易备，今事有关土地、人民者详，余略。"②大概因为今事繁多不易全载之故，尽管如此，《顺天府志》所载清代的事物仍居大半。

光绪《顺天府志》之所以考古、征今并重，是因为该志是创志。顺天即今天的北京，从辽经金到元、明、清，它从陪都发展到首都，在全国的经济、政治、军事、文化等各方面都扮演着极其重要的角色。而记述该地的方志，到光绪年间(1875—1908)为止，元代的《燕京志》《析津志》及明代的《洪武北平图经》《北平志》早已亡佚，从《永乐大典》中辑出的明永乐年间(1403—1424)纂修的《顺天府志》也残缺不全，万历年间(1573—1619)编纂的《顺天府志》才寥寥数卷，十分简陋。所以缪荃孙等编纂的《顺天府志》属于创志，必须古今并重，使之成为记录顺天地区历史与现状各方面情况的志书。缪荃孙主纂的另一部名志《江阴县续志》就与此不同。江阴地区的古今方志极其丰富，该志的《前志原委》即载有该县自宋以来的方志 16 种，保留下来的从弘治《江阴县志》到光绪《江阴县志》有 7 种之多，其中除了弘治《江阴县志》系残本外，其他几种均完整无缺，清康熙、乾隆、道光、光绪四朝均有志，其中不乏精审者。所以该志以"续"为主，主要是征今。冯煦论该志说："《江阴县志》断手于光绪初元，人事蕃变，物理推阐，有月异而岁不同者，昔之所记，今如凿枘，公私将何所据依，县大夫亟谋重修，敦缪前辈荃孙重理之，前辈宗实斋说，以赓续前志为准。"③《江阴县续志》在地理沿革方面采取了简化的办法，而不是以考古为主。正如缪氏在《凡例》中称："前志列沿革为建置之首，今法《史记》年表语，取简赅，识其大者，分析为二，曰沿革，曰大事，复益以黄《志》之沿革图，所以续建置，亦以续祥异也。"④该志建置卷基本是记载道光、咸丰、同治、光绪以来的事，职官则从光绪五年(1879)载起，选举虽将光绪五年以前者补列了

---

① 朱一新：《京师坊巷志稿》卷末朱怀新跋，清光绪二十三年(1897)，义乌葆真堂刻本。
② (光绪)《顺天府志》卷末缪荃孙序志。
③ 陈思修，缪荃孙主纂：《江阴县续志》卷首冯煦序，民国十年(1921)刻本。
④ 《江阴县续志》卷首《凡例》。

20余人,皆系前志所载未详者,但其表则仍从光绪五年载起。其所附《江阴近事录》则是记录江阴民国以来的历年事实,缪氏说:"章实斋尝言,每邑当设一志科,掌其事实,为修志之蓝本,今辑此数卷,权作志科掌录观可也。"① 从整体上看,该志继承了文献派尤其是章学诚注重征今的修志理念,但在局部有不小的考古成就,如该志的艺文、石刻记、前志原委各门,因前志简陋缺略,皆考证甚详,系考古佳作,颇具考古派之风。

二、内 容 征 实

缪荃孙是这样认识方志优劣的:"志者也,志地、志人、志事、志物,上之自古迄今,下之由近及远,无饰辞,无私造,则谓之良志。"② 可见,他既重视地理派所重视的地和物,也重视文献派所重视的人和事。所以缪荃孙所主纂方志,既注意考古,也注意征今,皆以征实为要旨,反对空论。

周家楣《顺天府志序》说:"方家楣之里居也,小山太史书来论志事,谓考古难矣,证今尤难,盖采访诸端,一字未确,一节未稳,往往搁笔。"沈秉成在序中谈修该志之难时说:"修志之弊,非转贩即沿讹,此则征引必注原书,异同力求是一,难二。"严谨若此,更以征实为纂修该志的一大准则。缪氏《顺天府志序志》中有修志通例27条,大概系张之洞在修志之初所拟定,其中第二条云:"宜征实(多考典,少空论)。"此点也为缪荃孙所拟《重修常州府志条例》沿用。所谓宜征实,包括多方面,其一,多征引可靠文献,言而有据。《顺天府志》所载引用书目达902种之多。其中人物一门,语语采自原书,不增一字。修志条例规定引用书目,也需有选择,第八条云:"引书凭古雅者(若《广舆记》之属,及明人陋书,不以为据)。"第九条云:"引书用最初者(不得但凭类书。其无原书者,不在此例)。"又于所引每条材料下注明出处。其二,考订异同。缪荃孙《重修荆州府志序》说:"志乘之作有二难焉,一曰考古贵于勿误……一曰征今贵于勿漏。"③《顺天府志序志》和《重修常州府志条例》修志通例第十条均云:"群书互异者,宜考订(说详夹注)。"缪氏所修各志均在考订上下了很大功夫,以双行小字按语的形式注于正文之下,《江阴县续志》则专有前志正误一门,尤见考订之功。其三,征实还表现在

---

① 缪荃孙等纂修:《江阴近事录》卷首缪荃孙序,民国十年(1921)刻本。
② 缪荃孙:《艺风堂文漫存·辛壬稿》卷二《重修信义志序》,民国艺风堂刻本。
③ 缪荃孙:《艺风堂文集》卷五,清光绪二十六年(1900),艺风堂刻本。

实地采访征询上。周家楣谈修《顺天府志》说:"至是乃条征件采,书牍并发,舟车踵接,日下耆旧,敦请考证,务尽所能;其日久无应及访证弗获者,仍其阙。"①光绪《昌平州志》继承了《顺天府志》这一特点,缪荃孙说它"搜古书之记载,证父老之旧闻,山川关隘,亲履其地,而前人之异说可以折中。物产人物无取借材,而邑乘之统病可尽涤"。② 其四,征实还具体表现在如何选择入志条目和材料搜访上。《重修常州府志条例》对于一些门类有明确的规定:"名宦,请入名宦及有实政在民者均据实开载";"人物、儒林、文苑必采著述,宦迹务有实在事功,不得以空言了事,至于忠臣孝子顺孙、义夫寿民,与夫山林隐逸、精通艺术及外省之名人流寓此土者,一例搜访,总以碑铭传状为凭,无者据家乘亦可";"列女,须有传志者";"艺文,各家著述,务采全书送局,不得仅列书目,志成发还,其已经散佚者,或据序跋录送亦可"③,等等,避免了真伪混杂。缪荃孙纂修的其他各志皆本此法。

三、经 世 致 用

缪荃孙编纂方志考古征今,并非单纯地为考据而考据,为保存文献而保存文献,其目的在于经世致用。缪荃孙考地理沿革、山川城池,非为夸耀。他在《顺天府志序志》中说:"规划区域,脉络山川,郛郭建置之方,治所兴废之迹,因近以缀远,托小以著大,使人览形势阨塞,则思握险控御,防患于未然。验风俗盛衰,则思与民休息,维之于不敝。庶几如澄止水,而无漠惛之患也。"经世致用意味明显。《顺天府志》设有河渠志,目的"是在穷其源,极其委,勤板筑,通淤塞,使堤有金石之固,而防无丝缕之罅,则沮洳皆化上腴,黔首于以永谧也"。河渠志在《顺天府志》中占 13 卷之多,记载至详。《顺天府志》设有经政志,荃孙《序志》说:"官吏之废置,仓储之虚实,漕运之更变,典礼、学校之制,钱法、盐法之章,兵汛、驿传之籍,编辑公牍,搜访故事,使人观其得失而补敝救偏。至若西北丛山拥卫合沓,金铁之利,见于前史,硝磺之产,访诸土人。而今仅以煤著,无亦地利之未尽,人谋之未臧乎?"经政志有 11 卷之多。《顺天府志》设有食货志,其《序志》说:"财出于土,土系于人。通乎天时,尽夫地利,定则壤之经制、税敛之法,胜国苛政,首先

---

① (光绪)《顺天府志》卷首周家楣序,北京古籍出版社,1987 年版。
② 《昌平州志》卷末缪荃孙序志。
③ 缪荃孙:《艺风堂文续集》外集,清宣统二年(1910),艺风堂刻本。

蠲除,使民知耕凿之乐,效输将要之忱,而沐仁泽于无涯也。"各志皆与国计民生密切相关,其经世致用之目的非常明确。

缪荃孙编纂方志经世致用的思想在《顺天府志》中表现得最为突出,在他所纂其他各志也有不同表现。如《湖北通志》,缪荃孙在该志《序录》说:"天府之国,丛山重湖,僻陋弗备,寇抄是虞,陈古诫今,立说绘图,勇夫重闭,毋忘要区,述关隘第十八。"又说:"荆州泽国,最重宣防,危堤一线,万众仓皇,东塞西决,南福北殃,古曰云梦,今也稻粱,弃地与水,上策最良,第曰畚筑,补捄弗皇,纬以图说,厘定界疆,典型具在,孰御汤汤,述堤防第十九。"①其他若仓储、关榷、盐法、钱法等各条所述无不以经世致用为要。再如民国《江阴县续志》,修志之人虽多为前清遗老,纂修该志亦以保存文献为动机,但仍有明显的经世致用思想。该志《凡例》云:"《汉书·食货志》曰'理民之道,地著为本',又曰'进业曰登',是物产工作,本之所在,惟进是务,纱布蚕桑,尤为民利,概不宜略。"水利关乎一邑之民生,该志山川一门也较前志详细了很多。该志《序录》云:"米征盐筴,无减有增,滋彰法令,一吏经承,官吏咨嗟,下民垫昏,博稽近例,敬告辀轩,述民赋第七。"又云:"天地密移,万物蕃变,橘枳荃茅,嬗蜕可见,芃芃稻秋,菁菁蔬蔬,部别今昔,扬攉盈虚,富国在农,商贾棣通,蚕丝材美,大布工崇,述物产第十三。"②这些皆关系到民生民利。其他如乡贤、政绩、行谊等,也无不与经世密切相关。该志杀青之时缪荃孙已经去世,此《序录》乃陈思所作,但反映的仍是缪荃孙的修志思想。

四、体例规范

一部方志编纂得好坏,体例是否规范至关重要。缪荃孙深明方志编纂原理,又广见博识,所编方志借古鉴今,博采众家,据实而定,体例规范。他在《重修信义志序》里说:"昔孔子得百廿国宝书,以成《春秋》,前贤以为即方志也。《周礼》诵训掌道方志,以诏观事。"③在《江阴县续志凡例》里说:"志书本出于图经。"尽管这两说都有待商榷,但也说明缪荃孙深刻理解了方志学和史学、地理学之间的关系。他制订的方志体例往往从这两门学科有所借鉴。宋代以来,方志通行的体例有两种,一是分纲列目体,它的好处是纲举目张,有条不紊,便于利用;一是

---

① 《艺风堂文集》卷四,(光绪)《湖北通志序录》,清光绪二十六年(1900),艺风堂刻本。
② 《江阴县续志》卷末陈思《序录》。
③ 缪荃孙:《艺风堂文漫存·辛壬稿》卷二,民国艺风堂刻本。

细目并列体,大多方志采用此体。《顺天府志》采用的是前者,共有包括序志在内的十一志,下列 95 个子目,尽管全书 130 卷,350 万字,规模宏大,但观其体例,可谓纲举目张,便于检索,又十分严谨。该书所立各志,皆非徒设,其河渠独立一志,更为它志所少见。前人也曾有探讨,说:"这是当时形势要求的。元、明、清以来,每年需要漕运三四百万石粮食供应北京,假如北京地区修好水利,多打粮食,就不需要从江南运粮来。所以本书很重视京畿的水道和水利。"①其艺文志,分为记录顺天事之书和顺天人著述,很有创意,这样一来,关于顺天一地的文献一检便得。缪氏所拟光绪《湖北通志序录》里有记载楚事之书和士人著述两目,《重修常州府志条例》里有记述本地事之书和本地人著述两目,《昌平州志》的艺文志分记录昌平事之书和昌平人著述两类,皆系对此例的继承。另外,《江阴县续志》有前志原委和艺文志两门,前者著录历代江阴县志书,亦本于此。

缪荃孙所撰的其他各志都是采用细目并列体。《昌平府志》分皇德记、舆图记、土地记、山川记、大事表、职官表、选举表、道里记、风土记、祠庙记、伽蓝记、冢墓记、会计簿、学校志、衙署志、营卫志、物产志、列士传、列女传、艺文录、丽藻录、序录 22 门,体例严谨,备述昌平一州之地、人、事、物。据缪氏《序录》,该志每门皆有所本,如土地记,援晋朱育《土地记》例;道里记,"援隋《西域道里记》等例";伽蓝四记,"援魏杨衒之《洛阳伽蓝记》例";丽藻录,"援唐人丽藻录例",等等。此志体例盖取法洪亮吉乾隆《登封县志》。

《江阴县续志》是续前志之书,宗章学诚续志贵因不贵创之说,基本沿袭旧志体例,然缪荃孙发凡起例,仍然能够从实际出发,不仅仅规守前人。缪荃孙所变通者:设沿革一门,与前志列沿革为建置之首不同,法《史记》年表,析为沿革和大事,并益以沿革图,虽是续志,但读此一门,即对江阴历史和地理有了全面了解,可谓简明有法;设天文一门,与前志仅在疆域里记星野不同,有经世之用;更书院为学堂,以城乡分别识之,与前志学校冠以庙制不同,此因法制变更之故;前志名宦传后附以遗爱,谓未经奏请,不与祀典也,今从《桂阳州志》之例,名曰官师,以俟尊祀②;补氏族一门,前志无之,此宗章学诚等之例;补石刻记一门,前志无之,此据实而增;增前志证误一门,纠正前志之误。以上所指皆其大者,其他如因科举废,学堂兴,将学校获优奖之毕业生列入了选举表,物产一门叙当地实业发展情况甚详,并附有实业表等,皆属变例。缪荃孙作这些调整是十分恰当的,

---

① (光绪)《顺天府志》卷首出版说明,北京古籍出版社,1987 年版。
② 《江阴县续志》卷首《凡例》。

故该志不仅体例严谨、详略得当,其内容也比较翔实,又富有时代特色,胜过前志,被方志学界赞为名志。

五、艺文和金石

缪荃孙是目录学家和金石学家,每编一志,他于这两门用力最勤,成就甚大。

《顺天府志·艺文志》是缪荃孙编纂的第一部方志艺文志,它分为记录顺天事之书和顺天人著述两部分,前者收录了 220 余种,后者收录 800 多种。所收书按人编次,注明存、佚、未见,佚者考其所见书目,考其卷数异同,存者注明版本,或著见于某丛书,对于作者履历必加叙述,对有事迹见于该志它门的直接指出,不再重录,重要之作撰有提要,略加评骘,可谓详略得当,重点突出。所撰提要尤其可贵,极具学术价值。其评骘有的可指点读书门径,如论《吴中田赋录》云:"是书记事亦极详赡可法。"[①]论查林《花农诗钞》云:"林足迹遍天下,其诗不主一家,沉郁顿挫,间以流丽,读之令人神往。"[②]有的则系文坛掌故。如记徐松《新校注地理志集释》云:"是书取嘉定钱坫《新校注地理志》,校订错误,并改还钱氏臆改之处,采国朝名人订《汉志》者书于眉端,不能尽者,夹签于内。松所自考,加'松按'二字。本无书名,手稿为姚方伯觐元所藏,嘱荃孙理稿,爰录各条,分缀本文之下,嘱会稽章大令寿康刊行,以为读《汉志》者之一助。原签内偶有'集释'二字,即取以名其书。"[③]记《谢氏书目》云:"是书荃孙得之厂肆,题曰'北平谢氏藏书总目',亦不知为谁。书分四部,每条皆为解题,间有考证,读书者之藏书也。"[④]该书系缪氏搜访而得,尤其罕见,今人郑伟章考其系谢宝树的藏书目,谢氏生活于嘉庆、道光间[⑤]。其中也有不少考订文字,颇可正前人之误,如记《大兴县图志》云:"佚。卷数、撰人无考。见《文渊阁书目》暑字号第一橱:'旧志一册。'按《文渊阁书目》,正统六年杨士奇等编定,大约洪武以后所修谓之'旧志',永乐以来所修谓之'新志'。逮明中叶,各州县志均自谓创始,未尝见此二志,并不知有修志之事。明人不学,亦可概见。迄今一部不存,即天一阁、绛云楼所收诸志,

---

① (光绪)《顺天府志》卷一二六,北京古籍出版社,1987年版,第 6506 页。版本下同。
② 同上,第 6651 页。
③ 同上,第 6630 页。
④ 同上,第 6661 页。
⑤ 郑伟章:《文献家通考》,中华书局,1999 年版,第 479 页。

亦明中叶所修者,幸存此目,犹可略知梗概耳。"①前人每谓地方文献之书,以孙诒让《温州经籍志》为最,《顺天府志·艺文志》比之,则后者简明有法,精审有过之而无不及。另外,《顺天府志·艺文志》中有的解题文字采自《四库全书总目》,如《春明梦余录》等条,读者不可不知。

缪荃孙主编的《昌平州志·艺文录》和《江阴县续志·艺文志》也比较成功,二书皆搜采甚广,沿袭《顺天府志·艺文志》的体例,采录序跋较《顺天府志·艺文志》多。以《江阴县续志·艺文志》载吴枋《宜斋野乘》为例,缪氏著录《艺海珠尘》本、《粟香斋丛书》本、《常州先哲遗书》本,首录吴枋自序,次录《四库全书总目》该书提要,再录盛宣怀跋语。此皆本于缪荃孙"郡志宜简,邑志宜详"的编纂思想②。

近代以来,为方志编金石志,其精审殆无有逾缪荃孙者。缪氏所纂现存者有《顺天府志·金石志》《江苏金石记》《江阴县续志·石刻记》等。这三种金石志有以下特点:一是三种金石志颇有开创之功。入清以后顺天不曾编纂方志,元明旧志也仅传下来明万历沈应文所撰《顺天府志》残本6卷,谈不上金石志,而江苏也向无金石志。二是搜罗宏富。缪荃孙编纂《顺天府志·金石志》期间雇碑估李云从在境内四处访碑,李氏承命,"裹粮幞被,狂走京畿诸邑","荒村古刹,足迹殆遍"③,所收遂富。在《江苏金石记》编纂时,缪氏也曾雇袁姓带徒4人到处搜访,访至江宁7县、镇江4县、常州3县等地金石,所得不少④,加上艺风堂所藏旧本,共收有500余种。《江阴县续志·石刻记》也收录近百种。三是这三种金石志体例都颇为完善。它们皆以时为序,著录了题名、释文、拓本高广尺寸、金石所在地等项,《江苏金石记》《江阴县续志·石刻记》还照原碑摹写篆、隶文,这非常有利于读者了解各种金石的原貌。四是考释精审。三志都辑录了前人大量的金石题跋、考释语,缪氏也时加考订按语,如《江阴县续志·石刻记》中的《孔子见延陵君子葬题字》条,缪荃孙就附录了严可均的题跋和孙星衍的《孔子题吴季子墓字考》,严跋考证了江阴朱彦记所论"季子墓在申港"和"润之延陵非古之延陵"的正确性,并考释了碑文的最后一字即"葬"字,指出乃碑文剥蚀而为摹写者臆改。孙氏考证了碑文最后一字为"葬"字,并指出碑文系孔子在齐观葬嬴博时所书而辗

---

① (光绪)《顺天府志》卷一二二,第6327页。
② 缪荃孙:《艺风堂文漫存·辛壬稿》卷二《重修信义志序》,民国艺风堂刻本。
③ 叶昌炽:《语石》卷一,叶氏奇觚庼庙,清宣统元年(1909)刻本。
④ 缪荃孙:《江苏金石记》卷首例言,民国十六年(1927)石印本。

转流传入吴者。缪荃孙也在朱彦记后加按语指出《舆地纪胜》镇江府所载之季子墓碑是唐刻,江阴所载系宋刻,非一碑。这种多角度的考证使读者对于这个争论繁多的墓碑有了更深刻的认识。这三种金石志还各有自己的特点,如《顺天府志·金石志》多注明碑石的存佚,便于搜藏者搜拓;《江苏金石记》兼收金器,明知碑在而无拓本者编入待访目,故《江苏金石记》还附录待访目二卷,利于进一步的搜访;《江阴县续志·石刻记》兼收明石,和一般金石志断代至元代不同。前人修志,以明碑易得,往往不载,但县志宜详不宜略,收录到明可使文献大大丰富,况且从时间上来讲,清末之视明与清初之视元已无区别。这三种金石志为人们汇聚了大量的地方金石文献。

缪荃孙在方志学领域取得了巨大成就。他编纂方志取得的成就与他丰厚的学养以及对前人的继承有着密切的关系。方志所涉及的学科极广,像地理、天文、历算、水利、民俗、史学、目录、金石等无不包含,没有各科丰厚的学养恐怕很难胜任方志的编纂。缪荃孙在晚清以博雅著称,精通多门学科,在史学、目录学、金石学领域均足以名家,其他各门若地理学等都有不同程度的涉猎,为他编好方志奠定了基础。缪荃孙是文献学家,博通古籍,这使他所编方志均以文献丰富见称。他精通考据之学,故其所编方志皆注重考辨,讲究征实。而亲任的金石、艺文二门,更是亮点。缪荃孙编纂方志盖由张之洞引领入门,从他所撰的光绪《顺天府志序录》和《重修常州府志条例》,我们可以看到张之洞为《顺天府志》所拟定的《修志略例》也为后者所承袭。缪荃孙还吸收了章学诚、洪亮吉、孙星衍等方志名家的方志学精神,将之融为一体,形成了自己的方志理论。他用发展的眼光来看待方志学,这一点尤其可贵。他在《江阴近事录序》中说:"因以后历日不同,官职不同,政令不同,势难合并,且由图经而为方志,均属古法,将来新学昌明,或不复仍袭志之旧号。然民国以来历年事实不能不记。章实斋先生尝言每邑当设一志科,掌其事实,为修志之蓝本,今辑此数卷,权作志科掌录可也。"用意可谓深远。

原载《中国地方志》2008 年第 8 期
(作者单位:南开大学文学院)

北京大学图书馆藏缪荃孙稿本《泺源小志》

姚伯岳

北京大学图书馆藏有缪荃孙原藏全部拓片1万余种，占馆藏全部拓片的四分之一强。2013年12月上旬的一天，北京大学图书馆古籍部拓片组组长胡海帆在缪荃孙藏拓中发现一册不属于拓片的《泺源小志》，随即送古籍编目组编目，其大致情况为：

《泺源小志》一卷，清缪荃孙编纂。纸捻装1册，书高29.2 cm，宽18.6 cm；版框直栏墨印，半叶10行，行23字，细黑口，对鱼尾，左右双边，框高18.1 cm，宽14.3 cm；版框外左下方印"藕香簃钞"；书衣墨笔题"泺源小志"，右下方钤"荃孙"阳文朱印。书中文字偶有旁注或勾乙，如第二叶正面第五行"法华寺嵌于壁"，"寺嵌"二字中间右侧注一"碑"字，成"法华寺碑嵌于壁"；紧接"老成虽无"四字，"老成""虽无"被上下勾乙，变成"虽无老成"字样。类似情况书中还有几处，但总体来看，书写甚是工整，字体是缪氏书法，结合书衣的"荃孙"印章，可以判定这个本子应该是缪荃孙的一个誊清稿本。

缪荃孙(1844—1919)，字炎之，又字筱珊，号艺风，江苏江阴人。他是中国近代文化史上的一位重要人物，被后世封以许多称号，如中国近代著名藏书家、中国近代图书馆事业的奠基人、中国近代教育事业的先驱者，等等。缪荃孙与图书馆很有缘，他1907年受两江总督端方委派，创办了江南图书馆(今南京图书馆前身)，并任总办(即馆长)；1909年又受命创办京师图书馆(今中国国家图书馆前身)，任正监督(即馆长)。缪荃孙一生治学勤奋，笔耕不辍，在历史学、方志学、目录学、金石考据、金石鉴赏、教育、图书馆学等多方面都有丰硕成果，生平著述达百余种。他的著作大多已经刊印发表，为世人所熟知。经本人多方查考，发现北京大学图书馆所藏这一册缪荃孙稿本《泺源小志》竟然从未刊印,珍罕异常。2019年是中国国家图书馆建馆110周年,故撰此文,以纪念中国国家图书馆首任馆长缪荃孙,并作为对馆庆的献礼。

泺源书院始建于清雍正十一年(1733),位置在济南府城西门内,是一座省级官办书院。1901年10月,山东巡抚袁世凯就是在泺源书院的基础上创办了官办山东大学堂,而山东大学堂即今日山东大学之前身。

泺源书院虽然历史地位十分重要,但从未发现有专书专志记载其事。缪荃孙于光绪十七年(1891)应山东巡抚张曜之聘,主讲泺源书院。他到达济南的时间是二月二十九日,离开济南的时间是七月八日,主泺源书院讲席仅四月余,但却编纂出了这部《泺源小志》,其识见与勤勉可见一斑。

该书不分卷,卷端书名之下未题作者姓名。其后的文字可视为全书的小序,以"荃孙"为第一人称,说明其作者确为缪荃孙。

正文内容据书前缪氏小序,系"举院中之规条及诗,为《小志》一卷"。可见规条和诗为该书主要内容。"条规"一节之后的"山长题名"列出了书院有名的历任山长,也很有价值;其后的"日碑"一节又列出了书院中尚存的五座明代石碑之名,惜未录碑文。

该书最主要的内容是诗,全书6 000余字,而诗的部分就有4 000余字,占了三分之二的内容。这些诗或为五言,或为七言,又可分为旧作和新作,全部共66首。

旧作诗收刘藻、桑调元、何绍基、马履泰4人共8首诗。4人中除刘藻外,其他3人均曾任泺源书院山长。其中马履泰的《泺源书院五咏》分别为:《华池》《垂柳》《苇荡》《鳌簪石》《铁狮峰》,作于嘉庆元年(1796)。而缪荃孙光绪十七年主讲泺源书院时,"华池未改,垂柳依然,苇荡摇青,鳌簪滴翠,桂未谷老人书'铁狮峰'三字矗立院中,而铁狮已陷入土,仅存行迹,不成峰矣"(见《泺源小志》正文)。

此时缪荃孙发思古之幽情,又命在院诸生重赋此五物。该书选录高密单步青、菏泽王世仁、安邱马福海、即墨黄象轼、乐安孙毓桢、莒州管象勋、临淄郑恩绂、淄川高徽峨、滕县刘晋卿、聊城靳维熙、新城王维度等11位学生所赋之诗共30首,但所选每人所赋之诗数目不等,最多有五诗全选者如单步青,最少仅选一诗者如刘晋卿、靳维熙、王维度3人。

缪荃孙又提出"泺源新五咏",即古槐、蓍草、秋水亭、芙蓉池、明都指挥使司题名碑五物,命诸生赋诗。《艺风老人年谱》光绪十七年六月十五日记录:"《小沧浪笔谈》有垂柳、苇荡、方池、鳌簪石、铁狮峰五咏,今一切如故,益以芙蓉泉、古柏、明都司题名碑(都指挥使旧署改)、唐墓志、君子亭为后五咏,邀诸生赋诗。"①即指此事,惟因事后追忆,故所记五物有误。选录诗作者有高密单步青、安邱马福海、莱州刘鸣骧、聊城靳维熙、青州张仲芳、安邱马绪咸、菏泽王世仁、利津徐逢源8人,所选各人诗作数目仍不等,五诗全选者为单步青、张仲芳二人,最少为马福海,仅选其作2首,合计"泺源新五咏"共选诗28首。

全书无缪荃孙本人一首诗,《条规》一节大概也多系移录书院已有之文。故此书只能算是缪荃孙的编集之作。但书前小序全为缪氏手笔,虽不及千字,然其叙事状物之才亦颇有显现,如"西出有门,拦门一垂柳,大合抱,微风拂面,绿荫参差,下为苇荡,约数百武,水光清涟,上有方亭,署曰'秋水',大约昔人于此栽荷者"一段,文字生动跳脱,书院周围之旖旎风光,顿现眼前。

据《艺风老人日记》记载,缪氏在主讲泺源书院的4个多月里,除了最后的决科题外,共出课题十次,几乎每十天一课②,其勖劳敬业之态深得山东巡抚张曜嘉许。作为山长,缪荃孙与泺源书院诸生中的许多人建立了深厚的感情,并在离开书院之后仍长期保持着联系,随时关注着这些学生的发展。这部《泺源小志》就是在他离开书院后手编而成,以志纪念,即其在小序末尾所言"与诸生有雅,故暨桑一宿,久而不忘"者也。

附:《泺源小志》全文

泺 源 小 志

山东故有白雪书院,在省治西郭趵突泉之左,以明诗人李于鳞白雪楼得名。我圣祖仁皇帝东巡,尝题其额"学宗洙泗"者也。以地狭不能容多士(据道光廿一年《托浑布碑记》)③,岁久渐圮(据乾隆十年《傅王露碑》文)。雍正十一年,诏下:"省会之地,仍各建书院,以作育人材。"岁发帑金,以资膏火。巡抚岳浚于城西门内旧裁都司公署,更名曰"泺源",不忘所自徙也。署故高敞整齐,乃倡捐修葺,凡讲堂斋舍庖湢器用俱备(《通志》)。道光二十一年,巡抚托浑,布重修(《校重修碑记》),大门三楹、门三面,额曰:"泺源书院"。门外照壁一、栅门二,东曰"腾蛟",西曰"起凤"。门内墫砌甬道,属于二门;甬道旁古槐数株,又有铁狮,桂未谷(馥)

---

① 《艺风老人年谱》(民国十五年(1936)文禄堂刻本)光绪十七年条。
② 《艺风老人日记》光绪十七年(1891)三月十三日条和二十三日条。
③ 书中双行小字均用圆括号"()"括起。

题"铁狮峰"三大字,立碑于左。二门三间,门一,门内外有明都司题名碑四。门内甬道属于讲堂,甬道旁大槐、老榆约十数株。号舍分东西:东号为文、行、忠、信等四号,房四十九间;西号为温、良、恭、俭、让等五号四十五间,足容二百余人。讲堂五楹,檐前额曰"为国育贤"。嘉庆甲子,巡抚铁保题堂正中额曰"海岱钟灵"。道光辛丑,巡抚托浑布题"□□□□□□"①。后穿堂后为宅门,院长所居也,正室五间,院中方池曰"华池";后正室五间,为庖湢。西出有门,拦门一垂柳,大合抱,微风拂面,绿荫参差,下为苇荡,约数百武,水光清涟,上有方亭,署曰"秋水",大约昔人于此栽荷者,今为时已晚,不及补种。东出有屋,欹零七八间,有池为何蝯叟前辈所凿,一泉名之曰"芙蓉池",五更起,泉上气如蒸,胜于华池。济南随地皆泉,城内外不止七十三泉矣。池边有廊,蝯叟摩宋拓李北海《法华寺碑》嵌于壁,虽无老成,典型尚在。地极幽静,荃孙下榻其中,诸生循循规矩,择其秀者谈谦甚洽。是年辛卯正科,诸生均习举业,无暇旁及。荃孙又误回江阴择地,决科后即辞回京,订明春重来,后以病辞,留东未及半载,然与诸生有雅,故嚳桑一宿,久而不忘。举院中之规条及诗,为《小志》一卷。

条规

书院经费,雍正间恩赏银千两,续经公捐银六千两,俱交历城等九州岛岛县当商生息,岁解济东道库银一千五百余两。今又公捐银六千两,交盐商生息,岁共得息银二千四百两有奇,仍责成济东道专司收发,济南府协理督催,一切支度由监院官呈报济南同知详领,按季分报藩、臬两司,岁终汇报抚、学两院,会同核销,以昭慎重。

书院为东省人文所萃,诸生下帷攻苦,应优给膏火,以励进修。向例,正课在院肄业者,每月给膏火一两九钱五分,今给银三两;其正课在外肄业者,仍照旧给银一两。

肄业生向例正月内甄别一次,外府士子不能齐集,难以广拔真才,应酌定于岁终由监院官禀请抚院,将在院肄业之人饬行各属传询,该生如愿仍赴院肄业者,于开印前将名册申送济东道汇齐,转详抚学两院,会同考试;录取正课;其文艺稍次者,亦准作为附课。

正课除将原旧肄业之人录取外,如不足额,监院官申详学院,于岁、科两试,随

---

① 此7字原为空格。

棚遴选品学兼优之士，询明情愿入院，陆续送补正课；额浮则蹔充附课。再查旧额：正课六十名，附课四十名。嗣后每逢乡试年，正课加增十名，附课毋庸限数。

膏火每月终，由监院官册送济同知核明，即赴济东道衙门请领，限五日内将原印封交。士子公同拆封分领，不得迟延克扣，查出究处。

书院堂舍本年添造号舍二十间，厨房四间，共号舍七十余间，应随时查看，如有坍损，酌领公项修补，每岁终，责成监院官出具并无坍损甘结，详报查核。

向例生、童并收。今经增设济南书院，俾济属十六州县儒童肄业其中，应将泺源书院兼收生、童之例停止。

书院应严立课程，以杜浮伪。嗣后饬令诸生，将所读经书诗文，每人各订一册，逐日填注，送监院官标识；五日一次，呈掌教查考；每月终，汇送济东道察核。其士子攻习文艺之外，尤当敦崇实行，体验身心。鹿洞、鹅湖训词具在，且有乾隆十三年刊立书院木榜条规，现设讲堂，各宜砥砺鉴观，毋负乐育裁成至意。

书院为人才造就之所，名臣硕彦尽出其中，倘细行不端，大成何望？凡诸生中有自居不肖、包漕包讼、聚赌宿娼者，为吾党罪人，虽文有可观，概从摈斥，以端士习。

诸生来肄业者，须携有府县学官文书，方准住院。恳先出示晓谕，通省均得周知，庶监院凭文收住，自无闲杂人借住书院之弊，亦少滋生事端。

甄别取足千人，送院肄业；甄别无名者，不准应官斋课；雷同录旧，一概除名。必有以道远、以事故、不及甄别之期投禀请考者，准在下月官课期另出投考题。二三百卷配取百名，若干卷酌取若干名，另行榜示，附入甄别案后，准其应官斋课。四五六月，均可投考，至首道考后截止。

斋课两课，时文一课，经文合之。官课每月四课，诸生作经文者，仍以时文法行之。几几四课，时文未免太密矣！明岁斋课儗改成两课：十二一课课时文，廿二一课课经解、词章。两项出四题，一经解，一史论，习词章者亦然。如两项兼做，二分为两卷，以便考校。额奖月有三十金，以十四金归十二日一课，以十六金归二十二一课，经解、词章两项各得八金。

山长题名（举其有名者）

会稽傅玉笥（王露）

钱唐桑弢甫（调元）

仁和马秋药（履泰）

阳湖赵伯厚（振祚）

武进刘☐☐（名扬）
安邱刘庄年（耀振）
胶州匡鹤泉（源）
道州何子贞（绍基）
日照丁心斋（守存）

旧　　碑

山东都司题名碑（陈镐撰　贾铠正书　正德纪岁岁次丙寅春）
山东都司新建牌坊记（陈镐撰　周东正书　车尔篆正德四年岁次己巳仲秋吉日）
山东都司题名记（李宠撰　刘玺正书　石简篆隆庆六年岁在壬申）
山东都司续题名碑（顾其志正书　万历庚子）
山东都指挥使司题名记（杨道衡撰　正书　崇祯七年嘉平榖旦）

书院诗　刘藻（《笃庆堂集》）

锁院春光寂，云开日乍醒。
草肥迎砌绿，山瘦入堂青。
静得琴中趣，闻书座右铭。
有人来问字，相与细谈经。

书院新凿华池诗　桑调元（《弢甫集》）

我爱华泉好，当春甃一池。
飞来天上月，映彻水中坻。
兰渚流杯斝，璜溪把钩丝。
端须映林竹，底用卜龙麢。
富贵浮云耳，形骸放浪之。
浑消太虚影，俯见雪霜髭。
沙宿连拳鹭，泥行曳尾龟。
本无康济具，不是遁清时。

廿五日移入泺源书院作七用坡韵　何绍基

西屋栉比东院空，五方规合难求中。

我来增构值冬令,例仿雪堂沿雪宫。
平生心闲意散荡,万事求有不务工。
矧兹宦游叹司马,那复豪气倾元龙。
幸遇贤劳历山宰(谓童际庭),使余惭愧田舍翁。
即论田舍政不易,牛羊牝牡鸡雌雄。
偶然偷闲不省录,动致临时多鞫穷。
书过五车文史足,酒剩十缸香色融。
一百轴画古芬腻,五十盆花秋艳钟。
廿年史官清俸余,官外之味讵不丰。
尘劳三日暂可憩,静听高衙铿漏铜。
由它屋子暂塞破,丈席读书吟古风。(书院距抚署甚近,东院屋子尚未毕工,吾斋颇嫌逼仄。)

泺源书院五咏　　马履泰

华　池
我家住江乡,烟水为四邻。
出门那得尔,一泓亦可人。
飞来双翠碧,辱有平生亲。
一言幸听取,勿衔池中鳞。

垂　柳
呼奴卷疏帘,煮茗看柳丝。
柳丝因风力,低头弄烟姿。
下有蓼数丛,冷红抽高枝。
我非渔丈人,忽作荒湾思。

苇　荡
济南多暗泉,湮处土脉渐。
老苇纵荒根,所占颇不廉。
春茁碧于镞,夏叶铦如镰。
秋干声作雨,冬刈织成帘。

鳌　簪　石
此地富奇礓,佳者足赏音。

一枝瘦如笔,何人字鳌簪。
平生笑卫公,垂诫护石林。
世事如转烛,散为砺与砧。

铁　狮　峰

精镠郡所产,往往露英华。
泮宫老觳觫,灵岩破袈裟。
兹复现狻猊,百兽慑爪牙。
应出博象手,雄文竞传夸。

嘉庆乙卯,仁和马秋药比部(履泰)主讲泺源,曾赋五咏,采入阮文达《小沧浪笔谈》,迄今九十七载,轮奂依然,弦诵如旧。华池未改,垂柳依然,苇荡摇青,鳌簪滴翠,桂未谷老人书"铁狮峰"三字矗立院中,而铁狮已陷入土,仅存行迹,不成峰矣！爰改属诸生赋之。辛卯夏五江阴缪荃孙识。

(高密)单步青

华　池

比部高风今未艾,朱华依旧照芳池。
绿题草色诗千古,红染莲花笔一枝。
醉后流梧工啸傲,闲来洗砚趁沧漪。
结缘翰墨清如水,古掖文泉讵足奇。

铁　狮

当年狮背耸成峰,转瞬尘埃黯黯封。
光彩犹争三品贵,风雷久待一鸣从。
精芒旁烛金腾虎,宝气高冲剑化龙。
此种应知安息少,千秋鹿洞剩孤踪。

苇　荡

垂柳凋残暮霭平,波光苇荡尚盈盈。
一丛秋色酣霜气,四面花阴漏月明。
冷写清光添画稿,闲吟幽景入诗情。
几人诵罢深宵里,卧听萧萧战叶声。

鳌　簪　石

谁插云簪上石巅,灵鳌雄杰本天然。

昂头岂羡青山戴，贯顶还教碧玉穿。
久阅桑田灰壮志，频编苔发感流年。
会须飞去归沧海，蹴踏波涛到日边。

垂　　柳

柳影垂垂一望深，何须话别到江浔。
千条踠地拖金缕，百尺参天罩绿荫。
平掩虚堂春霭霭，低遮画箔夜沉沉。
阮亭省识秋风恨，愿向名园伴苦吟。

（菏泽）王世仁
华　　池

名泉七二冠神州，别凿方池汇碧流。
墨渖泼来人涤笔，酒波泛处客浮瓯。
濯缨胡近光相映，洗钵泉遥色不侔。
紫浪翻腾中有物，会逢雷雨九霄游。

铁　　狮

传闻海外有神狮，博象威名震一时。
突兀巨峰从地起，依稀奇兽系人思。
虎牙熊耳形难比，龙首牛头势欲追。
遗迹寻来衰草里，斜阳一片影斜欹。

苇　　荡

曾经春雨长明湖，此地丛生翠欲铺。
写出连朝风露景，绘成一幅水云图。
带萦密密初遮荇，剑立森森不掩蒲。
转瞬溪边花似雪，九秋萧瑟落香菰。

鳌　簪　石

六鳌曾说戴名山，新样翻来重此间。
片石玲珑超万笏，一簪掩映覆千鬟。
难从螺髻峰顶觅，疑自峨眉岭上还。
海外客来应误钓，半天风雨访孱颜。

（安邱）马福海

华　池

是谁隙地辟三弓，凿得华池小苑中？
沿岸涨添菰叶雨，凭栏香送藕花风。
清宵倒印天光碧，向晚低窥夕照红。
七十二泉都擅胜，此间脉络许相通。

铁　狮

狻猊俟伏峭峰巅，质炼金精不计年。
蹲踞犹令群兽骇，强梁却恃一身坚。
卷毛绿湿苔花雨，掉尾青迷蔓草烟。
问尔能通佛法否？不归西土卧阶前

苇　荡

不栽荷芰并菰蒲，一望青青苇满湖。
岸侧不教红日透，雨过只剩碧云腴。
澄波静对沙鸥戏，密叶深藏水鹭呼。
个里风光真入妙，好将彩笔画成图。

鳌　簪　石

眼前突兀涌奇观，峭碧嶙峋不一般。
谁策六鳌来海外，长留片石在人间。
昂头时见青瑶珥，盘发惟余翠藓斑。
此地疑通蓬岛路，天教居处近仙山。

（即墨）黄象轵

华　池

泺水伏出历下亭，磅礴激射如散星；
结为名泉七十二，其余分布皆瀺灂。
一脉潜行入泺源，湛洁澄清渊然渟；
辟榛翦草画作池，方圆圭璧因其形。
忆昔曾入锁院中，一泫华笔水沖瀜；
尘垢不淬清见底，兹池无乃与之同？
凝流独近谈经室，知是文脉暗相通；

我闻古昔隆作育，頖池璧雍入学宫。
世代迁流今非古，兹池久入都司府。
于今规入鳣堂里，此意于古岂无取？
秋月春华多佳日，何人到此常为主？
人生何处非飘蓬，且来临池共仰俯。

铁　狮

古石崚嶒穹兀喈，孑然独立形嶙峋。
横卧崎岖如猛兽，垢裂冻皴似顽铁。
锡明号作铁狮峰，指事象形义相埒。
此地旧为都阃署，武臣力士称人杰。
铁狮矗立兰锜旁，威武欲生作作芒。
风蚀雨剥岁月久，摧残倾仆半杳茫。
蒿莱埋没生荆棘，谁将铜驼悲洛阳？
闻辟榛莽寻古迹，惟有旧碣立鳣堂。

苇　荡

西风萧萧起汀洲，苍苍蒹葭霜露稠。
知是秋水方盛时，愿随伊人共溯游。
不谓胜地近咫尺，翻将劳我上下求。
鳣院自古萃人文，作育几辈尽名流。
清塘一区水溁荡，葭苇丛生气肃爽。
我爱细雨潇潇下，满池秋声助清赏。
尤爱新霁夜云收，当头一轮明月上。
一轮明月印在渊，水中更有月团圆。
昂首高歌声入云，仰见明月更在天。
此中真趣复谁解，愿从伊人共流连。

鳌　簪　石

石鳌亭亭屹如岳，苔文陆离色斑驳。
玲珑秀质本天成，良工不假人雕琢。
历下由来多怪石，麟凤龟龙尤卓荦。
兹石胡以久佚遗，不与众耦相追随？
栖托久羁讲院里，甘居落寞傍缁帷。

岂是夙缔文字缘,愿与诸生共守雌?
谈经不似佛说法,待汝点头更何时?
噫嘻汝质虽顽石,思义顾名吾知之。
他年相待登瀛洲,看将占汝最上头。
簪花弹冠悉思汝,预将佳兆示原由。
鳌兮石兮诚顽兮,几度星霜几阅秋。
振古于兹终不朽,愿与汝兮为同俦。

(乐安)孙毓桢
华 池
出水菱花一鉴披,亭亭荷盖覆芳池。
阶前偶觉微风动,恰似兰塘散馥时。
铁 狮
铁狮埋没费搜寻,空有峰名说到今。
应是泽毛同豹隐,免他藓蚀与苔侵。

(莒州)管象勋
华 池
分得明湖远翠多,芳池景色近如何?
清光雅谱瑶琴润,旧迹曾传铁砚磨。
时以月华明水鉴,不因雨后起微波。
泺源胜迹今如许,合仿前人畅啸歌。
鳌 簪 石
铁狮峰外石峥嵘,似向前生叙旧盟。
填海记从山入钓,生花端合玉为名。
觅仙客去池边寂,叱劫人归背上行。
谁步司空豪放咏?扶桑晓策句同赓。

(临淄)郑恩绂
华 池
水漾华池清且涟,读书台下石阑边。

天光云影徘徊入,玉鉴冰壶咫尺悬。
春梦歌诗生碧草,彩毫吮墨涤青莲。
渊源应许通洙泗,不为流觞学晋贤。

苇　荡

何须万顷印湖光,绿苇丛丛半亩塘。
杨柳荫中消暑气,荷花风里带书香。
地多鱼鸟无纤壒,人爱烟波立夕阳。
自有濂溪真乐在,化机悟彻水云乡。

（淄川）高徽嵋

华　　池

玉甃何年凿?阶前拓数弓。
孤亭临北渚,故宅近南丰。
涤砚霏花雨,开轩度藕风。
别饶消暑趣,带露吸荷筒。

铁　　狮

龙洞牛山外,峰犹着铁狮。
衰颓成旧迹,飒爽少英姿。
牙爪峥嵘露,风霜锻炼奇。
惟余桂君碣,名迹似蟠螭。

苇　荡

蒹苇深深碧,方塘一鉴渟。
琴樽名士地,杨柳读书亭。
一鹭孤飞白,群螺远送青。
幽人方睡起,闲坐数蜻蜓。

鳌　簪　石

一片玲珑石,巍然太古春。
盍真同至契,拜处独相亲。
今雨思名士,清风拟故人。
济南谁感旧?白雪忆于鳞。

(滕县)刘晋卿
铁　狮
铁狮苔绣翠蒙茸,衰草斜阳觅旧踪。
未谷题名今宛在,可怜颓敝不成峰。

(聊城)靳维熙
垂　柳
渔洋今不作,秋柳孰题诗?
濯濯王恭貌,依依张绪姿。
柔腰何事折?青眼姿开垂。
莫作亭长短,攀条怅别离。

(新城)王维度
垂　柳
浓阴袅袅带烟柔,摇曳东风卒未休。
一自渔洋诗句好,纵然萧瑟不嫌秋。

泺源新五咏
(高密)单步青
古　槐
高槐庭院昼生凉,烟翠迷离傍讲堂。
繁荫浓遮长夏日,空心久饱古时霜。
黏天树影无穷碧,匝地花光别样黄。
不识当年谁种植,千秋护惜比甘棠。

蓍　草
斋额由来署瑞蓍,阶前异草长离离。
主文已自尼山兆,得地非从少室移。
消息徐通占验后,工夫直到德圆时。
康成书带今安在?一百修茎化雨滋。

秋　水　亭
筑得高亭在水涯,深秋风味读书家。
白迷苇荡留明月,红满花洲落暮霞。

茅舍三椽邻北渚,芸窗一卷诵南华。
登临真入清凉界,古历联吟未足夸。
芙蓉池
昔日芙蓉照乳泉,沙塘引注泻涓涓。
搴芳好认停桡处,炫彩应争落笔先。
销夏香清兰有韵,寻春梦醒草如烟。
临流洗砚饶佳兴,绮丽中存翰墨缘。
明都指挥使司题名碑
明代都司剩故居,题名碑记字清疏。
神灵似倩盘螭护,事业休教汗马虚。
齐鲁戎机归掌握,正嘉韬略寄军书。
于今变作弦歌地,追忆雄威感慨余。

(安邱)马福海
古槐
凌霄老干郁轮囷,蟠就苍虬屈复伸。
根出重棱堪系马,心空经火或藏人。
迷离往事空怀梦,历落孤标尚耐春。
踏遍黄花推健步,探幽槐市兴偏新。
芙蓉池
疏泉巧构夺天工,种得芙蓉曲沼中。
花气净搀池上露,雨声暗送槛前风。
侵晨涨溢三篙碧,到晚霞烘一样红。
不用水心亭上立,此间佳趣许相同。

(莱州)刘鸣骧
古槐
古干轮囷上,灵根郁屈蟠。
乔姿经岁月,故国梦衣冠。
得气秋常早,成阴夏亦寒。
蝉鸣当昼静,有客正盘桓。

秋 水 亭
亭子临秋水,烟波四望宽。
荻花晴入户,荷叶近平阑。
白鹭迎人起,青山对座看。
沧浪无限意,佳兴付渔竿。

明都指挥使司题名碑
石记前朝古,都司迹未湮。
龟趺芳草合,蜗篆碧苔皱。
地值修文日,名留胜国人。
铁狮峰尚在,相对峙嶙峋。

(聊城)靳维熙

古 槐
未与三槐列,闲庭寂若何?
风霜增阅历,岁月几消磨。
树待音声报,庭留芘荫多。
人生同幻梦,何事笑南柯!

蓍 草
羲文余圣迹,周孔剩前型。
神物何人植?蘩生在此庭。
方茎独标异,圆德自通灵。
可有祯祥兆,云光覆以青。

芙 蓉 池
芙蓉泉畔旧亭台,谁凿方池镜影开?
半舫琴书虚室对,一湾烟雨净香来。
采莲漫咏西洲曲,把酒何惭北渚杯?
莫道瀛洲未归去,南丰曾咏小蓬莱。

(青州)张仲芳

古 槐
不是当年夹道栽,扶疏常傍讲堂开。

高枝凉浸蝉吟续，小院阴清蚁梦回。
生意婆娑深岁月，根株斑剥长莓苔。
待看几日花黄候，席帽斑骓得得来。

蓍　　草

书带曾传海右城，稷门异草又丛生。
灵根钟毓经千岁，佳植葱茏擢百茎。
得地常教云气荫，呈祥合著寿征名。
久依化雨春风里，愈觉欣欣日向荣。

秋　水　亭

选胜亭边景色幽，俯临苇荡势如浮。
轩开四面天光接，地拓三弓暑气收。
潋滟鸥波环一曲，依稀蜗舍漾中流。
佳名历下相辉映，拟向明湖放棹游。

芙　蓉　池

方池半吉蹩施涡，明净真同镜乍磨。
翠盖欹斜低覆水，红蕖潋滟远摇波。
风吹浪縠层层绉，雨送花香冉冉过。
此际纳凉应更好，披襟飒爽快如何。

明都指挥使司题名碑

残碑依旧立斜阳，慨想前朝武烈扬。
图像不殊麟阁上，论功各在虎帏旁。
寰区几历风霜劫，片石犹留姓氏香。
我到此间频拂拭，临风吊古意彷徨。

（安邱）马绪咸

古　　槐

培植恩深不计年，虬枝皱上古时烟。
蝉吟高处先声远，蚁占晴柯午梦圆。
丝竹音流风定夜，杈枒荫美雨余天。
汉家列市应须记，故事重提意惘然。

秋　水　亭

繁华世事等浮沤,潦尽潭清镜里游。
蔓草荒苔无赖碧,枯荷衰柳可怜秋。
伊人远隔苍葭水,过客重寻白荻洲。
风雨萧萧亭子下,好将心事付闲鸥。

芙　蓉　池

疏泉砌石画阑东,引得灵源一派通。
洗砚每翻波影黑,看花恰映日光红。
曼卿仙去香为国,帝子归来药是宫。
隔岸有人歌采采,秋江何事怨春风。

(菏泽)王世仁
古　槐

深根拔地干参天,生意婆娑老屋前。
梦入南柯曾几辈？径临北渚不知年。
阴垂宛似唐宫树,手植应为宋代贤。
历尽风霜仍茂密,肯随群卉斗春妍。

蓍　草

圆神曾覆素王坟,此处丛生罩瑞云。
地有大贤开讲席,天教异草助斯文。
两仪孕出坯胎兆,千变争来挂揲分。
书屋犹传骚客迹,题留淡墨溯芳芬。

明都指挥使司题名碑

人生几度感沧桑,废址难寻讲武堂。
铁甲当年明晓月,残碑今日对斜阳。
扫苔幸有衔名在,剥藓重教姓字张。
不是阐幽文士笔,谁将断碣费平章。

(利津)徐逢源
古　槐

庭院昼沉沉,槐阴团卓午。

一梦入南柯,是国衣冠古。

　　　　蓍　草
蓍德圆而神,地惟孔林产。
谁移佳种来,伴取青蒲简。

　　　　秋　水　亭
地隔红尘远,空亭傍水涯。
无事此静坐,一卷对南华。

　　　　芙　蓉　池
灼灼花千朵,盈盈水一池。
芙蓉映初日,想象谢家诗。

原载《大学图书馆学报》2019 年第 3 期

（作者单位：天津师范大学古籍保护研究院）

文史文化研究

缪荃孙的史学成就

张承宗

缪荃孙(1844—1919)是清末民初著名学者,字炎之,一字筱珊,晚号艺风,江苏江阴人,出身于封建知识分子家庭,接受过书香门第的严格教育。1864年到成都后,他博览群书,研究文史,与名人学者交往,学业大进,曾协助张之洞编撰《书目答问》。1876年中进士后,曾任翰林院编修、清史馆总纂,并历主南菁、泺源、钟山等书院讲席。1903年奉张之洞之命,他以江南高等学堂总教习身份,赴日本考察学务,回国后在课程设置上开始中西并重,此后又创办江南图书馆和京师图书馆。辛亥革命后移居上海,他支持邓实等人创办《古学汇刊》,并为撰序,认为"学无今古,亦无中西"。由于他学问渊博,熟娴文史掌故,精于金石碑帖、版本目录之学,很多人登门问学,直到他逝世。

缪荃孙一生著述很多,本文拟仅就其在史学上的成就作一大致的介绍和剖析,请史学界前辈和同志们批评指正。

一、清史研究与编纂

写当代史,是我国史学的一个传统。在封建专制统治下,一方面私人写当代史会受到封建官府的刁难和打击,另一方面封建官府又委派史官、设立史馆,控制修撰当代史的大权。1883年,缪荃孙在史馆被派为国史(清史)五传纂修。1888年,成《儒林传》上二十二篇,下四十九篇,《文苑》七十四篇,《循良》四十三篇,《孝友》二十九篇,《隐逸》十五篇,受到总裁徐桐的挑剔和斥责。其原因是徐桐以《参同契》之言说《易》,要缪荃孙把纪大奎编入《儒林传》。缪荃孙认为:"《易》有经学之易,有术数之易,所以朱子注《参同契》,《四库》列入道家,而不收经部,以此为例,大奎似未便补入。"结果被攻击为"恃才独断,渺视前辈"。1894年在保和殿参加"御试",被抑置三等一百二十四名,罚俸二年。① 缪荃孙决定弃官离京,濒行将稿交馆,徐桐不办进呈。缪荃孙将"初稿留箧中,本欲刊入私集",后因"费重而止"。②

缪荃孙虽然离开了史馆,但他并不甘心做一个隐居的学者。他认为:"古有三不朽,曰立德、曰立功、曰立言,士君子厕身儒林,将以求志为达道之原,修身为治国之本,岂愿沈冥蜀庄,草木同腐已哉!"那种"匿迹销声,不为世用""独善其身"的做法,"曾何益于天下也"③,他的史学研究主要是为了经世。

早在1881年,他就在辑录道光、咸丰、同治、光绪四朝人物的碑传,着眼点注重在收集文献,记录史事,所以搜辑范围并未限于"名臣"。到1910年,终于刻成了一部86卷的《续碑传集》,作为钱仪吉《碑传集》的续编而问世。该书收入人物1 111人,引用文章作者359家,志书16种,功力是相当深的。由于他"为文私淑全氏《鲒埼亭内外编》,以翔实为主,不尚空言"④,所以该书与《碑传集》相比有其自己的特点。

钱仪吉的《碑传集》"悉收他人之作",缪荃孙的《续碑传集》不受这个限制。他自己所撰,"间亦阑入,重其人,不敢避嫌而不登载"⑤。这和全祖望的《鲒埼亭集》收载其自己所撰碑传的做法是一致的,从保存文献的角度看是应该的。全祖望在撰写《鄞张公神道碑铭》时,曾参考张煌言的全集,综合各种野史所记。加上他族母的口述,订正黄宗羲所撰张煌言墓志的疏误。缪荃孙对名人之文字,在采录时亦注意鉴别,他主张:"要皆借名人之文字,即以存名人之事迹,抑或删节而无改易,事有误者,间作夹注而已"⑥。这种"删节"和"夹注",本身也就起着订正的作用。从指导思想看,如果说全祖望生当乾隆盛世,搜辑明代史料,表扬明季忠臣义士,强调气节,是为了崇名教,正人心;那么缪荃孙搜辑清代碑传,正是在所谓"同治中兴"之后到辛亥革命前夕,他把道、咸、同、光四朝九十年内的"中兴伟绩,贤才荟萃,长篇短牍"的"记载""较多"⑦地搜罗起来,无非也只是为了给清王朝注射一针强心剂。

---

① 《艺风老人年谱》(以下凡引《年谱》不一一注明)。
② 《国史儒林文苑两传始末》,《艺风堂文漫存·乙丁稿》卷三。
③ 《国史隐逸传序》,《艺风堂文集》卷五。
④ 缪禄保、缪僧保:《缪艺风行述》,清史馆旧藏,1930年2月,国立北平图书馆摄复印件。
⑤⑥⑦ 《续碑传集·叙》。

在编排体例上,缪荃孙"一准前编",与钱仪吉之《碑传集》一脉相承,不同处在"外藩后添客将一目,列女中又添辨通一目",不再分经学理学道学儒林,"悉改为儒学"。① 这种添改,主要是由时代的不同所决定的。

清朝统治者历来以"天朝"自居,把其他国家视作"外夷""外藩"。鸦片战争后清王朝国势日蹙,封建的自然经济日益瓦解,地主阶级和广大农民之间的矛盾日益激化,终于爆发了太平天国革命运动。清政府已不得不借助外国资本主义的洋枪洋炮来镇压人民革命。《续碑传集》添"客将"一目,将华尔、法尔第福、呋乐德克、戈登与"藩臣"僧格林沁等并列,大加表彰,正是适应了清王朝的这种政治需要。"列女"中添"辨通"一目,仅著录王闿运撰《直辞女童》一篇,记咸丰九年选女入宫引见事,宣扬"女童以一言而悟主,成文宗之宽明",为咸丰帝涂脂抹粉。至于"儒学"不分经学理学或道学儒林,更是形势的需要。乾嘉年间,考据风行,汉学大盛。道光时清政陵夷,今文学兴。至于曾国藩,则专习程朱。在太平天国革命的冲击下,农民起义的客观形势要求地主阶级联合起来,消除门户之见,共同对付革命。《续碑传集》关于"儒学"的这种编纂,正是太平天国后"儒学"情况的客观反映。

《续碑传集》在史学上的价值,主要在为清史和近代史研究提供资料。中国近代史上的一些重要人物,如:鸦片战争时期的禁烟派领袖黄爵滋、林则徐、邓廷桢、投降派人物穆彰阿,为抵抗英国侵略而牺牲的关天培、葛云飞、郑国鸿、王锡朋、陈化成,投水自尽的两江总督裕谦,被贬官削职的台湾道员姚莹;第二次鸦片战争中被俘,死在印度的两广总督叶名琛;镇压太平天国的曾国藩、左宗棠、李鸿章、胡林翼、罗泽南、李续宾、张国樑;咸丰时进行币制改革的王茂荫;中法战争时的爱国将领冯子材;戊戌变法时支持维新事业的湖南巡抚陈宝箴,反对变法的封建顽固派御史朱一新;义和团运动时搞"东南互保"的两江总督刘坤一;以及经学家王念孙、刘逢禄、阮元、俞樾;史地学家张穆、何秋涛、徐松、徐继畬;金石学家吴大澂;藏书家杨以增、丁丙、朱学勤;文学家张维屏、张际亮、包世臣、莫友芝等,都可在《续碑传集》中翻捡到他们的生平资料。

缪荃孙一生所撰碑、传、铭、记甚多,其中大多有史料价值,但也夹杂着一些应酬之作,而在《续碑传集》中,仅收录了十三篇,确是经过精选的。这十三篇碑传记叙的当代历史人物,基本上都与所谓"中兴"事业有关,而大体上则可分为

---

① 《续碑传集》叙。

三类：

第一类是清中央政府中的封建洋务派官僚，如：曹毓瑛，在军机大臣上学习行走，常说："军旅之事，患信任不专，事权不一。"为那拉氏和奕訢出谋划策，缪荃孙说他："一言之褒贬，一事之成败，皆足以斡旋大局，辅佐中兴"。① 郭嵩焘，曾"出使英国"，是洋务派中湘系集团的重要人物，他"以鸦片为当禁，教民应分别约束"，主张"铁路应办，矿务应开，一切内政当整顿，而练兵为后"，缪荃孙认为这都是"阅历有得之言"②，反映了他对兴办民用工业的重视。周家楣，曾充总理各国事务衙门章京并两任顺天府尹，为文祥所器重，他在办理四川教案时，主张"但论曲直，不论民教"，反对"偏护教民"，对外国传教士有所警惕，认为"转以中国治民之柄畀之该教，决不可行"③。缪荃孙赞赏他维护中国主权，不卑不亢，不媚不愚，认真对付外来侵略的立场。

第二类是地方督抚和湘军将领，如：陶模治理新疆，在边疆危机严重的情况下，坚持"属地当争，边要当守"④，为了开发中国西部，增强国力，他还议辟径路，分道测绘，探索矿产资源。浙江巡抚恽祖翼，在"咸同以来，外交内患，百端纷集，事机变幻，间不容发"的情况下，"能当机立断，措置裕如"，在平息人民反抗及办"洋务"时均颇为能干，缪荃孙称赞他"勇于任事"⑤。两淮盐运使洪汝奎，咸丰年间被胡林翼招去，参与曾国藩军事，同治年间为李鸿章总理粮台，供应防军及他省协饷，光绪年间又代沈葆桢治事。湘军将领田兴恕、周达武，曾分别在骆秉章、李续宾部下镇压太平天国和少数民族起义。

第三类是依附于封建洋务派的学者文人，如：张文虎，在太平天国时曾被曾国藩"聘赴安庆"，李鸿章任两江总督，"议刻经史"，又与他"商定条例"⑥。刘庠，是曾国藩门下士，晚年尝手写《十三经》，自号"写十三经老人"⑦，在提倡程朱理学方面，深得曾国藩之真传。翰林院编修俞樾，政治上并不依附于洋务派，他"以高邮王氏为宗，其大要在正句读，审字义，通古文假借，由经以及诸子"，但其晚年常语人曰："形而上者谓之道，形而下者谓之器。以中学为体者，道也；以西学为

---

① 《曹毓瑛神道碑》，《续碑传集》卷十二。
② 《郭嵩焘书事》，《续碑传集》卷十五。
③ 《周家楣神道碑》，《续碑传集》卷十七。
④ 《陶模遗事》，《续碑传集》卷三十二。
⑤ 《恽祖翼墓志铭》，《续碑传集》卷三十二。
⑥ 《张文虎墓志铭》，《续碑传集》卷七十五。
⑦ 《刘庠笔记》，《续碑传集》卷八十一。

用者,器也。"① 用"道"和"器"的关系具体表述了他对"中体西用"这一主张的理解,在思想上与封建洋务派有相通之处。

由此可见,缪荃孙记述当代历史人物的主要对象,是封建统治集团中的洋务派。这些人上至中央,下至地方,尽管他们的表现各有差异,但共同特点却都赞成"中学为体,西学为用"。缪荃孙为这些人树碑立传,无非是为了讴歌洋务运动,宣扬"同治中兴"。然而历史的辩证法是无情的,在《续碑传集》编撰的三十年里,中国社会发生了深刻变化。由于半殖民地半封建社会的加深及其基本矛盾的激化,洋务派的行动并没能达到预期的目的。他们所学到的一点"西学"皮毛,对外抵挡不住帝国主义日益扩大的侵略,对内更无法阻挡封建经济的日益瓦解和人民群众的日益觉醒。当1910年江楚编译书局刊印这部书的时候,不仅"中学"之"体"早已动摇,而且代表这个"体"的清封建王朝也已面临它的末日,所谓"中兴伟绩"完全成了历史的陈迹,《续碑传集》的价值也仅仅在为后人研究这段历史提供了一部有用的资料。

辛亥革命后,缪荃孙在《古学汇刊》上发表了《国史儒林传叙录》,这是他对有清一代儒学的总结。

清代的《国史儒林传》最初于嘉庆间由阮元创修,以后又陆续增修。1883年派缪荃孙专办,因分宋学为上卷,汉学为下卷,宋学分派,汉学分经,援《经典释文》例编叙录。

清代的儒学是在明代儒学的基础上发展起来的。明自王守仁讲习良知之学,弟子遍天下。清代的宋学,大多受王守仁姚江之传。由于阳明之学,后来流于空疏,杳冥放荡,不求实用,缪荃孙是不赞成的。他推崇"博野颜氏之学,则贯古今,合中外,有体有用,莫能出其范围,非空谈心性者所能及"。他认为颜(元)李(塨)学派的某些"法语学规""与泰西暗合",德清戴望所撰《颜氏学记》,"偏于空言心性",并未反映颜氏之学的全貌。缪荃孙把"颜李"与"泰西"比较,今天看来似觉可笑,但恰恰表露了他的中体西用思想。

在对清代汉学的叙述中,缪荃孙则表现了极其明显的维护朴学的倾向。在谈《诗》时,他认为魏源《诗古微》"专申三家以难毛",将"坠绪之三家"当作"珠璧",把"未亡之毛氏"看如"弁履",是"门户之见,不可从矣。"在谈《礼》时,他鉴于毛奇龄等人"词多空衍,义少发挥",主张"皆不录"。至于宋王安石著《周官新

---

① 《俞樾行状》,《续碑传集》卷七十五。

义》,缪荃孙更为反感,说:"安石不宗传注,大异前儒之说,则非特新法足以祸国,即《新义》亦足以祸经"。在《春秋》三传中,他推崇《左传》,认为"《春秋》三传优劣,终以刘子骏《左氏》亲见,《公》《谷》传闻之说为确",清朝"治《左氏》者,不如治《公羊》之勇,遂至邪说横行,天下大乱,滥觞燎原,失于求新学者,抉择不可不慎也已"。缪荃孙企图从学术的变迁上,去寻求清末天下大乱的原因,最后归罪于"新学",反映了其思想上的保守倾向。

由于曾长期在史馆任职,缪荃孙极其关心清代掌故的搜集和记载。他认为:"掌故,军国大事,治乱攸关,祖宗家法,沿革备载,诚立国者之所资,亦秉笔者之盛业也。"①在《古学汇刊》上,他发表了不少关于清代掌故的笔记。如:《羽琌山民逸事》,记录了龚自珍的海涵地负之才,对其俯视一切的言行和近于佹诡不羁的行为作了具体描述。收罗掌故更多,内容更丰富的则是《云自在龛笔记》,《古学汇刊》上先后发表过其中的"书画""顺治朝补记""列朝一""列朝二""康熙朝诸臣"等部分,尚有未刊部分,后由邓之诚作序,分"论史""书画""金石""书籍"四卷,补编为《云自在龛随笔》。这些笔记和随笔,出自私家之手,忌讳较少,有的比官方记载要详,可互相对照补充。此外,缪荃孙还用抄书的办法,大量保存清代掌故。北京图书馆现藏有《艺风堂杂钞》22册,搜辑了不少清代文献、清人书札、日记及书目。这些资料虽未经分类编排或按时代整理,但在搜载清代掌故上的贡献却不能低估。

1914年,清史馆开,聘缪荃孙为总纂。他于"开馆之始,多所赞画"②。最主要的是拟订开馆办法。鉴于清代实录全录谕旨,起居注止载发钞之谕旨,大臣传无表字,无事实,无著撰,止录奏疏,且仅二品以上有传,三品以下则无,国史馆的资料是很不完备的,缪荃孙认为要保证史书质量,非广搜群籍不可。他与杨钟羲、于式枚、吴士鉴、秦树声、陶葆廉等六人同呈了《谨拟开馆办法九条》③,提出了"搜档册""采书籍""仿《明史》""勤采访""办长编"等九条意见:

"**搜档册**",就是清查档案,包括:1."史馆大库皮藏","须将史馆旧稿、巨编零册、摺包旗档全数发出,交收掌编号备查";2.军机处方略馆档案及各处所存档案;3."满蒙字档,须延认满文、蒙文者编号并摘由"。

---

① 《古学汇刊》序。
② 缪禄保、缪僧保:《缪艺风行述》。
③ 缪荃孙等:《谨拟开馆办法九条》,见中国社会科学院历史研究所藏《清史例案》。

"**采书籍**",缪荃孙等认为:"本朝文人考古则优于历代,征今则不如前明,推原其故,满员知之而无记载,汉员则不使知之,即知之而亦不敢记载。"但是,清代编修的地方志很多,江南图书馆、上海盛氏图书馆及各省省城图书馆藏书丰富,其中有关史事的书籍应"不厌其详,不避其复"地送史馆,以资采获。

"**仿《明史》**",缪荃孙等主张修史"必据至近之史为例",认为"《明史》,其辞达,其事明,远出唐宋二史上"。大体说来,"其书纪、表不如志,志不如传,宏正(弘治、正德)前之传,不如嘉靖以后"。但是,它"汇聚数十年之名流,考证三百载之事实,上搜开国之群雄,下录三王之事迹,数人同事则类叙,一人数事则别见,不漏不蔓,体例最善。今日修史,惟专仿《明史》,不必高谈皇古也。"

"**勤采访**",缪荃孙等主张要像《明史》开馆那样,"各府均有采访局",从事采访。

"**办长编**",即用司马光撰《通鉴》的办法,"先编丛目、草卷""请纂修官认定门类""事各一门,人各一册",写成草卷,然后"删削成篇"。缪荃孙等认为满与蒙古列传,又宜分族办长编。龚定庵曾言,满蒙人取满语汉语为名,不过吉祥语数百字,往往雷同。《元史》"有一人为两传之弊,近时恐有合二人为一传之弊。长编须如此起,至编纂仍分时代事迹"。

除提出这些办法外,缪荃孙等还拟了一个"目",包括纪十二篇,志十五篇,表十篇,传十七篇,供史馆参考。在列传的分类上,缪荃孙等不赞成"以算学归入儒林",认为"本朝专家甚多",主张"畴人传另立专门",反映了其对科学技术的重视。但是,从整体看,缪荃孙等所提出的修史体例基本上还是沿袭旧史,并未冲破封建正史的束缚,与梁启超偏重于创修新史的《清史商例》相比,是不可同日而语的。

由于缪荃孙年迈,身居沪渎,不能久留京师,赵尔巽允许他携书自随。因《儒林》《文苑》《循吏》《孝友》《隐逸》五传初稿,原出缪荃孙手纂,故仍归他增订,后以《循吏》一传让归他手,余四传均在两年内脱稿,又成《土司传》《明遗臣传》,拟全书凡例一卷,并"遍阅《明史》列传一过,发明其每卷编次义法,笔录寄馆,以备印证"。至1918年为止,他曾两次到京,商办史事,"力主先拟定传目,以时代为段落,择人分任"①,并自任康熙一朝史传,脱稿者十之六七,未竟其事即于1919年去世。

---

① 缪禄保、缪僧保:《缪艺风行述》。

二、对《晋书》和《辽史》的补编

缪荃孙在古代史研究上的主要成就是对《晋书》和《辽史》的补编。

《晋书》修成于唐代,是唐太宗亲自令人重修和直接参与修撰的,号称"御撰"。在这部书之前,曾有十八家晋史,唐太宗认为这些史书"虽存记注,而才非良史,事亏实录""其文既野,其事罕传"①,全部推翻,下令重修。在政治的压力下,这部官修《晋书》一成,其他不合要求的晋史逐渐亡佚。后世史家怕与"御撰"之书出现矛盾,对亡书不敢辑佚,对《晋书》也不敢批评、补阙。到清代,由于皇朝几经更迭,年代久远,这方面的忌讳自然减少。从清初万斯同起,对《晋书》的志表,补编甚多。

由于《晋书》编撰者的正统观点和大汉族主义思想,晋代少数民族建立的政权被列入"载记",记载粗疏。尽管唐朝皇室本身含有鲜卑血统,但唐太宗最忌讳别人说他是鲜卑人,一向标榜出自陇西李氏。晋代十六国中,唯有张轨所建之前凉和李暠所建之西凉编入列传,反映了唐太宗的意志。最早为《晋书》补阙的万斯同,是明末清初史学大师黄宗羲的弟子,由于思想上怀念已亡的汉族地主政权,对满洲贵族入主中原不满,他在编撰《晋僭伪诸国世表》《晋僭伪诸国年表》,及汉、成、赵(包括后赵)、燕、秦、后秦、后燕、南燕等九国将相大臣年表时,表名前均冠以"伪"字,以示鄙薄。但因当时文网甚严,也不敢再有任何其他发挥或评论。此后,练恕撰《西秦百官表》,表前略加小序,叙述编撰缘起,表名不用"伪"字,反映了清代满汉民族的日渐融合。缪荃孙编撰《后凉百官表》《南凉百官表》《西凉百官表》《北凉百官表》《夏百官表》《北燕百官表》,基本上沿用练恕的体例,并进一步在序中增加了对史事的评论,突破了乾嘉史学单纯考证、辑佚、补阙、注释的传统。这是和晚清以来文网松弛,风气大开分不开的。

缪氏补编《晋书》,正面临清社鼎革之时,他对史事的评论,首先着重在总结历史上政权成败的经验教训。如吕光带兵进军凉州,正是苻坚为姚苌所杀之时,缪氏评论他说:"凤抱风尘之志,适值鼎沸之时……欲成大业,类有明征,择福地之可居,非叛乱之挺险矣"。吕光的军队,骨干是氐人,吕光本人也是氐人,正是依靠这支队伍称霸河西,缪氏总结其经验说:"上既加之青眼,臣亦报以赤心……

---

① 《晋书》(中华书局点校本)附《修晋书诏》。

带砺千秋,本支百世,立国之道,莫过于斯。"吕光病死后诸子争立,自相残杀,政事败坏,后凉灭亡,缪氏总结其原因是"萧墙之内,干戈自动……弟兄发难,民众土崩"①。一个政权的兴亡,与领导核心内部的团结分不开,缪荃孙的分析,说出了这个道理。

缪氏对史事的评论,还有些是属于揭露性的。在《夏百官表序》中,揭露刘裕"篡位谋亟,定边志疏",因忙于夺取东晋政权,灭掉后秦不久就退回江南,才使赫连勃勃乘机夺取长安称帝。但赫连勃勃是个视民如草芥的暴君,缪荃孙说他:"残忍众殊,骄奢习重。处士既至,以过礼而杀身;将作益精,以严刑而慑众……民至瘁矣,国亦随之。"确是击中要害。

对十六国政权中某些较有才干的少数民族首领的业绩,缪荃孙并不一概抹杀。在《南凉百官表序》中,他说鲜卑族首领秃发乌孤"智本兼人,情殷复国……甄西州之豪杰,乐南亩之农桑,假令运祚久长,声名洋溢,虞廷喜起,以契稷为元勋,南国乐歌,嘉周召之夹辅,未可知也"。对北凉的首领,卢水胡沮渠蒙逊,缪荃孙说他"博涉史学,通晓天文",表彰他能"搜求贤哲,广进刍荛,纳建忠之言,安我桑梓",对其晚年淫风盛行,"乞灵于鬼"的荒唐行径,也作了揭露和批评。北凉的首领比较重视文化,缪氏指出:沮渠牧犍(茂虔)嗣位后,"拜宋繇为右相,吏治克昌;尊刘昞为国师,文学日盛。"②十六国时期,由于凉州地区比较安定,河西文化不仅和江左文化息息相关,还吸收了西域文化和佛教文化。北凉灭亡后,河西文化被介绍到中原地区,对北魏文化有很大影响,正如胡三省在《资治通鉴》注中所说:"代北以右武为俗""而魏之儒风及平凉州始振。"③缪荃孙能根据历史事实,比较公允地评价少数民族政权对发展我国文化的贡献,这种史学观点是值得重视的。

缪荃孙补编《晋书》六表的另一成就,是他通过对"《晋书·载记》《御览》、姓氏书、金石拓本全行搜采"④,纠正了《晋书》在史实上原存的一些谬误,如:关于后凉灭亡的时间,关于南凉存在的年数,关于西凉的灭亡时间和存在年数,关于北凉的灭亡时间,关于夏政权存在的年数,缪氏都纠正了《晋书》之误。由于《晋书》的编修者,不少是文人学士,并非史家,在史料选择上不十分注意甄别取舍。

---

① 《后凉百官表序》。
② 《北凉百官表序》。
③ 《资治通鉴》晋安帝隆安三年注。
④ 缪荃孙补《晋书》六国百官表后记,《艺风堂文续集》卷三。

晋代之十六国，本各有史，流传颇盛，后魏崔鸿本之，作《十六国春秋》，诸国之史，渐以湮废，而自宋以来，鸿之本书，亦不见著录。《太平御览》是宋太宗太平兴国八年由李昉等编成的一部大型类书，当时记载十六国之史的一些较原始的资料还未全部亡佚，如崔鸿《十六国春秋》中之《后凉录》《南凉录》《西凉录》《北凉录》《夏录》等均被《御览》所引。缪荃孙根据《御览》，纠正《晋书·载记》之误，应该说是比较可信的。

除为《晋书》补表外，缪荃孙还曾为《辽史》补志。辽、金、宋三史，成书于元顺帝至正年间，当时社会激烈动荡，元政权风雨飘摇。元顺帝欲借前代"治乱兴亡之由""垂鉴后世"[①]，但因仓促成书，俱甚粗疏。《辽史》《金史》皆缺艺文志，此二朝旧著存佚，无可考见。清代考史家钱大昕《补元史艺文志》曾将辽、金二朝人之著作，并以附焉。此后，倪灿、卢文弨《补辽金元艺文志》，亦因"辽金篇籍无多，不足分列，故合元以为一编"。金门诏撰《补三史艺文志》，也是"取（辽、金、元）三史所载，并旁博采，合为一志"。最早单独为《辽史》补艺文志的，要数缪荃孙。

由于辽代书禁甚严，凡国人著述，惟听刊行于境内，有传于邻境者，罪至死，故书籍流传于后世者绝少。要补编《辽艺文志》，首先必须做大量的资料搜集工作。缪荃孙的补编，正是从这里入手的。据其《辽文存》序讲："昔年读《黄琴六文集》，知昭文张氏月霄曾辑金文，心仪久之，癸未之夏，南海谭叔裕前辈以伍刻《金文最》百二十卷见贻，即张氏所辑者。翻阅累日，如获瑰宝……余因思契丹开国，久于完颜，文教之彰，使命之美，亦与金源仿佛，因采金文见有辽文亦并甄录。惟辽时书禁甚严，不准传于邻境，五京兵燹，缣素埽地。迨元人修三史，以文献无征，致蹈简略之诮。今辽人遗书止存《龙龛手鉴》《焚椒录》《星命总括》三种，而《焚椒录》尚有与《契丹国志》不合，言其伪者，即记载辽事之书，正史外亦止《国志》一种。降而搜采金石文字，又仅得顺天属易州、宣化一带，山西、奉天，力所未及，晨钞暝写，单词片语，靡不搜采，共得诗文二百余篇，不及金文十分之一，然其难十倍矣。"

缪荃孙在张金吾辑《金文最》的影响和启发下辑《辽文存》，历时十余载，于1896年成书。该书凡六卷，卷一录诗七十首，附谣谚八首。卷二录诏令三十七篇，附会同六年《下令》："兵行有伤禾稼，损租赋者，以军法论。"《下有司敕》："于每村定有力人户充村长，与村人议，有力人户出胜田亩，补贫下不逮，顷田自愿

---

① 《辽史》附录，《修三史诏》。

者,据状征收。"反映了辽初军纪的严明和对农业生产的重视,从中可以窥见耶律德光时代契丹兴盛的原因。另有册文二篇,一为《册立石敬塘为皇帝文》,一为《册封高丽王制》。卷三录策问一篇,文二篇,表十三篇,奏疏六篇,铭八篇,其中《普济钟铭》:"甲戌年铸,用白铜一万五千斤。"录自《高丽图经》。《星宿寺钟铭》:"当生东国之时,同修善种;后往西方之日,共证菩提。"录自《东国通鉴》。反映了辽代冶炼事业的成就,佛教的兴盛及其与东西文化的交流。卷四著录记二十三篇,其中大多是宗教史料。有一篇乾统七年王鉴写的《大辽国析津府三河县重修文宣王庙记》说:"阐扬儒教,辅助国风,新众目之观瞻,增一色之壮丽,功待人兴,人与时会。"反映了汉族文化对辽的影响之大,说明辽朝后期契丹民族基本上已与汉族融合。卷五著录序八篇,书十八篇,碑八篇,墓志三篇,其中除书为政治、经济、军事和外交史料外,其余大多是宗教及文化史料。卷六录塔记十四篇,幢记十九篇,杂著二篇,均为宗教史料。为了便于考见梗概,缪荃孙编了《辽艺文志》和《辽金石存目》,附于书后。《辽文存》收集的材料,很多是金石碑刻。用金石学研究的成果来补充史学,是缪荃孙史学的一大特色。

《辽艺文志》是在编撰《辽文存》的基础上写出来的,它著录辽代图书五十一种,包括小学、译语、实录、起居注、杂史、仪注、地理、政书、传记、史钞、五行、医书、释道、别集,凡十四类。

小学类著录《龙龛手鉴》一书,乃统和间燕僧行均编。据辽统和十五年燕台悯忠寺沙门智光撰序介绍,这部字书"计二万六千四百三十余字,注一十六万三千一百七十余字,并注总一十八万九千六百一十余字……矧以新音,遍于龙龛,犹手持于鸾镜,形容斯鉴,妍丑是分,故目之曰《龙龛手鉴》,总四卷,以平上去入为次,随部复用(四声)列之,又撰五音图式附于后,庶力半功倍,垂益于无穷。"①真是蔚为巨著。

译语类著录重熙中翰林都牙萧韩家奴译《译五代史》《译贞观政要》《译通历》及耶律庶成译《译方脉书》,反映了汉族的史学、政治和医学介绍到辽国的情况。

研究辽史,往往苦于资料缺乏,语言又为一大障碍。缪荃孙在编撰《辽艺文志》时,首列小学、译语二类,放在记载帝王事迹的实录和起居注之前,在史学上是很有见地的。在缪氏之后,王仁俊撰《辽史艺文志补证》,黄任恒撰《补辽史艺文志》,俱依经、史、子、集四部分类,在史学见解上是远远不及缪氏的。但是,由

---

① 《龙龛手鉴》序,《辽文存》卷五。

于时代的局限和个人精力的有限,缪荃孙不可能在更大的地区和范围内进行搜访。1922 年庆陵出土了汉、契丹两种文字对照的帝后哀册,1951 年间在锦西西孤山又出土了辽静江军节度使萧孝忠的墓志,这些都是缪氏生前所未见的。中华人民共和国成立以来,我国史学工作者对辽史的研究取得了一定成绩,也写出了一些较有分量的专著,但深入开展辽史研究,还有待于资料的大量挖掘,缪荃孙在这方面所作的工作,是值得我们借鉴的。

三、方志编修与地方史研究

清代方志纂修极为发达,主持编写者或以官于其地,或以生于是乡。缪荃孙参加过《顺天府志》《昌平州志》《湖北通志》《常州府志》《江苏通志稿》和《江阴县续志》等方志的编修,在地方史研究上颇有成就,其代表作则为《顺天府志》和《江阴县续志》。

《顺天府志》是缪荃孙中年服官时期最早参与修纂的一部方志。他在京授职编修不久,就应邀参与修志,当时请张之洞拟定义例,由周家楣奏请开局。1881 年,张之洞令缪荃孙专任其事,至 1885 年成书,凡一百三十卷,总纲十一(京师志、地理志、河渠志、食货志、经政志、故事志、官师志、人物志、艺文志、金石志、序志),子目六十九。缪荃孙代张之洞主总纂事,并亲自撰写了其中地理志之疆域、寺观、沿革、经政志之矿厂、钱法、人物志之乡贤、艺文志,金石志及序志。在"序志"中,他说:"古之志都邑者,仅存乾道、淳祐、咸淳三志,偏隅南渡,具体而微,岂若今日大一统之规,跻中兴之世,征今考古,泐成此编。"

《顺天府志》修纂的时间,正是在清王朝镇压了太平天国和捻军等农民起义之后,缪荃孙服官不久,希望清政府能维持"中兴"局面,长治久安。总纲以"京师志"居首,目的在宣扬"王化",提高清王朝的威信。他认为:"清受天命,抚有方夏……京师之地,王化所始,巨之郊庙、学校、兵卫之制,细之祷祀、风尚、玩好之事,靡不先行畿甸,后及薄海""而冠之以京师志者,纪卜宅之隆规,敷睿治之丕烈,邦畿千里,游泳圣泽,使薄海内外,声教所讫,莫不瞻云就日,奉为依归,是以序述规模,恭纪卷首"[①]。子目中把《城池》《宫禁》《苑囿》《坛庙》《祠祀》《衙署》等放在前面,也正是和这个总纲相吻合的。在《京师志》七《衙署》中,记载了总理各

---

① (光绪)《顺天府志》卷一百三十,《序志》。

国事务衙门和同文馆的建立及总税务司署和外国公署的地点,反映了清王朝开办洋务的时代特点。

《顺天府志》的编修,在一定程度上起着为清王朝提供借鉴的作用,反映了缪荃孙的经世思想。在述《地理志》时,他"规画区域,脉络山川",叙述"郛郭建置之方,治所兴废之迹",希望能"因近以缀远,托小以著大",做到"览形势厄塞,则思握险控御,防患于未然;验风俗盛衰,则思与民休息,维之于不敝"。在述《故事志》时,他"由今溯昔,纲举条系",说:"兵事之成败,形势不可不讲也。今时之祥异,政令不可不治也。"他重视边防,警告外国侵略的危机:"海波一角,摇动全燕,轮舸炮台,锁钥勾连",希望清政府"不忘武备""居安思危"。① 在《地理志》十二《边关》与《故事志》三《兵事》中详细记载了咸丰十年英法联军攻大沽不能入,转由北塘登陆,通州、武清均被扰犯,胜保战于八里桥,败绩,圆明园火的历史事实,沉痛地指出:"咸同之际,洋舶驶至天津,通商内地者二十余国,海口设防不虞是戒,有心时事者不能无世变之感矣。"

缪荃孙受到洋务派求强求富思想的影响,在编修《顺天府志》时,他遵照张之洞的要求,对"前代旧制,近日积弊,均为详采"。② 在经济政策上除主张务本节用、休养生息等地主阶级经世派的传统观点外,还赞同洋务派采用西方近代生产技术,兴办实业。他主张开矿,在其所纂《经政志》四《矿厂》中说:"金贡始于《夏书》,铁官著于《汉志》,天地钟毓,取之在人,非惟富民,抑亦强国。明万历时,矿使四出,扰害天下,斯奉使非其人,非物产有所秘也。近年以来,大开封禁,轮船机器,取法泰西,煤铁要需,尤宜筹画。"同时,他称赞新式邮电事业:"去如风发,捷似星流,朝令夕闻,借箸运筹,附以电报,制度尤周。"③对各国通商,他虽有"世变之感",但并不一律排斥,在某种程度上赞成发展商业,《地理志》十三《风俗》中说:"顺天户口繁富,民风笃实……西北多山,民习勤苦,东南多水,民忧泛滥,惟通州、武清,下接津沽,近年各国通商,轮舶翔集,大艑长舸,百货荟萃,民食其利,富厚日形。"

《顺天府志》受张之洞的影响,在思想倾向上主张引用西方科学技术,发展近代工商业,来加强和维护清王朝的封建统治,体现了洋务运动的时代特点。在方志编纂的方法上则严格遵守了张之洞拟定的《修书略例》,如:"图地理须用目验、实测、聘通算学者为之,不得凭成书及约略揣度";"赋出于地,役出于民,故户

---

① ③ (光绪)《顺天府志》卷一百三十,《序志》。
② 同上,《修书略例》。

口、物产先于赋税";"官师门多归表,少立专传,立表以省传";"人物以朝代为次,不分州县";"艺文门每书撰一提要,注明存、佚、未见、未刊四等,以时代为次,不分经史子集";"金石门以时代为次,注见存,拓本、存目三类,各缀考释";"各门前为小序一则"等,在编纂时均一一得以贯彻。缪荃孙负责总纂,大部分稿子都经过他复辑。他知识渊博,讲究考订古今之变,十分注意寻其脉络,观其会通,在志书各门中附入了不少考史文章,如:《京师志》之《城池》附《辽故城考》《金故城考》《元故城考》《明故城考》,"宫禁"附《辽故宫考》《金故宫考》《元故宫考》《明故宫考》,为缪荃孙亲撰,对我们了解首都的沿革变化很有用处。《顺天府志》在方志编纂方法上的这些特点,反映了晚清方志学在受近代科学方法影响下所取得的一些成果,它是我国近代洋务运动时期成就较高的一部地方志。

缪荃孙晚年编修的方志中,成就最高的是《江阴县续志》。1917年江阴续修县志,请缪荃孙为总纂,确定"宗实斋说,以赓续前志为准"①,"述历光绪以来,至宣统而讫,比事属词,上承前志,阙者补之,误者正之"②,然后由缪荃孙手定凡例,分任同人纂辑,于1919年基本告成,刊印于1921年。

由于《江阴县续志》纂修的基本原则是"续",所以整部方志详今略古,富有时代气息。全书凡二十八卷,分沿革、天文、建置、山川、民赋、学校、武备、秩祀、风俗、氏族、物产、职官、选举、官师、人物、列女、寺观、艺文、石刻记、前志原委、杂识、前志证误、叙录二十三门,门内再分若干子目。在叙事时,凡前志已详,或无所更置者,均从简带过;对前志之误,则加以订正,详所不及。缪荃孙认为"志书本出于图经",强调"以实测绘图,务征翔实"③,成总图一、城厢图一、分图四十五、水陆交通图、三角网图各一。这些地图不同于过去传统的舆地图,均用近代科学方法绘制,标明东西南北方向,用比例尺说明比例,使人一目了然。在全书最末,另附《江阴近事录》三卷,专载辛亥后之近事,缪荃孙在其跋语中说:"江苏各县,同修邑志,……均以宣统三年为限断,因以后历日不同,官职不同,政令不同,势难合并,且由图经而为方志,均属古法,将来新学昌明,或不复仍袭志之旧号。然民国以来历年事实不能不记,章实斋先生尝言每邑当设一志科,掌其事实,为修志之蓝本。今辑此数卷,权作志科掌录观可也。"缪荃孙从辛亥革命推翻

---

① 《江阴县续志》,冯煦序,"前志"指卢思诚、沈伟田,冯寿镜修《光绪江阴县志》。
② 《江阴县续志》卷二十八,《叙录》。
③ 《江阴县续志·凡例》。

帝制后的社会变化认识到"古法"必将为"新学"所代替,并为后人续修县志提供和保存资料,反映了其晚年思想上的一个重大进步。

《江阴县续志》记载的时代,是鸦片战争、太平天国后我国社会经济、政治、军事、文化激烈变动的时代。从19世纪70年代至20世纪初,由于帝国主义的侵略,民族危机的加深,洋务运动由发展到破产。资本主义生产方式的冲击,使中国封建的自然经济进一步解体,资产阶级改良派和革命派先后登上历史舞台,最终导致清王朝的垮台,紧接着是袁世凯的窃国和军阀的混战,给人民带来深重的苦难。缪荃孙亲身经历了这个时代,《江阴县续志》的主要成就也就在于它如实而具体地记载了这个时代江阴的变化,提供了中国近代社会变化的一个缩影。

据《江阴县续志》记载:道光二十一年,"英人破吴淞,英船直泊(江阴)北门,时城内无兵"[①]。同治七年设长江水师江阴营,同治十三年建江阴炮台,光绪二十年张之洞委派洋教习进行教练。[②] 洋务运动首先从军事开始,然后才是民用事业。光绪九年曾国荃为江防重要,奏准设电报局,光绪二十七年设邮政局,皆为"官局",作为"商局"的轮船局则于光绪三十二年试办。[③] 由于江阴是小县,兴办洋务的步伐比大城市慢,正说明了我国地大人多,发展不平衡。但时代的潮流毕竟是向前的,资本主义的工商业在江阴也开始出现,并逐步发展。首先是和传统的丝绸业有关的茧行,自光绪十六年由无锡设分庄,采用新式灶具,改进"缫丝之术","二十年来逐渐推广,合邑茧行开设四十余家,岁有百数十万多或二百余万之茧款散注民间,小民生计,实利赖焉。"其次是布厂、纱厂。江阴土产有大小等布:"横面太窄,往往不便裁制,且仅白色一种,其用不广,泥古不变,日就衰落"。后来采用新法,"招女工,改机具,换织法,宽其丈尺,遂成佳制,其花样五色俱备,多至四百余种,质美价廉,江阴布之名乃大著,数年后合邑风行,继起者四十余家"。[④] 除丝绸、棉织业外,其他工业也陆续开办。

在半殖民地半封建的中国,资本主义的发展受到帝国主义的摧残和封建主义的扼杀。晚清以来,"米征盐策,无减有增"[⑤]。苛捐杂税,极为繁重。据《江阴县续志》卷五记载,"赋额"除"银米两项每亩应征科则及验分运解各款"外,还有"工食抽扣门支""拨办文报经费""祭祀开支""杂款开支"等名目。"杂税"则有

---

① 《江阴县续志》卷一,《沿革》之《大事表》。
② 《江阴县续志》卷七,《武备》之《水师》《炮台》。
③ 《江阴县续志》卷三,《建置》之《官局》《商局》。
④ 《江阴县续志》卷十一,《物产》附《实业表》。
⑤ 《江阴县续志》卷二十八,《叙录》。

"牙税银""牛猪税银""典税银""沙洲芦课银"等。民力深苦不支,万分为难。民国成立后,除旧税照收,又增新税,据《江阴近事录》卷一记载,民国元年至六年起"新税之种类",有"官契纸价""登录凭证""验契""印花税""烟酒牌照税""屠宰税""官中税"等。在苛捐杂税的盘剥下,物价腾贵,农村经济陷入分化和破产的境地。

资本主义的意识形态和教育文化在江阴也逐渐得到传播,首先出现的是外国传教士所建的教堂、学校、医院,真正的"新学"勃兴,则是在戊戌变法以后。光绪二十四年,"政府力图变法,命各省大小书院一律改为中西兼习之学堂"。江阴最有名的南菁书院,原为黄体芳议创,由左宗棠捐集公款助成,此时亦"照省城书院例,改办高等学堂"。改学堂后,"以伦理、经、史、诸子、词章、西文、算学七者为普通学"①。其他书院、文社、义塾也大都在废科举后改办学堂,还购置了时务西学书籍,备士子阅览,为新思潮的传播提供了条件。

1911年,辛亥革命爆发,江阴亦树白旗称光复。据《江阴近事录》卷一记载,"(民国)元年三月,南京留守黄兴以留学日本士官毕业生吴祖裕为澄塞总台官,未一月而变作,祖裕死之"。封建军阀专横跋扈,资产阶级革命派却软弱无能,不敢认真追究,正是以袁世凯为首的北洋军阀窃取革命果实在江阴的反映。民国二年,资产阶级革命派发起"二次革命"后,江阴遭北洋军蹂躏,《江阴近事录》卷一记载:"郭以廉,皖人,南都北都之争议,郭部曾纵劫北通州,不究,调驻江阴……及四省告变,郭复奉檄赴闽,行有日,而北门之变起。"时江阴北门"贸易较盛,郭军截其两端,遍户搜索,搜索不遂,纵火以逼……被劫之家百九十,被毁之家七。惟海关、税务所、盐栈、纱厂均不与,一以涉官款,恐严究,一以纱厂之工人众防卫固,故不及也。"说明这次郭军的抢劫焚掠,实由官方纵容造成,同时反映了工人们不畏强暴,团结起来保卫工厂的巨大威力。这样的资料在《江阴县续志》中虽不多见,却更显得可贵。

《江阴近事录》卷二,记载了袁世凯复辟帝制,尊孔读经在江阴的反映,"邑人夏鸿书议设孔教分会,会员百三十余人,公举徐士佳为会长,通牒文武各署,一体届期与祭。"袁世凯的倒行逆施不得人心,很快遭到全国人民的讨伐,"护国运动"兴起,各省纷纷独立。《江阴近事录》卷一记载:"五年(1916)四月十六日向晨,大炮一声,破空而来,窗宇撼摇,如春雷震盈不绝,闻呼而过者曰:独立!独立!"用

---

① 《江阴县续志》,卷六《学校》。

"春雷"描写炮声,喜悦兴奋之情,跃然纸上,充分反映了作者的思想倾向。这种写法,值得学习。

四、目录学与古籍校刊

目录校雠之学,是缪荃孙史学的重要组成部分。1868 年,他"始收书为目录之学",该年八月入成都书局,校刻书籍。1875 年,执贽张之洞门下,协助编撰《书目答问》。编撰的主要目的,是告知童生应读何书,书以何为善本。它收图书二千多种,以经、史、子、集四部三十四类排比。在四部之外,另立丛书目。书后附有《别录》和《清代著述诸家姓名略》,便于读者查考。所以这部书目自光绪二年刊行后流传很广,版本亦多,是近代很有影响的一部旧学书目,对了解古籍版本有参考价值。但是这部书目毕竟是以封建主义为主导,为宣传封建思想和学术而编的。它指导士人钻研中国的旧学术,充分体现了张之洞"中学为体,西学为用"的主张。缪荃孙通过协助编撰这部书目,丰富了版本目录学知识,同时在思想上也深受张之洞的影响,对其世界观的形成与以后的生活道路起了相当大的作用。张之洞在致潘祖荫的一封信中,曾说:"缪筱珊孝廉前度在京曾侍谈谦,今秋晚回省城,数相过从,其人警敏非常,淹博好古,目前江东之秀,殆罕其匹,充其所造,殊未可量"[①]。他把缪荃孙物色为编撰《书目答问》的重要助手,的确是经过一番挑选的。

1883 年缪荃孙开始为其师潘祖荫编辑黄丕烈的藏书题跋。早在青年时代,他就对黄丕烈"收藏之富,鉴别之精,校勘之勤,津津有余味"。潘祖荫先以所钞海源阁藏黄氏题跋八十余授缪荃孙编刻,缪觉数量太少,又向江浙藏书家征求黄氏题跋,"得三百四十五篇,分为六卷"[②],以潘氏名义编刻,题为《士礼居藏书题跋记》。此后他又继续收集,续得七十五种,1896 年由江标刻入《灵鹣阁丛书》。1912 年,他又将其在潘刻江刻外所得五十篇黄氏题跋交付邓实刊于《古学汇刊》。1919 年,缪荃孙与章钰、吴昌绶一同校辑《荛圃藏书题识》及《荛圃刻书题识》,作为姊妹篇而行世。这两部书的刊行,以缪氏所出之力为多,他在《藏书题识》的序中高度概括和评价了黄氏目录学的特点,说:"其题识于版本之后先,篇第之多寡,音训之异同,字画之增损,授受之源流,繙摹之本末,下至行幅之疏密

---

① 书信原件见北京图书馆藏《香涛制军手札》上。
② 《士礼居藏书题跋记书后》,《艺风堂文续集》卷六。

广狭,装缀之精粗敝好,莫不心营目识,条分缕析,跋一书而其书之形状如在目前。"缪荃孙赞扬黄丕烈之精于考订,反映了他注重实学的作风。

缪荃孙在目录学上的主要成就是《艺风藏书记》《艺风藏书续记》与《艺风藏书再续记》的编撰。一个人研究任何学问,都必须掌握大量资料,少年时代他就读了很多书,青年时代多次赴京应试,"遇书辄购",中进士后在京进一步"搜罗群籍,考订版片"。经过三十多年的收藏,积累了"《四库》未收之书,名家孤传之稿,共十余万卷"。1900 年他"按籍编目",撰《艺风藏书记》,尽录题跋印记,有《四库》未著录者,略举人之仕履、书之大意,得书六百二十七种,一万九百六十二卷,用孙祠书目例,分为十类,编成八卷①,刻成于 1901 年。十年后,他又开始撰《艺风藏书续记》,据其所撰《藏书续记缘起》讲,在这十年中,他曾"先后游日本东西京,又观书于四明天一阁,领江南、学部两图书馆,颇见异书,有购者,有易者,有传钞者,有影摹绝精者,所聚与前相埒",所以"重循前例,再编八卷",刻成于 1913 年。晚年,在经济极其困难的情况下,缪荃孙仍继续从事目录学的研究,对新收的书籍加以题跋。1940 年,燕京大学图书馆将其遗著,原题《艺风堂新收书目》铅印问世,定名为《艺风藏书再续记》,在自序中,他说:"予自国变,蛰居海隅,佳椠旧钞,往往易米,经此大难,无心收拾。然遇心喜之书,相当之值,遂损衣食之费而置之。虽旋收旋散,有若抟沙,然既暂为我有,则可入之书目,犹胜道咸以来之收藏家一字不泄于外者。"这部书目收书一百十四种,不分卷,编制方法与《藏书记》《续记》有所不同,他没有继续采用《孙氏祠堂书目》的十分法,而是以版本区分为宋刻本、元刻本、明刻本(附清刻本)、旧钞本、校本、影写本和传钞本七类。说明他晚年对书籍研究的兴趣更侧重于版本,同时也反映了他在目录学上不断实践、不断探索的创新精神。他在书目编写上有丰富的经验,而且有自己的见解和主张。他曾把历代以来的书目大体分为两派,说:"一则宋椠明钞,分别行款,记刻书之年月,考流传之图记,以鉴古为高,以孤本自重";"一则涉猎四部,交通九流,蓄重本以供考订,钞新帙以备记录,供通人之浏览,补秘府之缺遗"②。这两派,前者偏重形式,是所谓"鉴赏家";后者注重内容,是所谓"考订家"。缪荃孙主张内容与形式并重,"上窥《(四库)提要》,下兼《士礼居》之长,赏鉴考订两家合而为一。"③在《积学斋藏书志序》中,他称赞这部书目有两个优点:第一,"其书

---

① 《艺风藏书记·缘起》。
② 《平湖葛氏书目序》,《艺风堂文漫存·辛壬稿》卷二。
③ 《钱塘丁氏八千卷楼藏书志序》,《艺风堂文续集》卷五。

必列某本旧新之优劣，钞刻之异同，宋、元本、行数、字数，高广若干，白口黑口，鱼尾旁耳，展卷具在，若指诸掌，其开聚书之门径也"；第二，"备载各家之序跋，原委粲然，复略叙校雠、考证、训诂，薄录汇萃之所得，各发解题，兼及收藏家图书，其标读书之脉络也。"具备了这两方面的优点，"藏书读书者，循是而求"，就能做到"览一书而精神形式，无不具在"。缪荃孙认为书目的作用，就是既要指出书的"精神"，又要讲清书的"形式"，两者不可偏废。这种提倡实学，反对空论，要求"精神形式，无不具在"的主张，实际上也是对他自己编写书目实践活动的经验总结。

缪荃孙不但是一位藏书家，而且也是一位金石收藏家。1864年他在读欧阳修《集古录》与赵明诚《金石录》的启发下开始从事金石学研究。1872年入川东道姚觐元幕府，曾协助姚一起搜访。后来，"又读毕秋帆、阮文达、王德甫、孙渊如诸先生书，冷摊故家，见即购得，所积益多，所嗜益笃"。在三次由川入京参加会试的途中，他"每逢阴崖古洞，破庙故城，怀笔舐墨，详悉记录；或手自捶拓，虽极危险之境，甘之如饴"。1876年供职京师后他在厂肆尽力收购，又约潘祖荫、叶昌炽等人，"纠资往拓顺天、易州、宣化、定州、真定碑刻"，其中即辽刻就得一百六十种。1891年主讲山东泺源书院时，又派人"尽拓泰安、肥城、汶上、东阿、济宁、兰山、沂水、蒙阴十余县"的碑刻。1896年主讲江宁钟山书院，又派人拓得江宁、句容、溧水的碑刻，并"上江之太平、当涂、潜山、桐城、贵池，下江之常熟、松江、太仓等处。"该年冬天在苏州又以重价收得曾为刘燕庭所藏的拓本三千余种。经过整理，他"去其重复者、破损者、模糊者、造像墓志之伪造者、摹刻者、无年月亦无官衔地名可考者，按代编目，共得一万有八百余种，分为十八卷"①。题为《艺风堂金石文字目》。通过大量收集和研究，他曾把清代谈金石者分为赏鉴和考据两派，认为："惟考据家专注意于小学、舆地、职官、氏族、事实之类，高者可以订经史之伪误，次者亦可广学者之闻见，繁称博引，曲畅旁通，不屑屑以议论见长，似较专主书法者有实用矣。"②为了便于把金石研究的成果用于史学研究，《艺风堂金石文字目》在体例上的特点是以时代为次，自三代、周起到元为止，计十七卷，最后一卷殿以墓志。每条著录题名、数量、撰人、书写人、书体、碑额、刻时、所在地，有必要时加案语或考订。有碑阴者，另低一格著录有关各项。如有子目，另低三格著录有关各项，著录方法详尽而又清晰，确比前人有所改进。

---

① 《艺风堂金石文字目》自序。
② 《王仙舟同年金石文钞序》，《艺风堂文续集》卷五。

除了给个人编撰书目外，缪荃孙还为我国近代最早的公共图书馆编著书目。1903年考察学务期间，他曾参观过日本的图书馆，光绪季年江苏巡抚端方赴欧考察，归而盛道泰西之文明，首在图书馆之美备，他在奏折中提出了创办江南图书馆的一整套计划，并让缪荃孙主持其事。缪荃孙任职后总理馆务，先是赴浙商购杭州丁氏藏书，然后扩充馆舍，增添职员，补充图书，开放阅览。当时为了便于检阅，该馆曾编印了一册《江南图书馆善本书目》，开我国近代公共图书馆善本书目之先河。由于缪氏创办江南图书馆的成就，1908年张之洞主管学部，特上疏推荐。1909年，学部奏派缪荃孙为京师图书馆正监督，他先赴常熟与瞿氏商量进书事，次年九月进京，"时图书馆犹未建，暂借北城积水潭广化寺为储书之所。既任事，先分类清理书籍。内阁大库捡出元明旧帙，其中宋本犹为元师平宋时由临安秘阁所收得，一麟片甲，有自来藏书家所未睹者，蝴蝶旧装，古香可宝，集刻为《宋元本留真谱》，牒子、牌子、序跋述源流者均著之，加考一篇。又编本馆善本书目八卷，各省志书目四卷"①。1912年他在《古学汇刊》上发表了这两部书目的稿本。其中《清学部图书馆善本书目》，是"以内阁新出之古籍，江南购呈归安姚氏、南陵徐氏之书，常熟瞿氏钞进之书，敦煌石室之经，全数发馆"，从中"提出宋元旧板，名家钞校者为善本"，分类编目而成，体例上"仍分经、史、子、集记载，行字、尺寸另成一编"。实际上除著录书名、卷数、版本、作者、行字、尺寸外，还采用《艺风藏书记》的办法，转录序跋、图记、牌记等，体现了缪荃孙关于书目编写要"精神形式，无不具在"的一贯主张。这部书目用尺寸记版框之高广，是缪氏的创造。我国目录家著录版框的大小，始于瞿中溶的《古泉山馆题跋》，但瞿氏每举一书，止说大版、中版而已，缪氏用营造尺为度量标准，是一大改进。此后，版本学家踵而效之，如涵芬楼影印《四部丛刊》，即于每书扉页后，特记原书版框之高广。在这部书目的"子部"中著录了自然科学著作，如：《崇祯新法算书》《天学初函》《泰西水法》《几何原本》等，反映了明清时代西学东渐的情况。缪荃孙把这些书列入善本，说明他对近代科学的重视。《清学部图书馆方志目》则是一部记载方志的专题性书目，共著录各省、府、州、县志一千六百七十六部，其中明志二百二十四部，残缺不全的志书三百六十部，编排上因地而分，"各种志书分各省、各府、各县，再以时代为次。"每志著录书名卷数、册数、主修人、刊年或版本、撰序人，两部以上记复本，不全时记实存卷数。这部《方志目》虽然还不是一部全国地方志

---

① 缪禄保、缪僧保：《缪艺风行述》。

的总录,但实为我国近代公共图书馆方志目的滥觞。

缪荃孙运用丰富的目录学知识,一生校刊了很多书籍,其中最突出的成就是丛书的编刻。

缪氏编刻丛书的主要特点,形式上似乎是搜异,实质却在保存文献。他从流传典籍的角度,一贯主张像黄丕烈、顾千里那样,"公其书于天下",反对"私其书于一己"。他认为,"举古人欲绝之迹,海内未见之本,传之艺苑,播之寰宇,俾又可绵延一二百年,不致泯没",这就是所谓"守先待后"。反之,"徒知宝爱,不知流传",珍贵的古籍和文献一旦遭"兵火摧烧拉杂",甚或为"外洋捆载以去",就会失传,所以藏书家的责任应"均以流传为主"。① 在他编刻的丛书中,保存了不少有用的史料,如:

1906年印行的《云自在龛丛书》凡五集十九种,其中所收《尚书记》《吴兴山墟名》《吴兴记》《元和郡县图志阙卷逸文》《奉天录》《集古录目》《三水小牍》《北梦琐言》等书,对研究我国的经学、舆地、金石、掌故各有一定的参考价值。在第五集所收的《旧德集》中,录其族弟缪祐孙撰《俄游汇编叙目》《译俄人自记取悉毕尔始末论》等文,揭露了沙俄对我国边疆的侵略。

1907年刻的《对雨楼丛书》,收《诗品》《荀子考异》《茅亭客话》及《南朝史精语》四种。缪荃孙对宋洪迈的《南朝史精语》十卷作了校勘,并撰《札记》一卷附后,对后人读史有所帮助。

1912年印行的《藕香零拾》是缪氏所编丛书中史学价值最高的一部,该书分三十二册,所收多罕见之本,如:金人王寂官辽东提刑时所著《辽东行部志》,详载其在金章宗明昌元年在行部之见闻,包括所经之地、所办之事、所作之诗文,是研究东北史地的珍贵资料。但书久不传,清开四库全书馆,自《永乐大典》辑出,而未著录于《四库》,亦不见其名存于目。缪荃孙将其辑本收入《藕香零拾》,才得以行世。其他录自《大典》的书,还有反映宋金战争的《十三处战功录》,记载南宋前期职官情况的《宋中兴百官题名》,详载成周、后汉、魏、晋城阙宫殿古迹与后魏、隋、唐、宋城阙古迹的《元河南志》,以及《苏颖滨年谱》《曾公遗录》等。除从《大典》所录外,有关历史琐闻的笔记、杂史也很多,如记载唐史的有《大唐创业起居注》《安禄山事迹》等,记载或考证舆地的则有《栖霞小志》《唐两京城坊考补》等。而有关宋史的《玉牒初草》,则是刘克庄所录宋宁宗时的实录,缪荃孙在其跋

---

① 《随庵丛刻初集序》,《艺风堂文续集》卷五。

文中说:"宋实录之式,按年、月、日排比,记言记动,犹是左右史之遗意。"他批评清代的实录,"编辑上谕,事无起讫,语无断制,止记言不记动,起居注亦然,不如是则谓之不称职",真是"有史与无史同,有史官与无史官同"。

1920年冬刊行的《烟画东堂小品》,是缪荃孙生前编成的最后一部丛书,该书分十二册,系缪荃孙收昔年所刊诸丛书外的零星碎简,集录而成,其特色是刊印时注意保存原书的版式。其中史学价值较高的,有《康熙朝品级考》《圆明园记》《周世宗实录》《东林同难录》《国史贰臣表》《徐星伯小集》《顺德师著述》等。最后两册为《宋人小说》残本,录《碾玉观音》《菩萨蛮》《西山一窟鬼》《志诚张主管》《拗相公》《错斩崔宁》《冯玉梅团圆》等小说七种,是研究中国小说史的重要资料。

除自己编刻丛书外,缪荃孙还支持他人编刻丛书,如刘世珩的《聚学轩丛书》、金武祥的《江阴丛书》、盛宣怀的《常州先哲遗书》、徐乃昌的《积学斋丛书》、刘翰怡的《嘉业堂丛书》、张钧衡的《适园丛书》,都曾得到缪氏的帮助,有的还写了序。晚年,由于自己力不能支,他更以秘籍分传友人,同时刊布,受到学术界的好评。

五、余论:史学特点与评价

缪荃孙一生著述繁富,在史学上的成就是多方面的。他的史学不仅继承了乾嘉的遗绪,而且反映了时代的变化,其基本特点则表现为由封建史学开始向资产阶级史学转化。

鸦片战争后,中国社会的各方面都发生激烈变化,作为上层建筑、意识形态之一的史学也发生深刻变化。19世纪中期兴起的洋务运动,是中国半殖民地半封建社会深化的必然结果。一批封建洋务派官僚开始兴办一批带有资本主义性质的近代工商业。之后,他们中间的一些代表人物,又在政治思想文化上提出了"中学为体,西学为用"的口号,主张利用"西学"来维护"中学"。且不管这些人的主观愿望如何,客观上却说明中国的封建经济和封建文化确实已走到了山穷水尽的地步,不得不向资本主义转化,这是不依人们意志为转移的规律。缪荃孙的史学活动正是在这个转化时期开始的,他的史学不能不打上这种时代转化的烙印,这就是构成缪荃孙史学由封建史学向资产阶级史学转化的基本社会原因。

缪荃孙的史学由封建史学向资产阶级史学转化的具体表现为:政治上,他代表封建洋务派的利益,讴歌洋务运动,为洋务派人物树碑立传;经济上,他主张采用西方近代生产技术,发展近代工商业;军事上,一方面主张借助帝国主义力量镇压人民革命,另一方面又主张加强海口设防,注意巩固边疆,抵御外来侵略;文化上,则注意吸收西方科学文化成果,但又不忘保存中国传统的旧学。纵观缪荃孙一生的学术活动,受张之洞影响极深。他的史学著作中渗透着张之洞的长官意志,其史学思想的核心就是张之洞一贯倡导的"中体西用",而其演变过程则大体可分为三个阶段:

第一阶段,1876 年中进士前。缪荃孙中举后,在四川协助张之洞编撰《书目答问》,这是缪荃孙史学活动的开端。当时张之洞身为学政,以清流派自居。缪荃孙充其幕僚,协助编书,主要意图在维护"中学"。

第二阶段,中年服官时期,从中进士到辛亥革命前。张之洞此时已成为洋务派的一个重要首领,缪荃孙则授职编修,"长守冷官"。他虽也曾希望"早得外官,一摅伟抱"①,但始终未遇到这样的机会。他不可能像张之洞那样直接去办洋务,只能将其经世的主张寄托在修史和编写地方志上。这个阶段,他在张之洞指导下编修了《顺天府志》,又完成了记载"中兴伟绩"的《续碑传集》的编撰,还创办了我国最早的近代公共图书馆,他的思想已转向主张采用"西学"来维护"中学"。

第三阶段,辛亥革命后,缪荃孙以椠铅终老,学术上主张"学无今古,亦无中西"。他与各派学者交往,兼收并蓄,史学上以《江阴县续志》的编修为代表,认识到"将来新学昌明""古法"将为"新学"所代替,这是他史学思想上的重大进步。

这三个阶段,反映了缪荃孙由封建史学向资产阶级史学转化的渐进演变过程,但思想核心还是"中体西用",从根本上讲并没能摆脱封建主义的束缚,而这正是中国近代半殖民地半封建社会特定条件下的产物。

在史学方法和历史编纂学上,缪荃孙基本上沿用了封建史学的方法和体例,继承了乾嘉的遗绪,但是在某些方面、某些环节又注意吸收近代科学成果,有所改进。

继承乾嘉史学的传统,主要表现在注重文献的搜集记载和史料的考订整理。缪荃孙的著述,大多经过长期的资料积累。在资料不完备的情况下,他决不轻易成书,不少著作往往经十几年,有的甚至三十年才编撰而成。在资料的搜集上,他具有全力以赴的精神,一遇机会,或买、或钞、或拓、或借,决不轻易放过。在资

---

① 参阅《艺风堂友朋书札》上册,第 26 页。王先谦致缪荃孙函三十七。

料的考订上,他注意旁征博引,坚持精益求精的作风。不仅善于鉴别图书的版本源流,还善于考订金石碑刻,主张以金石资料补史料之阙。对于历代地理沿革、山川城阙、当代掌故、朝野人物,无论巨细,他都广为采撷,并尽量将其成果用于史书和方志的编修。正因为他几十年如一日,持之以恒,所以学问渊博,负有盛名,受到同时代许多知名学者的高度评价。如:王先谦称他"高才博学"[①],屠寄认为他具有"乾嘉诸老之风"[②],王国维在他去世后写过一副挽联:"朴学抱经侔,钟山龙城,更喜百年开讲席;著录平津亚,图书金石,尚留二志重文林。"[③]其弟子柳诒徵所撰《缪荃孙传》,称其学"博贯衡综,洪纤毕洞,绍朱彝尊、全祖望、纪昀、阮元、王昶、黄丕烈、顾千里、钱仪吉之绪而恢溢之"[④]。

对于前人的学术成就,缪荃孙注意学习、总结和改进,他善于发现各人的长处。《续碑传集》继承了全祖望《鲒埼亭集》和钱仪吉《碑传集》的方法和体例,但在类目上又根据时代的不同而有所添改。补编《晋书》的六国百官表,继承了万斯同和练恕的做法,又在表前小序中增加了对史事的评论。在《清史稿》编写中,主张仿《明史》,但又提出畴人另立专传,说明其对科学技术的重视。更值得注意的是,敢于公开批评清代的实录,并在一定程度上揭露了清代满汉之间的民族歧视。方志编修上,他继承了章学诚的方志学理论,并有所创新,在地图测绘和统计表的编制方面,他注意吸收近代的科学成果。在目录学方面,更有所创新,他不受《隋书·经籍志》以来几乎已固定化的四部分类法的束缚,如:《辽艺文志》分十四类,首列小学、译语;《艺风藏书记》《续记》仿孙星衍,用十分法,《再续记》则以版本分为七类,《金石目》依时代为次,《方志目》因地而分,各有独特的风格。尤其是《藏书记》后附题跋,足资考订文集,于史部尤为详赡[⑤],反映了他在目录学上的真知灼见。日本学者岛田翰曾称赞其书"考据的确,鉴衡精审,诚艺苑之至宝,为后学之津梁"[⑥]。当他看到归安陆氏之书为日本购去,出于爱国思想,及时将钱塘丁氏之书收藏到江南图书馆,并进常熟瞿氏之书到京师图书馆,他主观上想的是保存古籍、守先待后,客观上却起了传播文化,继往开来的作用。从这点来说,他不愧为我国古典目录学向近代图书目录事业转化过程中一位承前启

---

① 《艺风堂友朋书札》上册,第 22 页,王先谦致缪荃孙函二十五。
② 同上,第 498 页,屠寄致缪荃孙函二十七。
③ 赵万里:《王静安先生年谱》,《国学论丛》第一卷第三号,第 119 页。
④ 《江阴县续志》卷十五《儒林》。
⑤ 《艺风堂友朋书札》下册,第 825 页,刘炳照致缪荃孙函十四。
⑥ 同上,第 1026 页,岛田翰致缪荃孙函一。

后的人物。

  总之,缪荃孙处在中国近代社会的激烈变动中,他的史学由于时代变化的影响,已开始呈现出由封建史学向资产阶级史学转化的趋势。尽管他并没有完成这种转变,但比其前辈毕竟还是提供了新的东西。由于中国封建主义影响很深,近代资本主义经济又不发达,作为意识形态之一的史学也很难一下子完全摆脱封建史学的束缚,这正是中国近代史学发展中的一个基本特点。用马克思主义观点认真分析这种特点,探讨其演变规律,也正是中国近代史学史研究中的一项重要课题。

原载《近代史研究》1983 年第 2 期

（作者单位：苏州大学社会学院）

试论缪荃孙的五代史研究：
以《补五代史方镇表》为中心

胡耀飞

前　　言

　　江阴缪荃孙（筱珊，1844—1919）是典型的晚清朴学学者，在人们更多地关注其校勘学、方志学、藏书方面的成就时，笔者认为应该重视一下他对五代史的研究。关于清代学者对于隋唐五代史的研究，虽已有学者予以关注①，但值得阐扬的清人研究成果尚有许多，缪荃孙即是一例。另外，虽然张承宗对缪荃孙历史学成就予以关注②，且学界也有三篇硕士论文③和两本专著④研究缪荃孙文献学以及其整体治学活动，但尚无具体涉及他对五代史的用功。故此，笔者试图以缪荃孙《补五代史方镇表》（以下简称缪著）为中心，结合历代关于五代十国方镇的研究史，来评价缪氏对于五代十国方镇的研究，顺及缪氏的五代史成就。由于近人朱玉龙对于五代十国方镇的集大成之研究《五代十国方镇年表》（以下简称朱著）并未参考缪著⑤，故

---

① 王雪玲：《清儒整理唐代文献研究》，中国社会科学出版社，2013年版。
② 张承宗：《缪荃孙的史学成就》，载《近代史研究》1983年第2期，第267—296页；张承宗：《缪荃孙与清史研究》，《中国近代史学史论集》（上），华东师范大学出版社，1984年版，第232—249页。
③ 王亚生：《缪荃孙文献学研究》，华中师范大学硕士论文，2005年；王海刚：《缪荃孙文献学研究》，武汉大学硕士论文，2005年；张坤：《缪荃孙文献学述略——以版本学与词学文献研究为中心》，陕西师范大学硕士论文，2009年。
④ 张碧惠：《晚清藏书家缪荃孙研究》，（台北）汉美图书有限公司，1991年版；杨洪升：《缪荃孙研究》，上海古籍出版社，2008年版。笔者并未能见到张书，而杨书中关于缪荃孙五代史的贡献，未能集中论述，且留有较大发挥余地。
⑤ 朱玉龙：《五代十国方镇年表引用书目》，氏著《五代十国方镇年表》，中华书局，1997年版，第1—10页。日本学者栗原益男亦有《五代宋初藩镇年表》，东京堂，1988年。然而栗原氏此书仅考证了北方中央王朝所属藩镇的情况，未及南方地区，且属于日本学界成果，中国学界对其几无参考，特别是其后的朱玉龙亦未参考栗原氏此书，故本文不加入讨论。

而本文亦将对比两者之间的异同。

一、缪著体例

《补五代史方镇表》并非一部完成了的著作,而是仅有手稿传世,在缪氏去世之后流入北京大学图书馆。① 1996 年,天津古籍出版社出版了《北京大学图书馆藏稿本丛书》,在其第 9 册收入了缪著的影印本(下文简称影印本)。② 1997 年,中华书局出版了朱玉龙的《五代十国方镇年表》。朱氏在《前言》中提道:"今据夏孙桐《缪艺风先生行状》载,清缪荃孙曾著有《五代方镇表》十卷,惜未刊布流通,遂不可睹。"③可能朱著在 1996 年时已经处于出版流程中,故而朱氏未能参考缪著,不然朱著可以完璧。近年,《缪荃孙全集·杂著》收入了《补五代史方镇表》(下文简称整理本)。④ 本文即据此整理本,对比笔者数年前根据影印本整理的点校本,对缪著贡献予以揭示。

(一) 缪著体例

《补五代史方镇表》,顾名思义,即对薛居正《旧五代史》和欧阳修《新五代史》的补充。《旧五代史》虽然有《郡县志》⑤,但其内容多记载州县的行政归属之变更,与方镇并无多大关系,更无年表;而《新五代史》虽然有《职方考》⑥,也仅仅罗列某州在五代之中的某代为哪个政权所属,以及州县废置等信息,并无详细考察方镇者。又由于身为正史典范的《史记》《汉书》等都有年表这一体例,故历代多有对五代十国时期的方镇进行年表增补者。但在缪著之前,并无较高学术价值的增补著作问世。据朱玉龙所言:

---

① 杨洪升:《缪荃孙研究》,第 73 页。
② 缪荃孙:《补五代史方镇表》,收入北京大学古籍特藏部陈秉才、张玉范编:《北京大学图书馆藏稿本丛书》第 9 册,天津古籍出版社,1996 年版,第 1—483 页。(以下所引皆为该版本)
③ 朱玉龙:《前言》,《五代十国方镇年表》,第 5 页。
④ 缪荃孙:《补五代史方镇表》,见《缪荃孙全集·杂著》,凤凰出版社,2014 年版。需要说明的是,笔者曾于 2010 年 10—11 月根据《北京大学图书馆藏稿本丛书》点校了《补五代史方镇表》,并写完了此文初稿。至当年 12 月,方获知朱玉麒先生参与主编《缪荃孙全集》事宜,并通过与朱先生邮件获知,他们已经在当年上半年完成录校工作。不过笔者向朱先生提供的此文初稿,在他们时隔四年后出版的《缪荃孙全集·杂著作》中似未加入讨论,故此文尚有发表余地,聊供学界参考。
⑤ 薛居正:《旧五代史》卷一五〇《郡县志》,中华书局,1976 年版,第 2011—2023 页。
⑥ 欧阳修:《新五代史》卷六〇《职方考》,中华书局,1974 年版,第 713—746 页。

传世的万斯同《五代诸镇年表》一卷,吴廷燮《五季方镇年表》二卷,是其彰彰有名者。然而令人不无遗憾的是,当时全国百余个方镇,万斯同《五代诸镇年表》仅录十三;五代十国前后六七十年,万《表》除夏州、荆南两镇稍具头尾,多数至后唐即不了了之。吴廷燮《五季方镇年表》收录方镇数目稍增,但错误丛出,用功规模均远逊其所编《唐方镇年表》,且略不及十国方镇事。①

除了万斯同(季野,1638—1702)、吴廷燮(向之,1865—1947)两种并不完善的增补著作,与缪荃孙差不多同时期的还有罗振玉(雪堂,1866—1940)所撰《瓜沙曹氏年表》一卷②,但仅仅局限于西北,且与当时中原王朝并无紧密联系,对于中原政局更是无所影响。所以,缪著的撰写,是在朱著之前对五代十国方镇的一次集大成之考察。

缪著初稿,根据自编《艺风老人年谱》,当成书于光绪六年(1880)③,但在民国乙卯(1915)年十月,又数次校补④,不过均未完全定稿。从影印本来看,缪著书写于事先刻好的表格内⑤,上留一栏标明五代或十国之政权名称,以及随后每一年的年号与年份;此栏下面,则每一个方镇专设一栏,在栏前书写方镇军额以及简介,随后根据每一年该方镇的动态书写人事任命情况。缪著虽然仅仅是一个稿本,但由于作者笔迹规整,字迹清晰,故而当是在做了大量的准备工作的情况下,根据光绪旧稿边抄边按照所写内容多寡划框内之表格线。因此,虽然抄写之人似非缪氏本人⑥,但确是在民国年间根据光绪六年的旧作重新加以誊抄。

关于此书体例,《北京大学图书馆藏稿本丛书》的提要已言其大概:"《补五代史方镇表》五卷,清缪荃孙撰,手稿本。此表以梁、唐、晋、汉、周为序,后附蜀、后蜀、南汉、楚、吴越、秦、梁诸国表。诸表均以年为纲,以方镇为纬,中间系以事件。史料取自正史纪传,兼取《通鉴》及《墓志》,疑则疑,阙则阙,不详或无考者均加荃

---

① 朱玉龙:《五代十国方镇年表》,《前言》,第5—6页。
② 罗振玉:《瓜沙曹氏年表》,载罗振玉辑:《雪堂丛刻》上虞罗氏排印本,1915年版。
③ 缪荃孙:《艺风老人年谱》,载氏著《缪荃孙全集·杂著》,第174页。
④ 据《艺风老人日记》,缪荃孙在乙卯年有数次校补的记录:1.九月十六日,"校后唐方镇表",《缪荃孙全集·日记三》,第404页;2.十月朔条,"校五代方镇表",第406页;3.十月六日条,"校十国方镇表",第407页;4.十月七日条,"校十国方镇表",第407页。
⑤ 表格系事先刻好,据《艺风老人日记》乙卯年六月十二日条"朱文海来,嘱刻《补五代史方镇表》格纸。"第390页;又据六月十六日条"朱文海送表格来。"第390页。
⑥ 杨洪升认为"书中凡加按语处,均题'荃孙按'确系缪荃孙稿本无疑",见《缪荃孙研究》,第73页。但《补五代史方镇表》使用了缪荃孙书写时所不用的颜体字,似非缪氏手迹,而是他人依据缪氏旧稿誊抄。(此承友人山东师范大学讲师尹承博士提示,谨此致谢!)

孙按语。对研究五代史有参考价值。"①不过,其中所言"秦、梁诸国表",秦之后当是吴、南唐,而非"梁"。故而杨洪升《缪荃孙研究》更进一步总结为:

> 该表以年月为经,以人事为纬,断代为表,收录了后梁方镇三十五,后唐方镇五十五,后晋方镇四十三,后汉方镇四十,后周方镇四十六,王蜀方镇十二,孟蜀方镇十四,南汉方镇六,楚方镇九,闽方镇三,吴越方镇九,秦方镇十三,吴方镇十三,南唐方镇十七,凡三百一十五。②

此外,缪著在内容编排方面有如下特点:

(1) 缪著内容虽然先以政权分,但在政权之内亦有以方镇所处地域,或方镇在政权中所占之重要性安排先后次序,故每一政权之不同分表所系方镇数量不同。比如南唐的三个表中,以位于淮南、浙西的西都金陵府、东都江都府、镇海军、保信军、清淮军、建武军、定远军为第一表,以位于江南西地道区的南都南昌府、宁国军、康化军、永平军、昭武军、百胜军、奉化军为第二表,其他离政治中心颇远的武昌军、清源军、永安军则归入第三表。③

(2) 缪著对于方镇的选取,以实际或名义上的控制为原则,故而除了收录瓜沙归义军政权④之外,对安南的静海军⑤也予以收录。并且,缪著在对所收录的方镇之节度使信息进行收集时,也严格按照具体情况,若此方镇归入其他政权,或者此方镇降为团练州、防御州、刺史州时,便不再具列其人事任命情况。

(3) 缪著以年为纬,以方镇为经划分表格,每一格中,先以重墨大字书写当年主政人物之名号,再用淡墨小字书写此人几月到任,几月离任,以及在任内所受封爵和散职、检校官号。但所写内容大部分并未说明史料来源,不过考虑到缪著所补为薛、欧阳两《五代史》,故基本材料来源于彼。比如对于乾化三年(913)四月袁象先的描述,即完全取自《旧五代史·梁末帝纪》。⑥ 若遇到史料互舛,则

---

① 北京大学古籍特藏部陈秉才、张玉范编:《北京大学图书馆藏稿本丛书》第1册,第11—12页。
② 杨洪升:《缪荃孙研究》,第383页。
③ 缪荃孙:《补五代史方镇表》,第144—157页。
④ 同上,第57—61、84—86、96、110—111页。
⑤ 同上,第25—27、125—128页。
⑥ 缪著云:"四月,以西京内外诸军马步军都指挥使、检校司徒、左龙武统军、潜阳郡开国侯为特进、检校太保、同平章事,充镇南军节度使、江南西道观察处置等使,改开封尹,判在京马步诸军事,进封开国公,增食邑一千户。"(《补五代史方镇表》,第5页)而《旧五代史》卷8《梁末帝纪上》的记载是:"夏四月癸未,以西京内外诸军马步军都指挥使、检校司徒、左龙虎统军、潜阳郡开国侯袁象先为特进、检校太保、同平章事,充镇南军节度使、江南西道观察处置等使、开封尹,判在京马步诸军事,进封开国公,增食邑一千户。"(第117页)可见,缪著的句子完全是从《旧五代史》变化而来。

加"荃孙按",然后根据不同史料进行考辨,全著凡72处。另外也有并未加"荃孙按",但给出史料来源的补充性语句十多条。

（4）缪著基本每年都划有预留之方格,年份栏中以"年号＋年数＋干支"的方式表示。若遇到偏霸政权,则在第一表的第一年之年份栏中以双行小字附注当年中原政权的年号。若因为材料的缺乏而大量出现连续数年无人可以补充方格的情况时,便会省略一些年份表格的绘制。比如吴越国的方镇表中,仅划了"宝大元年□□""二年□□""天福□年丁酉"三个年份的表格。① 若遇到一年之中有先后两个年号使用时,则会同时写上两个年号,如后唐"应顺清泰元年甲午"②、南唐"中兴交泰元年戊午"③等。

（5）缪著对于方镇军额的更易,除了在对方镇的介绍栏中有比较的介绍之外,当遇到某年此方镇改换军额时,也会在当年的表格中写出情况,并以两者之间空一个字,或者另起一行来区分前后对于当年节度使的介绍和关于改换军额的内容,内容或有相反。④

（6）根据影印本可知,缪荃孙在撰写过程中也有修改迹象。以删字为例,或在要删除之字的中间点一黑点,或直接用一竖划去要删除的连续几个字,或用"「」"来括出要删除之字⑤。若补字,则在删除之字的右边以小字写出,或者在尚有空间的情况下书于删除之字的左边。

综上所述,缪著有着其鲜明的特色。但仅根据这些特点,尚不能反映缪氏对于五代方镇研究的功劳究竟何在。

（二）缪著体例与万、吴、朱三家的关系

虽然杨洪升在其《缪荃孙研究》中举了一些例子来证明缪著比朱著稍有优处⑥,但朱玉龙毕竟是当代人,纵然没有参考缪著,基于比缪氏占优势的资料收集和用心程度,朱著更能体现对于五代史方镇表研究的集大成。而对于缪著,我们只能站在当时的学术史环境中去观察。对于缪著与万斯同《五代

---

① 缪荃孙:《补五代史方镇表》,第132—133页。
② 同上,第33页。
③ 同上,第152页。
④ 如开平二年匡国军节度使冯行袭栏、开平二年镇国军节度使康怀贞栏,俱见缪荃孙《补五代史方镇表》,第3页。
⑤ 如秦政权一表中,乾宁元年天雄军李茂庄栏,以「」括注"未详何年拜,加同平章事"字样,因为前文景福元年、二年分别有"未详何时拜""七月加同平章事"等内容,故加「」者亦表示删除之意。
⑥ 杨洪升:《缪荃孙研究》,第383—385页。

诸镇年表》①和吴廷燮《五季方镇年表》之间的关系,杨洪升认为,"万斯同撰《补历代史表》中有《五代诸镇年表》一卷,仅录方镇十三个,且多首尾不完。吴廷燮撰《五季方镇年表》,较万表也是稍有增加而已,而且谬误百出"②。但这段话与上文所引朱玉龙的相关论述如出一辙,且《缪荃孙研究》的《主要征引书目》中并未列出万表和吴表③,让人怀疑杨氏并未翻阅两表,而是武断地沿袭了朱氏的说法。事实上,万斯同《五代诸镇年表》虽然并不完善,但对缪著起了很大的引导作用。另外,也需要注意的是缪著与《五季方镇年表》之间的关系。吴廷燮之撰《五季方镇年表》历时颇久,至民国丙子年(1936)方才与其他诸表一起由辽海书社出版,汇集为《历代方镇年表》。④ 故吴廷燮之表成远在缪著之后,缪荃孙撰《补五代史方镇表》时,应该没有参考过吴廷燮的《五季方镇年表》,两者之间也不具有可比性,详见下文。

关于万表与缪著的关系,可以从沿袭与创新两方面来看:

沿袭之处:(1)缪著的表格规划沿袭了万表的格式,皆以年为经,以人事为纬;(2)年份的书写格式"年号+年数+干支"亦沿用不废,不同的仅仅是缪著把万表字体变小的干支放大到与年号和年数一样大小的字体;(3)方镇军额的书写方式沿用万表,仅把万表所用的"部……几州"的格式变成了"领……几州";(4)人事任命的书写方式亦有沿袭,先以粗体标明人名,人名之后坠饰以封拜情况;(5)甚至关于封拜情况的描述,缪著也延续了万表侧重于爵号与检校官称的现象。

创新之处:(1)方镇的内容和数量上皆大大突破了万表;(2)加入了万表所没有列入的帝都、陪都的京尹人事情况,虽然严格来说京尹不能算藩帅;(3)缪著把所有方镇的情况按政权加以区分,从而更能详细地表达方镇对于某个政权的归属情况。

从这些沿袭与创新来看,说明缪著相比于万表有不少先进之处,更说明了万表对于缪著的开创之功是无法替代的。何况,万表作为《历代史表》的一种,其某些内容,诸如带节度使衔的重臣的人事情况,也能够在关于五代的其他诸王、大臣、将相的年表中体现出来。可惜的是,收入于《二十五史补

---

① 万斯同:《历代史表》卷53《五代诸镇年表》,丛书集成初编本,中华书局,1985年版,第1077—1092页。
② 杨洪升:《缪荃孙研究》,第382页。
③ 同上,第471—490页。
④ 吴振清:《吴廷燮及其在补史表上的成就》,载《史学史研究》1998年第3期。

编》的《五代诸镇年表》①,完全取消了表格的形式,导致读者无法利用表格的优点直观地获取有益信息。当然,我们并未在缪著中看到缪氏提及万表的记载,不过以缪氏之博学与藏书之宏富,知道万表并欲在其基础上完善之,这样的想法肯定存在过②,而且最终付诸实践了。

最后,关于缪著与吴表之间的关系。笔者认为,由于缪著一直是以稿本形式存世,在缪荃孙去世的民国己未年(1919)之后的十多年内,又被售予北京大学收藏③,故而吴廷燮应该无从得知缪著的存在。根据笔者对吴表考察,也并未发现吴表有引用缪著的痕迹。甚至缪荃孙和吴廷燮本是清史馆的同事,但交往不多,在《艺风老人日记》中,"吴向之"(吴廷燮,字向之)仅五见而已,其记载也未涉及对于五代方镇的探讨。④ 所以,两人应该是在互不知晓的情况下独立撰著。

关于吴表对方镇的收录原则,吴廷燮在其著《序录》中已有揭明:

> 诸镇名目,一本欧《考》,部分次第,仍沿十道。运历过促,帝室之更,有如传舍,以较列朝,稍为殊异。以地为纲,以代为目,取便省览。入契丹者,别见《辽表》。十国首领,核考其实,即方镇也。南唐节度,陆《书》尚详;后蜀、南汉,记载颇略,今并不录。⑤

不过,虽然吴廷燮之表仅分上下两卷,但根据内容而言,比万表更为详细。可惜并未收入南方十国部分内容,不然与缪著当不相上下。

至于吴表格式,可以肯定吴廷燮参考过万表,但吴表却与缪著有着不同的发展方向。其特点是:(1)如《序录》所说,"以地为纲,以代为目",不过事实上并不区分朝代;(2)年份的书写,以"年号+年数"为格式,没有干支;(3)一个表一个方镇,而非一个表数个方镇一起排列信息,这从目录中也能看出;(4)年份之下,有单独一行表格,用以书写人名,所以人名和具体人事任命情况,以及年份,字体皆一;(5)关于具体人事任命,大部分给出了所依据的史料来源。

---

① 万斯同:《五代诸镇年表》《隋唐五代史补编》第3册,北京图书馆出版社,2005年版,第483—486页。
② 《艺风老人日记》中就有6次提及《历代纪事年表》或《历代史表》。
③ 杨洪升:《缪荃孙研究》,第73页。
④ 缪荃孙:《缪荃孙全集·日记三》,第153、344页;《缪荃孙全集·日记四》,第45页。
⑤ 吴廷燮:《历代方镇年表》,辽海书社,1936年《序录》,第1页。

吴表的这种格式，与其他朝代的方镇年表整齐划一，是《历代方镇年表》的统一格式。但当中华书局整理出版吴廷燮《唐方镇年表》时，却把表格形式删除，并未在《出版说明》中说明①，但方便编辑和节省篇幅肯定是原因之一，也可以看出是模仿了《二十五史补编》的编排法；另外，一个表一个方镇的形式也更容易化约成单纯的文本形式。因此，朱玉龙《五代十国方镇年表》出版的时候，也沿袭了中华书局点校版《唐方镇年表》的格式。其《凡例》曰："年表编排，基本仿吴廷燮《唐方镇年表》例，以年月为经；以人事为纬，将属某年某人之事，引隶于此年此人之下。阙帅或军废，则示以空行。"②

由此，我们可以看到：缪著在格式方面继承了万斯同《五代诸镇年表》体例，并有所突破；而今人朱玉龙《五代十国方镇年表》则延续了中华书局改编过的《唐方镇年表》体例。因而，在这两个不同方向的格式发展系统之下，我们便可以指出缪著在格式方面的优缺点：

优点：（1）一表之中，系以相邻地域的方镇，更能体现方镇节度使人事调动的地域性，如后唐房知温：天成元年(926)五月，以贝州刺史拜泰宁军节度使；天成二年(927)七月，徙武宁军节度使；长兴元年(930)三月，徙天平军节度使；长兴三年(932)八月，徙平卢军节度使。③ 因为这四个方镇地域相近，所以归入一个表中，从而也使得我们可以直观地了解房知温在整个后唐时期的人事调动情况。(2) 按照政权来安排方镇，能够让读者更清晰地了解每个政权所实际控制的地域，这可以从缪著单独为秦政权整理方镇中看出。④ 李茂贞所控制的秦政权，因为没有形式上的称帝建国，故而历来史家都不承认其为独立王国，也不把它归入"五代十国"的"十国"之中。但是，秦政权又的的确确是存在的，与朱梁政权抗争了数十年，到了后唐时期才逐渐纳入中原王朝统治范围。因此，缪著首次以独立政权的名义为秦政权安排一席之地，并且从后梁建国之前即开始考证，可以说是严格遵循了以实际控制地域来观察五代方镇的原则。另外，此举一反前人不重视秦政权的传统，颇可与明代以来对秦政权的重视相呼应。⑤ (3) 缪著整理了京尹的信息，而朱著于此从略，颇为遗憾。

---

① 中华书局编辑部《出版说明》，载吴廷燮《唐方镇年表》，中华书局，1980年版，第1—3页。
② 朱玉龙：《五代十国方镇年表》，《凡例·七》，第2页。
③ 缪荃孙：《补五代史方镇表》，第51—52页。
④ 同上，第133—136页。
⑤ 关于"五代十国"这一称号的由来，及历来对秦政权的忽视，参见王凤翔：《"十国"之说的由来》，《晚唐五代秦岐政权研究》，三秦出版社，2009年版，第274—278页。

缺点：(1) 由于材料的缺乏，以及缪荃孙本人精力过于分散，关于五代以外的地方性政权，缪氏未能足够拓展其内容。因此，我们看到了如上所述只有 3 年内容的吴越国方镇表，大量空缺且只到大宝九年(966)的南汉方镇表①，缺少年份且亦有大量空缺的楚国和闽国方镇表②，等等。这些情况，在以真正的表格作为外在形式的情况下，更加显得浪费空间，并给人一种仓促之感。(2) 五代时期，中央政府为了控制地方藩镇，采取了很多拆分和新置方镇的措施，故而给方镇的界定带来了困难。但缪著依然以方镇本身为原则进行收纳，且不同朝代时期的同一方镇分别整理，这种方式不如朱著以方镇治所为原则整理此一方镇在五代时期连续的人事情况来得一目了然。当然，缪著是为了照顾政权的实际控制地域，但五代时期，所谓的实际控制，很多仅仅是名义上的控制，事实上每一个方镇具有其各自的独立性，而且以治所为中心的州域的得失，也更能通过不同朝代连续追加的方式体现出来。虽然各有千秋，但朱著的体例更加清晰。

二、缪著与朱著在内容方面的对比

前文仅仅是对《补五代史方镇表》在体例上的特点之概述，而缪著最重要的还是在于对五代方镇本身的稽考，故而必须就此探究，方能说明缪荃孙在五代史上的成就。前文已提及缪著与朱著之间的独立关系，鉴于朱著已经吸收吴表的成果，故而在本节中，笔者将对比缪著与朱著的异同，以说明缪著对朱著在内容方面起到的补充作用。

(一) 缪著对朱著在大范围方面的补充作用

首先得提及两家著述对于方镇的收纳原则。在朱著的《凡例》中，朱玉龙说道：

> 本书收录方镇，以境土在今中华人民共和国领域之内、且受五代十国爵命者为断。交州静海军虽尝请命中朝和南汉，以今界入越南社会主义共和国，不收。契丹所属，在中国领域之内，以其已自立为国，且有吴廷燮《辽方

---

① 缪荃孙：《补五代史方镇表》，第 125—128 页。
② 同上，第 128—132 页。

镇年表》在焉,亦不重录。丰州天德军、沙州归义军、凉州河西节度,欧阳氏不著于《职方》,然考之载记,质诸史实,天德军附庸于晋,沙、凉两镇归命中朝,皆有明征,故仍依例收入,并侧附五代诸镇之后。①

不过这样的收录原则,虽然继承了吴廷燮对于辽朝方镇的处理方式,但无端缺漏了交州静海军的情况,着实遗憾。以今日国界来界定五代史的研究范围,亦不必要。故此,缪著首先在这一点上,即可补充朱著。

其次,上文已提及,缪著对于京尹的整理,对于公元907年之前关于秦政权方镇沿革的整理,都有补充之功。

(二) 纠正杨氏对缪著的评价

缪著由于以方镇为原则,比朱著以州为原则进行收录,视野有所收窄,又限于材料,缺漏还是很多。所以,我们得根据两家著述都关注的内容进行考辨,方能比较谁家考证更占优势。对此,杨洪升已提及五个优点,四个缺点,然而尚需一一考辨。

杨氏提及的五个优点,第一、第二个涉及方镇的流变。对此,上文已经指出,缪著把一个方镇按照朝代拆分开来整理,颇有不便之处,但杨氏却认为这是优点,实为牵强。比如杨氏所举第一个例子:

> 例如他考梁保义军道:"唐昭义军地,梁改军额,治邢州,领磁、洺二州"。考后唐保义军道:"梁旧镇,治邢州,领磁、洺州,天佑十三年,阎宝据镇降"。考后晋安国军道:"治邢州"。这使读者可以清楚地了解后梁的保义军源于唐之昭义军,后唐因之,后晋又改名为安国军,因革脉络清晰。②

但这里所引的缪著三段话,分别见于三处地方,不如朱著"邢州"条简便:

> 保义军节度使、邢州刺史、管内观察处置等使,领邢、洺、磁三州,后梁开平二年六月置。贞明二年八月并归晋有,晋人改曰安国军。③

---

① 朱玉龙:《五代十国方镇年表》《凡例·一》,第1页。
② 杨洪升:《缪荃孙研究》,第383页。
③ 朱玉龙:《五代十国方镇年表》"邢州"条,第273—274页。

此处，贞明二年(916)即缪著所云"天祐十三年"，此年梁将阎宝以昭义军投降晋国李存勖。而到了后晋开国，则被改为安国军。两家叙述，繁简判然。又如杨氏所举第二个例子：

> 再如他考后梁镇国军节度使道"唐陕虢节度使，龙纪元年赐号保义军，开平二年改镇国军，治陕州领虢州"。考后晋保义军道"唐旧镇，治陕州"。使读者可以清楚地了解唐时就已有保义军，入后梁而改为镇国军，入后晋复军号，和后梁的保义军并非一事。①

而缪著的这两段文字，根据朱著，依然可以简化为：

> 保义军节度使、陕州大都督府长史、管内观察处置等使，唐旧镇。后梁开平二年五月，改名镇国军；后唐同光元年十二月，复以为保义军。领陕、虢二州。②

以上朱著简洁明了，比缪著分别在后梁镇国军和后晋保义军下写"治陕州"，更能让人明白这两个镇其实就是一个。

至于杨氏所提到的缪著第三、第四、第五个优点，亦需考辨：(1) 第三个以缪荃孙对于冯行袭在匡国镇任上的三处记载，来说明"对于节度使的上任和离任，荃孙多在本条下小字加注，注明其年月和事迹，明有所据"③。但不独缪著如此，朱著更是在缪著的基础上提供了史料原文和来源④。(2) 第四个优点，杨洪升通过缪氏的一条按语，来说明缪氏对于贺德伦在平卢军的任期情况的安排是经过充分考虑的，因为有张万进、袁象先的来徙，故贺德伦是否一直在平卢军节度使任上，颇有疑惑。以此反观朱著，因为朱氏把这几年都系为贺德伦，故认为朱氏不如缪氏严谨。⑤ 但事实上，根据朱著，朱氏也没有漏掉关于张万进、袁象先的记载，并且给出了具体的史料。⑥ 另外，对于为何在贺德伦的任期内，会有对张

---

① 杨洪升：《缪荃孙研究》，第383页。
② 朱玉龙：《五代十国方镇年表》"陕州"条，第147页。
③ 杨洪升：《缪荃孙研究》，第383—384页。
④ 朱玉龙：《五代十国方镇年表》"许州"条，第77页。
⑤ 杨洪升：《缪荃孙研究》，第384页。
⑥ 朱玉龙：《五代十国方镇年表》，第34页。

万进等人的任命,朱氏在注释中已经做出了论证,即"五代藩帅调动频繁,往往一岁之中,迁代数次,亦不得以后文有平卢贺德伦云云,即怀疑《通鉴》乾化三年张万进为平卢语为非也"①。可知朱氏并非不严谨。(3)第五个优点,杨洪升通过缪氏对于薛、欧阳两《五代史》的考辨,认为阎宝拜保义军节度使在乾化末年,并认为朱著略同。②然而据朱著,则朱氏在注释中不仅进行了与缪著相似的考辨,还通过对阎宝的前任戴思远的离任之考辨,来求证阎宝的受任时间,故而更能反映真实情况。③另外,杨洪升也没有指出,缪荃孙原文所云"天祐六年即开平二年"④,其实有误,天祐六年当为开平三年。

关于缪著在考证后梁匡国军节度使人事任命情况时所出现的四个缺点,则确实存在,与朱表的考证也相吻合,毋庸赘言。⑤

总之,笔者并非想指出缪著不值得参考,只是杨氏对于缪著的优点之揭示,其实更需要考证,不能以不实的情况来评价学术成果的高低。当然,杨氏所指出的其他方面的优点,比如说,"缪荃孙对五代十国时期方镇全面的考察为后人对这一时期历史规律的探讨奠定了基础"⑥,这还是可信的。但是,问题是缪著一直以稿本存在,世人未知,也就无法为后人奠定基础了。至于缪著的缺点,作为后人,自不必过于指摘,但作为学问来说,还是需要辩证清楚。因此,以下笔者依缪著政权安排顺序,依次罗列缪著失误与高明之处。

(三) 缪著与朱著的对比

缪著失误

梁:(1)缪著以开平四年至乾化二年的河阳军节度使系以寇彦卿(第4—5页),然据朱著考证,则开平三年至乾化二年当是李周彝在任上(第130页);(2)缪著以张归厚出任镇国军节度使在乾化二年至三年(第5页),然据朱著,则当在乾化元年至二年(第148—149页);(3)缪著以贞明四年至龙德元年的镇国军节度使为惠王朱友能(第7—8页),而据朱著,当依旧是邵王友诲(第149页),究其原因,缪著在贞明四年惠王友能栏下注曰"十二月,以云麾将军、检校太保、

---

① 朱玉龙:《五代十国方镇年表》"青州"条注二,第42页。
② 杨洪升:《缪荃孙研究》,第384页。
③ 朱玉龙:《五代十国方镇年表邢州》条注四、条注五,第282页。
④ 缪荃孙:《补五代史方镇表》,第15页。
⑤ 杨洪升:《缪荃孙研究》,第385页;朱玉龙:《五代十国方镇年表》"许州"条,第78页。
⑥ 同上,第384页。

陈州刺史,充镇国军节度使、陕虢等州处观察处置等使"(第13—14页),而考《旧五代史》原文,则为"乙巳,起复云麾将军、检校太保、陈州刺史、惠王友能,镇国军节度、陕虢等州观察处置等使、起复云麾将军、检校太保、邵王友诲,并落起复,加检校太傅。"①可见缪荃孙断文有误,故致此错,以致龙德元年镇国军栏无法解释朱友诲为何尚在陕州,注之曰"友诲镇陕,未知何时"(第8页);(4)缪著以开平元年至二年的泰宁军节度使为王瓒(第9页),然而据朱著,当似王班以留后居之(第25页);(5)缪著以开平元年至四年的平卢军节度使为韩建(第9页),但朱著仅于开平元年一见韩建,此后皆著贺德伦(第33页),考《旧五代史·韩建传》,韩建当后梁建国之后,被朱温征入朝为官,未曾在藩镇②,故缪著亦误;(6)缪著系刘𬩽知晋州于贞明二年(第17页),盖由推测而得,然朱著据《旧五代史·梁末帝纪》的明确记载,确定为贞明三年(第140—141页);(7)缪著以开平元年佑国军节度使为韩建(第18页),而朱著则依据《资治通鉴》的记载,确定王重师已于上一年,即天祐三年,便从淄青转任佑国军(第13页),缪著误;(8)缪著于开平三年宣化军一栏系以李思安(第26页),而朱著系以孔勍(第108页),然缪著似无有力证据。

唐:(1)缪著以安金全在振武军任上仅系一年(第31页),而据朱著考证,则至少有两年(第321—322页);(2)缪著于天成三年振武军栏系以索自通(第31页),而朱著无之(第322页),查《旧五代史》,则索自通当年所任为云州③,同时,缪著于大同军漏系(第31页);(3)同前,天成三年至四年所系之张温(第31页)亦有误,张温所任亦为云州④,且据朱著考证,《旧五代史》所言张温当为张敬询之误(第328页);(4)缪著于天成二年至清泰元年大同军皆系以张敬询(第31—33页),然据朱著考证,这几年先后由杨汉章、张敬达主政(第327页);(5)缪著以清泰元年至二年定州义武军下系李周(第43—44页),而朱著无之(第299页),考《旧五代史》,实为"安州节度使李周"⑤,缪氏或误以"安"为"定";(6)缪著以同光元年至三年河阳节度使栏系以张继业(第45页),而朱著经过考辨,认为当时张全义兼领河阳(第132页);(7)缪著以后梁开封府改宣武军为同光元年十二月(第45页),朱著则在经过考辨之后权从《新五代史》及《资治通鉴》,作十

---

① 《旧五代史》卷九《梁末帝纪》,第137页。
② 《旧五代史》卷一五《韩建传》,第205页。
③ 《旧五代史》卷三九《后唐明宗纪五》,第542页。
④ 同上,第543页。
⑤ 《旧五代史》卷四七《后唐末帝纪中》,第644页。

一月(第6页);(8)缪著以天成三年至长兴二年的感化军节度使为王景戡(第55—56页),而朱著则考证此时已经由李从昶担任(第160页);(9)缪著以天成元年至长兴元年的雄武军节度使皆系以王思同(第54—55页),而朱著则经过考证,分别列出华温琪、王思同、李德玕三人的先后顺序(第238—239页),颇可据;(10)缪著系孙岳任武兴军节度使于长兴二年(第56页),而朱著则系之于长兴元年(第246页),盖缪氏误以《旧五代史》之记载①于二年也;(11)缪著于天成二年至三年武泰军节度使系以李绍义(第63页),而朱著无之(第578页),但在注释中予以解释(第582页),盖李绍义不见他处记载,故比缪氏谨慎;(12)缪著于长兴二年武泰军节度使栏系李彦琦,于长兴三年系李肇,注云"十二月,充留后"(第64页),而朱著皆无(第578页),缪著不可解,或为此栏上面昭武军栏之误系,据朱著"利州",李肇于长兴二年代赵廷隐为昭武军留后(第593页),而李彦琦于长兴二年正月从昭武军节度使任上奔还京师,更不可能就任武泰军。

晋:(1)缪著于开运三年匡国军栏系冯晖,注云"三月,自静难徙镇"(第70页),朱著无之(第84页),考此栏往上三栏,亦有冯晖系于河阳军,注同,盖重出;(2)缪著于天福三年彰义军栏系张万进,并按曰:"张万进镇彰义,未知何时。据本纪,德玕徙晋州,已云'前泾州节度使',知必是年受代矣。"(第81页)而朱著则进一步详考,遂知在李德玕与张万进之间尚有卢顺密出任泾州(第231页),故缪氏按语过于绝对;(3)缪著于天福元年至五年归义军栏系曹议金(第84—85页),而据朱著注释,则曹议金至早在清泰二年即卒,两五代史所言卒年为闻讣之期(第368页);(4)缪著以天福八年为归义军曹元深代曹元德之时(第85页),而朱著则在注释中详考为天福四年左右(第368—369页)。

汉:缪著于乾祐二年至三年镇宁军节度使栏系李洪义(第91—92页),而朱著则系以李洪威(第265页),盖李洪义乃李洪威于后周时期避太祖郭威而改名,故在后汉时期,当仍以李洪威为佳,缪著此类差误他处甚多,恕不一一。

周:(1)缪著于显德元年至三年镇安军栏系王令温,并云"卒于镇"(第99—100页),而朱著则从显德元年起,即系向训(第75—76页),盖缪氏失察朱氏所引关于向训的史料,且《旧五代史·王令温传》明确说道,"世宗嗣位,迁镇安军节度使,罢镇归阙。显德三年夏,以疾卒"②,可知王令温并未卒于镇;(2)缪著于显德五年、六年横海军栏仍系以袁崟(第106页),而朱著则根据《旧五代史》考证得

---

① 《旧五代史》卷四一《后唐明宗纪七》,第564页。
② 《旧五代史》卷一二四《王令温传》,第1632页。

知当时已由李彦頵任留后(第312页);(3)缪著于广顺二年、三年永兴军栏仍系李洪信(第108页),而据朱著,则进一步考证出广顺二年李洪信就任不久即入朝,由翟光邺代替,翟光邺不久卒于镇,又由袁鄂代替,广顺三年则已是袁鄂权知军府事(第21页),故缪氏失考。

前蜀:(1)缪著于永平二年(912)至天汉元年(917)武泰军栏,仍系晋晖,并于天汉元年栏云:"三月,卒于镇"(第114—115页),而朱著据诸书考证,此数年间晋晖并未在任(第576—577页),盖缪氏漏考,即便不可能看到朱氏所引1983年刊于《考古》上的《晋晖墓志铭》,里面提到晋晖卒于乾德五年(923),也不应该漏了《九国志》也有记载,提及晋晖后来被责授泸州司户,最后终老于家的事实;①(2)缪著于武成元年(908)天义军栏系王宗贺,并注云"留后"(第116页),而朱著则考证得知武成年间山南西道节度使当为王宗绾(第598页),盖缪氏失察《资治通鉴》所言王建以王宗贺为兴元留后,实在天复二年②;(3)缪著于武成元年武定军栏系王宗绾(第116页),而朱著于武成年间留空(第607页),如前所述,王宗绾此时正在天义军任上,故不当复任武定军,且王宗绾亦无受任武定事,缪氏失察。

后蜀:(1)缪著于广政二十年永平军、武信军,皆系以孟贻业,前者注曰"十一月,充昭武、文州招讨使",后者注曰"十二月,兼中书令,充昭武、文州招讨使"(第122页),后者中有"兼"字,意尚可理解,而昭武军并非永平军,其系于永平军栏,不知何意。缪氏所引当自《资治通鉴》而来,显德五年十二月,"丙戌,以奉銮肃卫都指挥使、武信节度使兼中书令孟贻业为昭武、文州都招讨使"③。关于孟贻业出任武信军,朱著亦同(第563页),那么永平军栏,或当有误;(2)缪著于明德三年武德军栏系赵廷隐,并注曰"自保宁徙镇"(第119页),而据朱著考证,当为明德二年(第556页);(3)缪著于广政二十七年武德军栏系李廷珪(第122页),盖据《九国志·李廷珪传》的记载,而《李廷珪传》并未明言李廷珪出任武德军,仅说"二十八年……退保东川"④,朱著于此年略去(第555页),当得其实;(4)缪著于广政十八年武信军栏系李廷珪,并注曰"兼领"(第121页),而朱著无之(第562页),当时李廷珪就任保宁军节度使,然而史料并未揭明李廷珪兼领武

---

① 路振:《九国志》卷六《晋晖传》,丛书集成初编本,中华书局,1985年版,第62页。
② 《资治通鉴》卷二六三"唐昭宗天复二年八月"条,第8581页。
③ 《资治通鉴》卷二九四"后周世宗显德五年十二月丙戌"条,第9588页
④ 《九国志》卷七《李廷珪传》,第78页。

信军,据朱著考证,则李廷珪兼领,或指广政二十五年以武信军节度使兼领保宁军都巡检使(第 563 页);(5)缪著于明德二年镇江军栏系侯弘实,又于明德三年武泰军栏系侯弘实,并注曰"自宁河徙镇"(第 119 页),此处"宁河"或为镇江之误,而考朱著,侯弘实任镇江军系于明德元年至四年(第 585 页),任武泰军系于广政七年至十二年(第 580 页),缪氏所据材料似乎同样来自朱氏所引《鉴诫录》,然朱氏更加谨慎,因为镇江军于广政元年至四年为张虔钊主政,故而系侯弘实于明德元年(第 590 页),又因为武泰军自明德元年至广政六年先后由赵季良、王处回、谢从志主政(第 578—580 页),故而系侯弘实于广政七年就任;(6)缪著于明德元年至四年武泰军栏先后系以赵季良、安思谦、侯弘实,而无王处回(第 119 页),然而据朱著考证,则王处回自明德元年始,即就任武泰军(第 578—579 页);(7)缪著于广政十年、十一年保宁军栏系安思谦(第 120 页),然据朱著考证,则当在广政十三年初(第 571 页);(8)缪著于广政十四年保宁军栏系伊审征,注云"未知何时拜,旋徙宁江"(第 121 页),而朱著此年所系为安思谦(第 569 页),又查关于伊审征的史料,并无拜保宁军的记载,或为错系,保宁军栏上为武泰军栏,而据朱著,则伊审征似于广政十八年至二十年间出任武泰(第 581 页),且缪著于广政十八年武泰军栏亦系伊审征(第 121 页);(9)缪著于广政二十一年保宁军栏系何建,注云"卒于镇"(第 121 页),而据朱著所引《旧五代史》,则何建并未卒于任上(第 569 页);(10)缪著于广政十三年、十五年、十八年的镇江军栏,分别系王昭远、伊审征、高彦俦(第 121 页),而据朱著考证,三人就任时间分别为广政十七年、二十年、二十二年(第 588—589 页);(11)缪著于明德元年山南西道系武璋(第 122 页),而朱著考证其事当在广政四年(第 602 页);(12)缪著于广政二年至九年山南西道栏仍系赵季良,并云"卒于镇"(第 123 页),而据朱著可知,广政二年,已由孙汉韶代赵季良,而武璋(武漳)又于广政四年代孙汉韶,然后孙汉韶再于广政七年复任山南西道(第 602—603 页);(13)缪著于广政九年、十年、十二年山南西道栏系安思谦(第 123—124 页),然据朱著考证可知,安思谦当政,当在广政十一年至十三年(第 603—604 页);(14)缪著于广政十四年山南西道栏系韩保贞(第 124 页),而据朱著,则韩保贞当于广政十七年始受任(第 604 页);(15)缪著于广政十五年山南西道栏系王昭远(第 124 页),而据朱著,则王昭远系于广政二十六年、二十七年(第 605—606 页),虽然具体年月史料没有明说,但据朱著,王昭远于广政十五年时尚未出任夔州宁江军节度使(第 588 页),则此年必不能提前出任山南西道。

南汉：(1) 缪著于建武军栏系庞巨昭与姚彦章(第 125 页)，而据朱著，则此二人当任容管(第 640 页)，应系于宁远军栏；(2) 缪著于光天元年、乾和元年建武军栏系齐王弘弼(第 127 页)，而据朱著，则其就任当在乾和三年(第 646 页)；(3) 缪著于乾和二年、三年建武军栏系高王弘邈(第 127 页)，而据朱著，则其就任或在乾和十一、十二年(第 646 页)，盖缪氏未审朱氏所引《南汉书》之"乾和中"。

楚：(1) 缪著于广顺三年永顺军系潘叔嗣，注云"权知军府事"(第 129 页)①，据朱著，当为周行逢权知军府事(第 629 页)；(2) 缪著于天成二年宁远军栏系"弟賨"(第 131 页)，而朱著终"容州"篇无马賨(第 639—643 页)，此处值得一提的是，缪著关于楚国的两个表，前表为武安、永顺、静江、武清四方镇，后表为武安、永顺、静江、武清、宁远五方镇，虽然有重复，但是前后表的详略并不一样，故而可以对比来看。而恰好前表天成二年静江军栏所系为马賨，故怀疑后表宁远军栏的内容为后表静江军栏的误系。

吴越：(1) 缪著于明州奉国军系钱元球，于温州静海军系王子传球(第 133 页)，然而，现据何勇强考证，此二人实为一人②，且就任明州实为制置使，而非节度使，另外，静海军也指的是遥领安南都护府③，故而朱著对于明州、温州建节情况的考证中，未系钱元球，当更为谨慎(第 527—533 页)；(2) 缪著于彰武军栏系钱元珦(第 133 页)，而朱著终福州未提及钱元珦(第 487—493 页)，且钱元珦以遥领楚州顺化军节度使出镇明州④，亦与福州彰武军无关，当属误系。

吴：(1) 缪著于天祐十一年静淮军栏系朱瑾(第 138 页)，而据朱著，则此静淮军当建节于贞明四年，即天祐十五年，且朱瑾未就任即被杀(第 654 页)，故是否成其为方镇，颇有疑问；(2) 缪著于顺义三年至大和四年昭顺军栏皆系周本(第 138—139 页)，而据朱著，则这几年依旧是张崇主政庐州昭顺军(第 378—379 页)；(3) 缪著于顺义元年清淮军栏系崔太初，注曰"团练使"(第 138 页)，然团练使并非节度使；又，缪著于顺义三年系周本、钟泰章、王稔三人(第 138 页)，而据朱著考证，则清淮军于乾贞元年(927)方始建节，由王稔出任，而周本于大和二年受任，钟泰章则未尝受到任命(第 385 页)；(4) 缪著于天祐九年至十二年宁

---

① 整理本此处误系潘叔嗣、王进逵于武安军栏，然据影印本，实在永顺军栏。
② 何勇强：《钱氏吴越国史论稿》，浙江大学出版社，2002 年版，第 156 页。
③ 罗筱玉：《吴越钱氏皇室刺温考》，载《温州职业技术学院学报》2009 年第 2 期。
④ 吴任臣：《十国春秋》卷八三《钱元珦传》，中华书局，1983 年版，第 1200 页。

国军栏系徐知训,并注云"《江表志》"(第 141 页),考《江表志》原文,当为"魏王知训为宣州帅……"①,首先,当时徐温尚且只是吴国一个将领,其子徐知训又何由封王?其次,南唐烈祖曾封徐温之子徐知证为魏王,且徐知证恰好出镇过宣州宁国军(见朱著第 411—413 页),故知训当为知证之误,而缪氏亦错系时间;(5)缪著于乾贞元年宁国军栏系陈璋(第 142 页),然据朱著考证,当在大和二年左右(第 416 页);(6)缪著于天祐四年昭武军栏系李德诚(第 140 页),然据朱著考证,此时抚州昭武军尚在危全讽治下(第 453 页);(7)缪著于顺义元年至六年百胜军栏系李德诚(第 142 页),而据朱著考证,李德诚拜虔州百胜军,当在顺义末(第 460 页)。

南唐:(1)缪著于建隆二年东都江都府栏系朱匡业,注曰"以神武统军拜"(第 147 页),而朱著此年略之(第 375 页),盖扬州已经没入北宋,考马令《南唐书》,则当时建隆三年朱匡业以神武统军拜宁国军节度使一事②之误植;(2)缪著于保大十五年定远军栏系郭廷谓,并注曰"团练使"(第 147 页),而朱著略此年份(第 396 页),盖团练使不当算做方镇;(3)缪著于显德六年至建隆二年南都南昌府栏,皆以韩王从善系之(第 152—153 页),而朱著则考证出这三年当由何敬洙任南都留守(第 448—449 页);(4)缪著于升元三年康化军栏系杨珙,注曰"三月,卒于镇"(第 149 页),然据朱著,杨珙并未卒于镇,而是罢归永宁宫(第 430 页);(5)缪著于保大十年康化军栏系常梦锡,并按语曰:"常梦锡贬池州,当在是时"(第 151 页),而朱著此年所系为王继勋(第 432 页),考马令《南唐书·常梦锡传》,则常梦锡所居为"池州节度使判官"③,而非池州节度使;(6)缪著于保大四年、五年昭武军栏亦系冯延巳(第 150 页),然据朱著考证,则此二年当为查文徽在任(第 457 页);(7)缪著于保大十年奉化军栏系杜昌(第 151 页),而朱著经过考证,系杜昌业(即杜昌)于保大元年至四年(第 435—436 页);(8)缪著于保大十四年奉化军栏系柴克宏,并注云"卒于镇"(第 152 页),而据朱著所引史料可知,柴克宏未就任即卒(第 437 页),而非卒于镇;(9)缪著于建隆元年奉化军栏系何洙(第 153 页),而朱著系于建隆二年(第 438 页),然据马令《南唐书》,确为建隆元年三月所任④,缪氏失察;(10)缪著于开宝七年奉化军栏系胡则(第 154

---

① 郑文宝:《江表志》卷中,丛书集成初编本,中华书局,1991 年版,第 9 页。
② 马令:《南唐书》卷五《后主书》,丛书集成初编本,商务印书馆,1935 年版,第 30 页。
③ 马令:《南唐书》卷一〇《常梦锡传》,第 70 页。
④ 马令:《南唐书》卷四,《嗣主书》,第 26 页。

页),而朱著无之(第439页),虽然缪氏所言并非无据,但胡则仅为刺史①,而非节度使;(11)缪著于乾德二年至四年清源军栏仍系张汉思(第156—157页),然据朱著考证,陈洪进至迟自乾德二年起,即就任清源军(第476页)。

缪著高明

梁:(1)缪著于宣武军开平四年一栏中,列入留后袁象先(第9页),而朱著未列(第66页),据《旧五代史·袁象先传》,袁象先确有权知宋州留后,而旋即移镇天平军的记载②,朱著但据《资治通鉴》等书而未加考辨;(2)缪著于贞明二年天平军节度使栏系以王檀,注曰"二月,自匡国徙镇。九月,被盗所杀"(第11页),此段注文盖据《旧五代史·王檀传》所得③,而朱著于贞明元年即系王檀(第52页),误;(3)缪著于龙德三年天平军节度使栏系以知州事、节度副使崔笃(第12页),盖据《资治通鉴》记载④而得,然而朱著漏之(第54页)。

唐:(1)缪著于天成元年北都太原府系永王李存霸(第31页),而朱著无之(第337页),事实上永王存霸虽然并未上任,但确实得到过任命⑤;(2)缪著于天祐十四年威塞军栏系以李存矩(第29页),而朱著无之(第330页),虽然据《资治通鉴》,似仅为"防御使"⑥,但《旧五代史》却写为"节度使"⑦,故朱著漏为考辨此条史料;(3)同前,缪著于天祐十八、十九年所系之王郁(第29—30页),虽然据《资治通鉴》,似仅为"团练使"⑧,但《旧五代史》却写为"节度使"⑨,故朱著亦漏为之考辨;(4)缪著于同光二年至三年的天德军栏系以刘承训(第30页),盖自《旧五代史》的记载而得,但后者出现的时间当是同光三年⑩,不过朱著因为贞明六年天德军被契丹占领而没有整理此后的情况(第356—357页),故而缪著此条亦有可补之处;(5)同前,缪著于天成三年以后的天德军皆系以郭承丰(第31页),盖亦从《旧五代史》的记录⑪作出的判断;(6)缪著于天成元年忠武军系刘彦琮

---

① 陆游:《南唐书》卷八《胡则传》,丛书集成初编本,商务印书馆,1937年版,第180页。
② 《旧五代史》卷五九《袁象先传》,第797页。
③ 《旧五代史》卷二二《王檀传》,"二年二月……寻授天平军副大使,知节度使事,充郓、齐、曹等州观察等使",第304页。
④ 司马光:《资治通鉴》卷二七二"后唐庄宗同光元年六月"条,中华书局,1956年版,第8885页。
⑤ 《旧五代史》卷三四《后唐庄宗八》,第477页。
⑥ 《资治通鉴》卷二六九"后梁均王贞明三年二月"条,第8811页。
⑦ 《旧五代史》卷二八《后唐庄宗纪二》,第389页。
⑧ 《资治通鉴》卷二七一"后梁均王龙德元年十月"条,第8868页。
⑨ 《旧五代史》卷二九《后唐庄宗纪三》,第398页。
⑩ 《旧五代史》卷三二《后唐庄宗纪六》,第449页。
⑪ 《旧五代史》卷三九《后唐明宗纪五》,第535页。

(第35页),而朱著无之(第168—169页),盖漏了《旧五代史》的记载①;(7)缪著于同光元年至二年顺化军栏系符习(第40页),而朱著无之(第307页),亦漏《旧五代史》的记载②;(8)缪著于天成元年保义军栏系刘仲殷(第46页),而朱著无之(第150页),盖朱著漏《旧五代史》的记载③;(9)缪著于天成四年至长兴元年武兴军栏系张敬达(第55页),而朱著无之(第246页),盖朱氏漏考《旧五代史》记载④;(10)缪著于天成元年山南东道栏系安重海,注云"五月,兼领,辞"(第65页),朱著无之(第100页),虽然安重海辞去任命,但亦能反映一定的历史事实。

晋:缪著于天福三年邺都栏系刘处让,注曰"权知魏府事"(第75页),而朱著无之(第254—255页),或朱氏未能遵守其自己的凡例⑤。

周:(1)缪著于广顺元年至显德六年天德军栏,皆系郭勋(第107—108页),虽然广顺元年郭勋加同平章事据《旧五代史》当在二月⑥,但朱著因天德军已没入契丹而略去中原王朝的遥领(第357页),更似不妥;(2)缪著于显德四年淮南军栏仍系向训,并云:"三月,徙徐州。充淮南道行营都监。"(第113页),而朱著于此年空缺,盖因向训于显德三年即回驻寿州(第375页),然而即使回驻寿州,向训仍然是淮南节度使,直到显德四年三月方徙徐州⑦,故朱著失察。

后蜀:缪著于明德二年武泰军栏系安思谦(第119页),而朱著无之,终"黔州"条后蜀时期皆无安思谦(第578—582页),然缪氏亦非无据,当从《九国志·安思谦传》所得,"奉銮控鹤马步军都指挥使、武泰军节度使,未之任"⑧,虽然并未赴任,但按照朱著凡例,亦当列入。

楚:(1)缪著于广顺三年静江军栏系何景真(第129页)⑨,而朱著自广顺二年以下略去(第638页),盖此后静江军为南汉所夺,然缪氏亦非无据,当从《九国志·何景真传》所得,"奏授景真检校太尉、静江军节度使"⑩,虽然只是遥领,但按照朱著凡例,亦当列入;(2)缪著于武清军栏系彭师暠(第129页),而朱著终

---

① 《旧五代史》卷三六《后唐明宗纪二》,第497页。
② 《旧五代史》卷三一《后唐庄宗纪五》,第430页。
③ 《旧五代史》卷三六《后唐明宗纪二》,第497页。
④ 《旧五代史》卷四〇《后唐明宗纪六》,第551页。
⑤ 朱玉龙:《凡例·六》载"其间虽有正授、权摄、新命试职、在任不在任之别,要以统在守帅之列,故悉为著作录",《五代十国方镇年表》,第2页。
⑥ 《旧五代史》卷一一一《后周太祖纪二》,第1469页。
⑦ 《旧五代史》卷一一七《后周世宗纪四》,第1557页。
⑧ 《九国志》卷七《安思谦传》,第80页。
⑨ 整理本误系何景真于永顺军栏,然据影印本,实在静江军栏。
⑩ 《九国志》卷一一《何景真传》,第122页。

"鄂州"条无之(第417—426页),然缪氏亦非无据,其所据当为《资治通鉴》,广顺元年,廖偃于彭师暠共立衡山王马希萼,以彭师暠为武清军节度使①,虽系遥领,亦不当殁之。

南唐:(1)缪著于保大元年镇海军栏系宋齐丘(第145页),而朱著无之(第400页),考马令《南唐书》,则宋齐丘未就任而即辞②,虽如此,朱氏亦漏之;(2)缪著于开宝七年宁国军栏系卢绛(第154页),而朱著系以李从益(第416页),然缪氏并非无据,当据马令《南唐书》的记载③所得,故朱氏漏之;(3)缪著于乾德二年、三年百胜军栏系柴克贞,并于三年栏注曰"留后,徙江州"(第153页),而朱著无之(第467—468页),然缪氏亦非无据,考马令《南唐书》有"以虔州留后柴克贞为奉化军节度使"④,则柴克贞确实出任过百胜军留后,只是详情如何不得而知,然而终可补朱著之不足;(4)缪著于保大三年永安军栏系祖全恩(第155页),而朱著无之(第471页),然缪氏亦非无据,马令《南唐书》云:"升建州为永安军,以祖全恩为节度使……全恩未拜而卒"⑤,虽祖全恩未拜即卒,亦不当略之;(5)缪著于保大十二年永安军栏系刁彦能(第156页),而朱著所系为陈诲(第472页),据缪氏按语,所据当为马令《南唐书》载"元宗即位,出为饶、信二州刺史、建州留后、抚州节度使"⑥,此条史料朱著在考证刁彦能为抚州节度使时,亦有引用(第458页),然而不知为何并未系刁彦能于建州;(6)缪著于保大十三年永安军栏系朱匡业(第156页),而朱著所系为陈诲(第472页),缪氏所据,当为《十国春秋·朱匡业传》所载"改建州留后"⑦,虽然并不能据此认定即在保大十三年出任留后,然而朱著确实失察。

三、缪荃孙的五代史成就

上文中,笔者通过对缪著的体例、内容之分析,揭示了缪荃孙在五代方镇研究方面的优缺点。但缪氏对于五代史的关注不仅仅有这点,除了《补五代史方镇表》,缪氏用功最多的是在对周在浚《南唐书注》进行增补一事中。对此,杨洪升

---

① 《资治通鉴》卷二九〇"后周太祖广顺元年九月"条,第9465页。
② 马令:《南唐书》卷二《嗣主书》,第11页。
③ 马令:《南唐书》卷二二《卢绛传》,第148页。
④ 马令:《南唐书》卷五《后主书》,第31页。
⑤ 马令:《南唐书》卷二《嗣主书》,第12页。
⑥ 马令:《南唐书》卷一一《刁彦能传》,第77页。
⑦ 吴任臣:《十国春秋》卷二二《朱匡业传》,第320页。

亦有关注,并把署名刘承幹的《南唐书补注》算入缪荃孙"代人撰著"的著述之中,颇为合理。① 但杨氏并未对缪荃孙在撰《南唐书补注》的同时校《南唐书注》的情况予以揭示,在关于缪氏校勘学成就的论述中,也没有提到对《南唐书注》的校勘情况。② 对此,已另文分析,此处不赘。③

关于缪荃孙所校勘的五代史籍,还有:卢氏抱经楼抄本北宋薛居正《旧五代史》一百五十卷及《目录》二卷、陈氏晚晴轩钞本北宋郑文宝《江表志》三卷、晚唐五代罗隐《广陵妖乱志》一卷、卢见曾《雅雨堂丛书》本、五代宋孙光宪《北梦琐言》二十六卷。④ 不过此种校勘成果颇难整理,只能从后人重校该书时对于缪氏校勘成果的利用谈起:张剑光、孙励对《江表志》的点校,并未参考缪氏的校勘⑤,颇为遗憾;贾二强对《北梦琐言》的最新点校,即以缪氏《云自在龛丛书》本为底本展开,并保留了缪荃孙的《北梦琐言逸文》⑥,可谓对缪氏校勘的一种肯定。

上面四种还仅仅是直接进行校勘的典籍,在校勘之后直接汇集为校记的还有两种:《蜀梼杌校记》一卷、《九国志校记》一卷,皆收入于《艺风读书记》。⑦ 但可惜的是,王文才、王炎对于《蜀梼杌》的校笺似未注意到《蜀梼杌校记》⑧,而吴在庆、吴嘉麒对于《九国志》的点校,亦未参考《九国志校记》。⑨

随着缪荃孙的校勘同时进行的还有辑佚工作。据统计,共有三种,分别为:(1)《九国志遗文》一卷,收入《艺风读书记》丛书;(2)《广陵妖乱志逸文》一卷,附于缪氏自刻《藕香零拾》丛书之《广陵妖乱志》书后;(3)《北梦琐言逸文》四卷,亦附于正文之后,刻入《云自在龛丛书》。⑩ 这三种中,《北梦琐言逸文》如上述得到了重视。但吴在庆、吴嘉麒点校的《九国志》还是没能参考《九国志遗文》的辑佚成果,颇为遗憾。⑪

当然,除了增补史表、撰述补注、校勘或辑佚典籍等方式外,缪荃孙对于五代史的贡献还体现在整理书目、金石目录、编撰地方志等事当中,但这些比较细碎,

---

① 杨洪升:《缪荃孙研究》,第 123—124 页。
② 同上,第 281—294 页。
③ 胡耀飞:《刘承幹〈南唐书补注〉的成书》,湖州市南浔学研究会成立大会暨首届理论研讨会,湖州南浔学研究会,2014 年 12 月 27 日。
④ 分别见杨洪升:《缪荃孙研究》,第 282、290、296—297、299 页。
⑤ 张剑光、孙励:《江表志点校说明》,《五代史书汇编》,第 5074 页。
⑥ 贾二强:《点校说明》,载孙光宪撰,贾二强点校:《北梦琐言》,中华书局,2002 年版,第 4—5 页。
⑦ 分别见杨洪升:《缪荃孙研究》,第 104、105 页。
⑧ 王文才:《蜀梼杌校笺序》,载王文才、王炎:《蜀梼杌校笺》,巴蜀书社,1999 年版,第 17—18 页。
⑨ 吴在庆、吴嘉麒:《九国志点校说明》,《五代史书汇编》,第 3206 页。
⑩ 分别见杨洪升:《缪荃孙研究》,第 110、113 页。
⑪ 吴在庆、吴嘉麒:《九国志点校说明》,《五代史书汇编》,第 3206 页。

其所能反映的对五代史的认识也很难集中,尚待日后慢慢整理。

结　　语

缪荃孙《补五代史方镇表》一直以手稿形式存世,直到1996年被收入《北京大学图书馆藏稿本丛书》,并由天津古籍出版社影印出版,方为世人所知。可惜的是,今人朱玉龙的《五代十国方镇年表》未能利用这一近百年前的考证成果。而缪著的手稿形式,也限制了人们对其的利用。但这些并不妨碍我们对缪著的重视。

关于缪著的体例,上承万斯同《五代诸镇年表》,大体继承了万表的表格格式、书写方式等内容,并在内容考证和分类方面有重大的突破。同时期,亦有各自独立撰著的吴廷燮的《五季方镇年表》,吴表虽然也是从万表的格式演化而来,但明显走向了另一个方向,与缪著相比,在内容方面也不一致。今人朱玉龙根据中华书局去掉表格格式的吴廷燮《唐方镇年表》来撰写《五代十国方镇年表》,则是在吴表的基础上进一步发展演变。因此,缪著所属的演化系统与朱著所属的演化系统互不相干,从而便于我们对比两者。

相对于朱著来说,缪著在内容方面有三个长处:(1)考察了不在今天国界范围内的交州静海军(今越南北部)的内容;(2)以政权的名义单独整理了五代王朝开始之前李茂贞秦岐政权的方镇;(3)考察了作为各政权首都的京尹的情况。不过,虽然杨洪升《缪荃孙研究》中所提到的缪著的四个缺点确实存在,但对缪著的五个优点,却并不值得赞赏。总体而言,就缪著与朱著相重合的内容来看,缪著有71+5处的考证稍逊于朱著。当然,缪著也在25处内容上优胜于朱著。

最后,虽然缪荃孙对于五代史的关注,最用力的即在《补五代史方镇表》,但也涉及其他方面。比如替刘承幹撰写《南唐书补注》,校勘薛居正《旧五代史》、周在浚《南唐书注》、郑文宝《江表志》、罗隐《广陵妖乱志》、孙光宪《北梦琐言》等书,亦撰有通过校勘所得的《蜀梼杌校记》一卷、《九国志校记》一卷,并辑佚出《九国志遗文》一卷、《广陵妖乱志逸文》一卷、《北梦琐言逸文》四卷等三种辑佚书。

原载《史学理论与史学史学刊》2017年第1期
（作者单位：陕西师范大学历史文化学院）

缪荃孙诗学思想考论

郑易焜

缪荃孙之诗学思想今所见较为零散,并没有结集成册的专门著作,更多的散见于诗中只言片语地描述、为他人诗稿撰写序跋、论诗书札和《云自在龛随笔·杂记》之中。《云自在龛随笔·杂记》中既有自己撰写的文字,又有引用前人书中成篇,如《杂记》中先录十五条内容,于文后注曰"以上十段均李介立《天香阁随笔》①,"说明这些内容都是钞撮自《天香阁随笔》的,倘若不加注意,轻易放过,便当成缪荃孙自作语,这就是引证他人诗论之例。《云自在龛随笔·杂记》部分就是既包括"自作语",又有引用他人诗话的诗论。总之,缪荃孙关于诗论的内容比较庞杂,但是亦有颇多精警之语,现于吉光片羽文献中抽绎其诗学思想,以见其诗学思想之变化、诗歌取向宗尚,试分以下三小节论之。

一、"仿随园"到"薄随园重几社"之变探析

缪荃孙之诗学取向,自青年时就发生了重大变化,由"仿随园"到"薄随园重几社"的转变,而后者几乎更成为其主导一生的诗学思想。缪荃孙自订《年谱》记载在刚到淮安时,曾带着《随园诗话》《吴会英才集》两本书,并对"洪黄两家诗文选,辄仿为之"。②《年谱》中又载有:"席上晤杨慧生守备,负博雅名,诗文卓然成家……告以诗学源流,专重明几社派而薄随园。"③第一条记为咸丰十一年(1861),第二条记为同治二年(1863),中间相差仅两年,何以缪荃孙之思想发生如此大的转变?要明了缪荃孙日后诗学思想与诗歌主题取向、风格,必须推本溯

---

① 缪荃孙著,张廷银、朱玉麒编:《缪荃孙全集·笔记》,凤凰出版社,2014年版,第143页。
②③ 缪荃孙著,张廷银、朱玉麒编:《缪荃孙全集·杂著》,凤凰出版社,2014年版,第165页。

源,由此探究其变化的内在原因。

咸丰十一年缪荃孙年仅十八岁,因与家人躲避太平天国引发的"庚申之变"寓居淮安,随身带着的即是《随园诗话》、洪黄两家诗文选。从"辄仿为之"亦能看出,缪荃孙幼时学诗尚未久,而仿效可以说是没有老师之前学诗入门的一大捷径之一。《随园诗话》,乾嘉年间著名诗人袁枚所著,是展现其诗歌理论的一部力作。"洪黄"指洪亮吉与黄景仁,二人皆是江苏常州人,亦是"毗陵七子"中名声最大的二位,与缪荃孙同乡。两年后缪荃孙仍寓居淮安,在席间认识杨慧生,自此诗学宗向为之一变。《年谱》中提到的几社是明末诗文一派,主要人物有陈子龙、夏完淳等人,虽是诗社,但与明末之政治、松江之文化都有着千丝万缕的联系。如此,为了厘清缪荃孙诗学思想之转变,则必须分清随园与几社之差异,探究缪氏所处时代背景对其影响,故先从随园发微。

袁枚字子才,晚号随园老人。其活跃时间大多在乾隆朝时。若以诗才而论,他绝对能在清代诗歌史上占据一席之地,然而他与同时代的翁方纲、沈德潜,甚至是与其同名的赵翼、蒋士铨相比亦有极大的不同,其诗学思想最为关键的便是"性灵说"。如袁枚在诗话、尺牍中道:

> 余作诗,雅不喜叠韵、和韵、及用古人韵。以为诗写性情,惟吾所适。①
> 余不喜黄山谷诗……黄诗如女子见人,先有许多妆裹作相。②
> 若夫诗者,心之生也,性情所流露者也。③

若举此三条即可见大概。要之,袁枚之诗学宗向,首要强调性情,性情正是由内心生发而出,非做作可能得,即能见作者之"真我"。故袁枚毫不讳言地说自己不喜欢叠韵、和韵及用古人韵,甚至将黄庭坚拉出来批判一番,认为其诗用典或粉饰太多,如妆裹作相。极斥以学问堆砌,"一字一句,自注来历者,谓之古董开店"。是以袁枚作诗读诗亦喜有才情、性情之作,在《随园诗话》不止一次列举此类诗作称赞。然而有一个现象不可忽视,虽然袁枚自己为诗亦重视直写性情,佳作不少,但劣作亦多,且易坠入空疏、油滑之弊,与传统诗道之审美截然相反,试以一首举例言之。袁枚曾有一首《有织藤盘妓甚姝而蛮语难辨

---

① 袁枚:《随园诗话》,人民文学出版社,1982 年版,第 3 页。
② 同上,第 11 页。
③ 袁枚:《小仓山房尺牍》,世界书局,1935 年版,第 336 页。

戏赠一诗》云：

> 明眸皓齿好身材，可惜兜离语要猜。安得巫山置重驿，替侬通梦到阳台。①

此诗的确十分真切地写出"席间歌妓声音难辨"这一主题，然本为戏赠，用语造词亦显得尤为随意，"好身材""可惜兜离""替侬通梦"三语几流于口语，全诗显得较为轻亵，格调不高。这在以"肌理说""温柔敦厚"笼罩下的乾隆诗坛可谓另类，故而亦遭不少人诟骂。但强调性灵、性情，推重诗才而不重典实却易讨初学者欢喜，因入门门槛低，直以吾手写心，不必纠葛于故纸堆中，使得年轻的缪荃孙迅速为袁枚诗学理念所俘获，瓣香步踵，这一直持续到认识杨慧生转学几社之前。

几社之诗学宗向便与袁枚有着天壤之别。几社自崇祯二年成立，成立之初虽然许诺"一切政治交游，澹若忘者"②，但日益严峻的政治军事形势，国破家亡的危机时时包围社员，使他们不敢有丝毫松懈，是以如陈子龙这类的复社、几社领袖，在作诗文中日益倾向于政治、时局问题，又推崇复古、古学，诗宗汉魏三唐一路。陈子龙作《晚秋兴八首》，显然是仿杜甫《秋兴八首》为例，而忧虑更深，如"极望苍茫寒色里，数声清角满神州""干羽何年靖四方"③等句，亟盼能逆转朝廷之颓势，还中原以安宁。又如《塞下曲》《出塞》等诗，从语言到内容上都有仿盛唐诗作之意，而本意却暗蕴边塞之兵患。这种国家兴亡匹夫有责与高度的历史使命感，使得士大夫成为右衽奋裾之斗士，诗中有更有寄托，洋溢着盛唐魏晋之精神风貌，其与公安三袁之性灵、竟陵幽僻孤峭之旨是从根本上对立的，云间诗风亦影响到清初诗坛面貌，甚至播衍至清季。

由上论可以看出，推崇诗歌复古，实借复古以振诗坛之颓靡势的几社云间派，矛头正指向逐渐流衍于空疏俗滥的公安、竟陵，而袁枚的"性灵说"与公安之性灵有颇多相同之处，本意都是重性情，却又有上述之局限性。缪荃孙在深入了解几社云间诗风后，果断抛弃了随园，并在《家横甫纫兰庵文集序》中显明表达出

---

① 袁枚：《小仓山房诗文集》，上海古籍出版社，1988年版，第730页。
② 杜登春：《社事始末》，中华书局，2001年版，第32页。
③ 陈子龙：《陈子龙诗集》，上海古籍出版社，2006年版，第517页。

立场,道:"语必征实,不袭桐城之窠臼;藻不妄摘,夙鄙随园之郑卫。"①这篇文章是为其宗缪衡甫同年作,在癸丑、甲寅年间,其时缪荃孙已为花甲老人,以郑卫淫靡之声比随园,正是指随园类似《有织藤盘妓甚姝而蛮语难辨戏赠一诗》之作品,与大雅黄钟之调相对,态度极确,此观点近四十年未变,探究缪荃孙这条诗学思想之重要转变原因,总结起来有以下几点:

其一,袁枚与传统名教的背离体现于诗中则嬉笑詈骂,有背"温柔敦厚"诗教之精神,更与试帖诗取向格格不入。前已举袁枚一首小诗为例,倘那首赠妓诗被认为是轻亵油滑的话,那么下举一首诗则更能体现袁枚的战斗精神,《不饮酒二十首》中一篇曰:

> 古来功名人,三皇与五帝。所以名赫赫,比我先出世。我已让一先,何劳复多事。平生行自然,无心学仁义。②

这是有多么大的气魄才敢在文字严锢的乾隆朝说出此等话语。在袁枚心中,只有"平生行自然"是最为妥帖之事,除此外一切可通通不顾,何来三皇五帝功业巍巍?不过是比我先出世罢了,曰:"我已让一先。"更见俏皮之态度,又可以毫不讳言地说:"无心学仁义。"这与儒学传统之仁义思想已明显背离了。所以袁枚在诗中嬉笑詈骂已明显触及了推崇"温柔敦厚诗教"的当朝士大夫禁网,同时在乾隆年间兴起的试帖诗更绝不会允许这么做。

试帖诗早在唐代便有此制,而清代于乾隆二十二年重新恢复科场试帖,当然与统治者爱好有关,从此士子为了争破头皮中第入翰林院,不得不开始学习类似八股文的试帖诗技巧。但试帖诗最重的是气息和格调,讲求作法章法,甚至连声律、病犯都细抠到每一个字上。桑调元《大梁试帖序》一文中就有"其法多与今八比合"。很明显地将试帖诗与八股文结合一处而论。只就缪荃孙而言,其从乡试至会试皆须作试帖诗,倘若不上溯唐调,而以袁枚此种为宗,恐怕是没有任何机会。当然我们不能忽视袁枚也曾以此种试帖诗的方式参与过科举,但是袁枚其自作的抒发性情性灵作品可不会如此亦步亦趋,且明显表现出与封建纲常的背离性,此种作品在当时增设诗赋取士之背景下,亦绝不会被推荐去学。试帖诗影

---

① 缪荃孙著,张廷银、朱玉麒编:《缪荃孙全集·诗文 1》,凤凰出版社,2014 年版,第 565 页。
② 袁枚:《小仓山房诗文集》,上海古籍出版社,1988 年版,第 1431 页。

响远比之前估量的大出许多,甚至影响到清代诗歌宗上,这在下文中会论及,并将就缪荃孙试帖诗具体分析。

其二,内在审美范式之重构:师承与战乱中环境之影响。缪荃孙二十岁时从杨慧生学诗,杨慧生当时已颇有诗名,故以长辈身份引领缪荃孙入"正门",这对一个初涉诗词门径,尚未形成一己之诗学观人而言,是很容易改变的。同时,在晚清大的背景下,外敌入侵内乱频发,缪荃孙一家也正是因为"庚申之变"才寓居淮安,其所处之环境艰险,亦与明清鼎革之际几社诸子相仿,而几社诸子直面现实之勇气,颇为忧世忧民之诗风,与所处盛世之袁枚表现出的"闲情逸调"而一味强调性情之真差别很大。缪荃孙在自结《萍心集》中有《庚申二月金陵大营溃》一题四首诗,已能写出战乱后经眼之惨状,这显然跃出了随园诗之樊篱。从某种意义上来讲,云间派之严整苍劲的诗风、传统诗教观念,以及作为士大夫在世乱时变中所体现出的责任感,更契合缪荃孙的心境。审美范式的重构,标志着缪荃孙与随园彻底分道扬镳。

其三,与缪荃孙日后学术取向重史、重汉学、偏近考据校勘有关。夏孙桐《缪艺风先生行状》谓:"先生恪守乾嘉诸老学派,治经以汉学为归。"[①]清代汉学、理学、姚江之争自始至终日演激烈,乾嘉以后戴学一时大盛,学者多重考据校勘文字,则日益求于故纸堆中,孜矻释字求义。缪荃孙于《云自在龛随笔》卷二中一段话可见其学术归向,文谓:

> 明三百年来,文章学问不能远追汉、唐、宋者,其故有三:一坏于洪武十七年定制八股,时文取士,其失也陋;再坏于李梦阳倡复古学,而不原本六艺,其失也俗;三坏于王守仁讲良知之学,而至以读书为禁,其失也虚。明季文风大振,国初受姚江学者忌东林,受东林学者诋姚江,两派俱衰……道光登极,新安当国,以为虚诞,尽选一无所知之人任事,而士风一变……徐桐为汉掌院二十年,见读书人则忌之抑之。翰林风气,败坏到底,而清亦因之亡矣。[②]

这段文字简要梳理了明代学术文章之脉络,并由此发微,推衍至清。谓李梦

[①] 夏孙桐:《缪艺风先生行状》,中国人民政治协商会议江苏省江阴市委员会文史资料委员会编《江阴文史资料第15辑》,1994年版,第11页。
[②] 缪荃孙著,张廷银、朱玉麒编:《缪荃孙全集·笔记》,凤凰出版社,2014年版,第27页。

阳提倡恢复古学,然却不能本先秦六艺,即儒学之六经,因未能以经典为根柢,所以失之俗。而王守仁一味讲心学,求良知,知行合一最推崇一"行"字,却于读书求知一道不甚关切,似如空中楼阁,故其失也虚。"明季文风大振"正指东林党、复社、几社之努力,东林书院讲学之风蔓延至清初,求实学、实行一扫明季姚江一派蹈入空虚之弊。钱穆谓:"盖东林承王学末流空疏之弊,早有避虚归实之意,惟东林诸贤之所重在实行,而后世变相乘,学者随时消息,相率以'实学'为标榜,实行故非所重。舍实行而言实学,则非东林之所谓实学也。"①此段论述极为精辟,盖又知缪荃孙之意趣正是求"实学"一路,这也是其推崇东林、几社诸子之原因,而文章之道本于"学",是以明季文风能大振,明三百年来仅此一时,故"文章学问不能远追汉、唐、宋者"。在下文又无不痛心疾首地说当今朝野之上,皆为不学无术之人,士之风气也随之一变,即不求学而互相攻讦求名,更将与自己不合的徐桐拉出来批判一通,以为抑读书人之路,此种风气又影响到国运,所以清朝灭亡。

缪荃孙特又重订《顾亭林年谱》,以示对炎武崇敬意,顾炎武学术宗旨,正在"行己由耻""博学于文",实将行与学结合一处。通读引文,所以知缪荃孙所重皆在"学",与坐虚蹈空,妄言性命义理者全然不同。而偏考据校勘,颇重史实,又是汉学一路,则于文字、典实最为重视。

明了此点,自可以知晓缪荃孙为何"薄随园"与日后之诗学取向。随园最强调的性情性灵,非于学问中得,而纯出自内心,又对"以学为诗"十分鄙夷,前所举已可见大概,而缪荃孙为文章为诗,定要以"学"为根柢,辞藻、性情亦为其枝叶,两相辅成,所以随园之轻亵文字自然不入其眼了。

要之,缪荃孙弃随园转而推重几社原因是多方面的,其本质原因还是在袁枚之诗歌艺术风貌与他一再强调的"性灵"上,诗歌宗尚本无对错之分,更不必强分高下,然学术取向、时代背景、性情等外在或内在因素影响着缪荃孙的选择。最终,思想更为传统、重学明道的缪荃孙彻底走向与随园相反之路径,象征着其诗学思想,作诗取向之一大跨步。

二、诗品与人品、境与诗之关系论

缪荃孙推重几社,非仅重其诗词文风,更重诸贤之学问品行,由此缪荃孙最

---

① 钱穆:《中国近三百年学术史》,九州出版社,2011年版,第21页。

为看重诗品与人品之结合。自古论此二者之关系诗文颇多,如元好问《论诗绝句》第六首谓:"心画心声总失真,文章宁复见为人。高情千古闲居赋,争信安仁拜路尘。"①此诗专讽潘安仁诗品与人品不一。潘安仁虽作《闲居赋》,并表达出浮觞痛饮、抗音高歌之情,然而其本人却极为热衷名利,不辞营营追逐,趋炎附势,所以元好问以为"心画心声总失真",文章亦不能见人之品行。缪荃孙尤其钦佩那些身处于世变时迁危难之际的士大夫,以为诗品与人品齐等,其舍生取义、高风亮节之行亦能体现于诗文之中,有作《贵池二妙集序》云:

> 至晚明而吴次尾、刘伯宗两先生者出,又其魁能冠伦,足绍前哲者也。吴先生才气纵横,罗九经、廿一史于胸中,洞悉古今兴亡顺逆之际……刘先生温厚和平,人人可近,而刚方严毅之气,使视为可近者辄复自远……两先生同里闬,同志趣,同学术,同入复社,负重名,同在下而不得畅行其志,危言危行,不顾祸患之至,迨至国亡家破,一则柳车柴市死殉故君,一则士室露车生逃僻壤,高风亮节,千古同钦……今两先生之诗文识见之高远,议论之英伟,指事类情,必求其当,而无拘虚浮慕之求,岂一材一艺擅名当世者可比。张尔公谓"嵝山文似陈同甫",康范生谓"峄桐诗拟杜陵……洵知言哉。"后人读是集,想见其为人,而讽诵之,企慕之。②

《贵池二妙集》为晚明忠节之士吴应箕与刘城二先生之合集,缪荃孙在论二者诗文之前特将二人行迹出处一一交代,尤为强调品行。吴应箕于崇祯末年率义军抗清,事不果,在大演乡兵败被俘虏,最终以身殉难;刘城于鼎革后隐居峡川之中,发誓不入城,亦未剃辫,完发而卒。且刘承受着"后死之责",为吴应箕"掩遗骸、恤遗孤、编遗著",缪荃孙以为二先生虽结局不同,一者以身殉国,一者隐逸山林,但都不为周粟,令人钦佩,不能以一死一生而认为二者有异。在此文后半段,才将二人之诗文提出,指出议论英伟,无论阐述事理,还是譬喻情状都十分妥当,文字中没有流露出任何浮华容慕之求,这也正是与二人之平素行事处世有关,故诗文中显明地体现出二人之高尚品行,还引用张尔公与康范生之言,以为吴应箕文章似陈同甫,刘成诗似杜少陵,无论二人报国之心,还是国灭后就义与隐逸之行为皆足以面对前贤不愧,诗文亦凛凛似之。此足见缪荃孙之推重,而后

---

① 元好问著,狄宝心校:《元好问诗编年校注》,中华书局,2010年版,第435页。
② 缪荃孙著,张廷银、朱玉麒编:《缪荃孙全集·诗文1》,凤凰出版社,2014年版,第357页。

人从其诗集中亦能见其为人,是诗品与人品之结合。

除了以身殉难、慷慨为国之烈士,以德报德、以德报怨之有情有义之人及其诗作也为缪荃孙激赏,如在《明王百谷诗文手稿跋》一篇中道:

> 嘉靖末游京师,客相国袁炜第。炜试诸庶吉士《紫牡丹》诗,不称意,属稚登为之,大称赞,将荐之朝,未果,炜卒,稚登哭其墓……王世贞与同郡友善,故不甚推之,稚登亦不为之下。及世贞殁,其子坐事系狱,稚登倾身救援,人以是重其风义……有云:"弇公真天人,名高道何尊。白骨尚未寒,鱼肉其后昆。昨日青宫开,四海皆蒙恩。云胡佳公子,独不免覆盆。未释城旦春,犹然钩且髡。"皆与志传合,其为人亦可见矣。①

王稚登,字百谷,为明代知名书法家,其诗亦佳。缪荃孙于友人处得其诗文手稿,为之作跋文。文中以举出两个例子以证王稚登品行高尚,一是王稚登客游相国第,后袁相国卒,虽未能得举荐,仍去"哭其墓";二是王世贞因与同郡友人善,对王稚登不甚推许,王世贞死后其子因为犯事坐狱,王稚登却倾身相救。后缪荃孙又特举王稚登一诗为证,足见王稚登对王世贞子牵挂之情尤是真情实意。缪荃孙此文虽未及具体论述王稚登诗歌特质,然"其为人亦可见矣"足以见其揄扬之意。举上两例正为说明,这类品行佳诗文亦佳之人是缪荃孙最为崇敬的,而他们之品行、诗文又紧密相连,往往能从其诗作中视其为人若何。

缪荃孙诗论中,又有境与诗之关系阐释。境指的是诗人所处周遭之环境。境与诗之关系一方面表现为外界客观环境对诗人及诗歌创作的影响。另一方面,又特别强调诗人在面对困窘时作诗为文之状态,其实也就是太史公"发愤著书"、韩愈"不平则鸣"、文忠公之"穷而后工"说之延伸。缪荃孙幼年因兵乱背井离乡,直到中年才中进士,仕途不顺,更在晚年经历国破家亡之变。由此,缪荃孙论诗又最重经历坎坷诗人与诗作,题《小谟觞馆文集》一诗谓:

> 霜裘雪镫度桑干,意气飞扬万目看。共羡文词侪庾信,谁知科第困方干。少时慷慨千金掷,暮齿凄凉一饭难。幸得著书尽传播,灵山证果有余欢。(先生晚年丧妻,无子,孑然一身,终日诵经。陆祁生赠诗有"在家原似

---

① 缪荃孙著,张廷银、朱玉麒编:《缪荃孙全集·诗文1》,凤凰出版社,2014年版,第219页。

客,有发亦如僧"之句,文士之极可怜者)①

《小谟觞馆文集》为晚清著名诗人彭兆荪诗文集,缪荃孙又作文《重刊小谟觞馆诗文集注序》评价其诗云:"故其为诗兼综众体,独擅三唐。跃马横戈,挟幽并之奇气;雕龙织锦,绍刘柳之真传。"②此论精辟,实已道尽其诗风格。同朝诗词骈文作手中,缪荃孙亦最心折此人。彭兆荪一生偃蹇坎坷,年少时跟随父亲游宦山西,而后科考屡次不中,困于场屋,晚年独居,心性亦坠于飘渺空寂,耽于释氏,其经历又与缪荃孙颇为相似。此诗颔联出句缪荃孙高度赞扬彭兆荪之诗文可比肩庾信,对句用"谁知"二字一转,谓其科考却不顺,尾联两句又遥接颔联,以为科场虽不顺,却可以著书传播后世,永芳千古,耽于释氏一道,亦能于痛苦中解脱。所谓文士之极可怜者即是"穷困",然其诗文中自有一股气脉内蕴在,甚至能方驾庾信,之后又能传书后世,自是不幸之万幸,这才是缪荃孙最为看重的地方。缪晚年流寓上海,亦闭门著述撰书,偶及唱和,与彭氏可谓殊途同归矣。

翻阅缪荃孙为他人所撰诗序篇章,不难发现其对诗人坎坷之经历与诗作流传之重视,下举三例以见梗概:

翌日恒庵至,扶君柩而还。才人厄运,古今同悼念……君诗文俊拔,而骨干未坚,则年限之也。——《菭华山馆诗文遗稿跋》③

寇警突逢,海隅窜迹。伤心风雨,庾信去国之悲;满目烽烟,杜陵无家之别。——《钱藕衫遗诗序》④

诗笔清真,略少色泽。所处又不顺遂,多志微噍杀之音。——《钝庵诗集序》⑤

缪荃孙如此频繁地强调"才人厄运""庾信去国"等主题,一方面确实出于同情,因为自己有过类似的经历,故有"感同身受"之意味在;另一方面,在经历种种挫折与打击后,缪荃孙更容易关注诗人所遭受的厄运与作品创作之间的关系。在诗序中,介绍诗人之惨痛经历往往占据不少篇幅,但对他本身而言,疾痛惨怛

---

① 缪荃孙著,张廷银、朱玉麒编:《缪荃孙全集·诗文1》,凤凰出版社,2014年版,第620页。
② 同上,第363页。
③ 同上,第224页。
④ 同上,第367页。
⑤ 同上,第641页。

之情并不能佐为诗料,要真正做到"不怨不尤",缪荃孙在《傅孟垣诗序》一篇中说道:

> 少陵入蜀,律法渐细。庾信遭乱,才思益新。境之不幸,诗之幸也……顾乃局迹尘块,曳尾泥涂。已蔽秦裘,未设穆醴。骐骥失势,驽骀同笿。鸾皇铩翮,鸡鹜争食。吹箫吴市,击筑燕台。抑郁无聊,侘傺何已。驾车隆隆,途往辄穷。伤哉君子,如何如何。人亦有言,诗能穷人。吾谓不然,穷达在天。引商刻羽,和寡自古。被朱饰紫,行尸蔑尔。孰得孰丧,辨之易明。不怨不尤,是昌子之诗。①

此篇诗序几乎通篇用四字骈文构成,却提出其非常重要的观点。首先以杜少陵与庾信二者并提举例,得出"境之不幸,诗之幸也"。谓诗人遭遇坎坷穷苦,国破家灭,实能激发出内心创作之情绪,无论是"律法渐细"还是"才思益新",都较之前进一大步。其实这个观点前人已有表述,同朝代有赵翼的"国家不幸诗家幸,赋到沧桑句便工"诗句,即同此意。再次,缪荃孙罗列了数位古之贤者,有愿"曳尾泥涂"之庄子,有未得秦王赏识之前,披着破裘的苏秦,有吹箫破帽过吴市的伍子胥等,以此说明人之穷达无常,故亦将诗牵扯进来,人们都说诗能使人窘困,其实不然,窘困通达完全堪天意。"诗能穷人"在文学批评史上是一个争论不休的恒久话题,相反,也有人提出"诗能达人"的看法。缪荃孙却认为诗歌不能穷人,同时,一个人之穷达并不能作为评判诗歌好坏的标准,亦不能因此对诗歌产生导向性。更为关键的是此引段的最后几句,"引商刻羽"本用来阐释音乐之雅,此借指诗歌,谓诗歌高雅韵致的艺术追求;"被朱饰紫",以朱紫色来掩盖原有之色,指作诗歌时违背其真心真意的伪作。高雅韵致诗篇与虚情假意的伪作所导向的结果人之共见,一者曲高和寡却能流为美谈,一者后世鄙夷,不过是行尸走肉没有生命力罢了。

那么,当缪荃孙将"引商刻羽"与"被朱饰紫"这两种作诗现象与"穷达在天"的命题结合起来便有了新的含义。意即:穷达是上天赋予人的命,绝非诗使人穷。而诗人要做的是始终保持高雅真情的诗心,即便身处窘困,也要做到不怨不尤,窘困绝不能使诗人作诗愈"穷"。明了此点,便不难理解邓之诚评缪荃孙诗为

---

① 缪荃孙著,张廷银、朱玉麒编:《缪荃孙全集·诗文1》,凤凰出版社,2014年版,第163页。

"和平中正"者,与"正唯一世皆噍杀之音"相对的缘由了,但缪氏终能坚守诗心,做到"和平中正""温柔敦厚",而不是将诗作为发泄怨抑的工具,这作为一个文人士大夫而言自是极为难得。

由以上所举内容可以看到,缪荃孙十分重视诗品与人品的结合,并对环境如何影响诗人及诗歌创作进行了深入细致的阐发。就诗品与人品结合而论,缪氏尤为推崇能在艰危环境下踔厉奋发的志士,并认为这些志士诗歌风格与他们的人品特质相符合。至于环境影响诗人及创作方面,缪氏结合自己的经历,对"才人厄运"的现象深表同情,但又认为,虽然诗人多遭困窘,然绝不能在诗人一味地发泄怨气表现不满,而应做到平和忠厚。可见他的这些诗学观念受到了儒家诗教观念很深的影响。

三、以诗存史论与推重末世悲音诗作

缪荃孙于史学一径颇为留意。《云自在龛随笔》有掌故、论史二卷,专论本朝与前朝之事,又辑明至清末南京秦淮河妓院盛衰事为《秦淮广记》三卷,寄寓遥深,感慨非常,自有时殊世异,沧海桑田之叹。故其论诗,亦重存史,其诗史观集中反映在《蒋颎青南北宫闱杂事诗序》一文中。《南北宫闱杂事诗》是缪荃孙的友人蒋颎青所撰,以讽咏之笔,专写南北朝宫闱杂事的诗篇,可以说是咏史纪事之作。缪荃孙在开篇即道:

> 我友颎青,学自丁年,熟于乙部。以嚼徵含宫之笔,为褒衮贬钺之文。问天呵壁,阳秋皮里之书;掷地铿金,纂组胸中之锦。则《南北宫闱杂事诗》六卷,固诗家之正宗,亦史氏之别子也。①

"固诗家之正宗,亦史氏之别子",缪氏鲜明提出了对此诗集之观点。"诗家之正宗"是赞扬蒋颎青作诗路途之正,如"嚼徵含宫之笔""纂组胸中之锦",于胸中酝酿,安排出美好的文辞,并非随意亵玩之作,符合诗之正道;而其所作之诗又非朝野正史,而是写"宫闱杂事",故曰"史氏之别子",可见缪荃孙下字用词十分准确。历来关于"诗史"之论屡见不鲜,这是中国古代文学史中的重要批评范畴

---

① 缪荃孙著,张廷银、朱玉麒编:《缪荃孙全集·诗文1》,凤凰出版社,2014年版,第364页。

之一。"诗史"一词最早可以追溯到沈约著《宋书·谢灵运传》一文中,谓:"并直举胸情,非傍诗史"①。此处之"诗史"当指诗篇中典故意。到了清代,许多著名学者在考释前人之履历时,亦用诗篇作佐证,或以史料来推定诗所写年代,这是诗史互证的典型例子。张晖在《中国"诗史"传统》一书中道:"诗歌须描写现实,既是'诗史'说中的一个基本内涵,也是历来中国诗歌理论中的一个常见论说。"而缪氏在上段引文中主要强调的是诗歌"纪"的功能,即存史之义,这与"诗史互证"意义不同,但因为南北朝时距清代已相去甚远,故诗人不能掌握第一手材料,多于典籍中挖掘,则所谓"存史"之功能是相对削弱了,更并非写现实之作。那么缪荃孙最看重的是什么呢?

首先缪荃孙认为诗记"杂事",可以很好地反映王朝兴衰的过程。在文中,缪氏倍举可咏者四事:

> 则有天星立应,地镜呈祥。日月在躯,鳞文遍体……是曰纪瑞,可咏者一也;至于九龙应梦,助神武之英风;二圣临朝,显开皇之郅治。是曰纪德,可咏者二也;吴公台下,听玉树之声声;飞絮帐前,看金莲之步步。置膝解事,竟忘床下之文书;殿脚嬉春,莫问镜中头颈。是曰纪艳,可咏者三也;韩擒则跃马先来,玉体横陈,晋阳则倒戈而入。动兹国变,均咎色荒。是曰纪乱,可咏者四也。嗟嗟,盛则五色龙章,衰则三拳狗脚。②

宫闱,一指宫廷,又指帝王后宫后妃居住之所。"杂事"或是逸闻,或是无关要紧之事件。缪荃孙却认为以诗歌记录"杂事"具有十分重要的意义,把这四件事罗列出来,从中可见王朝兴衰。将这四件事情如果细分的话,前两件事纪瑞、纪德都是反映一个王朝兴盛的一面,而后纪艳、纪乱都是反映王朝由盛转衰的,其中诗篇或有讽刺规劝意。可见,从总体上看,缪荃孙仍主张"宫闱杂事诗"并不一定要着重揭露王朝之衰败以至全篇都带有讽喻的意味,而是要实事求是地将它的盛衰过程全部记录下来,就是"盛则五色龙章,衰则三拳狗脚。"这样仅通过杂事诗便能见王朝之兴衰变化。而后缪荃孙又用自己少时作《前后蜀杂事诗》与晚年作的《明季乐府》诗举例,并感慨"亦曾裁宫体,涉猎史篇。自愧小言,无当大雅。"以"小言"论之,一者是自谦之语,二者亦是因为自知所为"杂事诗"并非正统

---

① 沈约:《宋书》,中华书局,1974年版,第1779页。
② 缪荃孙著,张廷银、朱玉麒编:《缪荃孙全集·诗文1》,凤凰出版社,2014年版,第365页。

之史传,故难以与"大雅"之史篇相提并论。

其次,缪荃孙提出"宫闱杂事诗"要有文学性,并能达"一家之言"。所论虽然不多,但颇具启发性,文谓:

> 羡古锦之新裁,惭寒竽之失响。春秋意显,居然自成一家之言;风雅道存,不愧论定千秋之目。①

"古锦之新裁"谓用诗歌裁剪旧事,以至达到"春秋意显",即蕴藏褒贬之地步,甚至能成为"一家之言"。而"古锦新裁"的手段就是前面引文提到的"掷地铿金,纂组胸中之锦",以胸中所酝酿的文辞藻汇来书写,赋予其一定的文学性,诗歌美。"风雅道存",以端庄典雅的诗篇,使"道"得以留存。故缪荃孙之诗史论,虽亦以为诗歌能记录历史,但诗绝不是仅仅记录历史的工具,也不是组织罗列史料而已,身为诗人,当应重视以诗咏史的文学性,还要有一家之见解,不背离诗歌风雅之旨。

与史之结合,缪荃孙论诗又最重写江山易变之感,末世哀音之作。这当然与其自身经历有关,亦与其推重几社诗文风有莫大干系。更为值得注意的是,缪荃孙在进行此类诗作评论时,更偏向于宋季遗民之诗歌,尤其对于亡朝故物,更能引起人深远的追思。缪荃孙就在杂记中记录一段"咏碗歌"典实:

> 宋帝昺驻崖山,造碗,供应帝后碗以龙,王侯碗以虎,军士无刻画,李子虎广文《得一碗四虎怒蟠作歌》云:"……粉碎河山恢复难,南□孤忠计亦在。春草凄凄宋六陵,珠襦玉匣出兰亭。麦饭一盂寒食节,不知谁为拜冬青。"②

此诗是江山异代之悲歌,不过借咏碗发兴,如"粉碎河山""孤忠计亦在"等语,实则全写宋朝灭亡之历史,结尾两句更觉悲怆。往往悲情之作更能打动读者,而倘使读者与作者有相同之经历,则更易产生强烈共鸣。缪荃孙所举这首诗,虽未加以评论,但有感于当时之局变显见,诗中屡次出现的"国破金瓯不复完""玉碎安能得瓦全"之语,为宋遗老煎熬心灵之折射,亦使缪荃孙深有感触,实是萧条异代不同时也。又有一段论宋诗云:

---

① 缪荃孙著,张廷银、朱玉麒编:《缪荃孙全集·诗文1》,凤凰出版社,2014年版,第365页。
② 缪荃孙著,张廷银、朱玉麒编:《缪荃孙全集·笔记》,凤凰出版社,2014年版,第152页。

放翁临没《口号》:"死去元知万事空(诗略)"传诵千古,宋末林霁山有《放翁诗卷后》云:(诗略),就陆诗引申之,意深词婉,尤为沉痛。①

林景熙,号霁山,为宋末遗民,终身不仕元朝。缪荃孙以其诗与陆放翁诗为对比,林霁山诗为一篇七言古体,就陆诗引申而言之,两人所处之时代本亦不同。陆游之时,宋虽无力北伐,但终究能屏障半壁江山,林景熙作此诗时宋已灭亡,其诗有"床头孤剑空有声,坐看中原落人手"句,又作"家祭如何告乃翁"一语,将原作"无忘"换成"如何",更觉有无可奈何之意,回天乏术之情。故缪荃孙以为其诗"深婉""沉痛"。"沉痛"这一评语,也正能体现缪荃孙身为清季遗民对前朝遗民的认同感。除"意深词婉"之作,悲歌激越之作亦为缪荃孙所赏,又如其评价林继庭过陈宜中祠四首谓:"悲歌激越,不满宜中之意,自在言外。"陈宜中为宋末宰相,历来对他褒贬不一,林继庭四首诗全为贬陈宜中事而发,缪氏以声情激越称之,就是因为林继庭的诗呼喊出了末世之悲音与一己之愤慨,在这个昏暗沉沉万马齐喑的时代,最能代表遗民士大夫的心声。

四、对女诗人才情之作的揄扬

中国历来闺秀诗人不大受文士的关注,亦很难于文学史上占据一席之地。清代女诗人数量大增,且流传下来作品亦浩如烟海,这在历史上是较为罕见的一种现象。严迪昌在《清诗史》中谓统计女诗人数将近四千,且仍是未见底之数。②故在清代,文人对于女性诗人的关注亦多,例如袁枚便广泛公开招录女弟子,这群"随园女弟子"多达五十余人,袁枚甚至为她们辑录诗作命名曰《随园女弟子诗》,这种做法在礼教严密的清代自然会招到谤议与抨击,然最终如席佩兰、金纤纤、严蕊珠等人的作品广受流传,以名后世,可谓是袁枚的功劳。缪荃孙虽与袁枚诗学主见有许多不合之处,但对于女诗人其人其作却颇为关注,这点与袁枚确实相似。

癸丑年八月,缪荃孙为徐咸安诗集《韫玉楼遗稿》作序。徐咸安,徐钧之次

---

① 缪荃孙著,张廷银、朱玉麒编:《缪荃孙全集·笔记》,凤凰出版社,2014 年版,第 141 页。
② 见严迪昌:《清诗史》,人民文学出版社,第 716 页。以恽珠编辑《闺秀正始集》与清末施淑仪编《清代闺阁诗人征略》为例,并认为远不及此数。段继红于《清代女诗人研究》一文中亦认为近 4 000 家。

女,张钧衡妻①。据《晚晴簃诗汇》载徐咸安早有诗名,除作序外,又有多人题咏《韫玉楼遗稿》,这次正是《淞滨吟社》之雅集,刘炳照、潘飞声、周庆云等人悉数参加②,缪荃孙亦有一诗。在序文中,缪荃孙用赋笔铺陈徐咸安所居适园之优美宁静景色,并对张徐伉俪二人"申纸和秦嘉之韵"般的赓吟唱和表达由衷的歆羡,更赞扬徐氏其诗其人曰:"前身明月,别具慧心。夙世璇星,早工织锦……无不写之彩笔,收入锦囊。"③虽作序文难免有主观意见在,少不了过褒之意,但能看出缪荃孙确实真心为徐咸安诗所吸引,不然在场多人中,惟其资历最老,何以只有他一人作此诗序?徐咸安是幸运的,因其父徐均,丈夫张氏皆有一定名望,故其诗篇得以附于其父《风月楼稿》后付梓。而大多数女诗人诗作多湮没无闻,亦无人说项。是以骆绮兰在《听秋馆闺中同人集序》一文中感慨道:"女子之诗,其工也,难于男子;闺秀之名,其传也,亦难于才士。"④骆氏又从"深闺见人少""柴米油盐之事""所遇非人"等几个方面分析原因。虽缪荃孙为此遗稿作序之主人家境丰厚,但缪氏更关注那些处境不佳却文采丰赡的女诗人,关于这类女诗人的记录在其《云自在龛随笔》卷六中俯拾即是,试举几例以见梗概:

> 山阴女士胡慎容字玉亭,又字卧云,适冯氏,能诗,早夭,有《红鹤山庄集》。名句如"芦叶卷风声似雨,浪花翻雪色如烟。""尚有啼鸟悲白日,更无长剑倚青山。"皆清颖脱俗。⑤
>
> 红玉,浙人,失其姓,桂抚陈文简公诗婢也。工诗,善画,喜栖霞山,年十七卒,葬于山麓。⑥
>
> 江阴女士湘琯适浒溪洪生三年即孀居,小鬟窃其题洪君遗画得二十八字云:"澹红香白满阑干,一段春光画里看。展向秋窗浑不似,梧桐庭院十分寒。"吉光片羽,亦可哀其志矣。⑦
>
> 韵卿《秋日早起》云:"深沉庭院掩重扉,风细香浓晚露微。悄立苍苔忆残梦,桂花如雨落秋衣。"⑧

---

① 赵青:《嘉兴历代才女诗文征略》,浙江大学出版社,2014年版,第1043页。
② 周庆云编:《淞滨吟社集乙集》,民国四年刻本。
③ 缪荃孙著,张廷银、朱玉麒编:《缪荃孙全集·诗文1》,凤凰出版社,2014年版,第563页。
④ 胡文楷:《历代妇女著作考》,上海古籍出版社,1985年版,第939页。
⑤ 缪荃孙著,张廷银、朱玉麒编:《缪荃孙全集·笔记》,凤凰出版社,2014年版,第151页。
⑥ 同上,第152页。
⑦ 同上,第153页。
⑧ 同上,第148页。

从以上所举四种不难看出,其一,女子之命运大抵偃蹇,但却很有才情,此为缪荃孙称赏处。胡慎容、红玉二人皆能工诗,胡氏嫁给冯氏,早卒,红玉则更为悲惨,仅是一名小小诗婢,不啻身份低微,年十七岁就已去世,她生性向往宁静,喜栖霞山,好在去世后亦归于山麓。而湘琯嫁夫之后三年即孀居,有题遗画诗流世。其二,对于这些女诗人诗作,缪荃孙更为看重其诗中深婉哀情处。如评价胡氏诗为"清新脱俗",湘琯诗"展向秋窗浑不似,梧桐庭院十分寒。"将遗夫画卷与窗外梧桐庭院萧瑟之场景结合,将画中所绘春日之场景与现实凛洌之秋对比,愈发显得独居孤寂伤心,确实是哀婉动人。缪荃孙谓:"吉光片羽,亦可哀其志矣。"而韵卿作《秋日早起》一诗,将"重扉""残梦""桂花如雨"这几个意象组合在一起,为读者营造出一种似真似幻,凄清静美的意境,迷离惝恍之情油然而生,缪荃孙虽未就此诗做出评价,但其偏爱之心已见。

中国古代很大一部分女诗人她们的命运在嫁人或入婢时就已注定,她们不像男子一样可以考取功名改变出身,识得一字已然不易,故能存诗自是极为难得。缪荃孙将注意力放在这些命运悲惨的女诗人身上,从字里行间挖掘她们内心的隐痛,而尤为重视表现"哀"的诗篇,甚至将这些遭遇悲惨的女性与落魄的有才人相提并论:"然全稿尚多,大致凄婉动人,有才如此,沦落堪叹云云,盖非落拓才人所假托者。"[①]身世凄凉的女性与不偶之文人正是缪荃孙诗论中较多关注的两点,对于身世多舛的文士诗作而言,缪荃孙最推崇的是其中表现出来的不怨不尤、温柔敦厚之旨,而对于那些遇人不淑、早卒的女诗人诗作而言,缪荃孙则更看重其中的才情以及那些哀感顽艳的词句。

且看缪荃孙在随笔中一再捻出的女诗人诗作,类如"客里清明看祭扫,纸钱飞上野棠花"[②]"不见空山人听雨,伤心枫冷落吴江"[③]等句,诚然皆是伤心之语,却亦独具才情,又评女诗人曰"才为情累,深致惜焉""有才如此沦落堪叹云云",更能说明其极重"才",有才而身为世俗命运所累,这样的女诗人不计其数,相较于落魄不遇的文人甚至更可悲,于是那些不拘世俗礼节甚至有些放荡不羁的女诗人竟深受缪荃孙所赏:

> 嘉道间,无锡韵香尼岳莲号玉井道人,又号清微道人,善兰石,字仿兰亭十三跋,皆秀拔有骨,无闺阁柔媚态,与诸名流联吟狎饮,名噪一时,盖

---

① 缪荃孙著,张廷银、朱玉麒编:《缪荃孙全集·笔记》,凤凰出版社,2014年版,第153页。
②③ 缪荃孙著,张廷银、朱玉麒编:《缪荃孙全集·笔记》,凤凰出版社,2014年版,第148页。

今之鱼玄机也。倪濂舫方伯有题其画兰便面云（诗略），才为情累，深致惜焉。①

这位名号清微道人的女子显然与封建正统下出来的恪守"三从四德"的女性有着显著差别，她不仅诗作得好，还善于绘画书法，而且所作竟无"闺阁柔媚态"，与当世诸名流狎嬉饮酒，宛若一男子，比作当世之鱼玄机也不过分。缪荃孙在深慨其人其行同时，亦可惜其"才为情累"。对于科举出身，观念颇为传统，"凤鄙随园之郑卫"的缪荃孙而言，能有这样的观点，实是令人瞠目。然从本质上来看，缪氏如此说道的原因，还是因为深惜其才。缪荃孙与袁枚虽有背离，但某些地方却又冥冥相合，二人之反辙，更多的是在缪氏不以袁枚之"直抒性灵，排斥学问"为然，却都推崇才情之作，这点二人实则是殊途同归。

何以缪荃孙对这些女诗人如此关注？从其辑《秦淮广记》一书中或可见大概。《秦淮广记》前有小序，撰于壬子年（1912），时缪荃孙已流寓上海，故锐意著述，此书是撮集多种记录秦淮地区妓院艳情之事而成，历时三年，至1915年完结，缪荃孙在书前自序道：

> 近则改画舫为重楼，更吴歈为急响，士皆原伯鲁之子女，效欧罗巴之装，伊川被发，辛有叹其即戎，教坊新声，元宝知其不返，变有至不知所云者。广明离乱之后，教坊之记乃成，靖康倾覆之余，梦华之录乃出。②

由上举一段可知，"效欧罗巴之装，伊川被发"这种行为，作为传统士大夫之缪荃孙自是难以接受。缪荃孙辑此书，正有效仿《教坊记》《东京梦华录》之意，以秦淮妓院之盛衰始末，见一朝代之变化。值得一提的是，其壬子日记三月廿五一条谓："辑《秦淮名妓考》"③，前几日缪荃孙又大量借去《续板桥杂记》《秦淮见闻录》等书，可见"秦淮名妓考"当为此书之最初用名。全书分纪盛、纪丽、纪琐三卷，纪丽专纪秦淮旧院女子，并在开篇道：

> 女也棘心，士也墙面。罕见才鸣，聊以色选。④

---

① 缪荃孙著，张廷银、朱玉麒编：《缪荃孙全集·笔记》，凤凰出版社，2014年版，第146页。
② 同上，第296页。
③ 缪荃孙著，张廷银、朱玉麒编：《缪荃孙全集·日记4》，凤凰出版社，2014年版，第192页。
④ 缪荃孙著，张廷银、朱玉麒编：《缪荃孙全集·笔记》，凤凰出版社，2014年版，第342页。

虽云"罕见才鸣,聊以色选",但其所录之名妓,大多都与当世诸名流有颇为频繁的交集,且缪荃孙不胜其烦地从《本事诗》《续本事诗》《然脂集》等中选辑出与文人相互酬赠之作品,以证其才貌并全,且有特立之品性,绝非所谓"聊以色选"。而其所辑录之文字,又以《板桥杂记》为多。《板桥杂记》为明末余怀所作,盖为记录南京长板桥一带旧院名妓之见闻,以抒时殊世异之慨,其书分上、中、下三卷,为雅游、丽品、轶事,《秦淮广记》仿此为记可以显见,而缪荃孙辑此书时清朝已然灭亡,独以遗老自居,则又与明末遗民余怀之境遇何其相似,加上流寓上海前在南京十余年的生活经历,终于促使其完成《秦淮广记》之辑录。

若对比《板桥杂记》中关于秦淮妓女的记录,则不难发现,《板桥杂记》中名动一时之女子多身世凄凉,如中卷《丽品》中写李十娘及其兄女媚姐,对余怀一见倾心,而余怀亦"心爱之",然而好景不长,余怀参加科举考试不幸落第,竟郁郁寡欢而避居栖霞山中并与媚姐断绝来往,改朝换代之后二人再次见面,媚姐已为刺史陈澹仙之姬,余怀问十娘近况,其回答更令人凄然:"问其家,曰'已废为菜圃。'问'老梅与梧、竹无恙乎?'曰'已催为薪矣'。"[①]《板桥杂记》书中所写的这种才子佳人从相遇倾心到无疾而终俯拾可见,一切美好事物如花落般地摧败则是和家破国亡紧密联系在一起的。缪荃孙在《云自在龛随笔》中记录女诗人的悲惨经历和余怀所记又格外相似,只是缪荃孙更加突出女诗人的"才",《云自在龛随笔》杂记一卷并没有确切撰写年代,但结合前四卷邓之诚评论云:"强半为晚年所录。"再观其所选之诗大半有江山易代之感,大约可以推断其卷六杂记录于鼎革后。那么,缪荃孙写这些女诗人的"哀情",绝非仅仅是体现个人的哀怨抑或身世悲凉之慨,亦隐隐寄寓着当下这个改朝换代、纷乱攘攘的时代带给人们的深层创痛。

(作者单位:南开大学)

[①] 余怀:《板桥杂记》,上海古籍出版社,2014年版,第24页。

论缪荃孙所纂《江阴县续志》对第二轮修志的借鉴意义

王萍芳

缪荃孙(1844—1919),字炎之,晚号艺风,江苏江阴人,是清末民初著名学者。其一生在清史研究与编纂、方志编修与地方史研究、目录学与古籍校刊等方面均有建树,又创办江南图书馆和京师图书馆,被誉为"中国图书馆之父"。1917年缪荃孙总纂的《江阴县续志》(以下简称《续志》)是其方志代表作之一。笔者在此针对《续志》创新之处论述其对第二轮修志的借鉴意义。

《江阴县续志》是缪荃孙总纂的最后一部地方志书,他在总纂中对续志篇目设置、内容记述和编纂方式进行了创新。第一,在方志篇目设置上强调志目增新,《续志》共设28卷23门类,与其所续蓝本光绪《江阴县志》相比,在篇目设置上保留了建置、山川、民赋、学校、武备、祭祀、风俗、氏族、物产、职官、选举、人物、烈女、寺观、艺文等基本类目,新增天文、石刻、前志原委、杂识、前志证误、叙录等6个类目,忽略了历年变化不大的疆域、方外、古迹、冢墓等类目,使志书更接近当时的实际。第二,在续志内容的记述上,一改过去方志重人文、轻经济的做法,十分重视经济资料的收集,不仅对水利、物产、赋税、蚕桑等给予浓墨重彩,而且录有江阴地方的茧行、布厂、纱厂等实业的详细资料,关注江阴资本主义工商业的兴起状况。第三,在续志编纂方法上注意吸收近代科学成果用于地图测绘和统计表的编制。《续志》中的全志总图、城厢图、水陆交通图、三角网图及45张乡镇分图,都用近代科学方法绘制,标明东西南北方向,用比例尺说明比例大小,所显现的效果是过去传统的地图标注手法无法达到的。除此以外,《续志》用较多篇幅记载江阴大量的地方性真实资料,注意反映地方特点和时代特点,不但如实记载江阴在鸦片战争和太平天国运动以后经济状况、社会生活的变化,如县民兴办实业，改进缫丝、织布技术及机具等，还如实反映资本主义的意识形态和教育文化在江阴逐渐得到传播的状况；再如通过详写境内各新式学堂状况，反映原本为江苏学政驻地、科学氛围浓厚的江阴，在中国近代社会变革中改变传统理念，办新学，废科举的大潮流等。由于《续志》彰显地方特点，又合乎时代特点，所以1921年续志刊出后，当时的方志界大加推崇，普遍认为此部《续志》是缪荃孙所纂志书中成就最高的一部，也是其创新方志理念最显著的一部。

一、《续志》将传统方志理论在实践中总结提高

缪荃孙精心研读章学诚的方志学理论，他编纂的志书一开始就继承了章学诚诸多方志学观点，所以在志书篇目设置、编纂内容和形式上大都遵循传统。经过不断地实践和总结，他在编纂《常州府志》时总结了一套修志办法，如采访格式、修书体例、志书通例等。在总纂完成《续志》后，又提出很多修志创见，如主张志书宜续不宜修，这样可以删除旧志虚文，新增旧志所缺内容，并认为拟定志书篇目，应进行志目更新，还要充分发挥一地之所长；志书中应多加图表，且要做到"图表散归各卷，图先表后"；方志应重视经济资料的收集，关注务工、务农者；方志记载应注意时移事易，等等。这些方志论述在我们今天的修志工作中仍有指导作用，而他善于结合实践，将传统方志理论总结提高到符合客观实际的探索精神，是我们当今修志界要大力推崇的。

二、把好续志承上启下的度

编纂宗旨是"上承前志、阙补之、误者正之"，所以在续志与前志衔接处的记事中，凡前志已详记的事件，续志则从简；凡与前志相比，无所变化的事物，续志则一笔带过。而将续志的大事记向前作适当追溯，以求上下贯通。对前志中的缺漏，则在续志中详细补充，对前志的记述错误，则加以订正，说明事实原委，这种续志的记述方法对我们处理前后志书的衔接问题有所启发。缪荃孙主张编修县志应连绵不断，但考虑到新学之后的续志不会沿袭前志旧篇目，为使续志断限以后的资料不致丢失，他在续志最后编成3卷《江阴近事录》，虽独立成卷，实系《续志》附录，较好地保存了民国元年（1912）至七年（1918）的江阴地方史料，为民国时期江阴可能的续修县志工作积累资料。

三、资料征集时广征博采,运用时严格考证

缪荃孙在论述修志之道时,有两句经典名言:"志乘之作,有二难焉:一曰考古贵于勿误;一曰征今贵于勿漏。"利用自身对历代版本书籍、金石碑刻等熟悉的优势,在民间广泛征集各类古籍和金石碑刻资料,用金石碑刻资料来补充历史记载空缺,是他进行方志编纂的一大特点。更可贵的是他还善于广泛征集农工商、物产和赋税等现实资料。为证实乡间旧闻、山川位置开头等,他都实地调查,使文符其实。采用旧志或其他古籍资料,他从不照抄,而是先检验其所引用的原书记述,发现有疑惑者,多方考证,以求真实。对前志谬误,他专设一个类目"前志证误"来进行更正,尤其对人物、史实时间等纠误较多。

四、在志书编纂中贯穿民本思想

《续志》在记载近代江阴农村社会经济、政治、军事、文化激烈变动的同时,以较多笔墨关注民生,认为修志"能察民情,利于民生"。他不仅对事关民本的物产,事关民田的水利,事关民利的纱、布、蚕、桑等详记,而且详载晚清的赋税,除"银米两项每亩应征科则及验分运解各款"外,还清晰地罗列出各类苛捐杂税,从中体现民力困苦;写到民国时,又反映当时除旧税照收,又增新税的现状;在续志后附录的《江阴近事录》中又详记官契纸价、印花税、烟酒牌照税、屠宰税、官中税等新税种类,由此反映他"胜国苛税,首先蠲除,使民知耕凿之乐,效输将之忱而沐"的思想,进而说明在苛捐杂税盘剥下"物价腾贵",农村经济陷入分化和破产境地的现状。缪荃孙这种体恤民力的思想充分反映在《续志》中,这在其同时代的志书中是不多见的。除此以外,缪荃孙还在人物传中收录大量有特长的乡野民夫和民间忠孝节义之士,关注普通百姓的作为。

五、善于将思想倾向寓于记述之中

缪荃孙在《续志》编修时,其思想认识基本倾向资产阶级革命派,并清楚反映到志书记述中。在记载地方兴办洋务时,记述"商局"在"官局"设置后好久才试办,反映他对洋务运动在全国发展不平衡的不满意。再如,缪荃孙在《续志》中详

记茧行等实业创办情况,表达他对资本主义商业发展趋势的肯定以及对江阴小工商业发展的赞成。在记述学校时,更是表明其观点:"将来新学昌明,古法将为新学所代替。"在附录《江阴近事录》中,记录民国元年"澄台戕官记"时,缪荃孙将自己对封建军阀专横跋扈的愤怒和对资产阶级革命派软弱无能、不敢认真追究的不满寓于字里行间。又如,记载民国五年(1916)江阴反对袁世凯复辟帝制的"护国运动",记述如下:"四月十六日晨,大炮一声,破空而来,窗宇撼摇,如春雷震盈不绝,闻呼而过者曰:独立!独立!"他用"春雷"描写炮声,喜悦兴奋之情和拥护这一运动的思想倾向跃然纸上。

原载《中国地方志》2007 年第 4 期
(作者单位:江阴市史志办公室)

江阴城西名门申港缪氏

缪剑农　缪幸龙

一

江阴地处大江之南、太湖之北,总面积987.5平方公里。临近长江入海口,属"南龙之末端",有"江海门户"之称。境内河道纵横,为"三吴襟带之邦,百越舟车之会"。盛唐起,就是对外贸易的重要港埠。宋代政治家王安石当年巡视江阴黄田港曾赋诗赞曰:"黄田港口水如天,万里风樯看贾船。海外珠犀常入市,人间鱼蟹不论钱。"长江江阴段江面狭窄,故江阴自古就为扼守长江咽喉的第一要塞,明清两代都在江阴筑有大量炮台等重要的防御工事。

早在新石器时代,江阴就是马家浜文化、崧泽文化和良渚文化的重要组成部分,留下了人类活动的许多足迹。最近二十多年的考古证明,江阴有7 000年人类生息史、5 000年文明史、3 800年筑城史和2 500年文字记载史,是5 000年前太湖西北地区政治文化中心。

春秋战国时,江阴地属延陵,先后为吴季札的封地和楚黄歇的采邑,史上有"延陵古邑""春申旧封"之称。汉高祖五年(前202),改延陵为毗陵县,析境东部为属乡,名为暨阳乡。晋太康二年(281),司马氏改暨阳乡为暨阳县,属毗陵郡。南朝梁绍泰元年(555),废县置郡,建治君山之麓,因地处长江之南,遂称江阴郡,为"江阴"名称之开始。自此迄元,江阴为郡为国、为军、为路、为州,建置几经变化。元至正二十七年(1367),恢复江阴县建置,属常州府。1949年4月22日江阴解放,后属苏南行署常州专区。1953年改属苏州地区。1983年3月实行市管县体制,改属无锡市。1987年4月经国务院批准撤县建市。截至2018年已经连续16年蝉联全国县域经济百强县(市)第一,综合发展实力相当雄厚。

江阴属江南水乡，大江的激流汹涌、太湖的浩渺坦荡，使江阴人具备了自强不息、灵秀儒雅的秉性。南宋江阴籍左丞相葛邲，曾对江阴人杰地灵有过这样的评说："得山川之助，故其人秀而多文；有淮楚之风，故其人愿而循理。"①自古以来，江阴人一直有尚文重教的传统。据散佚于《(永乐)常州府志》中的至今存世时间最早的《江阴军志》记载，北宋景祐三年（1036）江阴知军范宗古早在宋仁宗庆历下诏要求各地兴办县学之前，已在江阴首创庙学，培养人才。范仲淹为此撰写了《景祐重建至圣文宣王庙记》，赞扬文庙"堂焉巍奂，廊焉徘徊，大厦斯清，高门有闶"的壮观景象。嘉熙元年（1237），教授徐琳早于常州、无锡发起设立宾兴会，资助家境贫困考生所需考试费用。两宋时期，江阴人中进士者多达227名，为江苏各县之冠。仅青阳葛氏一门，祖孙五世连第进士，且个个著述等身，其中南宋左丞相葛邲著文200卷、词集50卷，至今流传。到了明万历四十二年（1614），朝廷为了方便开科取士，在江阴设立学政衙门。自此至清朝末年，共有124任学政驻节江阴，专门按试松江、苏州等八府三州的科举考试，前后近300年，江阴文风为之大振。自清代乾、嘉以后，先后创设暨阳书院、南菁书院等十多所，提高了江阴的学术层次，"直接间接地为江阴和大江南北培养出一大批杰出人才。如唐文治、吴稚晖、钮永建、白毓昆、奚佐尧、丁福保、黄炎培、金武祥、柳宝诒、缪荃孙、章际治、夏孙桐、曹家达、吴汀鹭、祝丹卿、吴研因、刘半农、胡山源、玉林国师及巨赞法师等一大批著名的学者、政治家、思想家、文学家、法学家、佛学家、医学家和实业家。"②正如大学者胡适所称："江阴者，提督学政驻节之地，故虽一僻县，而为文化枢轴。"辛亥革命以后，有200多位江阴籍专家学者先后担任海内外高等院校校长，这在全国所有的县（市）中绝无仅有，足见江阴文化底蕴之深厚。

二

缪氏在全国百家姓中是排名200位以外的小姓，在江阴百家姓中是排名前25位的大姓。缪姓在江阴有悠久的历史，县志中最早留下记载的缪姓人物，是唐代开元年间通玄观道士缪行崇。宋代留下记载的缪姓人物，有北宋政和五年（1115）进士缪昌彦（字公信，寿昌令）与南宋绍兴八年（1138）特奏缪昌朝（字公

---

① 载《淳熙新建贡院记》，见《嘉靖江阴县志》卷七。
② 薛仲良主编：《江阴通史》前言，中华书局，2013年版。

敏,黄州罗田县令)兄弟,还有缪昌彦儿子、南宋淳熙十一年(1184)特奏缪嘉猷(字仲良,饶州浮梁县丞)。

南宋末期直至民国,江阴缪氏见之于有500年以上历史的家谱文献记载的,有利港、东兴、暨阳三支。

利港缪氏是无锡历山敦本堂缪氏的分支,远祖为宋室南渡时护驾南迁的缪瀚,始迁祖珩公"于元季扰攘避居利港石驳岸"。子孙主要分布于今天的城西利港一带。

东兴缪氏祖籍江苏常熟,元末至正年间,一世祖缪全一举家从常熟小山湖桥(今江苏常熟市大义镇境内)迁居江阴县城东白鹿乡谷渎河之西、白渚港之滨的东兴里(今江苏张家港市杨舍镇棋杆社区境内)。600多年来,子孙散居于江阴城东周庄、顾山、长泾、祝塘,张家港金港、杨舍、乘航,以及苏州、扬州、无锡、镇江等地。形成了阚庄(今张家港市杨舍镇)、周庄(今江阴市周庄镇)、江城(今江阴城区)、詹文桥(又称詹闻桥、占文桥,今属张家港市金港镇)、吴门(今苏州市)等众多支派,子孙已繁衍至二十七世。明代万历年间,随着吴门派九世缪国维、阚庄派九世缪昌期相继考中进士,家族声名渐起。再传至吴门派十一世缪彤,于清康熙六年高中状元,从此家声大振。全族受朝廷覃恩封为大夫、配偶封为夫人等诰敕者计52人次,共出进士13人,举人4人,拔贡1人。其中不乏父子鼎甲、兄弟联袂进士、五世九进士、十榜传家等殊荣。缪昌期、缪树本事迹分别载入《明史》和清国史馆《忠义传》,江阴文庙、常熟石梅分别建有专祠。缪国维、缪慧远、缪彤、缪锦宣、缪继让、缪曰藻、缪曰芑、缪遵义、缪坤、缪钟理、缪弘仁、缪思勃、缪诜、缪问、缪岐、缪启麟、缪之镕、缪楷等缪氏后人,有的为经师,有的为循吏,有的蜚声艺苑,有的播誉儒林,有的以义行流芳,有的以医术名世,有的崇祀于闽、浙、黔三省名宦祠,有的绘像于苏州沧浪亭五百名贤祠,有的入祀苏州表行祠,有的入祀乡贤祠、孝悌祠、昭忠祠,载入志乘者,班班可考。

暨阳缪氏远祖宏毅、宏才兄弟,南宋建炎四年(1130)扈跸南渡镇守常州毗陵驿,家属居于江阴申浦(今江阴申港镇境内)。始迁祖鉴(宏毅之孙,号苔石)、铉(宏才之孙)两兄弟。其中鉴字君实(县志作"君宝"),号苔石,为宋室官吏,见宋政日紊,不复求仕,于宋末元初隐居江阴东郊瓠岱里(今江阴华士镇北缪基境内),以诗酒自娱,著有《效颦集》行世。元代著名文人陆文圭为诗集作跋,称"自古澄江无诗人,今有人矣"。家族于明代正统九年(1444)创建宗谱,堂号树德堂。子孙有120多个派别,居住最远的在甘肃凉州,居住在邻近市县的按今天的行政区划有上海、苏州、无锡、常州、扬州、泰州。就江阴范围而言,覆盖范围涉及华士、陆桥、周庄、长寿、云亭、峭岐、南闸、璜塘、马镇、月城、青阳、桐岐、申港、夏港、澄江镇等地,几乎占据了江阴三分之二的区域,人口占据了江阴缪氏的绝大多数。到了清代,缪荃孙的申港支派另立支谱,以明代嘉靖年间迁居申港的第十一世广三公缪仁为始迁祖,取名《申浦缪氏族谱》,后又改名《兰陵缪氏世谱》,两裔旧谱有"东雄西杰"之说。

三

申港因战国时春申君黄歇开凿申浦河导江南流、后建港口而得名,是春秋时吴国公子季札三让王位后的躬耕之地。位于江阴市区西约 10 公里,常州市区东 20 公里。东与临港新城夏港街道、南闸镇相邻,南与常州市武进区的焦溪、三河口相接,西与江阴市利港镇的西石桥紧靠。以开发区为中心,半径 50 公里范围内有 9 个城市,是长江三角洲城市的几何中心,历来是大江南北的重要交通枢纽,江海联运,江河换装的天然良港。全镇占地面积 38.6 平方公里,拥有长江岸线 5.3 公里,人口 5 万人。申港唐永泰元年置市,宋代为邑境四大镇之一。这里经济发达,人杰地灵。据不完全统计,分布在全国各地的申港籍高级工程师、教授、研究员有 100 多人,地市级以上干部有 10 人。

申港缪氏聚居的缪家村位于现今的申浦河东侧,镇澄路北侧,南华职高西侧,春申路南侧,方圆不到一平方公里,常住人口一千余。这里的地形,向有金钩挂月之誉。美炙奇特的风水地理,使生活在这一宝地上的缪氏子孙人才林立,精英辈出。明清两代,全族共出进士 17 个,举人 24 个,拔贡 10 个,受朝廷覃恩荣获诰敕者 60 次,有 30 多人(其中女性 3 人)留下著作 50 余部(其中女性 3 部)。涌现出了一代名宦缪燧、宫廷画师缪炳泰、一代宗师缪荃孙等名垂青史的杰出人物。

缪燧(1650—1716),字雯曜,号蓉浦,缪荃孙六世祖。16 岁以贡生入国子监肄业。康熙十七年(1678)选授山东青州府沂水县知县。履任不久,沂水发生饥荒,朝廷命发放赈粮救灾。赈灾事急,按常规办事,去省城济南购米,往往稽延时日,增加费用。他建议直接发放赈济银让灾民自行购买,使得到更多实惠。使者斥以违旨,缪燧力争需因地制宜,并代为起草奏疏,得到允准。既而发现赈济银不敷,他倾囊补足。饥荒之后,邑民多流散外地,缪燧又出私银 3 000 余两代偿逋欠,购买耕牛种子,招集流亡,垦复荒芜,使灾后恢复生机。

康熙三十四年(1695),缪燧奉调浙江宁波府定海县知县。定海即舟山,清初设县,此时仍处在移民复垦阶段。他殚精竭虑,裕民以"养"。一方面大力招抚流散,筑塘修碶。14 年中发动民众修筑海塘 36 条,总长 25 560 丈,新造闸门百余处,御咸蓄淡,垦复农田万余亩。他常穿土布衣、草鞋到工地捧土打夯,乡民称他为"筑塘老爷",为感公恩德,建小沙大庙,立缪公牌位,至今犹存。另一方面申报朝廷免除多项苛捐杂税,针对舟山地瘠民贫,不能按春秋两季缴纳赋税,按照"一条鞭法"改革税制,允许百姓分期缴纳,无力缴纳者由官府垫付,秋后补交。原有海涂涂税由渔民负担,但因强横者占去了大部分海涂,多数渔户缴不起涂税,缪燧查实后给以减免,对强占者加重涂税。另外改革盐税的征收办法,允许不是"灶户"的农民、渔民兼营制盐,就地生利,增加收入。

缪燧在修城池、设药局的同时,履任不久即接受生员黄灏建议,齐民以"教"。当时定海考秀才较易录取,外地学生多赶来入庠赴考,他为此规定外籍学生要认垦入籍交纳赋税,此项收入作为扩建学宫的经费,有了经费来源,大成殿、藏书楼、乡贤祠、泮池等相继落成。他自捐藏书《二十一史》等家藏珍本图书数十部,置孔庙藏书楼,供士子阅览。鉴于当地生源不足,又自捐俸银,在县署北造屋十余间,创办义学,后扩为"文昌书院",置学田 200 余亩,增加助学金。当地居民受到鼓励,读书之风大盛。他还精心搜集史料,历时 19 载修成《定海县志》8 卷。亲率兵勇剿捕海盗,多数协从皆审明开释,劝其改恶从善,从而维护了一境安宁。

缪燧在定海县任上达 22 年,先后兼代慈溪、镇海、鄞县及宁波府事,善政多达二十一条。康熙四十六年(1707),皇帝特赐御书诗笺以示褒奖。百姓尊而亲之,于康熙五十一年(1712)集资为其建功德祠,他固辞不受,乃改作书院,以其号"蓉浦"命名。他曾以年老为由三度乞休,但不获允准,反而兼职越来越多。康熙五十四年(1715),全国郡县考绩定海县被评为一等,缪燧因政绩卓著升为宁波海防清军驿传总捕同知,并代理镇海县事,康熙五十五年(1716)初又升任杭州府同知,赐四品顶戴,他病体虚弱,无法赴任。康熙帝欲召见,此时缪燧已病重难行,当年三月初三病逝于镇海官署,终年 67 岁。浙江巡抚徐元梦闻知缪燧殉职后,含泪题写"王事独劳"以赞扬其一生艰辛的付出。定海士民闻此噩耗,沿路致祭,坚请留葬。礼部尊重缪燧叶落归根的愿望,允准留葬部分衣冠,在定海北门外为他建"衣冠冢",立"其人如在"碑。在扶送灵柩去江阴申浦时随送一块"定邑父母"匾。光绪中缪燧入祀浙江名宦祠。事迹被收入江阴县志、定海县志、《(雍正)

浙江通志》和《清史稿·循吏传》。

缪炳泰(1744—1808),谱名心泰,字象宾,号霁堂。缪燧曾孙,是乾嘉年间名动九重的宫廷画师。少年时就喜爱画人物写真,美丑少长无不画得惟妙惟肖。长大后跟随父缪廷纷去云南、贵州、两广等地。后客居苏、杭,技艺大进。乾隆四十七年(1782),在浙江办理河工事务的军机处首席军机大臣的阿桂偶见缪炳泰为地方官员所画肖像形象逼真,大为赞赏,就将他带回京城举荐给乾隆帝。乾隆四十八年(1783)缪炳泰以国子监生资格首次为乾隆画像,在上百画工中深得乾隆青睐。一时公卿争相延请为之画像,"购其迹者至一二年不能得"①。乾隆四十九年(1784)乾隆南巡江浙时,缪炳泰献诗颂六巡之盛,召试列为一等,被钦赐举人,授内阁中书,协办侍读教授,"自是属车所苾靡不从行"②。乾隆四十八年至六十年(1783—1795),缪炳泰五次为乾隆画御容,深获皇帝恩宠。他为此感恩戴德,写了许多恭维乾隆的诗篇,结集为《纪恩诗全稿》。其间还受命绘紫光阁50功臣像,人人逼肖。乾隆五十三年(1788),正逢清廷平复台湾,乾隆又命他绘喜勇公福康安、超勇公海兰察等平台功臣像藏于紫光阁。嘉庆八年(1802),年届花甲的缪炳泰奉召为继位的嘉庆帝绘御容。次年授兵部职方司郎中,诰授奉政大夫。嘉庆十三年(1808)正月初一,65岁的缪炳泰病逝于京邸。去世后事迹被收入《清史稿·艺术传》。光绪丁丑进士、江西丰城知县董沛在为缪炳泰撰写的《兵部职方司郎中缪君墓碣铭》中赞道:"君一介布衣,受两朝之知遇,京秩廿年,天子所以褒赏之者,视诸公卿无弗及焉,可谓荣矣。"江阴县令陈康祺认为:"缪舍人炳泰以写像受高宗皇帝特达之知,唐阎立本后,一人而已。"③

缪廷槐(1774—1838),缪荃孙祖父,字对扬,号荫轩。嘉庆九年(1804)举人,次年高中进士。授河南项城知县,很有政声。因遭父母之丧回乡守孝,期满后试充甘肃泾州知州。当时,正值宁夏回民放牧北闯蒙古阿拉善藩王地界抢掠,藩王指名交出回民头目。缪廷槐请准陕甘总督将肇事者拘获,单骑带赴阿拉善面见藩王,使一场部落间的纷争得以平息,得到总督赏识,被提升为青海省直隶厅贵德府同知加知府衔。民族杂处之地常有械斗发生,他善于疏导,严于缉捕,社会秩序好转。他曾兼理西宁边府,组织边民垦种荒地,官至甘肃平凉府知府、甘州府知府及四品衔的平庆泾兵备道,诰授朝议大夫。

---

① 陈康祺:《记缪霁堂先生事》,见民国《兰陵缪氏世谱》卷二十八。
② 王芑孙:《缪舍人小传》,见民国《兰陵缪氏世谱》卷二十八。
③ 《记缪霁堂先生事》,见民国《兰陵缪氏世谱》卷二十八。

缪焕章(1812—1890),缪荃孙之父,字仲英,道光十七年(1837)举人。咸丰年间太平军兴起,他入贵州巡抚田兴恕府任幕宾,参赞军务,得官贵州候补道。喜吟咏,当朝诗人特服膺查慎行。著有《三朝北盟会编节要》40卷、《云樵诗草》《云樵诗话》2卷。

缪尚诰(1806—1842),缪荃孙族叔,字志钦,号芷卿。十岁开始学习举业,十三岁兼治诗古文,十六岁开始授徒,二十一岁与双胞胎弟弟仲诰(字若芳)同时肄业于江阴暨阳书院,深得院长、著名地理学家、文学家李兆洛器重,凡家藏图书允许其任意取读。李兆洛训人读书,读必校,校必精,始而句读,继而考订,学生经常被其问住,唯有缪尚诰不惧提问。道光二十年(1840)缪尚诰考中举人。他致力于三史、《文选》,博综经术,直入两汉诸儒之室,晚年精求六书、古韵,旁及天文、地理、律数。每读一书,有所得必亲自抄录并熟记在心。眼睛虽近视,但读书特快。著有《周官联事》《古韵谱双声》《经星考》《诸经地理考》。道光九年(1829)起,在常熟庞大堃家当塾师十二年,培养出了以探花庞钟璐为代表的一批知名学生。去世后事迹列入《清史稿·文苑传》。

缪荃孙(1844—1919),字炎之,一字筱珊(小山),晚号艺风。被誉为清末民初"四大才子"之一,与王壬秋、张季直、赵尔巽齐名。一生"恪守乾嘉诸老学派",对史学"致力最深"[①],"拾遗订误,悉本钱氏《考异》、王氏《商榷》家法。于当代掌故,征求讨论,心得甚多。""为文私淑《全氏鲒埼亭内外篇》,以翔实为主,不尚空言。"他的学术成就可概括为:一位超载前人的方志学家,中西之学兼重的教育家,杰出的版本、金石、目录学家,中国近代图书馆的奠基人。

缪荃孙对本家族和全国缪氏的贡献有六个方面。一是两次纂修家谱。光绪十六年(1890),他与父亲焕章先生一起斟酌前人底样编修而成第八届世谱,印行90部。民国元年(1912)到民国五年(1916),他主持了缪氏第九届续谱,功成刊印91部。二是历时五十年从各种文献中广泛搜集自春秋直至清末的250多位缪氏名人,编成《兰陵缪氏考古录》,先编入家谱,后于1935年通过又新印刷局出版单行本在全国公开发行。三是将有关缪燧的各种资料汇编成册收入新编宗谱中使之传世。四是对缪氏得姓始祖依据文献资料进行考证,写成《缪氏得姓考》,大胆提出与暨阳缪氏宗谱认为的秦穆公截然相反的鲁穆公。五是对一世祖苔石公生活年代重新定位,提出与暨阳缪氏宗谱记载完全不同的看法,苔石公不全是

---

① 夏孙桐:《缪艺风先生行状》,见徐华根编:《江阴名人年谱》(中),黄山书社,2005年版,第573页。下同。

宋代人,而是宋末元初人,苔石公与宏毅公时隔140多年,谱上所谓的孙祖关系时间上不合情理,宏毅公应该是苔石公的远祖。六是将申港缪氏与东兴缪氏简介编入民国《江阴县续志》,使之广泛流传。

缪荃孙三十通籍,早负时望,但淡泊名利。妹丈夏孙桐总结缪荃孙一生时说:"以性刚不能谐俗,弃官时甫逾五十,取竹垞(指朱彝尊)语,以'七品官归田'刻小印,用识微尚。……溯二十年来,名山坛坫,著述自娱,自谓不以富贵易其乐也。"至今为止,缪荃孙仍是缪燧后裔中最有影响力、最出色的人物。

缪祐孙(1849—1894),缪荃孙堂弟,字孚民,号幼臣,一号柚丞、柚岑、右岑。工诗文,擅绘画。光绪八年(1882)考中举人后,曾先后在金陵、杭州、苏州、扬州等地书院、学署、书局从事讲学、分校工作,撰有《汉书引绪》《稽弦诗文》等著作。中法战争结束后的第二年,即1886年,缪祐孙考中进士,担任户部主事。当时清政府正需派专业人才了解外部世界,他在总理衙门于光绪十三年(1887)组织的选拔考试中名列第二,奉命随清廷驻俄、德、奥、荷四国大臣洪钧考察俄罗斯。七月,乘海轮出南海,过大洋,经波罗的海到俄国首都彼得堡,接着以两年多时间周游俄境。他历尽风雪险阻,白日探游,夜晚考证,用日记记述一路上的所见所闻,其中有《俄游日记》《通俄道里表》《俄罗斯源流考》《俄罗斯疆域编》《俄罗斯山形志》《俄罗斯户口略》《取悉毕尔始末记》《取中亚西亚始末记》等。由于气候不适应,加上过于劳累,得了严重的关节炎。后经恰克图由陆路回国,往返10万余里。他把日记结集成《俄游汇编》12卷,醇亲王载沣看后极为赞赏,任命他总理各国事务衙门章京,为总理大臣的重要助手,以后又升为员外郎。缪祐孙是近代江阴走出国门看世界并有珍贵游记传世的第一人。

四

扬子江,总领百汇,源远流长;兰陵缪,显达辈呈,后嗣永昌。缪家村到了近现代,又出将军7人,革命烈士3人,大学本科生260多人,博导、博士后、博士7人,硕士11人,教授、副教授7个。

为了缅怀缪氏贤达功绩,弘扬缪氏贤达精神,激励后人正心励志,见贤思齐,申港镇政府投资200余万元,沿古老的申港河东岸,傍水建造了缪荃孙纪念馆(图书馆),历时三载于1997年11月8日开馆。原国家文化部部长朱穆之题写馆名。在馆前广场上缪荃孙的全身塑像的大理石底座上,镌有朱穆之题写的"一代宗师缪荃孙"七个大字。纪念馆设在缪荃孙图书馆三楼,面积330平方米,分前言大厅和陈列室两大部分,生平事迹陈列室共分9个部分:(1)苦读史书,立志成才;(2)撰《书目问答》,初露锋芒;(3)进士及第,供职京师;(4)淡泊功名,编修史志;(5)执掌书院,创办学堂;(6)创建我国两大图书馆;(7)搜书刻书,嘉惠后学;(8)毕生研治,版本目录;(9)一代宗师,万世敬仰。展出缪荃孙著作、照片、拓片等图书资料共170余件。又在缪荃孙纪念馆东侧建造了以缪燧清廉事迹为主题的蓉浦清风园,园内有蓉浦亭、纪念堂、曲水环廊,陈列了缪燧画像、全身塑像,《蓉浦书院碑记》刻石复制品,反映缪燧事迹的连环画以及图文展板。

2003年,缪氏族人建德、祖顺、祖荣等发起成立续修宗谱委员会,在全体族亲大力支持下,历经三年艰苦努力,编纂家谱28册,距上次续修90多年后圆满完成第十次宗谱续修。2008年至2010年,协助杨洪升编纂《缪荃孙研究》、舟山市定海区政协教文卫体与文史委编纂《定海知县缪燧》二书。2016年,全国缪氏文化研究会成立大会在江阴召开,缪氏族人踊跃出资出力,全力做好缪荃孙纪念馆的参观接待和各项保障工作,为大会圆满成功作出了突出贡献。今天的缪氏子孙,正以先辈为榜样,牢记家风,好学上进,不断创造着家族新的辉煌。

再续百年书缘
——缪荃孙与天一阁

应芳舟

2015年3月24日,4位特殊的客人来到天一阁,捐赠了一套近年新修的线装本《兰陵缪氏世谱》。这4位客人是缪荃孙先生的近支后裔,他们的捐赠行为丰富了"南国书城"的家谱收藏总量,成为名人家谱征集工作的一个亮点。

据缪氏后裔介绍,之所以选择向天一阁捐赠家谱,是因为百年前缪荃孙就与这座饱经风雨的藏书楼结下了非同寻常的缘分。早在清光绪末年,缪荃孙曾造访天一阁,是为数不多登上天一阁的著名人物之一。若干年后,他还为当时深陷困境中的藏书楼写下了一"记"即《天一阁始末记》,一"目"即《天一阁失窃书目》,因此,他是天一阁历史上一位功不可没的人物。

江阴缪氏作为官宦世家、文化世家,有着持续编修家谱的传统,历史上曾先后10次编修家谱。清光绪和民国年间,缪荃孙就编修过两次,分别为《申浦缪氏族谱》和《兰陵缪氏世谱》。天一阁收藏缪氏家谱,从某种意义上说,也标志着缪氏家族永远"留"在了这座令缪荃孙仰慕的藏书楼。

毕生事业与书亲

在外人看来,天一阁的大门向来是"封闭"的。然而,光绪三十四年三月十八日(1908年4月18日),这扇大门向远道而来的缪荃孙先生徐徐敞开了。

这一时间节点,正处于缪荃孙创办江南图书馆(今南京图书馆)之后、京师图书馆(今国家图书馆)之前。缪荃孙登上向往已久的天一阁藏书楼,实现了无数读书人梦寐以求的愿望。

缪荃孙(1844—1919),字炎之,号筱珊,晚年又号艺风,江苏江阴申港镇人,近代著名学者、藏书家、文献学家,是我国传统藏书楼迈向近代公共图书馆过程中的关键人物,被誉为"中国近代图书馆之父"。

这次登阁的机会来之不易。据缪荃孙撰写的《天一阁始末记》记载,在登阁的前一年,碰巧其内兄夏闰枝任宁波知府,内兄即妻子的兄长。于是,缪荃孙就向他提出登天一阁观书的想法。这位夏知府接受妹夫的请求,到宁波的当年就与范氏后裔商量登阁的日子。虽是知府老爷亲自出面预约,但等候通知的时间依然出奇的长。这很好理解,因为按照惯例,天一阁钥匙由范氏分房掌管,所以必须他们一致同意方可开门登阁。幸好,在第二年的春天,总算传来了一个好消息,范氏给了这位知府一个面子,允许他陪同缪荃孙联袂登阁。

接到消息后,缪荃孙喜出望外。1908年4月10日,他由第三个儿子缪僧保侍行,从南京乘江永轮船出发,11日到达上海。在处理完一些事务后,缪荃孙于14日从上海搭江天号轮船,15日早上抵达被他称为"东南雄郡"的宁波。在夏闰枝的安排下,缪荃孙在甬期间入住的是宁波府署偏东位置的官舍。

因为心中有天一阁的吸引,缪荃孙踏上四明这块土地时,自然不会感到陌生。他视天一阁藏书如珍宝,光绪三十年(1904)就购藏有半部《鄮峰真隐漫录》,并请人补录所缺前四卷。该书是《四库全书》的底本,即当年范氏后人响应乾隆帝征书号召所进呈的书籍。后来,那批进呈书未归还入阁,是谓天一阁历史上的一劫。缪荃孙之所以不会觉得宁波生疏,还有另外一个因素,这就有必要谈一谈缪荃孙的六世祖缪燧。清康熙年间,缪燧曾在宁波府定海县做过22年知县,后期还兼任镇海、慈溪、鄞县知县。他清正廉洁,为民减免税赋,深受人们爱戴。他曾组织定海百姓建设一批海塘,而被尊称为"筑塘老爷"。

在登天一阁前的日子里,缪荃孙陆续会见了陆廷黻、童玉庭、盛炳纬、慈溪县知县吴喜孙等旧知、文友、书商,谈论版本收藏心得,获赠友人刻印的书籍,游览城内月湖风光,还前往汲绠斋访书,日子过得非常充实。

转眼就到了4月18日,那天正好是晴天,缪荃孙与夏闰枝按期前往天一阁。天一阁前的假山园林错落有致,让他眼前一亮,顿生逸趣之感。进入书楼核心位置,缪荃孙记录下天一阁当时的面貌。先说说硬件部分,"阁甚庳隘,然朴素坚固,明制宛然""橱用散木,两面开门,界而为五"。天一阁之所以能够保持坚固的建筑,这得益于清代多次修缮。登阁之际,范氏方面派出范渭生、范秋圃二位库生"衣冠迎太守,茶毕登阁,约不携星火"。可见,范氏招待宾客有礼数,对于祖传的防火规定如"烟酒切忌登楼",仍然能够较好地执行。即使达官贵人登阁,也不能不遵守。

在天一阁阅览图书的一般步骤是这样的,"每橱门标每类,例须范氏子孙检阅。余携现存书目细阅,应抽阅者附之范氏子"。令人哭笑不得的是,藏书之家范氏选派的两位代表文化水平不高,甚至无法完成最基本的提书工作。缪荃孙就记下了让人尴尬的这一刻,"范氏子见书而不能检,余告之,乃抽出,再检再阅;范氏子挽余自抽,盖目不知书者。余笑曰:肯破例耶?相与一笑"。

缪荃孙对久负盛名的天一阁藏书期望很高,但是开橱所见,"书帙乱叠,水湿破烂,零篇散帙,鼠啮虫穿"。此时,阁藏书籍经过多次偷盗,散失严重,大大出乎他的意料。故而,在缪荃孙的笔下交织着欣喜和失望之情,"列橱分类,每类止数十本,然皆嘉靖前书。刻本无方体字,抄本蓝格绵纸,令人不忍释手",他甚至发出了"所见殊不逮所闻"的感慨。

历代名人登阁之后大多会谈及天一阁藏书的保管,如江苏同乡阮元曾写到藏书干燥无蠹蚀,100年后的缪荃孙眼中却是迥然不同的情形。可见,在这期间,天一阁书籍遭到了比较严重的损坏。那位夏知府目睹天一阁的衰落,当时对缪荃孙说:"再阅百年,遗书尽入虫腹,天一阁其泯灭乎。"幸运的是,历史证明夏闰枝对天一阁命运的预测并不准确。

在略显昏暗的天一阁藏书楼内,缪荃孙到底看了哪些书?根据他的《艺风老人日记》记载,主要翻阅了《越绝书》《洛阳伽蓝记》《寒山子集》《太真外传》《开元天宝遗事》《颐堂词》《菊坡丛话》《两广平蛮录》。

缪荃孙自己的藏书楼名艺风堂,聚书达十余万卷之多。古代藏书家除了购买之外,抄书也是藏书来源的一部分。柳诒徵在《缪荃孙传》一文中,评价他对待"馆阁故家孤本佚文,海内不经见者,必钩取迻抄始快"。夏闰枝和缪荃孙离开天一阁时,希望范氏能代为抄写《宋刑统》、正德《江阴志》两部书。后来,夏闰枝调往湖州任知府,两部书只抄得《宋刑统》。这是缪荃孙登天一阁最直接的物质收获。

登天一阁之后,缪荃孙还兴致勃勃地游历了天童寺、阿育王寺等佛教圣地,这期间还拜访了著名诗僧释敬安,两人一见如故,相谈甚欢。两座古寺保存的唐代和宋元碑刻,给缪荃孙留下了深刻印象。4月23日,缪荃孙搭船离开宁波,翌日到达上海,结束了天一阁之行。在宁波期间,他在书坊购买了元明翻宋刻本

《元包》、元刻本《礼注会》、闽刻本《礼记》、明版《姚文长集》等多部书籍。伦明的《辛亥以来藏书纪事诗》称缪荃孙"毕生事业与书亲",在访天一阁的行程中,就鲜明地体现了他的这一毕生爱好。

《天一阁始末记》撰写于1916年,是关于缪荃孙登阁的"三亲"(亲历、亲见、亲闻)史料,见证了清末民初天一阁的藏书情况,其中关于书楼早期历史、长久传承原因、历代书厄、编目经过等内容,沿袭了全祖望、阮元等人的观点。

书楼危难见真情

1914年,天一阁藏书大量失窃。面对这一突如其来的变故,"阁"外人缪荃孙主动向困境中的天一阁伸出援手,发挥了举足轻重的作用。他在这期间的一大手笔,就是追随黄宗羲、阮元、刘喜海等人脚步,为特殊时期的藏书楼编写了一部《天一阁失窃书目》。

天一阁历史上出现过两个姓薛的人物,一是薛福成,为维修天一阁、编写书目做出过贡献,当为后人铭记;一是令人切齿的薛继渭,他潜入天一阁,盗走大批珍贵书籍,制造了天一阁历史上最大的一次"书厄"。

薛继渭等人得手后,将窃来的大批书籍运往上海,卖给六艺书局、来青阁书肆、食旧廛书肆。消息传出,引来人们争相抢购。当时,缪荃孙正好寓居上海,他在友人张石铭处看到购入的《书经注疏》《欧阳集》,以及明刻本、明抄本和登科录等六七百册书籍后,就到收购有天一阁图书的书店看个究竟,顺便进一步打听情况,却遇到了阻力。动荡之际,万卷藏书或毁于兵火,或子孙偷盗、贩卖散出,这些早已不是什么新闻。缪荃孙起初也产生过范氏子孙居然肯卖天一阁书籍的疑惑,但是这个想法很快打住了。加之,缪荃孙在书店遭到冷遇,更觉此事蹊跷,于是促使他特地写信给范氏。

奇怪的是,范氏在接到缪荃孙来信前,竟然还不知道阁书已经遭窃。窃贼在天一阁楼上待了10天左右,大批书籍运出,却没有引起住在阁旁族人的察觉,真是一大奇事。缪荃孙的来信,才引起他们的警觉。于是,就有了后来范氏族人在上海《申报》《新闻报》连续刊登广告、控告窃贼和书店等诸多事情。

可见,缪荃孙给这些窃贼、书商制造了一个大"麻烦"。

根据日记的确切记载,缪荃孙为天一阁散出之书做过不少努力。如1914年6月5日,他与张让三、范氏族人代表范玉森、范兆渊商议赎买天一阁窃书的办法；6月12日,他利用正在为盛宣怀编写书目的机会,劝其购买天一阁散出之书；6月15日,他收到张让三来信,得知天一阁藏书失窃之事不能挽回的消息。以上这些活动要早于范氏族人在上海《申报》和《新闻报》刊登广告。

缪荃孙不但率先向范氏通报阁书可能遭窃的消息,还毅然担负起为天一阁编目的任务。缪荃孙在《天一阁失窃书目》序言中称:"兹将调查此次天一阁所失各书,存其目录于左,以备参考,亦藏书家之一掌故也。"

这里需要指出的是,缪荃孙自称"调查"天一阁失窃图书,不知是指实地到阁调查,还是间接调查? 目前尚难以确定,但后者的可能性更大。首先,在《艺风老人日记》中并无缪荃孙实地到阁调查天一阁藏书,或者登阁编目的明确记载；其次,当时缪荃孙的主要工作是参加并主持《清史稿》的编纂,承担社会上一些藏书目录的编写,工作十分繁杂；此外,他已是年逾七旬的老人,年老体衰,需要经常服药,不具备远行的条件。

缪荃孙因早前登阁,以及率先来信通报,获得范氏族人的信任,在自身无法到阁的情况下,缪荃孙完全可能让范氏整理阁内残书等基础性工作。这有两个好处,其一有利于编写失窃书目,其二与失书前的书目进行比较,可以作为范氏与窃贼、书商等对簿公堂时的证据。事实上,1928年,林集虚在《目睹天一阁书录缘起》中就提到过,民国年间"阁中之书被窃,当时范氏后人将见存书目用红圈标识"。也就是说,缪荃孙极有可能是提出这一建议的人,退一步说,他拿到这部用红圈标记过的《天一阁见存书目》,也是极有可能的。此外,寓居上海的缪荃孙有丰富的人际网络,具备编写失窃书目的优势,比如其与张石铭、食旧廛书肆股东罗振常关系很好,这可以为他查阅、调查阁书提供很大便利。根据缪荃孙的日记,早在1914年4月13日,罗振玉、范伟君、食旧廛书肆另一股东金诵清就向缪荃孙提供过9批天一阁书单。

按照《天一阁失窃书目》的编制和内容,可以看出缪荃孙当年编目是以薛福成的《天一阁见存书目》为底本,遇到书籍尚存的,则一一涂去。整理之后,再清抄出一部《天一阁失窃书目》。这部书目对人们了解民国时期图书的失窃具有一定的参考价值。根据这部目录,天一阁失窃书达到1 700余种。需要说明的是,有些书籍仍在阁内,但是上了失窃名单。缪荃孙这样赫赫有名的大学者怎会犯下如此的低级错误呢? 这就又回到笔者刚才的推测上来了。因为缪荃孙很可能没有登阁编目,而是委托他人如范氏族人上楼整理残书,但是,这些人文化水准不高,缺乏编目的素养,这在缪荃孙光绪末年登阁时已经显露无遗。正因此,也就为《天一阁失窃书目》的错漏打开了口子。

关于《天一阁失窃书目》的完成时间,缪荃孙在《天一阁失窃书目》序言落款处未标年月,但是提到"范氏子孙获盗书贼,根究各书贾之买此书者,涉讼经年,一无所得"。可见,这部书目应该编写完成于官司尘埃落定之后。大概的完成时间可以在下面这条记载中得到启发,1915年夏,范玉森在《嘉靖十一年进士登科录》上题跋,称"去岁夏,阁书失窃,销售于沪上各书肆,好古家争购之,逮裔孙至杭、至沪,控追已不及,以致全书一无返璧,曷胜叹憾"。通过起诉,遭窃的天一阁图书仍然"一无所得""一无返璧",其中的一个重要原因是很多书上没有钤藏书印。

缪荃孙在编写目录时,心情肯定异常沉重。当年亲手翻阅过的《宋刑统》、正德《江阴志》均在这次事件中从天一阁散出。《宋刑统》先被吴兴蒋氏购去,后流入北平图书馆(后称北京图书馆,今国家图书馆)。此书原刊本早已失传,如今通行的民国年间整理本被学界称为重校范氏天一阁本;正德《江阴志》要比天一阁现藏嘉靖《江阴县志》年代早,流往何处已不甚清楚,或许已经毁于战乱。

缪荃孙去世后,藏书逐渐散出。他编写的《天一阁失窃书目》原书已不知去向,现藏国家图书馆的是民国年间的抄本。1964年10月,天一阁抄得一部《天一阁失窃书目》。那些本是天一阁的藏书,虽然再也无法踏上"回家"之路,记录他们名字的书目辗转半个世纪终于回到了故土。往事并不如烟,但终究也已经过去了。

原载《宁波日报》2015年4月3日 A13版文化视点

缪荃孙文化播迁中的学术思想研究

米彦青

缪荃孙是晚清民初文化史上的重要人物。他博学多识,在诗文著述、藏书、教育诸多方面皆有可观成绩。治学领域由经史诗文、书目碑刻,至近代史料、方志丛书以及日常用书等。正是因为缪荃孙在众多学术领域的突出成就,清末民初,缪荃孙与王壬秋、张季直、赵尔巽齐名,被誉为"四大才子"。作为晚清民初的重要思想家、教育家、文学家,缪荃孙一生都以学术的薪火传承为念,研究他在变动的时代风云中心灵和学术思想的变迁,对于更好地掌握那一时期的学术思想嬗变有着广泛意义。

一、缪荃孙文化播迁概览

缪荃孙一生中对学术文化的传承和发展始终保持着浓厚的兴趣。纵观他的学术研究方式有如下两种:一是为己之学,一是为人之学。作为一代学人,缪荃孙的学术视野宽泛而博杂。他在文、诗、词乃至经史研究方面皆有建树。其"论文奉桐城文学为古文正宗,其古文亦治用桐城义法。"[①]缪荃孙的传世诗稿,早年作有《萍心集》《巴䑣集》《北马南船集》《息影集》,中晚年作有《辛壬稿》《乙丁稿》《癸甲稿》,后分别录入《艺风堂诗存》及《艺风堂文漫存》中结集刊刻。《萍心集》乃缪氏少年离家漂泊之作,《巴歈集》和《北马南船集》是缪荃孙青年求官、应试的奔波之作,而《息影集》则是释褐后之作。《艺风堂诗存》是缪荃孙以诗笔写就的人生大半岁月之心路历程,由于他在近代文化史上的地位,遂有着他集不可替代

---

① 刘声木:《桐城渊源考》,周骏富:《清代传记丛刊·国朝鼎甲征信录》,明文书局,1985年。

的作用。邓之诚先生于戊寅(1938)冬为此集作序云:"艺风先生尝刻所为诗,毁于辛亥国变,后复手订诗,凡四卷。曰《萍心集》《巴觎集》《北马南船集》《息影集》,附《碧香词》一卷,未及授梓,遽于戊午冬下世。后十年,令子子受始再刻之,而未印行。前年之诚为作介,以畀燕京大学图书馆,属中原板荡,艺风堂书版庋存国学图书馆者已不可问,此集岿然独存,不可谓非厚幸也。先生负海内盛名,于学无所不窥,著书满家,乾、嘉经儒老寿犹存者,尚及亲见而师之。同、光之际,考据词章一时称盛,遍交其魁硕,博搜图籍碑志,以为金石目录之学。多闻旧事,明习典故,以为掌故之学。大要专长于史,晚更与修清史,发凡起例,成就独多,一生与刻书为缘,孤本秘籍赖以流传,尤有功文教。故先生不仅以诗文传,即以诗论吐属蕴藉,不失先民矩矱。视才气陵厉,谬附名家者,或若不逮,然正唯一世皆噍杀之音,而后觉和平中正者为尤难得可贵。"① 对缪荃孙的诗文作品及学术生涯作了全面而公允的评说。

缪荃孙的为人之学,更显示出他的宽广胸怀。他的为人之学,始于目录学,但又不仅仅局限于目录学。缪荃孙生活的清朝末期海禁已开,当时部分奋发向上的士大夫,在文明的冲撞中渐渐意识到华夏文化亦有卑弱之处,对于外来文化开始容纳、吸收。缪荃孙早年为功名奔走,在京师作学官,进入中年后,思想有所觉悟,致力于经世致用之学。他掌教书院多年,培养国家有用之才,东渡日本考察先进的教育制度,回国后创办学堂,主持编译馆,出版新式教科书和翻译国外著作。特别值得一提的是,为推动文化,启迪民智,他参与创办了我国南北两大图书馆,即今日南京图书馆的前身——江南图书馆、中国国家图书馆北京图书馆的前身——京师图书馆,成为我国近代图书馆的奠基人之一。

缪荃孙古籍方面的重要建树反映在他参与了《书目答问》的编撰。近代版本目录学中,缪荃孙无疑是最有影响者之一,广为人知的《书目答问》,实际上就是出自缪荃孙之手,"同治甲戌(1874),南皮师相督四川学,诸生好古者来问应读何书,书以何者为善,谋所以嘉惠蜀士,并以普及天下学人,于是有《书目答问》之编。"② 虽然后来陈垣先生力排此说,但张之洞此书很大程度上得力于缪荃孙当是无疑,至缪氏晚年,其学术成就更是远远超出了张之洞之上。缪荃孙的后人曾回忆说,缪荃孙"光绪二年,三十二。八月贽张孝达先生门下,命撰《书目

---

① 邓之诚:《艺风堂诗存跋》,缪荃孙:《艺风堂诗存》,中国书店,1939年版。
② 缪荃孙:《半崖厂所见书目序》,缪荃孙:《艺风堂文续集》,沈云龙:《近代中国史料丛刊》,文海出版社,1985年版,卷五。

问》四卷。"①缪荃孙的学生柳诒徵也说"(缪荃孙)为张文襄公《书目答问》一手经理……"②柳诒徵是缪荃孙最得意的门生,为人持正,又是他的朋友,对缪氏生活中的许多琐事记忆都很准确。因此,他所说缪荃孙经理《书目答问》一事当无疑义。此书共收图书 2 000 多种,以经、史、子、集、丛 5 部 34 类加以组织,是一部中国旧学书籍的综合性选目,刊行后,风行海内,称誉儒林。《书目答问》介绍推荐古籍 2 000 多种,多为古代流传下来的重要典籍,因而《书目答问》起了举历代典籍之要的作用。这部书问世以来,直到民国末期,一直被人们视为读书治学、举业成才的重要工具,翻印重刻不下数十次。《书目答问》不论类目设置还是著录内容都颇具特色,显示了缪荃孙的学问功底,在学界初露头角。

缪荃孙入仕后,在目录学上所做的主要工作是《艺风藏书记》三编的编撰。缪荃孙早年从广东藏书家李文田习版本目录之学,从此开始了他的藏书生涯,以后南来北往,遇书辄购。在京师任职时,缪荃孙常去海王邨书肆搜访异本,又与许多藏书家往来,互相抄校考订,学问亦随之日益博通。缪荃孙一生以藏书、传书为业,至庚子年(1900),五十七岁的缪荃孙,经三十多年的努力收藏,使缪氏艺风堂藏书积累了十余万卷的孤本秘笈。也就在这一年,八国联军入侵北京,举国震惊。当时,缪荃孙主讲于钟山书院,鉴于历史上人亡书散的教训,他担心天下大乱,自己的藏书不能保,遂编撰了第一部藏书目录——《艺风堂藏书记》,并于辛丑(1901)十二月钟山讲舍住宅饱看山簃写下了这部藏书记的缘起:"旧刻旧钞,四库未收之书,名家孤传之稿,共十余万卷。甲午初夏,与掌院徐相国议不合,投劾归,遂乞祠禄,辇书自随。庚子夏秋间,京师变起,南中亦岌岌,如李易安所云四顾茫茫,盈箱溢篋,知其必不常为己物矣。秋日酷暑,移笔砚于深竹阴中,清风泠泠,洒我襟袖,因思勒成一书,遂按藉编目……他日书去,而目或存,挂一名于艺文志,庶不负好书若渴之苦心耳。"③缪荃孙根据藏书编《艺风堂藏书记》8 卷。本着"慎择约举"的原则,《艺风堂藏书记》仿《孙氏祠堂书目》之例分为十类,著录图书 627 种、10 962 卷,从中挑选,按藉编目,尽录题跋、印记,略举人之仕履,书之大意,缪氏在《藏书记缘起》中自认不敢与瞿、杨、丁、陆四大藏书家相比,但足与吴骞的拜经楼和孙星衍的平津馆相伯仲。缪荃孙苦心经营的藏书业同史

---

① 缪荃孙:《艺风老人年谱》,1936 年家刻本。
② 柳诒徵:《缪荃孙与盛宣怀书跋》,柳曾符、柳定生选编:《柳诒徵劬堂题跋》,华正书局,1996 年版。
③ 缪荃孙:《藏书记缘起》,缪荃孙:《艺风堂藏书记》,清光绪二十六年(1900)刻本。

上的藏书家一样，为时代学术的发展贡献着力量。

"藏书家是学术研究的首要条件之一。他们收藏、出版史料，向有关学术研究提供必要的参考文献。在17—18世纪兴起的图书收藏热中，藏书家和实证研究关系十分密切。没有这些藏书，文献考证家就无法获得研究必需的材料。江南图书楼的长足发展、雕刻及善本翻刻业的进步，使学术交流更为便利，还为之提供了新的资料来源。"①而且随着科技的进步，缪荃孙的藏书为学术发展提供了更多的保障。庚子后，缪荃孙东游日本，得暇即搜罗旧书。在国内，又观书于四明天一阁，并曾先后担任江南图书馆和京师图书馆监督之职，及寓居上海，托日本人将原先藏书四百箧转运上海，所得之书与庚子藏书相埒。1912年，缪氏依前书体例，在上海聊珠楼成《艺风堂藏书续记》8卷。在这段时间里，缪荃孙由于没有收入，只能以书易米，但仍自鸣旷达，以"书去目存"自慰。此后，虽政治上失意，经济上拮据，而嗜书之癖依旧，遇好书，必"损衣食之费用而置之"，但数量并不多，且"旋收旋散，有若抟沙"，晚年又成《艺风堂藏书再续记》2卷，以版本组织，分为宋刻本、元刻本、明刻本、旧钞本、校本、影写本、传抄本七类，著录所藏旧本百余种。在《艺风藏书记》书成的十几年中，缪荃孙在先后编成的《艺风堂藏书续纪》8卷，《艺风堂藏书再续记》2卷中，把自己所藏图书分门别类、逐一记录下来，并对"四库未著录者，略举人之仕履，书之大意"，以此流传后世。实际上，这些并不就是缪荃孙的全部藏书，据郑逸梅回忆，"缪筱珊晚年，有日记三巨册，记各种版本及轶闻，遗命其子禄保，不许刊本。"②缪荃孙对学术的追求是严肃认真的，他认为，要刊本的必须是确有学术价值的东西。

洪亮吉《北江诗话》将藏书人分为考订家、校雠家、收藏家、赏鉴家和掠贩家等五类，掠贩家自与缪荃孙无涉。更为重要的是，缪荃孙与一般藏书人还有着近乎本质的不同，那就是他对于中华文化的一种深挚的爱。清光绪三十二年（1906）七月，缪荃孙应两江总督端方之聘，创办江南图书馆，任总办，为江南图书馆的创立与发展而奔波于江浙藏书之家。当时海内藏书家有南北四大家，即江苏常熟瞿绍基铁琴铜剑楼、山东聊城杨以增海源阁、浙江归安陆新源皕宋楼、浙江钱塘丁丙八千卷楼，其中尤以丁氏八千卷楼最为著名。此时陆氏皕宋楼之书已为日本人以重金全部购去（现藏日本东京静嘉堂文库），而丁氏

---

① ［美］艾尔曼：《从理学到朴学——中华帝国晚期思想与社会变化面面观》，赵刚，译，江苏人民出版社，1995年版，第101页。
② 郑逸梅：《艺林散叶》，中华书局，2005年版，第73页。

亦家道中落,其后裔正欲将所藏"八千卷楼"善本书卖给日本崎岳的"静嘉堂文库"。缪荃孙认为,这些书是国家的宝藏,不能再流落异邦,他在端方的支持下,紧急筹措七万三千元巨款亲赴杭州与议,将全部藏书60万卷悉数购回。此批书极为珍贵,据柳诒徵所撰《国立中央大学国学图书馆小史》中有关书目统计,宋版书40部1845卷,元版书98部3981卷,其他还有四库修书底本、名人稿本等。缪荃孙随即将书运到南京,就在清凉山附近前任两江总督陶澍所建的惜阴书院旧址建造大楼,将"八千卷楼"的图书连同捐购之本贮藏其中,编写了《江南图书馆善本书目》,并撰有《八千卷楼藏书志序》。为纪念这件文化盛事,端方的幕友们建议将大楼命名为"陶风楼"。后又充入武昌范氏月槎木樨香馆藏书4557种,故江南图书馆藏书在当时为全国之冠。宣统元年(1909),军机大臣张之洞掌管学部,奏请创办京师图书馆,荐调缪荃孙任图书馆正监督(馆长),时图书馆尚未建造,暂借城北积水潭广化寺为储书之所。缪荃孙督基建,聘馆员,分类清理书籍,并从内阁大库检出元代蒙古人从临安(杭州)南宋秘阁所收的珍本,即加集刻为《宋元本书留真》,并重价购买姚觐元的私人藏书,充实馆藏,一手创成京师图书馆。

缪荃孙学问渊博,著述宏富,仅以目录学而言,除上述《艺风堂藏书三记》外,较著名的还有《艺风堂金石目录》18卷、《艺风堂读书记》4卷,又曾辑有《尧圃藏书题识》10卷,还曾为盛宣怀编有《盛氏愚斋图书馆藏书目录》,主持编撰《京师图书馆善本书目》等。缪荃孙所编的另一专题目录是《清学部图书馆方志目》。这一书目于辛亥革命前夕编成,计4卷,共录省府州县方志1676部,其中明志224部,不全者360部。这虽非我国方志目录的首创,但为公共图书馆方志目录的滥觞。

缪荃孙又喜刻书,除了为他人校刻过各种书籍外,自刻有《云自在龛丛书》《对雨楼丛书》《藕香零拾》《烟画堂小品》等。田洪都序《艺风堂藏书再续记》评论缪荃孙说:"一生与刻书为缘,孤稿秘籍,多赖流布,广人见闻,裨益文化之功,可谓至巨。"清代著名藏书家和出版家张海鹏曾说:"藏书不如读书,读书不如刻书。读书只以为己,刻书可以泽人,上以寿作者之精神,下以惠后来之沾溉,其道不更广耶?"[①]好读书的缪荃孙,继承了先哲之精神,以先藏书既而又刻书的形式,成为近代史上著名的古籍汇总编纂者。缪荃孙又收藏金石碑名,他的云自在龛藏

---

① 缪荃孙:《王仙舟同年金石文钞序》,缪荃孙:《艺风堂文续集》,沈云龙:《近代中国史料丛刊》,文海出版社,1985年版,卷五。

碑帖近 12 000 种。光绪二十二年(1896),江南藏碑大家沈树镛旧藏散出,缪荃孙卖田买碑,一下子购进 3 000 余通,收藏金石之最,遂属缪荃孙。缪荃孙的《艺风堂收藏金石目》,是他在专题目录学方面的重要工作之一,在几次由川入京会试途中,他"每逢阴崖古洞,破庙故城,怀笔舐墨,手自椎搨,虽极危险之境,甘之如饴。"① 其后供取京师及主讲济南泺源、南京钟山书院时,一方面尽力收购,一方面募资派人往拓京畿、山右、山左、大江南北及皖中碑刻。光绪二十二年(1896),在苏州又以重价收得曾为刘燕庭所藏的拓本 3 000 余种。于是按代编目,凡伪造摹刻,无地可考者皆不录,共得 10 800 余种,为 18 卷。这就是缪荃孙竭三十余年精力收藏,花了三年多功夫编撰而成的《艺风堂收藏金石目》。后又续得千余种,藏本之富,为前代金石家所未有。

  清亡后,缪荃孙住在上海虹口联珠楼,彼时,"艺风堂"藏书已达 11 万卷,收藏金石古董 11 000 件,自著书达 200 卷。"古今经籍之传,由竹简而缣素而楮墨而椠刻,日趋便易。至丛书之刻在艺苑已为末事。然萌于宋,绳于明,极盛于我朝。乾嘉之间,大师耆儒咸孜孜焉弗倦。校益勤,刻益精,借以网罗散逸,掇拾丛残,续先哲之精神,启后学之涂轨,其事甚艰,而其功亦甚巨。"②"续先哲之精神,启后学之涂轨",这是缪荃孙一生读书治学、传播图书之思想精华所在。他在《江阴先哲遗书序》中说:"士大夫居乡收拾先辈著作,寿之梨枣,以永其传,有三善焉。一邑读书之士能著述者不过数十人,著述而能存者不过数人,吉光片羽,蝉杰为巢及今传之,俾不湮没,其善一也。土风民俗之迁革,贤人才士之出处,贞义士女之事实,耳目近接,记载翔实,是传一人之诗文即可传数人之行谊,其善二也。乡曲末学,志趣未定,贻以准则,牅其心思,俾志在掌故者,既可考订以名家工于词章者,亦能编纂而成集佩,实衔华闻风兴起,其善三也。"③ 在缪荃孙看来,人生最大的乐事,莫过于藏刻古籍、研读古书、习治古文了。居金陵时,他曾自撰联语:"饱暖自矜稽古力,萧闲天与著书年。"④ 广博的兴趣,在成就了缪荃孙宽泛的治学之路的同时,也把他培养成了一个杂家,一个文化名人。著名学者李审言就认为缪荃孙是治杂家之

---

  ① 张煜明:《中国出版史》,武汉出版社,1994 年版,第 159 页。
  ② 缪荃孙:《积学斋丛书序》,缪荃孙:《艺风堂文集》,沈云龙:《近代中国史料丛刊》,文海出版社,1985 年版,卷五。
  ③ 缪荃孙:《积学斋丛书序》,缪荃孙:《艺风堂文集》,沈云龙:《近代中国史料丛刊》,文海出版社,1985 年版,卷五。
  ④ 郑逸梅:《艺林散叶》,中华书局,2005 年版,第 24 页。

学的代表人物之一。①

缪荃孙的为人之学并不仅限于此。他曾历主南菁、泺源、龙城、钟山等书院讲席。清光绪十四年(1888),时任国史馆总纂的缪荃孙因继母病故,离任服忧,奉柩归里。应江苏学政王先谦聘为南菁书院院长。南菁书院系清光绪八年(1882),江苏学政黄体芳在两江总督左宗棠支持下于驻节地江阴创建的一所全省最高学府。南菁书院的办学方针同谈程朱理学的书院及一般应付科举考试的书院完全不同,它重在经史词章的实实在在的学问,反对士子耽于科场利禄。崇尚朴学,不教八股之业。缪荃孙与著名学者、定海黄一周分任经学、词章,并主编《南菁书院丛书》144卷《南菁讲舍文集》9卷。三年后,继母丧期满除服,继而又因父丧,不能回朝,去往山东济南掌教泺源书院。清光绪二十年(1894),张之洞调任两江总督,将缪荃孙聘为南京钟山书院山长,达六年之久。在此期间,缪荃孙还兼领常州龙城书院山长之职。讲学之外,编刻丛书,日事校勘,抢救古籍,成绩斐然。光绪二十七年(1901),为推行新政,张之洞集东南名流于武昌讨论,决议在南京设立江楚编译局,由缪荃孙主持局务,介绍外国书籍。同年改钟山书院为江南高等学堂,由缪荃孙任监督,兼领中、小学堂。为改革教育,缪荃孙于12月亲赴日本考察学务。归来后,亲自参与商定课程,编写课本,中西之学兼重,访聘真才实学的教员,讲求教授管理之法。第一届毕业生颇有明达通才,为士林所敬重和取法。江南高等学堂(东南大学、南京大学的前身)是我国创办最早的近代高等学校之一,因缪荃孙初创之功,清廷特诏加四品卿衔。

二、缪荃孙的学术思想流变

缪荃孙是近代史上著名的中西之学兼重的教育家,更是名重士林的藏书家、刻书家。纵观缪荃孙的藏书与治学,还不仅仅是为自己,更是为国家、为民族的一种文化传承。对学者而言,其学术史与心灵史总是紧密联系的。缪荃孙的晚年生活在思想界发生急剧变革的20世纪初期,无论如何,革命还是导致了一个新社会的开始。社会的革命往往带来人们思想态度的改变,而这时期显然表现出来对过去传统的唾弃。比如采用公元纪年,外交上穿西洋礼服,政府采用西方

---

① "李审言不清许人,惟对王晋卿颇致钦佩。……又对于冒鹤亭亦有好评,如云:'鹤亭,子部杂家之学,与陈石遗等,信缪艺风、沈乙庵后一人。'"(参见郑逸梅:《艺林散叶续编》,中华书局,2005年版,第123页。)

组织形式,等等。在遗老们眼中,在某种意义上,这些改变就等于承认西方胜过东方。因此,思想阵营中革命派与保守派立刻形同水火,而保守派就一直采取自绝于仕进之途、遗世而独立、按照自己的理想方式读书生活创作的守势。这是旧瓶和新酒之间,社会现实和社会理论之间,茫然莫知所以的旧一代和茫然莫知所以的新一代之间,荒唐滑稽对照对比的一个阶段。可是在文人的心灵中,这样的时代变化无疑是性命攸关的。在新的时间和进步观念影响下,未来变得很必要,但在晚清民初的过渡时期,这种时空转化在士人心理上实难接受。换言之,身处的现实情境逼使晚清士人憧憬未来,但在不可知的迷乱中他们也有着太多的惶惑。

其实,近代中国知识分子接受传统人格时,大致有三种状态:一是调和态,他们"达则兼济天下,穷则独善其身",出入自由,心境平和;二是分离态,他们在外来文化的压力下,失去调和传统精神的文化氛围而陷入矛盾中,于是或在困惑中回归传统,或在分离中走向"中西化合",实现一种新的整合;三是抛弃态,他们摒弃传统人格价值观,而一味地从外来思想中寻找人生的准则。[①] 处在调和态和抛弃态的士人,无论处在哪一种情态下,虽有时代带来的痛苦,但都可以暂时偏安于心灵的一隅,只有行走在两者之间的分离态者,才会有学术文化、道德修养、生存理想间的依违两难之苦痛。不幸的是,缪荃孙正是这样的士子。因此,他的学术文化走向既有固守传统的执持,也有洋为中用的调和。

缪荃孙的学术文化,无论是内省式的为己之学,还是外倾形的为人之学,都始终反映出变革时代中的文化特征。变革时代的功利性,不仅冲击着缪荃孙,也冲击着每个士子的人生追求、道德理念和文化信念。墨守成规的士人往往被套牢在岁月的彀中虚耗时日,而少数试图超越现实束缚的士人才能够摸索到一些突破策略。应该说,缪荃孙在他的为人之学中体现出了他的这些突破策略,无论是讲办学堂还是创建图书馆,都是为了在新旧交汇、观点丛出、思想纷扰的时代中开启民智,走出浑蒙。这些文化建树,一方面反映出缪荃孙的思想有进步的一面,另外也可以看出他保存和传播儒教文化的良苦用心。对他而言,即便翻译国外著作,也是为了更好地了解其他国家的思想文化脉络,利于在变革的时代中找出应对之策,以期留存中华文化。因为在现实中缪荃孙已经感到,当建立在利益推动精神上的西洋文明把几千年国人沉静迷梦打破的同时,自然也就从根本上

[①] 杨柏岭:《晚清民初词学思想建构》,安徽大学出版社,2004年版,第361页。

动摇了孔门伦理的基础。此时的缪荃孙的思想相当矛盾,他所能做到的,仿佛就是在外侵日重的形式下,尽己所能地做些抢救民族文化的工作,而且这也是他的心性之所在。所以,缪荃孙保护了大量古籍、古董,为后人保存了大量的精神财富,而且在校勘刻印珍贵古籍、研究版本目录学等方面都作出了不可磨灭的贡献。

然而,缪荃孙的为己之学又在很多时候牵制了他,每当反省时代,反省人生的时候,缪荃孙就又无法走出自己的精神窘境,他成为时代夹缝文人中的一分子,留恋传统文化、不想改变相对幽闭文化氛围中的古诗文辞才登大雅之堂的文化理念。"近顷以来,因为资本主义的发展,工商阶级渐渐得势,颇苦于古文学之不能尽量自由发表其思想,于是有打破旧形式的束缚的新文学之出现。梁启超《新民丛报》的报章文字倡于先,《新青年》的白话文字继于后,现今我国文学界,可说是此二种文字的势力。"①梁启超派的"报章文字"风行于"戊戌变法"后,当时立宪派与革命派正处于对立时期,士大夫阶级中的进步分子想要"从八股文外延长他们政治上学术上传统的特权",而豪绅阶级中的进步分子,则想"从地方势力握得中央势力"。② 无论是哪个阶层中的进步分子,都发现报章文字最是合于他们通情达意的一种东西,所以,这种文字形式很快就流行起来了。"五四"前后,又有陈独秀、胡适等人提倡的突破旧文学的束缚而得解放的自由的文体——白话文字代报章文字应运而生。这种种的变化,皆极缤纷奇诡之观,虽是代表了社会的进步势力,但并不是生活在时代夹缝中的文化人都能从容接受的。

缪荃孙在他的诗词作品中多处抒发个人在变革时代中的茫然心绪、浮沉仕路、一种欲吐又吞的情怀,他的《拟玉溪生有感二律》:"海内原无主,冲人敢自专。虞宾方敛抑,赵肉荷矜怜。庶乎风尘起,浑如梦呓然。钩陈临左辅,天策握中权。云雨相翻覆,裳衣太倒颠。东都摧柱石,北阙集戈鋋。机括凭徐稺,纵横属李全。桐宫终不返,流涕旧山川。""不解扶持苦,惟闻责备深。赤燎方肆怒,黄屋遂消沉。擢发应难数,羞颜恐不禁。彼苍无可问,毕世效聋瘖。"③就是借李义山式的绵邈诗怀展示个人婉曲心灵、悠长情思的典型作品。作为一名清朝官员,缪荃孙身遭鼎革之变,面对礼崩乐坏,世事难如己意的时世,他的内心时时有着不忍想起又不能忘记的感喟,故此,缪荃孙在模拟前朝诗人诗体诗风时,很容易就想起

---

① 仲云:《通过了十字街头》,小说月报,第20卷第1号。
② 陈子展:《最近三十年中国文学史》,上海古籍出版社,2000年版,第123页。
③ 缪荃孙:《乙丁稿》,缪荃孙:《艺风堂文漫存》,清宣统二年(1910)刻本,卷一。

了李商隐。这一特点在他的《灵鹊》诗中表现得更为充分。除了李商隐,对清末曾接受义山诗风的黄仲则、樊增祥他也有和诗,"眼前不改旧山河,往事凄凉付逝波。轴覆枢翻腾铁骑,天荒地老泣铜驼。还家深恐难全璧,阅世浑疑欲烂柯。龙汉劫中余一乐,异乡偏聚故人多。"①虽然诗中的"眼前不改旧山河,往事凄凉付逝波"语出晚唐赵嘏《经汾阳旧宅》中的"门前不改旧山河,破虏曾轻马伏波",但领联所叙的"轴覆枢翻腾铁骑,天荒地老泣铜驼"的黍离之悲,才是诗人想要表述的诗心,李义山曾于《曲江》诗中悲慨"死忆华亭闻鹤唳,老忧王室泣铜驼",缪艺风翻用其典,其意依旧在"夜月啼鹃悲故国"。②

综观文学史,文事之兴无不与政事并进。清末大地云扰,变乱丛生。在此人心浇离之际,缪荃孙等遗民坚守儒教伦常,鼓动文人艺士并不就是全然落后的。文学是合文字、思想两大要素而成,旧思想尚存,自然就有寄托旧思想的旧文学存在。据郑逸梅《艺林散叶》载,辛亥革命时,缪荃孙参加众多流寓沪上的遗老组织的"超社",彼时已经七十岁矣。③

缪荃孙的思想虽然守旧,同样打进了时代的气息。他和同时期的很多遗民以一种"拒新恋旧"的理念引领,沉湎在传统的学术氛围之中,有着属于他们自己的"孽臣孤忠"式的时代共感。面对目不暇接、风云变幻的现实,他们感慨万分,痛心疾首:"神州扰离,风雅弁髦,明教扫地,吾人今日处境之难堪,有甚于零丁孤露,饮冰茹蘗。"④这种易代之感,借用胡薇元的话来说,就是那种"心与境异"的"岁寒"之味。⑤ 此"心与境异"的"岁寒"正是遗老们心灵的真切感受,是社会变迁在他们心里烙下的深痕,传达出遗老心灵与新时代之间、个体生命意识与传统道德观念之间的内在关联。这不仅有对旧时代逝去的无奈,也有对新时代到来的恍惚。在个人无能力作为的情况下,惟有"时时以共保此岁寒为念"。不管时代怎么变,在那些静穆自在的心灵中,"风雅""名教"仍然辉煌博大,充塞天地,反映在缪荃孙的诗词中,便是频繁出现的"故国神思"以及遗老孤愁之感。虽然清廷朝政也曾使他不满,并曾有消极隐退之念,但鼎革之变还是让他无法接受,矛盾的他既曾接受新教育思想,然而又曾拒绝使用新式机器刻书,并且还选择"逃

---

① 缪荃孙:《乙丁稿》,缪荃孙:《艺风堂文漫存》,清宣统二年(1910)刻本,卷一。
② 同上,卷一。
③ 郑逸梅:《艺林散叶》,中华书局,2005年版,第343页。
④ 况周颐:《莺啼序》"音尘画中未远"词序,况周颐:《蕙风丛书》,陶凤楼刊本,第六卷。
⑤ 胡薇元:《岁寒居词话自序》云:"于骄阳烈日炎威溽暑中,而曰岁寒,心与境异也。"(参见胡薇元:《岁寒居词话》,1934年版,铅印本)。

命天涯"的生活方式。"少年遭难离乡曲,中年服官縻廪禄,老年革命逃海角。装无陆贾之金,怀抱卞和之玉,天禄读未见之书,明夷无待访之录。叹世事兮茫茫,逐风尘兮碌碌。是耶,非耶,有觍面目。"①而事实上,他的这种逃命,更多的是心灵上的被放逐。缪荃孙曾作有《减字木兰花》:"江湖浪迹,头白无家仍作客。岁岁他乡,烟雨天涯总断肠。不如归去,杜宇声声啼不住。放棹江南,仕隐机关我总谙。翀霄无力,屈指人才薪样。沧海横流,埋骨何方胜一邱。平生知己,南海李候今已矣。华屋犹存,雪涕西州白板门。松楸手植,扫墓归来无几日,大好溪山,自葺茅庐昼掩关。朝耕暮读,小隐无妨江海曲,北郭梧溪,前辈流风,续旧题长亭怨慢。"②有感事变人非、江山空劫的茫然心情,通过"头白无家仍作客"的形象特写,把身世之感规范于家国之念,在一己身世之感中寄托着儒教伦理情怀。

"在中国,19世纪90年代开始了思想的风云激荡过程,这不仅产生了变法维新运动,也预示了一个社会文化变化的新时代的到来。"③在缪荃孙眼里,革命带来的思想上的变革几乎是扫荡性的,"宣统辛亥,君令渭南变起殉难。呜呼!盗起一隅,多方响应,如狂飙之乱卷,如野燎之四起。甫及四月,遂移国祚。稽诸史册,亡国未有如此之易者。……盖自戊戌变政,新党首倡破坏三纲,十余年来邪说渐溃人心,忠臣义士之气因此少衰。"④"近来三纲沦致,蹦闲荡检,名为倡明女学,实则破坏家规,借异域之行为,师桂寇之往迹,几不知世间有节义事。"⑤他无法适应这种文化上的变革,他早期也曾借助西学新思想所建构的为人之学,但是,在时代变革的加剧中,在人生岁月的衍流里,已渐行渐远,留给心灵深处的是越来越沉重而守旧的思想,他在自己生命的余年只爱故国的古文化:"野鹤闲云伴此身,惊心岁月去如尘。空怀抗手千秋想,已是平头六十人。薄海难求安乐土,余生自署葛天民。屠鲸射虎非吾事,只愿䌷书葆性真。"⑥1919年,在新旧交替的思想惝恍中,缪荃孙病逝沪寓,终年七十六岁。

原载《阅江学刊》2014年6月第3期
(作者单位:内蒙古大学)

---

① 缪荃孙:《癸甲稿》,缪荃孙《艺风堂文漫存》,清宣统二年(1910)刻本。
② 缪荃孙:《碧香词》,缪荃孙《艺风堂诗存》,中国书店,1939年版。
③ 费正清:《剑桥中国晚清史·下》,中国社会科学出版社,1985年版,第322页。
④ 缪荃孙:《癸甲稿》,缪荃孙《艺风堂文漫存》,清宣统二年(1910)刻本。
⑤ 缪荃孙:《乙丁稿》,缪荃孙《艺风堂文漫存》,清宣统二年(1910)刻本,卷二。
⑥ 缪荃孙:《息影集(下):六十》,缪荃孙《艺风堂诗存》,中国书店,1939年版,卷四。

后　　记

　　2019年是缪荃孙诞辰175周年、逝世100周年。作为中国近代史上著名的藏书家、目录版本学家、图书编撰学家、金石学家、史学家和文学家，特别是中国现代教育事业和图书馆事业的重要奠基人，缪荃孙为中国文学、学术、教育、图书馆以及文化事业做出了杰出贡献。上海大学现当代旧体文学研究所多年来一直致力于近现代文学、文化以及文献的整理与研究。江阴缪氏家族的缪剑农、缪幸龙等先生出于对乡邦文化与家族传统的热爱，拟在上海大学成立江阴缪氏家族研究中心，并邀请我们一起在缪荃孙先生逝世100年之际做一些学术文化活动，以示纪念。又承江阴市文化部门的关心以及国家图书馆的重视，在此一并致谢！出版在即，凡收录在此集的作者，将会付上微薄的转载费用。由于信息不畅等原因，部分作者未能联系上，还请相关作者及时与上海大学现当代旧体文学研究所联系。再次感谢缪剑农、缪幸龙、袁晓聪、刘慧宽、杨洪升、闫菲、付聪敏、王卓华、郑易焜等先生的热心支持与辛勤付出！

编者于己亥冬月